Nah dran, weit weg. Geschichte des Kantons Basel-Landschaft

Nah dran, weit weg. Geschichte des Kantons Basel-Landschaft

Band drei

Arbeit und Glaube. 16. bis 18. Jahrhundert

Dieses Werk erscheint als Nr. 73.3 der Reihe Quellen und Forschungen
zur Geschichte und Landeskunde des Kantons Basel-Landschaft.

Autorinnen und Autoren
Anna C. Fridrich, lic. phil.
Ruedi Epple, Dr. rer. pol.
Albert Schnyder, Dr. phil.

Auftraggeber
Regierungsrat des Kantons Basel-Landschaft

Verlag
Verlag des Kantons Basel-Landschaft

Redaktion
Albert Schnyder, Dr. phil.

Lektorat
Elisabeth Balscheit, Dr. phil.

Gestaltung
Anne Hoffmann Graphic Design, Basel

Satz: Anne Hoffmann Graphic Design, Basel, und Schwabe & Co. AG, Muttenz.
Herstellung: Schwabe & Co. AG, Muttenz. Buchbinderei: Grollimund AG, Reinach.

Diese Publikation wurde mit Mitteln aus dem Lotteriefonds ermöglicht.
ISBN 3–85673–263–2 (Gesamtausgabe). ISBN 3–85673–265–9 (Band 3 und 4)

LOTTERIEFONDS BASEL-LANDSCHAFT

VERLAG des Kantons Basel-Landschaft

Arbeit und Glaube. 16. bis 18. Jahrhundert

Die Geschichte des Kantons Basel-Landschaft widmet der frühen Neuzeit zwei Bände. In Band drei steht zum einen die Arbeit, das heisst die Wirtschaft und ihre Entwicklung während drei Jahrhunderten im Zentrum. Zum anderen geht es um den Glauben im 16. Jahrhundert, also die Reformation und die Jahrzehnte unmittelbar danach; dabei werden sowohl die politisch-herrschaftsgeschichtlichen als auch die theologisch-religiösen Fragen behandelt. Eingeschoben ist ein epochenübergreifender Längsschnitt zum Thema Arbeit und Musse.

In Band vier werden sozialgeschichtliche Aspekte, insbesondere die Gemeinde sowie Kultur und Alltag einer frühneuzeitlichen ländlichen Gesellschaft dargestellt. Hinzu kommen die konfessionelle Entwicklung und die Geschichte von Politik und Herrschaft im 17. und 18. Jahrhundert.

Die Bände drei und vier befassen sich mit einer vorindustriellen ländlichen Gesellschaft, die in der Zeit zwischen 1500 und 1800 mit wesentlichen Neuerungen konfrontiert ist: erstens mit dem Neubeginn in religiös-konfessioneller Hinsicht am Anfang der Epoche, zweitens mit der allmählichen Herausbildung eines modernen Staates mit seinem Herrschafts- und Verwaltungsapparat, drittens mit dem grundlegenden Wandel im wirtschaftlichen Bereich seit dem späten 17. Jahrhundert wie dem verstärkten Einbezug in die entstehende Weltwirtschaft, der Ausbreitung der Seidenbandweberei und der im späten 18. Jahrhundert anlaufenden Modernisierung in der Landwirtschaft. Eng mit diesen Veränderungen verbunden war ein starkes Wachstum der Bevölkerung.

Vergleichsweise stabil blieben während der frühen Neuzeit die territorialen Verhältnisse in der Region zwischen Jura und Rhein. Die grossen Veränderungen erfolgten vorher, im Spätmittelalter, oder nachher, 1815, 1832/33 und 1994. Der Kanton Basel-Landschaft in seinen heutigen Grenzen gehörte in der frühen Neuzeit zu zwei verschiedenen Landesherrschaften, die sich seit dem Ende des 16. Jahrhunderts durch die Konfession unterschieden. Der schliesslich katholische Teil war Territorium des Fürstbischofs von Basel, der reformierte Teil war Untertanengebiet der Stadt Basel. Das alte Basel, wie es oft bezeichnet wird, war seit 1501 einer der Stände der Eidgenossenschaft, die fürstbischöflichen Gebiete im Birseck und Laufental waren Teil des Deutschen Reiches.

Auch in den Bänden drei und vier halten sich nicht alle Kapitel an die Grenzen der Epoche und der Jahrhunderte. Einzelne Texte beschlagen nur ein oder zwei Jahrhunderte, während andere Themen in grösserem Bogen über die ganze Zeit hinweg behandelt werden. Im Anschluss an jedes Kapitel finden sich Anmerkungen und weiterführende Lesetipps. Die üblichen Register am Ende des Bandes sind hier um ein Glossar mit Erklärungen zu Fachbegriffen und einen Abschnitt zu Masssystemen und Geld ergänzt.

Albert Schnyder

Inhaltsverzeichnis

Kapitel 1 Albert Schnyder Seite 9

Landschaft und Landwirtschaft

• Die Kulturlandschaft; Der Garten zum Haus; Die Früchte des Ackers; Das Prinzip der Dreizelgenwirtschaft; Regeln der Zusammenarbeit in den Zelgen; Die Dreizelgenwirtschaft verändert sich; Die Matten für das Vieh; Reb- und Obstbau zur Ergänzung; Allmend und Weide; Der Wald liefert Rohstoffe; Einschläge – Aufbruch zu einer neuen Landwirtschaft; Gute und schlechte Zeiten

• Sonnenenergie für einen regionalen Wirtschaftsraum; Prekäre Balance: Kuh und Korn; Das Landwirtschaftsjahr; Nebenrolle für die Vieh- und Milchwirtschaft; Sondernutzungen in Bünten und Rütenen; Die Einzelhöfe; Formen der Waldbewirtschaftung; Jagd und Fischfang

Kapitel 2 Albert Schnyder Seite 33

Die andere Wirtschaft

• Nicht vom Handwerk allein; Wovon die Menschen in Laufen lebten; Die Papiermühle von Lausen; Das Hausbuch eines Ziefner Wirts; Die Ziegel- und Kalköfen von Laufen; Die Schreiner des oberen Baselbiets; Zünfte in Laufen; Landzünfte, Markt und Hausierer; Das Neue: Die Seidenbandweberei; Der Verlag; Die sozialen Gruppen in der Bandfabrikation; Der Verdienst eines Posamenters; Bandwebstühle je nach Band; Die Bandmühle für mehrere Bänder; Spezialisten: Die Bandstuhlschreiner

• Die soziale Einordnung der Handwerker; Zünfte auf dem Land; Landgerber gegen Stadtgerber; Zunfthandwerk gegen Landbevölkerung; Ehafte Gewerbe; Liestal – Kleinstadt im Schatten Basels; Alltag in der Kleinstadt; Laufner Zunfthandwerker gegen Laufner Krämer; Die Ursprünge der Basler Seidenbandweberei; Zunfthandwerk unter Druck; Basels Vorrangstellung

Kapitel 3 Albert Schnyder Seite 59

Die Rahmenbedingungen

• Wirtschaft, Recht und Herrschaft; Erbleihe und Bodenzins; Der Zehnt; Steuern: Das Beispiel des Fürstbistums; Zölle im alten Basel; Zölle im Fürstbistum; Wie die Menschen ihr «tägliches Brot» verdienten; Spekulation und Familienwirtschaft; Wie sich Arme durchschlugen; Wie die Wohlhabenden wirtschafteten; Die Konjunkturentwicklung im 16. und 17. Jahrhundert; Konjunktur und Krisen im 18. Jahrhundert

• Der Einzug der Bodenzinsen; Die Grundherren; Wofür waren Zehnten abzuliefern?; Der Einzug des Getreidezehnten; Der Muszoll: Ungleichheit zwischen Stadt und Land; Zur Handelspolitik der Fürstbischöfe; Die Versorgungspolitik des Basler Rats; Die Hungersnot von 1770/71 auf der Basler Landschaft; Streit um sauer verdiente Batzen

Kapitel 4 Albert Schnyder Seite 79

Siedlung, Bauen und Verkehr

• Leben in Dörfern; Bauweisen im Wandel; Einfach bauen; Das Hochstudhaus des 16. und 17. Jahrhunderts; Das ländliche Haus im 17. und 18. Jahrhundert; Zu Fuss unterwegs; Geschwindigkeiten und Zeit-Räume; Post und Fuhrwesen
• Zentrale Orte: Kleinstädte und Flecken; Der Beutezug ins Speckkämmerlein; Isaac Bowe von Bretzwil auf der Flucht; Der Zustand der Strassen und Wege; Die Flüsse: Rhein und Birs

Kapitel 5 Albert Schnyder Seite 91

Die Kargheit der Sachkultur

• Die Kleider in der frühen Neuzeit; Die Kleider um 1800 im Bilderzyklus von Reinhart; Einfache Grundausstattung der Haushalte; Hausrat und Geräte
• Hanf, Flachs und Wolle: Die Textilrohstoffe; Die Fahrhabe eines Armen; Nicht arm, aber auch nicht reich; Die Fahrhabe eines Reichen

Kapitel 6 Albert Schnyder Seite 101

Essen und Trinken

• Das Korn – die Hauptsache; Das «Drum-Herum»; Wein zum Trinken; Aufgabenbereich der Frauen; Abwechslung von Alltag und Fest
• Der «Pflanzgarten»; Das Essen im ethnologischen Modell; Die Frage der Selbstversorgung; War die Ernährung gesund?

Thema Ruedi Epple Seite 111

Arbeit und Musse

• Arbeit in der Alt- und Mittelsteinzeit; Arbeit in der Jungsteinzeit; Arbeitsteilung; Arbeit und Nichtstun; Arbeit trennt; Römische Musse; Das ganze Haus; Im Weinberg; Industrialisierung: Erste Phase; Industrialisierung: Zweite Phase; Arbeitersiedlung; Dreifache Trennung; Augenschein; Männer- und Frauenarbeit; Rationalisierung; Freizeitgesellschaft
• Mit einem künstlerischen Beitrag von Thomas Kneubühler

Kapitel 7 Anna C. Fridrich Seite 139

Die Reformation

• Bauernaufstand und Reformation; Reformation im Birseck und im Laufental; Reformation in Stadt und Landschaft Basel; Rekatholisierung im Birseck und Laufental
• Laienfrömmigkeit und Kirchenkritik; Sichtbare Zeichen der Reformation; Stephan Stör; Zur reformierten Ehelehre; Das Basler Ehegericht; Schiedsgericht oder Disziplinierungsinstanz?

Kapitel 8 Albert Schnyder Seite 163

Herrschaft und Verwaltung im vormodernen Staat

• Territorien, Grenzen und politische Zugehörigkeiten; Die Herrschaftsrechte der Fürstbischöfe; Leibeigene werden Untertanen der Stadt; Herrschaft, Obrigkeit und Verwaltung; Eigenständig und Teil der Verwaltung: Die Gemeinden; Die Gerichte; Polizei und öffentliche Sicherheit; Das Militär
• 1501: Basel zur Eidgenossenschaft; Mächtepoker zwischen Aare und Rhein; Fürstbischöfliche Gemeinden verbinden sich mit Basel; Der Galgenkrieg von 1531 zwischen Solothurn und Basel; Die Frau des Landvogts; Die Landesordnungen im alten Basel

Kapitel 9 Albert Schnyder Seite 187

Die Bedeutung von Herrschaft

• Herrschaft und Tradition garantieren Sicherheit und Stabilität; Schwächen auf beiden Seiten als Stabilitätsgarantie; Was tat die Obrigkeit für die Untertanen?; Abgaben und Leistungen der Untertanen im alten Basel; Abgaben und Leistungen der Untertanen im Fürstbistum
• Die Herrschaftsbeziehungen während der frühen Neuzeit; Die Huldigung der Untertanen; Die frühe Neuzeit als Übergangszeit

Kapitel 10 Albert Schnyder Seite 201

Das 16. Jahrhundert: Herrschaft mit Bauern

• Das 16. Jahrhundert im Überblick; Die Bauernunruhen von 1525; Die Ursachen; Grundzüge der bäuerlichen Forderungen; Herrschaft mit Bauern; Das Ende und die Folgen des Widerstands
• Der offene Widerstand beginnt; Die Bewegung organisiert sich; Verhandlungen und Verträge; Was wollten die Landleute?

Anhang

Masssysteme und Geld Seite 216
Glossar Seite 220
Literatur Seite 223
Personenregister Seite 229
Ortsregister Seite 230
Sachregister Seite 232
Chronologie Seite 234

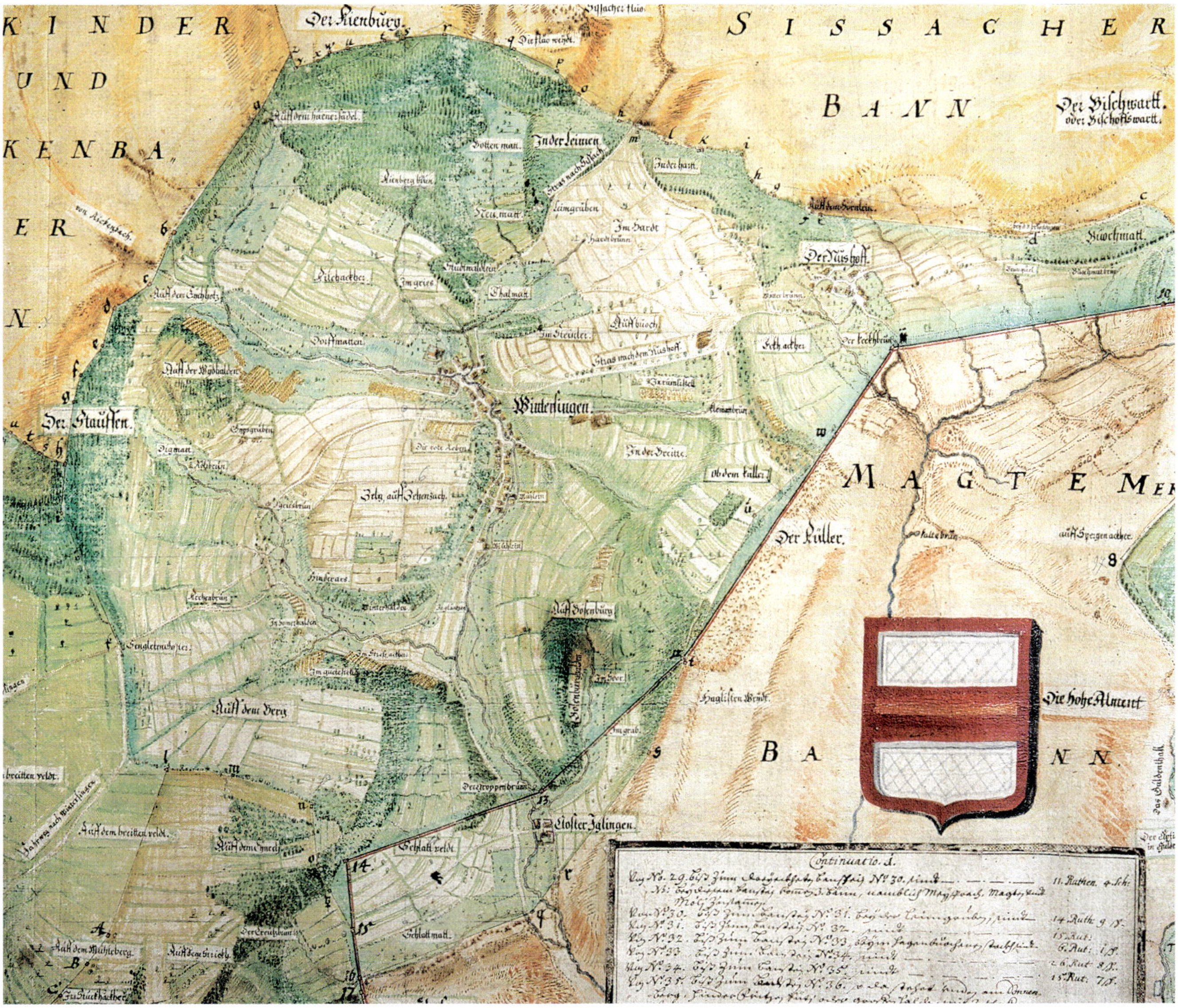
KINDER
UND
KENBA
ER
N
SISSACHER
BANN
Der Bischwartt.
oder Bischofswartt.
Der Kienbürg
In der Leimen
Der Nüshoff
Wintersingen
Der Stauffen
Auff dem Berg
In der Breitte
Der Küller
MAGTEMER
Die hohe Alment
BANN
Closter Ifzlingen
Continuatio I.

Bild zum Kapitelanfang
Die Kulturlandschaft im 17. Jahrhundert
«Geometrische Verzeichnus der Dorfschaften Augst, Arisdorf, Wintersingen, Meysprach, Buus und Hemmicken, sambt deroselben Landmarch und Banngerechtiggkeiten Ao 1680»: So nannte der Basler Geometer Georg Friedrich Meyer, der von 1645 bis 1693 lebte, seine nach Süden orientierte Plandarstellung des Grenzgebiets zwischen der alten Landschaft Basel und den damals zu Vorderösterreich gehörenden Gebieten des Fricktals. Der hier wiedergegebene Ausschnitt zeigt die Gemeinde Wintersingen. Die zahlreichen, gut erhaltenen Pläne von Meyer vermitteln einen lebhaften Eindruck von der frühneuzeitlichen Kulturlandschaft der Nordwestschweiz. Gut erkennbar sind unter anderem das Dorf mit den unmittelbar anschliessenden Gärten, die Matten entlang der Bäche, die Ackerflächen in den Zelgen, die Rebhänge und schliesslich die Weiden und Wälder am Rand des Gemeindebanns.

Die Kulturlandschaft

Der Plan, den Geometer Meyer um 1680 von Wintersingen angefertigt hat, zeigt die typische Kulturlandschaft des frühneuzeitlichen Baselbiets. Je nach Gelände war die Flur einfach und übersichtlich strukturiert wie in Lausen oder in Brislach mitten im Laufener Becken. Stärker gegliederte Kulturlandschaften wiesen dagegen die Gemeinden am Jurafuss auf, so etwa Bretzwil, aber auch Gemeinden mit Land im Tal und auf den Höhen, wie zum Beispiel Buckten. Bildliche Darstellungen wie jene von Meyer, Büchel und Brunner für das Baselbiet und das Laufental vermitteln im Allgemeinen einen groben Eindruck von der ländlichen Kulturlandschaft der frühen Neuzeit. Besonders die Flur ausserhalb der Siedlungen wird weniger differenziert wiedergegeben. Details werden erst im Vergleich mit schriftlichen Quellen fassbar, so zum Beispiel mit Bereinen, den parzellenweise geordneten Verzeichnissen der Bodenzinsen. Hier zeigt sich eine kleinteilige Kulturlandschaft mit vielfältigen Geländeformen und reicher Vegetation. Charakteristische Elemente waren: Einzelbäume und Baumgruppen, vorübergehend benutzbare und permanente Wege und Weglein, Hecken, viele schmale Streifenparzellen, die in grössere Gewanne zusammengefasst waren, unregelmässige Waldränder, Stufenraine, vereinzelte Lesesteinhaufen, Terrassen, Wassergräben, Viehgassen, Holzzäune und Lebhäge, kleinere und kleinste Fliessgewässer, Ackerfurchen und Stellen zum Wenden der Pflüge und vieles mehr. Diese Kleinelemente der Kulturlandschaft boten nicht nur Nischen für eine spezifische Fauna und Flora, sondern sie waren oft auch die einzigen Zugänge zur Ackerflur und zum Wald, da es in der frühneuzeitlichen Zelglandschaft nur wenige feste Wege gab.

In der Kleinteiligkeit der Kulturlandschaft kommt zum Ausdruck, dass die Menschen der frühen Neuzeit die Landschaft im Wesentlichen mit Hand- und Pflugarbeit veränderten. Diese auf Jahrhunderte zurückgehende Gestaltungsarbeit liess besondere ökologische Verhältnisse entstehen. Die Kulturlandschaft der frühen Neuzeit war darum in vielerlei Hinsicht reichhaltiger

Häge prägten die Kulturlandschaft
Zäune, vor allem Grünhäge und Holzzäune, waren ein typisches Merkmal der alten Kulturlandschaft. Die Dörfer mit ihren Kraut- und Baumgärten, die Pflanzplätze, die so genannten Bünten, sowie die Wiesen, zum Teil auch einzelne Gewanne des Ackerlandes und je nachdem auch das Weideland waren eingezäunt. Die kolorierte Zeichnung, signiert mit Je. Meyer, zeigt Schloss-Diegten 1746 von Westen, rechts das 1704 erbaute Pfarrhaus mit Scheune, in der Mitte das alte Pfarrhaus mit Scheune, links das Höfli, darüber die Kirche mit Friedhof.

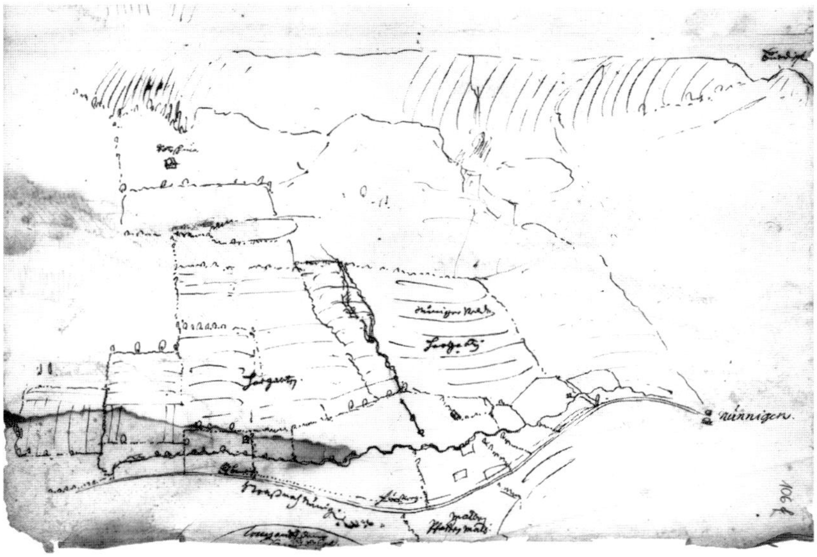

Kleinformen der Kulturlandschaft
Zur Vorbereitung seiner Pläne fertigte Georg Friedrich Meyer unzählige Skizzen an, die uns Aufschlüsse über Details des Geländes geben. In diesem Ausschnitt, der das Gebiet an der Grenze zwischen Bretzwil und Nunningen zeigt, sind folgende Kleinformen der Kulturlandschaft zu erkennen: Hecken, Bächlein, Grundstücksgrenzen, Einzelbäume, Strassen und Wege, Gräben, Feldscheunen.

als heutige europäische Agrarlandschaften. Andererseits war sie auch Gefährdungen ausgesetzt, so zum Beispiel durch den je nach Standort erheblichen Bodenabtrag von den Bracheflächen, ferner durch die unausgewogene Ausnutzung des Nährstoffangebots im Rahmen der Dreizelgenwirtschaft oder durch die negativen Folgen der Wald- und Holznutzung. Wenig naturnah war schliesslich der im Baselbiet weit verbreitete, aber vielerorts nicht besonders standortangepasste Getreidebau. Im Lauf der frühen Neuzeit wurden die Fluren allmählich grüner, denn zunehmend wurden Äcker als Matten genutzt und Landleute sowie viele Gemeinden wandelten Äcker zu Weiden um. Diese Entwicklung beschleunigte sich, als in der zweiten Hälfte des 18. Jahrhunderts immer mehr Weide- und Mattland in so genannten Einschlägen individuell bewirtschaftet wurde. Dieser Landschaftswandel ging vor allem auf Kosten der Zelgäcker und zu einem geringeren Teil des Waldes: Von den Rändern der Flur her drangen die Weiden vor, vom Zentrum her die Matten.

Sonnenenergie für einen regionalen Wirtschaftsraum

Vor der Erschliessung fossiler Energiequellen wie Kohle oder Erdöl funktionierte die Wirtschaft als Solarenergiesystem, das heisst, alle Energie kam letztlich von der Sonne.[1] In land- und forstwirtschaftlich genutzten Räumen wird die Umwandlung von Sonnenenergie vom Menschen so gesteuert, dass ein Teil der Biomasse in Form von Nahrungsmitteln, agrarischen Rohstoffen und Holz abgeschöpft werden kann. Da die Sonneneinstrahlung den Wasserkreislauf antreibt, ist auch die unter Ausnutzung der Schwerkraft an Fliessgewässern zum Beispiel für Mühlen gewonnene Energie solaren Ursprungs. Sonnenenergie ist zwar unbeschränkt erneuerbar, aber nur beschränkt verfügbar. Von da her setzte die Natur dem Wirtschaftswachstum Grenzen. Die unter diesen Bedingungen theoretisch mögliche Maximalproduktion wurde jedoch nur von wenigen Gesellschaften annähernd erreicht. Frühneuzeitliche Wirtschaftsräume waren daher in erster Linie regional ausgerichtet und, verglichen mit heute, in geringerem Ausmass über Märkte in Austauschprozesse mit der Aussenwelt verwickelt. In einem solchen System hing das Nahrungsmittelangebot stark vom Niveau der Technologie, der Grösse der landwirtschaftlich

Baum- und Krautgärten
Die Baum- und Krautgärten lagen innerhalb des so genannten Etters, gehörten also noch zum Dorfbereich, denn fast jedem Haus war ein Garten zugeordnet. Auf der Darstellung von Georg Friedrich Meyer aus dem Jahr 1680 ist gut zu erkennen, dass die Gärten eingezäunt waren. Im Baumgarten standen Obstbäume, das Mattland darunter wurde für das Kleinvieh genutzt. Aus dem Krautgarten kam das Gemüse, das eine wertvolle Ergänzung der Ernährung war.

Der Garten zum Haus

Fast zu jedem Haus gehörte ein Kraut- und ein Baumgarten. Die Gärten befanden sich meistens in unmittelbarer Nähe zu den Häusern. Die Gärten waren die einzigen Privatgrundstücke, die weitgehend in eigener Regie bewirtschaftet werden konnten, es waren also keine Rücksichten auf Nachbarn und Flurzwang zu nehmen. Die Gärten wurden intensiv genutzt, denn sie waren von ausschlaggebender Bedeutung für die Ernährung der ländlichen Familien. Ihr Stellenwert zeigt sich darin, dass sie in Inventaren und Testamenten immer gesondert genannt wurden und an Grundstücksversteigerungen, den so genannten Ganten, relativ hohe Preise erzielten. Die Gärten und ihre Produkte gehörten im Übrigen zum Arbeits- und Verfügungsbereich der Frauen und der alten Menschen. Der Krautgarten bestand aus ein paar Gemüsebeeten, in denen vor allem Kraut, das heisst das alltäglich verwendete Gemüse gepflanzt wurde. Dabei standen im späten 17. und im 18. Jahrhundert Blattgemüse wie Mangold, Lattich und Salatgewächse im Vordergrund. Sie spielten eine wichtige Rolle als Ergänzung der Grundnahrungsmittel. Im Baselbiet dürften folgende weitere Gemüsearten bekannt gewesen sein: Erbsen, Linsen, Spinat, Lauch, Rettich, Sellerie, Pastinak, Zwiebeln, ferner Kräuter wie Kümmel, Thymian, Knoblauch, Pfefferminze, Bohnenkraut, Petersilie. In den Krautgärten tauchten im Baselbiet im 18. Jahrhundert auch die ersten Kartoffeln auf. Der Baumgarten diente oft als zusätzliche Matte, wo sich Kleinvieh und Hühner tummelten. Als Früchte aus dem Baumgarten werden in den Quellen vor allem Äpfel und Birnen erwähnt, die in der Regel gedörrt genossen wurden; der Most kam in der Region erst im späteren 18. und im 19. Jahrhundert auf. Früchte wurden ausserdem auf den lokalen Märkten verkauft, um etwas Geld zu verdienen.

Die Früchte des Ackers

Dinkel, allgemein Korn genannt, und Hafer waren die beiden Hauptgetreidearten der regionalen Landwirtschaft. Beide Getreide sind vergleichsweise

nutzbaren Fläche und von den Klimaverhältnissen ab, ferner von der Effizienz der Vorratshaltung, dem Angebot an Arbeitskräften, den Transportmöglichkeiten und den Verteilungsmechanismen.
Als Werkstoff und Energieträger verwendete die frühneuzeitliche Gesellschaft wie alle vorindustriellen Gesellschaften fast ausschliesslich Holz, menschliche und tierische Arbeitskraft, Wasser und Windenergie. Die verschiedenen Energiedienstleistungen waren zudem an bestimmte Energieträger gebunden: Holz, Holzkohle und Torf konnten nur in Wärme, nicht aber in mechanische Arbeit umgewandelt werden. Mechanische Drehbewegungen mussten mit Wasserrädern, Windmühlen oder mit einem durch tierische Kraft angetriebenen Göppel erzeugt werden, was nur in begrenztem Umfang möglich war und oft mit Unstetigkeit der Energiezufuhr erkauft werden musste. Schliesslich waren der Grösse der Maschinen und damit der Mechanisierung von Produktionsprozessen durch die geringe Druckfestigkeit und den hohen Verschleiss des Universalwerkstoffs Holz Grenzen gesetzt. Die Verwendung von Eisen in grösserem Umfang scheiterte an den enormen Energiekosten, die bei der Eisenverhüttung auf der Basis von Holzkohle anfielen.

robust und weniger anspruchsvoll punkto Standortbedingungen als zum Beispiel der Weizen. In zweiter Linie wurden angepflanzt: Einkorn, Emmer, Roggen, Gerste und Mischleten, das war eine Mischung von Dinkel und einem anderen Getreide, etwa dem Emmer. Selten und erst im späten 17. und im 18. Jahrhundert da und dort anzutreffen war der Weizen. Nicht zu finden waren Mais und Hirse. Dinkel und Hafer bildeten nicht nur die Grundlage der Ernährung, sie waren auch die wichtigsten Herrschaftsfrüchte, weil die beiden Hauptabgaben, der Zehnt und der Bodenzins, üblicherweise in natura, das heisst mit diesen beiden Getreidesorten geleistet werden mussten. Das Baselbiet konnte sich während der frühen Neuzeit nie vollständig selbst mit Getreide versorgen. Neben dem innerregionalen Ausgleich zwischen Überschuss- und «Defizit»-Gebieten, zum Beispiel zwischen dem Farnsburger und dem Waldenburger Amt, gelangten gewisse Quanten über den Handel in die Nordwestschweiz, das heisst über den Basler und andere regionale Kornmärkte. Dieses Getreide stammte aus benachbarten Gebieten der Eidgenossenschaft oder des nahen Auslands, etwa aus dem Fricktal, dem Elsass oder aus Schwaben.

Um eine Vorstellung von den Erträgen zu erhalten, genügt zunächst der Hinweis darauf, dass im europäischen Ackerbau der frühen Neuzeit auf ein ausgesätes Korn in etwa vier geerntete Körner kamen. In günstigen Lagen und unter günstigen Bedingungen konnte das Verhältnis auch eins zu sechs lauten, während heute Relationen bis eins zu zwanzig und mehr üblich sind. Huggel beziffert die durchschnittlichen Erträge an Dinkel für die Schweiz des 18. Jahrhunderts auf rund zehn Zentner pro Hektare. Für Münchenstein mit überdurchschnittlich ertragreichen Äckern auf dem Bruderholz nimmt er einen Durchschnittswert von zwölf Zentnern pro Hektare an.[1] Der Bubendörfer Johannes Furler, ein Chirurg und Tauner, später Halbbauer, der Ende des 18. Jahrhunderts eine innovative Landwirtschaft betrieb, erzielte 1779 auf einem seiner Grundstücke einen Ertrag von 23,6 Doppelzentnern Dinkel pro Hektare und 1780 von 16,1 Doppelzentnern Hafer pro Hektare,

Dinkel
Der Dinkel, Triticum spelta, war bis ins 18. Jahrhundert und darüber hinaus das hauptsächliche Brotgetreide und gleichzeitig die wichtigste Zehntfrucht. Wenn von Korn die Rede war, meinte man Dinkel.

Das Rindvieh zum Ziehen
Kühe, Ochsen und Stiere dienten in erster Linie als Zugtiere. Für das Pflügen, das Eggen, für den Transport von Heu und Korngarben, aber auch für andere Fuhren wurde das Rindvieh verwendet. Fleisch- und Milchproduktion kamen erst an zweiter Stelle.
Der Stich von Matthäus Merian, 1593 bis 1650, ist auf die Jahre um 1620 datiert und zeigt das Dorf Therwil.

was beim Dinkel etwa dem 6,6fachen der Saatmenge entsprach. In anderen Gebieten betrachtete man schon einen dreifachen Ertrag als recht gut. Furler fuhr also überdurchschnittliche Ernten ein, seine Erträge lagen so hoch wie die durchschnittlichen im Kanton Bern hundert Jahre später.

Das Prinzip der Dreizelgenwirtschaft

Das Baselbiet gehörte in weiten Teilen zum so genannten Kornland, das waren jene vor allem im Mittelland gelegenen Gebiete, in denen Getreide seit dem Mittelalter nach dem System der Dreizelgenwirtschaft angebaut wurde. Dabei war die Ackerflur einer Gemeinde im Idealfall in drei annähernd gleich grosse Schläge, die Zelgen, aufgeteilt, so dass jedes Ackerland-Grundstück zu einer dieser Zelgen gehörte. Kennzeichnend für die Dreizelgenwirtschaft war, dass der Anbau bestimmter Getreidesorten im Lauf von drei Jahren durch diese drei Zelgen wanderte.

Die Lage eines Grundstücks in der Zelg bestimmte also, was jedes Jahr angebaut wurde. Aus der Perspektive eines Grundstücks präsentiert sich der Zyklus wie folgt: Gehörte es zum Beispiel im Jahr 1687 zur Winterzelg, so wurde es nach mehrmaliger Pflügung und Düngung im Oktober oder November 1686 mit Dinkel angesät. Geerntet wurde dieses Korn im Juli 1687. Danach wurde das Grundstück wie die ganze Zelg bis in den Herbst hinein für den allgemeinen Weidgang geöffnet. Je nachdem wurde es im frühen Frühjahr 1688 nochmals kurz beweidet, bevor es als Teil der Sommerzelg mit Hafer angesät wurde, der im Juli/August des gleichen Jahres geerntet werden konnte. Nachher folgte wiederum Weidenutzung, und die Parzelle gehörte bis in den Herbst 1689 zur Brachzelg. Eigentlich enthält dieses Wort einen Hinweis auf die Bearbeitung, denn «brechen» bedeutete pflügen. Üblicherweise wird darunter jedoch verstanden, dass die betreffenden Grundstücke nicht bearbeitet und dem natürlichen Graswuchs überlassen wurden. Vom Frühjahr bis zum Herbst 1689 wurde die Brache ein paarmal umgepflügt, damit sie als Winterzelg die neue Wintersaat aufnehmen konn-

Bohnen schneiden
Ackerbohnen wurden auch auf der Basler Landschaft angepflanzt, zunächst eher auf speziellen Pflanzplätzen wie Bünten und Einschlägen, im späten 17. und im 18. Jahrhundert immer öfter auch in der Brachzelg. Die Darstellung stammt aus einer Serie von Zürcher Dorfansichten von David Herrliberger, 1697 bis 1777. Das Dorf im Hintergrund ist Bülach.

te. Damit war der Kreis geschlossen, das fiktive Grundstück lag 1690 wiederum in der Winterzelg. Wenn immer es möglich war, dienten die Zelgen vom Frühjahr bis Ende Herbst der Viehweide. Sobald die Zelgen abgeerntet waren, standen sie als Stoppelweide dem allgemeinen Weidgang offen. Waren die Zelgen angesät, wurden sie mit einem Zaun eingehegt, dem «Fried- oder Zelghag», auch «Efad» genannt, um dem weidenden Vieh den Zutritt zu verwehren.

Wann die Dreizelgenwirtschaft entstanden ist, ist nicht eindeutig festzustellen. Ihre volle Entfaltung setzte im Hoch- und Spätmittelalter ein. Als komplexes Wirtschafts- und Sozialsystem kristallisierte sie sich in der Auseinandersetzung zwischen Herrschaft und Gemeinden heraus. Ziel war unter anderem, die landwirtschaftliche Produktion zu steigern. Die Herrschaft wollte sich langfristig genügende Zehnt- und Zinserträge sichern, die Dorfgenossen strebten eine sinnvolle kollektive Organisation der Landwirtschaft an. Ausserdem minderte die Fruchtfolge die typischen Langzeitschäden des monokulturellen Anbaus, und der rotierende Anbau trug dazu bei, witterungsbedingte Risiken zu reduzieren. Die Brache konnte zum Beispiel in Krisenzeiten als Reserveland genutzt werden. Eine andere Strategie für schlechte Jahre bestand darin, die Winterzelg im Frühling nochmals anzusäen, wenn die Winterfrucht zu Grunde gegangen war. Schliesslich wies das System arbeitsorganisatorische Vorzüge auf, indem sich die verschiedenen Feldarbeiten günstiger übers Jahr verteilten.

Regeln der Zusammenarbeit in den Zelgen

Die nach der Dreizelgenwirtschaft bearbeitete Ackerflur bestand aus langen, schmalen Grundstücken, die in Gemengelage eines neben dem anderen lagen, die meisten ohne Weganschluss. Die Grundstücke eines Eigentümers waren zudem über die ganze Zelg verstreut. Dauerhafte Wege gab es damals in der ländlichen Landschaft nur sehr wenige; mehr Wege anzulegen, wäre als Platzverschwendung aufgefasst worden. Man konnte also

Prekäre Balance: Kuh und Korn

Pflanzenbestand, Anzahl Tiere und Anzahl Menschen befanden sich in einem dynamischen Gleichgewicht. Wuchs die Bevölkerung, wie das während der frühen Neuzeit der Fall war, so musste die Getreideanbaufläche auf Kosten des Mattlandes ausgedehnt werden, weil das Korn pro Flächeneinheit mehr Menschen zu ernähren vermag als die Viehzucht. Andererseits hatte die Reduktion des Mattlandes einen Rückgang des Viehbestandes und damit auch der tierischen Zugkraft und der Düngermenge zur Folge, was sich negativ auf den Getreideanbau auswirkte. Der Zusammenhang zwischen all diesen Faktoren wird für die frühe Neuzeit mit einer Kennzahl, dem so genannten Grünlandverhältnis erfasst, das Matt- und Ackerlandflächen einander gegenüberstellt. Diese Balance zwischen Gras und Korn betrug für typische Kornbaulandschaften wie zum Beispiel das östliche Farnsburger Amt eine Einheit Matten auf zwei oder gar drei bis vier Einheiten Ackerland. Für das obere Baselbiet kommt man dagegen schon für das 17. Jahrhundert auf Relationen nahe bei eins zu eins.

Entscheidend für ein ausgewogenes und nachhaltiges Verhältnis zwischen Acker- und Mattland war das Rindvieh: Mit seinem Mist wurden vor allem die Äcker

Einkorn und Emmer

Einkorn, Triticum monococcum (oben), und Emmer, Triticum dicoccum (unten), sind alte, robuste Weizensorten, deren Anbau in der frühen Neuzeit nur von untergeordneter Bedeutung war. Sie wurden auf kleinen Arealen und oft als Beimischung zu Dinkel oder Roggen angepflanzt. Heute werden diese Weizenarten intensiv erforscht und wieder vermehrt angebaut. Einige Körner der typischen Schweizer Landsorte des Emmers wurden in den 50er Jahren auf einem Hof in Buus aufgestöbert.

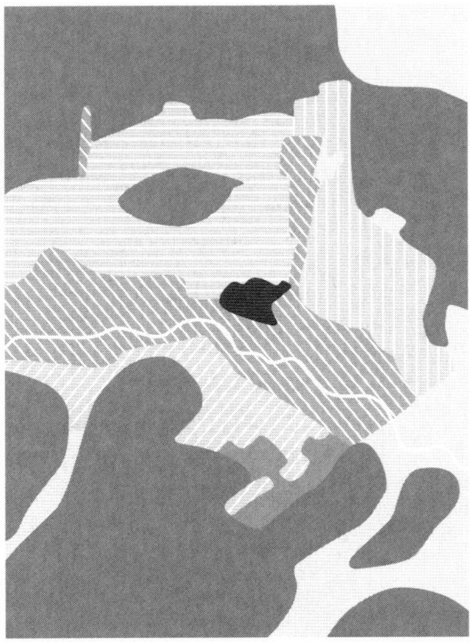

Zelg gegen Stockhalden
Zelg gegen Galms
Zelg gegen Grammet
Matten
Reben

Dreizelgenwirtschaft in Lausen
Der Plan von Georg Friedrich Meyer aus dem Jahr 1679 zeigt die drei Zelgen von Lausen, wo die Gliederung der Ackerflur in drei Zelgen schön ausgeprägt war. Die Zelgen waren durch die Ergolz und ihren südlichen Zufluss voneinander geschieden. Gegen Süden die Zelg gegen Stockhalden, gegen Südwesten die Zelg gegen Galms und gegen Norden die Zelg gegen Grammet. 1722 war die Zelg gegen Stockhalden als Winterzelg mit Dinkel bepflanzt, während die Parzellen auf der Zelg gegen Grammet zur Sommer- oder Haberzelg gehörten. Die Zelg gegen Galms war die Brachzelg, die im Gegensatz zu den beiden anderen Zelgen, den so genannten Eschzelgen, nicht bebaut wurde. Ein Jahr später war die Zelg gegen Stockhalden die Sommerzelg, die Zelg gegen Grammet wurde brach liegen gelassen, während die Zelg gegen Galms die Winter- oder Samenzelg war. 1724 schritt die Rotation noch einmal voran: Zelg gegen Stockhalden Brachzelg; Zelg gegen Grammet Winterzelg, Zelg gegen Galms Sommerzelg. 1725 galt dann wieder die gleiche Abfolge wie 1722.

nicht nach Belieben auf ein Grundstück gelangen. Je nach Wuchsphase der Pflanzen hätte dies erhebliche Schäden zur Folge gehabt. Sämtliche Tätigkeiten des Getreidebaus mussten darum im System der Dreizelgenwirtschaft unter den Beteiligten abgesprochen werden. Es wurde genau festgelegt, wann gepflügt und gesät, wann gejätet und geerntet, wann die Weide eröffnet wurde und vieles mehr. Zentral war, dass alle alles wenn immer möglich zur selben Zeit machten. Zuwiderhandlungen wurden bestraft. Die Organisation der Dreizelgenwirtschaft war somit eine der grundlegenden Tätigkeiten im Rahmen der dörflichen Selbstverwaltung.

Flankierend wirkten allerdings auch eine Menge gewohnheitsrechtlicher Bestimmungen, die vor allem den Umgang mit den Grundstücksgrenzen betrafen. Dazu gehörte zum Beispiel die Frage, bis wohin ein Parzellenbesitzer pflügen durfte: bis ans Ende seines Grundstücks mit Pflugwende auf dem Nachbargrundstück oder nicht ganz ans Ende mit Pflugwende auf dem eigenen Grundstück.

Ebenso war zu klären, wessen Eigentum die Scholle war, die beim Pflügen längs der Grundstücksgrenze auf die benachbarte Parzelle fiel. Oder es war festzulegen, wie jemand trotz hoch stehender Ähren quer über ein paar Parzellen hinweg zum eigenen «Blätz» Land gelangen konnte. Grundsätzlich hatte der so genannte Vorderlieger dem Hinterlieger die Durchfahrt zu gestatten, allerdings nur unter genau umschriebenen Bedingungen. Ferner galt die Bestimmung, dass zuerst die im Innern der Zelg gelegenen Äcker gepflügt und angesät wurden, die äusseren dagegen zuerst geerntet wurden. Weil diese Regeln im Nachhinein und vor dem Hintergrund moderner, indvidualistischer Vorstellungen von Grundeigentum als einengend betrachtet werden, fasst man all diese Normen zur Dreizelgenwirtschaft seit dem frühen 19. Jahrhundert unter dem Begriff des Flurzwangs zusammen. Aus der Sicht der Zeit liesse sich argumentieren, dass diese kollektive Form des Ackerbaus den Boden letztlich als Allgemeingut betrachtete. Im Prinzip nutzten die Gemeinden die Ackerflur in erster Linie kollektiv, vor allem für

gedüngt, es lieferte die Energie zum Ziehen des Pflugs, es beanspruchte aber seinerseits einen Teil der landwirtschaftlich genutzten Fläche zur Ernährung.[2] Wenn nun, wie häufig in frühneuzeitlichen Getreidebaugebieten, wegen der geringen Erträge im Ackerbau viel Boden für die Getreideproduktion reserviert werden musste, war die Mattlandfläche und damit die Anzahl des Viehs beschränkt. Dies wiederum verminderte die verfügbare Menge an Dünger, was sich seinerseits auf die Erträge im Getreidebau auswirkte und so weiter da capo al fine. Auch im Baselbiet war der Dünger daher der hauptsächliche limitierende Faktor der Kornbaulandwirtschaft, und in Gemeinden mit einem tiefen Anteil von Mattland bestand eine eigentliche Düngerlücke. Der zentrale Stellenwert der Matten zeigte sich im Übrigen darin, dass für Wiesland höhere Preise als für Ackerland bezahlt wurden. Erst mit den Agrarinnovationen des späten 18. und des frühen 19. Jahrhunderts verbesserte sich die Versorgung mit Dünger, weil das Vieh ganzjährig im Stall gehalten und mit neuen Gras- und Kleearten gefüttert wurde, die auch die Bodenfruchtbarkeit steigerten, da sie dem Boden Stickstoff zuführen. Die dritte Innovation war der feldmässige Kartoffelanbau, der die Ernährungssicherheit für die Menschen erhöhte.

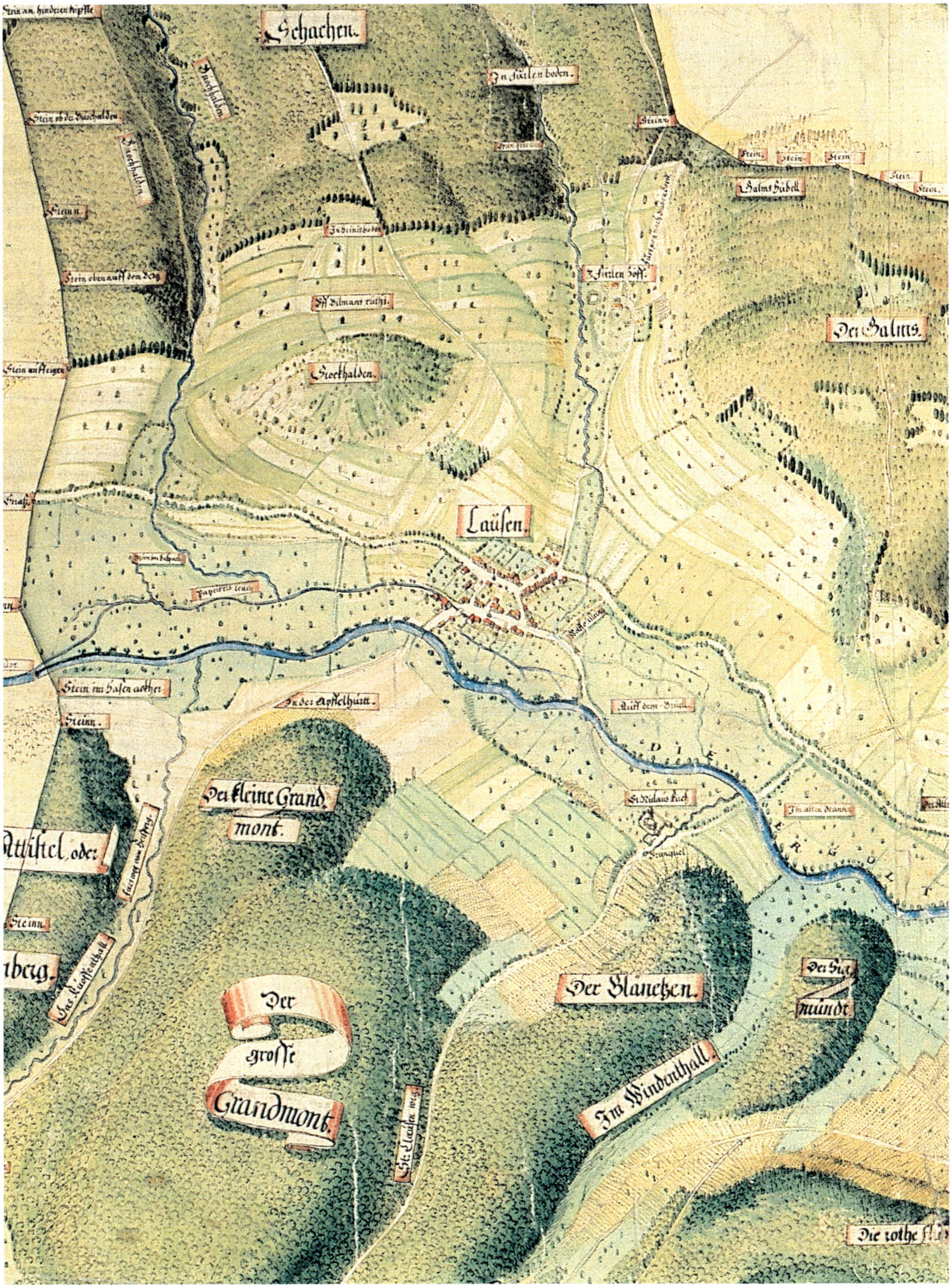
Schachen
Der Salms
Laüsen
Der kleine Grand mont
Der grosse Grandmont
Der Blänetzen
Im Windenthall
Die rothe

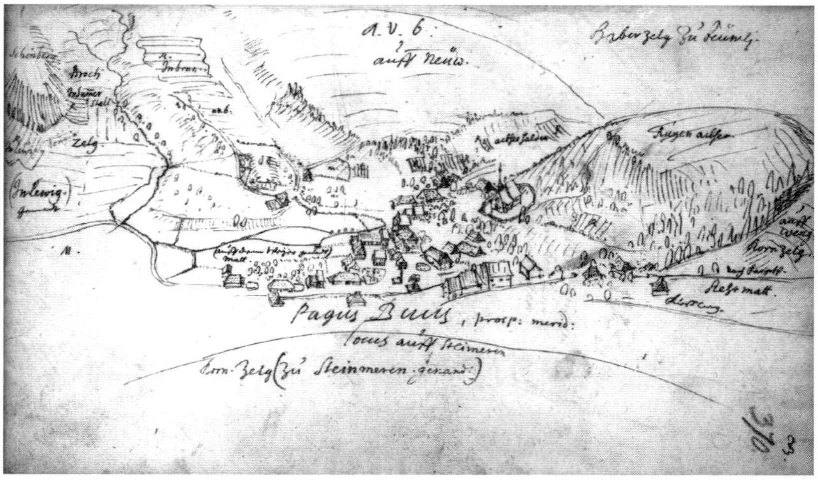

Dreizelgenwirtschaft in Buus
Die Skizze von Georg Friedrich Meyer erlaubt nochmals eine andere Sicht auf die Dreizelgenwirtschaft im späten 17. Jahrhundert, und zwar am Beispiel von Buus. Im Vordergrund in der Bildmitte sowie rechts am Rand befand sich im Jahr der Zeichnung die Kornzelg, links hinten die Brachzelg und, nicht auf dem Bild, aber rechts oben angedeutet, die Haferzelg.

den Weidgang der Tiere.[2] Nur für möglichst begrenzte Zeiträume entzogen sie bestimmte Teile dieser kollektiven Nutzung und bauten wiederum mehr oder weniger kollektiv Getreide an. Lediglich die Ernte wurde individuell nach dem jeweiligen Landanteil der Grundstückseigentümer verteilt, obwohl die eigentliche Erntearbeit oft kollektiv verrichtet wurde. Die Landleute verstanden die vielfältigen Regelungen der Dreizelgenwirtschaft wahrscheinlich als notwendige, wenn auch oft lästige Handlungsweisen, die seit jeher befolgt worden waren. Es grundsätzlich anders zu machen, war wohl für die meisten undenkbar.

Die Dreizelgenwirtschaft verändert sich

Es wäre allerdings verfehlt, die starren Regeln herauszustreichen und die vielfältigen Abweichungen und Differenzierungen beiseite zu lassen. Diese ergaben sich, weil nicht in allen Regionen gleich verfahren wurde, weil es Unterschiede je nach sozialer Gruppe gab und weil sich die Prinzipien im Lauf der Jahrhunderte veränderten. Im Baselbiet war, wie gesagt, für die

Das Landwirtschaftsjahr

Äcker

- Pflügen der Sommerzelg im Frühjahr (März, zum Teil «lenzen» genannt), manchmal schon einmal im vorhergehenden Herbst
- Pflügen der Brache-/Winterzelg: Noch im Brachestadium wird die spätere Winterzelg drei-, manchmal sogar viermal gepflügt, das erste Mal Ende Juni (nach dem Johannistag, dem 24. Juni, zum Teil «strauchen» genannt), danach noch ein- bis zweimal im Herbst (zum Teil «rühren», «entwerfen» und «zur Saat fahren» genannt). Manchmal erfolgt die erste Pflügung bereits im März. Im Herbst wird bei einer der letzten Pflügungen normalerweise auch Mist untergepflügt. Dieses Muster stellt allerdings einen Idealfall dar, gerade auch im Baselbiet wurde wohl oft nur einmal, im Herbst, gepflügt.
- Aussaat der Sommerzelg: zwischen dem Georgstag (23., manchmal auch 26. April) und Walpurgis (1. Mai)
- Aussaat der Winterzelg: zwischen Gallustag (16. Oktober) und Martini (11. November). Die Zelgzäune mussten jeweils ebenfalls auf diese Termine hin erstellt sein.
- Ernte der Sommerzelg: Juli/August
- Ernte der Winterzelg: Juli

Nachher waren die Zelgen für den allgemeinen Weidgang offen (Stoppelweide).

Winterzelg die ganze frühe Neuzeit über der Dinkel üblich, für die Sommerzelg der Hafer. Erst im 18. Jahrhundert und vor allem im unteren Kantonsteil mit klimatisch besseren Voraussetzungen wurde in der Winterzelg auch Weizen angepflanzt. Auf einigen Sommerzelgen fanden sich während der ganzen frühen Neuzeit auch Roggen und Gerste. Vor allem im letzten Drittel des 18. und zu Beginn des 19. Jahrhunderts breitete sich im Baselbiet die Bepflanzung der Brachzelg aus. Dabei wurden Kunstgräser (Kleearten, Luzerne), Rüben (das sind Brassica-Arten) und ganz spät auch Kartoffeln angebaut. In anderen Gebieten der Eidgenossenschaft, namentlich in Zürich und Luzern, war diese so genannte Besömmerung der Brache zum Teil schon im 16. und 17. Jahrhundert üblich geworden.[3] Der Wechsel in der Bewirtschaftung der Brachzelg zeigt eindringlich, dass auch eine auf festen Traditionen beruhende Landwirtschaft wie jene der frühen Neuzeit durchaus Innovationen hervorbringen konnte.

Eine weitere Differenzierung der Grundregeln besteht darin, dass ein Vollbauer im Allgemeinen in allen drei Zelgen etwa gleich viel Land besass, während ein Taunerhaushalt oft über höchst ungleiche Anteile verfügte, wenn er überhaupt Zelgland sein Eigen nennen konnte. Dass dies die Selbstversorgung erheblich einschränkte, braucht nicht speziell betont zu werden. Eine andere Variante der Dreizelgenwirtschaft ergab sich daraus, dass das Ackerland in vielen Gemeinden wegen der Geländeverhältnisse nicht in drei gleich grosse, je zusammenhängende Blöcke unterteilt war. In diesen Fällen gehörten mehrere, räumlich voneinander getrennte Parzellenverbände zur gleichen Zelg, wie für das Laufental nachgewiesen. Das änderte jedoch am Grundprinzip der dreijährigen Rotation nichts.

Die Matten für das Vieh

Die bewässerten Matten fanden sich meistens entlang der Flüsse und Bäche, oder sie lagen so, dass sie mit vertretbarem Aufwand über Kanäle und Holzröhren an Fliessgewässer angeschlossen werden konnten. Für die

Matten

Die Matten waren ab dem Georgstag (23. oder 26. April), spätestens aber nach Walpurgis (1. Mai) eingehegt bis nach der Heu- oder Emdernte. Die Heuernte erfolgte im Juni oder Juli, spätestens um den St. Jakobstag herum (25. Juli) musste die Matte für den allgemeinen Weidgang geöffnet werden, wenn das Grundstück als eigenweidige Matte davon nicht ausgenommen war. Das Emd wurde Ende August oder im September eingebracht. Vielerorts mussten die Emdmatten um St. Verena (1. September), spätestens aber an St. Michaelis (23. oder 29. September) für den allgemeinen Weidgang offen sein.

Weide und Weidgang

Zumindest im 16. und zum Teil im 17. Jahrhundert war es üblich, sowohl die Äcker der Sommerzelg als auch die Matten im März/April für den allgemeinen Weidgang zu öffnen. Man nannte dies die Etzweide oder auch die Weide vor den Blumen. Im 18. Jahrhundert war dies jedoch in Basel ausser Übung gekommen. Nach heutiger Auffassung fördert eine kurze Bestossung im Frühjahr die Grasnarbe, in der frühen Neuzeit dürften die Nachteile, vor allem Trittschäden bei nassem Wetter, die Vorteile aber überwogen haben. Die Sommerweide auf der Brachezelg sowie auf den abgeernteten Matten, die so genannte

Typen von Zelgenfluren im Laufental
Die Zelgen verteilten sich manchmal über mehr als drei Grossflächen. Zentral war aber auch bei mehrteiligen Gebieten mit Dreizelgenwirtschaft, dass die Fruchtfolge im Jahresrhythmus wechselte und die Rotation in allen betroffenen Teilarealen alle drei Jahre wieder die gleiche Bearbeitung vorschrieb. Die Ackerflächen, die in gleicher Weise angebaut wurden, lagen in solchen Fluren zum Teil weit voneinander entfernt.

Die Matten entlang der Bäche
Wie hier am Beispiel Benken gut zu erkennen, erstreckten sich die Matten entlang der Fliessgewässer; sie befanden sich damit oft auch in einer gewissen Nähe zum Dorf, so dass das Heu nicht über allzu lange Wege transportiert werden musste.
Das Rauhfutter besteht aus Stärke (Kohlenhydrate), Futtereiweiss und Rohfasern. Das Tier wandelt diese Nährstoffe in Milch-, Fleisch-, Dünger- und Zugleistung um, nachdem es seinen Eigenbedarf gedeckt hat.
Gras wächst aber nicht einfach so und bringt quasi automatisch den immer gleichen, guten Ertrag. Die idealen Wachstumsbedingungen für das Gras sind: 13 bis 14 Grad Celsius und Niederschläge von etwa 700 mm von April bis September. Futterwüchsigkeit, Ergiebigkeit und Futterqualität sind im Mai am grössten und nehmen nachher relativ stark ab. Der optimale Schnittpunkt ist kurz bevor der Verlust an Futterwert, dass heisst an Eiweiss und Energiegehalt, den Mengenzuwachs an Rohfasern übertrifft.

Bewässerung wurden in Gemeindefronarbeit von den Talbächen ausgehende Gräben angelegt. Die Grundstücksbesitzer erhielten «nach der Kehre» das Recht, das Wasser auf ihre Matten «abzulassen».[4] Die Bewässerung der Matten war ein weiterer Bereich ländlichen Gemeindelebens, der bis ins 19. Jahrhundert hinein ausgeprägt nach genossenschaftlich-kollektiven Kriterien und Gewohnheiten organisiert war. In vielen Gemeinden gab es zudem unbewässerte Matten, meistens am Übergang zwischen Ackerflur und Wald oder dann im Wald. Die Bewässerung diente ebenso sehr der Feuchtigkeitszufuhr wie der Düngung durch die im Wasser enthaltenen Schwebstoffe. Nebenbei schwemmte sie auch noch den einen oder anderen Schädling aus. Dazu kam die wenig ergiebige, unsystematische Streudüngung durch das Vieh, das während des allgemeinen Weidgangs vom Juni bis in den Spätherbst und oft auch noch in den Monaten März und April auf die Matten getrieben wurde.

Auf den Wiesen erzeugte man das Rauhfutter für das Vieh, das in erster Linie als Heu geerntet und aufbewahrt wurde. Das Heu wurde in der Regel in der zweiten Hälfte des Monats Juni eingebracht. Die Heuerträge waren im Allgemeinen tief, sie lagen in der Grössenordnung von zehn bis elf Doppelzentnern pro Hektare.[5] Der Zeitpunkt der Heuernte ist allerdings auch vom Wetter abhängig, denn eine mittlere Heuernte erfordert etwa zwanzig Stunden Sonnenschein. Verregnetes Heu verliert an Nährstoffen und wird oft auch durch Mikroorganismen geschädigt. Als direkte Folge verminderter Futterqualität geben die Kühe weniger Milch.

Bis ins 18. Jahrhundert hinein wurden viele Matten nur einmal im Jahr geschnitten. Die frühzeitige Öffnung für die allgemeine Weide verunmöglichte das Emden. Erst mit der im späten 18. Jahrhundert einsetzenden Modernisierung der Landwirtschaft breitete sich die zweifache Heugewinnung und daneben auch die mehrfache Rauhfutterernte aus. Eng damit verbunden war die Ausbreitung der Stallhaltung beziehungsweise -fütterung des Viehs.

Weide nach den Blumen, dauerte bis in den September hinein. Die Herbst- oder Spätweide begann spätestens Ende September, und zwar auf den Arealen der Sommer- und der Winterzelg. Diese Weide wurde oft auch Stoppelweide genannt.

Nebenrolle für die Vieh- und Milchwirtschaft

Vieh- und Milchwirtschaft waren in der frühneuzeitlichen Kornlandwirtschaft lediglich Nebentätigkeiten, die vor allem der Bereitstellung von Zugkraft für die Ackerarbeit und der Erzeugung von Dünger dienten. Ferner wurde damit der Eigenbedarf an Fleisch und Milchprodukten gedeckt. Allfällige Überschüsse wurden vermarktet. Nur in den höher gelegenen Gebieten der Nordwestschweiz und aus transporttechnischen Gründen in Stadtnähe spielte die Vieh- und Milchwirtschaft eine grössere Rolle. Auf den Einzelhöfen war sie der Hauptbetriebszweig. Hier stand die Herstellung von Butter und Käse, die transportierbar waren, im Vordergrund, während die Milch für die Selbstversorgung und zum Verkauf in der unmittelbaren Umgebung sowie für die Mast gebraucht wurde. Auf den Einzelhöfen war insbesondere die Schweinemast mit der Schotte üblich, die aus der Käseherstellung übrig blieb. Die Fleischproduktion

Reb- und Obstbau zur Ergänzung

Weil der Wein neben dem Wasser das Alltagsgetränk war, wurden an vielen Orten Reben gezogen, wenn der Boden, die Höhenlage und das Klima es erlaubten. Um 1680 umfasste der Rebbau auf der alten Basler Landschaft ohne das Birseck und das Laufental in 46 von 55 Gemeinden rund 271 Hektaren, was 0,9 Prozent der Gesamtfläche entsprach, während heute auf 0,1 Prozent der Kantonsfläche Reben wachsen. Die Nachrichten zum Weinbau im Baselbiet während der frühen Neuzeit fliessen nur spärlich, so dass wir uns hier auf Literatur über andere Gebiete und auf einige Beobachtungen stützen, die Schulinspektor und Landwirtschaftskenner Johannes Kettiger in der Mitte des 19. Jahrhunderts machte.[6] Nach Kettiger war der Weinbau vor allem «im mittleren und unteren Teil des Baselbiets beträchtlich». Punktuell konzentriert war er im Farnsburger Amt, hervorzuheben sind die Gemeinden Sissach, Buus, Gelterkinden, Rothenfluh, Maisprach und Wintersingen. Im Amt Liestal wurde der Weinbau fast in jeder Gemeinde in nennenswertem Umfang betrieben. Das untere Birs- und das Leimental können als Weingebiet par excellence gelten. Im Birseck soll sich der Weinbau vor allem während des 18. Jahrhunderts stark ausgedehnt haben.[7] Im Laufental glichen die Verhältnisse je nach Gemeinde, sprich Höhenlage, jenen im Waldenburger oder jenen im Farnsburger Amt.

Diese Angaben zur Verbreitung des Rebbaus dürften auch für die frühe Neuzeit Gültigkeit haben. An den meisten Orten ergänzte der Rebbau die Landwirtschaft und wurde nebenbei erledigt. Rebareale waren vom allgemeinen Weidgang ausgenommen, allerdings galten für die Bewirtschaftung vor allem während der Ernte strenge Regelungen, denen sich alle zu unterziehen hatten. Nur im Fürstbistum gab es einzelne grosse spezialisierte Betriebe, so zum Beispiel den Schlatthof, dessen 200 Jucharten sich auf Ettingen, Aesch und Reinach erstreckten.[8] Die Arbeit in den Reben war für viele Tauner und Taunerinnen von Bedeutung, da sie ihnen die Möglichkeit gab, tageweise Geld oder Naturalien zu verdienen. Die Rebberge wurden im

Rebbau

Die Reben wurden im Allgemeinen mit der Methode des «Grubens», das heisst durch die Gewinnung von Ablegern, verjüngt. Nur alte und kranke Reben wurden ersetzt. Die Rebstöcke liess man vielerorts so lange wie möglich stehen, so dass sie bis zwanzig Jahre alt werden konnten.

war von untergeordneter Bedeutung. Gezielte Zuchtanstrengungen wurden kaum unternommen, in der Regel ergänzte man seine Herde aus dem Viehhandel. Je nach Konjunktur und je nach Futtervorräten für den Winter variierte die Grossviehherde eines Betriebs im Lauf des Jahres erheblich. Nicht zu vergessen das Kleinvieh: Schweine spielten für die Ernährung vieler Haushalte eine wichtige Rolle, ebenso die Schafe, die auch der Wolle wegen gehalten wurden. Zum Kleinvieh gehörten ferner Ziegen, allerdings nie in grösserer Menge, sowie Hühner und anderes Federvieh. Das Kleinvieh hatte sich zwischen Haus und Wald irgendwo zu ernähren, zum Beispiel an nicht bearbeiteten Böschungen, denn es gab nicht überall eine spezielle Schaf- und Ziegenweide.

Sondernutzungen in Bünten und Rütenen

Rütenen, das heisst Rodungsflächen, lagen peripher, am Rand oder mitten im Wald.[3] Meistens wurden sie auf Allmendland der Gemeinde oder im obrigkeitlichen Hochwald angelegt. Sie wurden in der Regel im Rahmen der Armenfürsorge auf eine bestimmte Zeit an Bedürftige, oft aber auch an besser gestellte Landleute gegen eine jährliche Gebühr abgegeben. Es handelte sich im Allgemeinen um wenig er-

Übrigen auch als Garten genutzt, indem man darin Gemüse und zum Teil sogar Obstbäume pflanzte. Ähnlich wie der Obstbau wurde der Rebbau nicht mit der Systematik und dem Aufwand späterer Jahrhunderte betrieben. In den höheren Lagen überwogen nach Kettiger rote, im unteren Kantonsteil weisse Gewächse. Beim Roten handelte es sich in erster Linie um «blauen Klevner», den Blauburgunder, beim Weissen meistens um «Gutedel» und «Elben» (Elbling?).[9] Der Ertrag pro Juchart betrug nach Kettiger in guten Jahren 30 und mehr Saum beim Weissen und 24 Saum beim Rotwein. Das sind rund 15 800 Liter pro Hektare beziehungsweise 12 600 Liter pro Hektare. Dennoch, so Kettiger, «befriedige der eigene Ertrag das Bedürfnis bei weitem nicht». Das traf mit Sicherheit auch für die frühe Neuzeit zu, während der ebenfalls erhebliche Quanten Wein ins Baselbiet und ins Fürstbistum eingeführt wurden. Der «Import» stammte aus dem Elsass, Baden und einigen Weinbaugebieten der deutschen und welschen Schweiz. Allerdings wurde in diversen Verordnungen festgehalten, dass die untertänige Landbevölkerung in erster Linie den lokal oder regional produzierten Wein zu konsumieren hatte, während den Städtern der bessere importierte Wein vorbehalten war.

Obstbäume haben und hatten vor allem in den höheren Lagen des Baselbiets Tradition, da diese Gebiete von den für die Blüten schädlichen Frühjahrsfrösten verschont sind. Am verbreitetsten waren Apfel-, Pflaumen-, Kirsch- und Birnbäume mit unzähligen, heute nur noch teilweise vorhandenen Sorten. Die Kirschbäume waren im Hoch- und Spätmittelalter offenbar einmal stärker vertreten, wurden aber erst im 19. Jahrhundert zum typischen Baselbieter Obstbaum. Die Bäume standen in den Gärten, zum Teil auf den Matten und selten im Ackerland. Im 18. Jahrhundert waren Heiratswillige an manchen Orten verpflichtet, einen Obstbaum auf der Allmend zu pflanzen. Die Pflege der Obstbäume war allerdings minimal und nicht mit den im 19. Jahrhundert unternommenen Anstrengungen zur Verbesserung der Obstbaumkultur zu vergleichen.

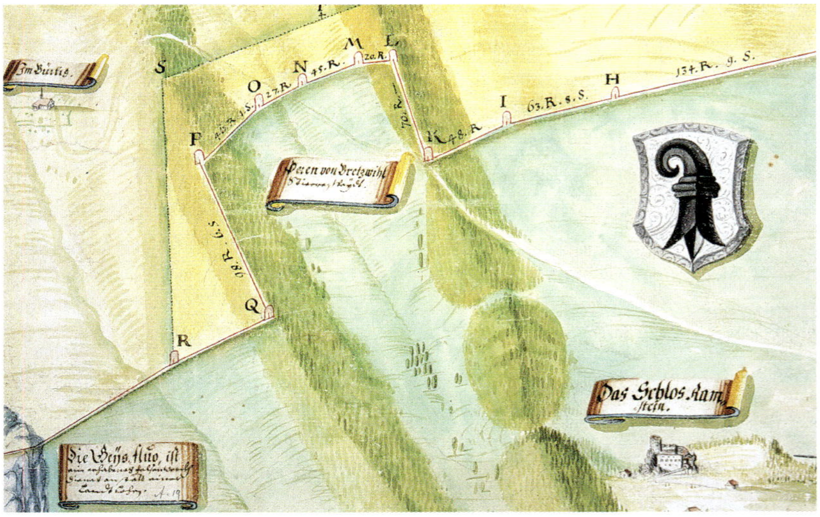

Die Stierenweid von Bretzwil
Der Plan, der ziemlich sicher aus dem frühen 17. Jahrhundert stammt, zeigt die den Stieren vorbehaltene Weide von Bretzwil. Nicht nur hier gab es um die Nutzung der Weiden immer wieder Streit innerhalb des Dorfes. Eine Möglichkeit, diese Konflikte zu lösen, bestand darin, das gesamte Weideareal aufzuteilen und die so entstandenen Areale für die verschiedenen Viehgattungen zu reservieren, also eine Stieren-, eine Kuh-, eine Pferdeweide usw. zu schaffen.

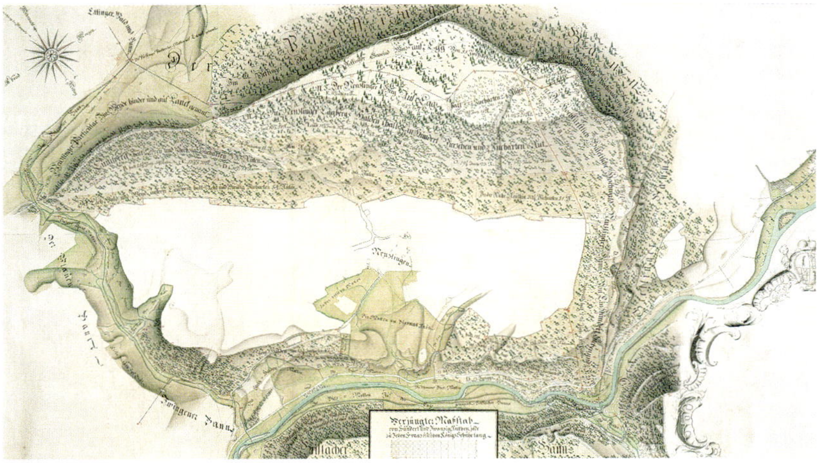

Die Weide von Nenzlingen
Auf dem Plan von Geometer Brunner aus dem späten 18. Jahrhundert ist die periphere Lage der Weideareale innerhalb des Gemeindebanns am Beispiel Nenzlingen gut zu erkennen. Ausgespart wurden hier die Siedlung und die Ackerflur sowie das Mattland. Gezeigt werden die mehr oder weniger ausgedehnten, zum Teil im Wald gelegenen Weideflächen, die als Allmend kollektiv genutzt wurden. Dies führte vor allem im 18. Jahrhundert zunehmend zu einer Übernutzung, so dass die Qualität der Weideflächen vielerorts zu wünschen übrig liess. Daraus entstanden immer wieder Konflikte zwischen den armen und den reichen Dorfbewohnern, denn letztere trieben so viel Vieh wie möglich auf und hielten sich dabei nicht an die Vorgaben der Gemeinde. Im 16. und 17. Jahrhundert führte die Ausdehnung der Weideflächen auch zu Auseinandersetzungen über den Grenzverlauf zwischen benachbarten Gemeinden. Unter Einschaltung der Obrigkeit wurden die strittigen Grenzen in der Folge fast überall festgelegt und damit auch die Gemeindegrenzen, die in den meisten Fällen bis heute Gültigkeit haben. Diesen Auseinandersetzungen verdanken wir zahlreiche, zum Teil sehr schöne Pläne und kartographische Aufnahmen aus dem 16. und dem 17. Jahrhundert.

Allmend und Weide

Die Allmend umfasste den gesamten unparzellierten, kollektiv genutzten Teil einer Gemeinde. Dazu gehörten: grosse Teile des Waldes und der Weiden, Moore, Riedflächen, Gewässer und Teiche, flussnahes Schwemmland als so genannte äussere Allmend, und alle nicht als Sondereigentum ausgewiesenen Flächen innerhalb des Dorfetters als so genannte innere Allmend, etwa Wege, Strassen, Plätze und Brunnen. In erster Linie befand die Gemeinde, konkret die Gruppe der männlichen, im Dorf eingebürgerten Haushaltsvorstände, über die Art der Nutzung der Allmend. Die Obrigkeiten besassen an sich die Oberaufsicht über die Allmend. Sie machten vor allem bei innerdörflichen Streitigkeiten davon Gebrauch; die Fürstbischöfe versuchten im 17. und 18. Jahrhundert zudem, einen Teil der Allmend an sich zu ziehen und hier innovative Vieh- und Milchwirtschaftsbetriebe anzusiedeln oder auf diesen Flächen vor allem eigenes Vieh weiden zu lassen. Bei den Weiden war dieses obrigkeitliche Obereigentum im Übrigen schwächer entwickelt als bei den Wäldern. Vor allem im 16. und frühen 17. Jahrhundert wurden die Wälder, oder Teile davon, als Weide genutzt, indem man das Vieh einfach hin-

tragreiche Böden, die nur in Krisenjahren oder sonst nach Bedarf genutzt wurden, entweder als Matte oder für den Anbau von Getreide oder Gemüse. Während normalen oder guten Jahren wurden die Grundstücke dem Graswuchs überlassen und allenfalls als zusätzlicher Weideplatz genutzt. Bünten konnten ebenfalls an der Peripherie der Flur, meist auf Allmendland liegen, sie befanden sich jedoch öfter in der Nähe des Dorfes. Diese Grundstücke wurden ebenfalls individuell genutzt, meistens mit der Hacke bearbeitet und mit «Hüsligülle», sprich menschlichen Fäkalien gedüngt. Hier wurden haushaltsnahe Produkte wie Gemüse, so etwa Rüben oder später Kartoffeln, vor allem aber Gespinstpflanzen angebaut, in erster Linie Hanf und Flachs, die bis ins 18. Jahrhundert hinein die wichtigsten Grundstoffe für die Kleider waren, bevor sie von der Baumwolle abgelöst wurden.

Die Einzelhöfe

Ein charakteristisches Element der Landschaft im höheren Jura waren vor allem im 18. Jahrhundert die Einzelhöfe, auf denen Vieh- und Milchwirtschaft betrieben wurde.[4] Sie lagen in der Regel fern des Dorfes ausserhalb der Zelgflur. Ihre Wirtschaftsfläche war arrondiert, das heisst rund um die Hauptbetriebsgebäude herum grup-

Die Witweide bei Schloss Wildenstein
Nahe bei Schloss Wildenstein können die so genannten Witweiden noch in Augenschein genommen werden. Diese locker mit Bäumen, vor allem Eichen, bestandenen Weiden fanden sich vor allem im mittleren und höheren Tafel- und Kettenjura.

auslaufen liess. Seit dem späten 17. Jahrhundert gingen die Obrigkeiten als Obereigentümer der Hochwälder gegen diese aus ihrer Sicht «wilde» Nutzung der Wälder vor.

Die Allmend im engeren Sinn umfasste jene besonderen Weideareale, die zusammen mit dem Wald eine der Hauptressourcen der Gemeinden bildeten. Wer von den Haushaltsvorständen wie viel Vieh auf die Allmend treiben durfte, war entsprechend dem sozialen Status genau geregelt: Dorfbürger und Vollbauern, die über einen eigenen Hausstand, entsprechenden Grundbesitz und mindestens einen vollen Zug, sprich vier Zugtiere, verfügten, durften am meisten Vieh auftreiben, Bauern oder Tauner mit weniger Vieh weniger. Als Grundregel galt, dass man so viele Tiere auf die Weide geben durfte, wie man aus eigenen Futtervorräten überwintern konnte, ein Kriterium, das klar vom wirtschaftlich-sozialen Status, besonders vom Grundbesitz abhing. Das Allmendrecht, «Gerechtigkeit» genannt, war im Allgemeinen an den Besitz eines Wohnhauses gebunden. Hintersässen, das heisst Personen, die nicht Bürger des Wohnortes waren, durften nur als Vergünstigung und gegen eine Gebühr Vieh auf die Weide treiben. In manchen Gemeinden konnte dieses Recht auch zurückgenommen oder eingeschränkt werden. Der grösste Teil der Bevölkerung konnte also von der Allmend profitieren, allerdings in sozial höchst unterschiedlichem Ausmass. Konflikte um die Nutzung der Weide waren darum in allen Gemeinden ein Dauerthema. Dabei standen sich oft die Vieh besitzenden Vollbauern und die Tauner gegenüber: Diese versuchten, die ihnen gewährten Rechte zu erweitern, und mussten sich gegen übersetzte Ansprüche der Bauern wehren, die ihre Machtposition immer wieder ausnutzten und ohne Rücksicht auf andere zum Teil erheblich mehr Vieh auf die Weide trieben, als ihnen eigentlich erlaubt war.

Vielerorts waren für das Gross- und Kleinvieh gesonderte Weiden ausgeschieden, je nachdem wurden bestimmte Areale auch Pferden, Stieren und Ochsen, also dem Zugvieh, vorbehalten, während Kühe, Rinder und

Ausserhalb der Zelgen: Einzelhöfe
Der Einzelhof Ober St. Romai bei Lauwil wurde 1554 erstmals erwähnt. Hier wurde in erster Linie Vieh- und Milchwirtschaft betrieben. Ober und Mittler St. Romai waren von einer «Einhägi», das heisst von Zäunen und Lebhägen umgeben. So konnte das Vieh auf den zusammenhängenden Grasflächen weiden, ohne dass es gehütet werden musste. Ebenso waren diese Weiden gegen fremdes Vieh geschützt.

piert, deutlich von der Dorfflur abgegrenzt und der gemeindlichen Dreizelgenwirtschaft entzogen.
Meistens wurde der Ackerbau, wenn überhaupt, nach dem System der so genannten Egartenwirtschaft betrieben. Dabei nutzte man die Grundstücke die meiste Zeit über als Matte oder Weide und nur ab und zu, ohne bestimmte Zeitfolge, brach man eine Wieslandparzelle für ein paar Jahre auf und säte sie an. Danach wurde das Grundstück wieder dem Graswuchs überlassen und als Weide oder Matte genutzt.
Die frühneuzeitlichen Einzelhöfe waren entweder Lehen- oder Pachthöfe, die fast durchwegs auf mittlere Frist, etwa auf acht oder neun Jahre, verliehen oder verpachtet wurden. Die meisten Baselbieter Einzelhöfe wurden gegen Ende des 18. Jahrhunderts oder später gegründet. Einige wenige waren älter, zum Teil sehr viel älter, so vor allem die schlossnah gelegenen Güter wie zum Beispiel Wildenstein bei Bubendorf oder Kloster- und Kirchengüter wie etwa St. Romai bei Lauwil und Schöntal bei Langenbruck.
Einzelhöfe im Besitz von Basler Stadtbürgern und -bürgerinnen oder von städtischen Stiftungen, oft Herrenhöfe genannt, befanden sich nicht nur als Alp- und Sennhöfe im Faltenjura, sondern lagen zum Teil auch nahe der Stadt wie zum Beispiel

Kälber ebenfalls auf eigene Weiden geführt wurden. Während der frühen Neuzeit wurde immer die ganze Weide bestossen, es war nicht üblich, die Weide in bestimmte Bezirke zu untergliedern und diese vom Vieh reihum abweiden zu lassen. Die Allmendweide wurde bald nach dem Ende der Schneeschmelze im März oder April erstmals bestossen, wenn das Gras oft erst wenig gewachsen war, und dann den ganzen Sommer und Herbst hindurch bis Ende Oktober genutzt. Die Bedeutung der Viehherde und der Weide ist daran erkennbar, dass die Stelle des Gemeindehirten Amtscharakter hatte. Der Hirte musste die Herde im Dorf sammeln und auf die diversen Weiden treiben, sei es in der Zelg, den Matten oder auf der Allmend; ausserdem hatte er Zäune und Unterstände zu unterhalten.

Der Wald liefert Rohstoffe

In vielen Gemeinden waren die Waldflächen noch im 18. Jahrhundert nicht unbedingt wesentlich kleiner als heute, die Bestockung war aber weniger dicht. Gewisse Waldpartien glichen eher einer Ansammlung von Gestrüppen und Büschen. Viele Wälder waren infolge häufigerer Ausholzung jünger als heute. Im Allgemeinen wurde der Wald im Einzelschlag und im Nieder- und Mittelbetrieb genutzt, mit einer Umtriebszeit von maximal dreissig Jahren. Die Vermehrung erfolgte durch Stockausschlag. Kahlschläge nahm vor allem

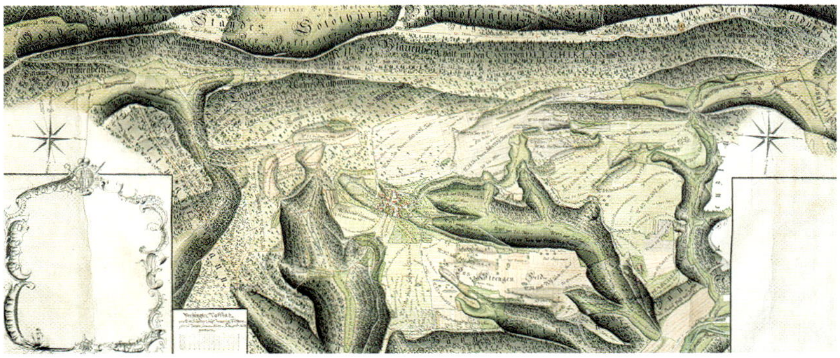

Der Wald als Ressource

Die Bedeutung des Waldes als Ressource kommt auch in den zum Teil sehr aufwändigen Plänen zum Ausdruck, welche sowohl der Rat der Stadt Basel als auch die Fürstbischöfe von einem Teil ihrer Wälder anfertigen liessen. Die so genannten Brunner'schen Pläne wurden vom Hoffeldmesser des Fürstbischofs, von Heinrich Leonardus Brunner, und weiteren Fachleuten zwischen 1767 und 1780 angefertigt und sollten neben Wald und Allmend auch «alle Felder und Ackerstücke, alle Emd- und Bergmatten», alle Domänen der Fürstbischöfe, Wege, Strassen, Flüsse usw. erfassen. Damit wurde die Landschaft des Laufener Juras erstmals in detailliertem Grundriss aufgenommen. Der abgebildete Plan zeigt den Bann der Gemeinde Blauen.

Brüglingen oder das Bruckgut in Münchenstein.

Die Betreiber der Einzel- und Sennhöfe gehörten, was ihre wirtschaftliche Potenz anbelangt, zur dörflichen Mittel- oder Oberschicht. Sie hatten allerdings kaum je Ämter inne, nicht zuletzt weil sie oft Hintersässen waren. Ferner waren ihre Beziehungen zum Dorf nicht selten gespannt, weil ihre Nutzungsrechte an Wald und Allmend unklar waren.

Die Einzelhöfe können insgesamt als sekundäre Merkmale eines langfristigen Wandels in der Landwirtschaft interpretiert werden. Die Ursachen für das besonders im 18. Jahrhundert stark gestiegene Interesse von Basler Bürgern und Institutionen an Grundstücken auf der Landschaft lagen vor allem im stetig wachsenden städtischen Kapital, das aus den Gewinnen der aufblühenden Seidenbandweberei gespeist wurde. Dazu kam, dass man die Versorgung der städtischen Bevölkerung mit Milchprodukten, insbesondere Butter sichern wollte und dass einzelne gebildete Bürger, die der damals auch in der Schweiz aktuellen physiokratischen Bewegung anhingen, Interesse an der Landwirtschaft hatten und in agrarische Innovationen investierten. Die Einzelhöfe eigneten sich dafür, weil sie nicht in die Dreizelgenwirtschaft integriert waren.

die Obrigkeit vor, die darauf folgenden Aufwuchsflächen wurden als so genannte Waldeinschläge eingezäunt und vor Viehverbiss geschützt. Ein Teil der Waldgebiete war nur schwer zu erreichen, geschweige denn zu nutzen, so dass der Wald in abgelegenen, steilen Zonen sich selbst überlassen war. In den unteren und mittleren Lagen standen vor allem Eichen und Buchen, in den höheren Lagen Buchen und Nadelholzbäume. Es gab somit mehr Eichen und weniger Fichten als heute.

Sowohl im Herrschaftsgebiet der Stadt als auch im Fürstbistum waren die meisten Wälder so genannte Hochwälder, das heisst Eigentümerin war die Obrigkeit, die das Forstregal innehatte. Wald im Besitz von Einzelpersonen oder der Gemeinde gab es nur wenig. Die Verfügungsgewalt lag aber zu einem hohen Grad bei den Gemeinden, deren Kompetenzen in diesem Bereich erst im Laufe des Ancien Régime von den Obrigkeiten beschränkt wurden. Die Untertanen hatten das Recht, ihren Brenn- und, gegen eine Gebühr, die so genannte Stammlöse, ihren Nutzholzbedarf in den Wäldern zu decken. Holz war einer der wichtigsten Werkrohstoffe vorindustrieller Gesellschaften. Man verwendete es: für den Bau von Häusern, Ställen, Scheunen, für so genannte «Deuchel», das heisst Holzrohre für Wasserführungen, für Werkzeuge und Geräte wie Pflüge oder Wagen. Holz brauchten auch die Ziegler viel, ebenso die Schmiede, die Köhler, Küfer und Wagner. Den Bäumen zu Leibe rückten ausserdem die Harzer, die Gerber, zur Gewinnung von Lohe, die Rebsteckenmacher, die Hersteller von Pottasche, um nur einige zu nennen.[10] Kam hinzu, dass zumindest Teile der Wälder immer auch als Viehweide genutzt wurden. Die Holzansprüche waren an sich ebenfalls sozial unterschiedlich bemessen, das heisst die Bürger und Vollbauern waren bevorzugt. In Wirklichkeit wurde das Holz jedoch gleichmässiger zugeteilt als das Recht, die Allmendweide zu nutzen. Zumindest diejenigen Nutzholzmengen, für welche die Untertanen bei der Obrigkeit ein Bauholzbegehren einreichten, wurden ohne weiteres und ohne soziale Rücksichten bewilligt.

Formen der Waldbewirtschaftung

Hochwald

Hochwald bedeutet als politisch-rechtlicher Begriff Wald im Eigentum der Obrigkeit, als forstbetriebliche Bezeichnung Wald mit hochstämmigen, über mehrere Jahrzehnte wachsenden Bäumen. Dieser Hochwald war im Baselbiet während der frühen Neuzeit selten. Wir sind heute das Bild dieses hochstämmigen Waldes mit meist geschlossenem Kronendach gewöhnt, zum Beispiel im unteren Baselbiet als Buchen-Eichen-Wälder. Diese Wälder müssen mittels flächigem Kahlschlag verjüngt werden, weil die nachwachsenden Jungbäume sonst zu wenig Licht hätten.

Niederwald

Den in der frühen Neuzeit vor allem in Siedlungsnähe verbreiteten Niederwald nutzte man für die Brennholzgewinnung. Für einen Niederwald werden die Bäume flächig etwa alle dreissig Jahre gefällt, ohne dass man die Wurzeln entfernt. Ausschlagfähige Baumarten, wie die Hagebuche, bilden dann dünne Stämme, die nach wiederum dreissig Jahren die ideale Brennholzdicke erreicht haben. Diese massive Waldnutzung ergibt lichte, nadelholzfreie und buchenarme Bestände, die für viele lichtliebende Pflanzen und Tiere, zum Beispiel das Haselhuhn, wertvollen Lebensraum bieten. Nachdem diese Waldnutzung

Der liebliche Wald
Im 1785 eröffneten, grössten englischen Landschaftsgarten der Schweiz, in der Eremitage in Arlesheim, spielte der Wald eine wichtige Rolle. Er war eine der Attraktionen in diesem Park, der auf die Initiative von Balbina von Andlau-von Staal, der Gattin des fürstbischöflichen Landvogts von Birseck, und ihrem Vetter, Domherr Heinrich von Ligertz, zurückging. Der Maler Johann Baptist Stuntz, 1755 bis 1836, hatte sich in Arlesheim niedergelassen und fertigte mehrere Ansichten der Eremitage an; das hier verwendete Bild stammt aus dem Jahr 1787. Die im 18. Jahrhundert in den höheren Ständen Europas aufkommende Naturschwärmerei liess Landschaftsgärten wie die Eremitage in Arlesheim zu Destinationen der ersten «Touristen und Touristinnen» Europas werden. Insbesondere viele Reisende aus England und Deutschland setzten diesen Park auf ihr Programm.

Um die Verfügung über den Wald stritten sich Gemeinden und Obrigkeit über Jahrhunderte hin in mehr oder weniger offener Form.[11] In der dörflichen Gesellschaft galt der Wald als Allgemeingut, das an sich jedem Haushalt zur Nutzung nach Bedarf frei stand. Die Landleute waren dem Wald, den sie nutzten, viel näher als die Obrigkeit und erlaubten sich deshalb einen freien Umgang damit. Zudem war die Obrigkeit für die Durchsetzung ihrer forstpolitischen Massnahmen auf die Mitarbeit von Unterbeamten aus den Dörfern wie Bannwarten und Amtspflegern angewiesen. Konflikte, Missbräuche und Ungerechtigkeiten waren so unvermeidlich, denn diese Ämter wurden in der Regel nicht lebenslänglich von der gleichen Person ausgeübt. Wer wollte sich in dieser Situation gegenüber den Machthabern oder anderen Leuten im Dorf mit Holzschlagbewilligungen knausrig zeigen, wenn er später selber wieder vom Wohlwollen des Amtsinhabers abhängig war?

Ob die Landleute Raubbau an ihren Wäldern betrieben oder nicht, ist heute in der historischen Forschung umstritten. Auf der einen Seite steht eine Mehrheit, welche die Sicht der Obrigkeit übernimmt, wonach ein

während des späten 19. und des 20. Jahrhunderts ziemlich verpönt war, werden seit kurzem wieder Versuche damit gemacht, unter anderem zur Gewinnung von Holz für die Holzschnitzelfeuerung.

Mittelwald
Hier liess man, neben der regelmässig ausgeräumten Hauschicht des Niederwaldes, einzelne Bäume, meist Eichen, als mächtige Einzelbäume alt werden. Man gewann in diesen Wäldern unter anderem Rinde für Gerbzwecke und Bauholz. Die Mittelwälder waren während der frühen Neuzeit auch im Baselbiet weit verbreitet. Der Mittelwald galt ebenfalls lange als unsachgemässe Waldbewirtschaftung, erst seit wenigen Jahren hat man den Wert dieser Bewirtschaftung erkannt und stellt wieder Versuche damit an, so zum Beispiel an der Eidgenössischen Technischen Hochschule in Zürich.

Plenterwald
Im Plenterwald, vor allem in höheren Lagen des Juras, wachsen Buche, Tanne und Fichte gemischt in allen Altersklassen. Das häufige Fällen einzelner Stämme sorgt für Lichtlücken, die Jungwuchs aufkommen lassen. Der intensiv gepflegte Plenterwald ist vor allem für das späte 19. und das 20. Jahrhundert typisch. Er wirkt durch das

Der Wald für die Schweine
Zu Beginn der frühen Neuzeit wurden die Schweine auch in der Nordwestschweiz in die Wälder getrieben, wenn die Eicheln reif waren. Im 17. und vor allem im 18. Jahrhundert kam diese Form der Waldweide aber allmählich ausser Übung.

gefährlicher Raubbau stattgefunden habe. Auf der anderen Seite werden die vielen Kämpfe um die Nutzung des Waldes als gesamtgesellschaftliche Auseinandersetzung gedeutet, in der darum gerungen wurde, unter Vorwegnahme möglicher Bedrohungen und Mangelzustände mit der zunehmenden Knappheit eines öffentlichen Gutes zurechtzukommen. Dabei hätten die Obrigkeiten auf übertriebene Art und Weise Alarm geschlagen, um ihre Kontrolle über diese Ressource auszudehnen. Es ist also auch für diese Jahrhunderte unklar, ob es ein Waldsterben gab oder nicht. Sicher war dies der Fall in der Nähe von Eisenschmelzen, Berg- und Salzwerken, die einen grossen Holzbedarf hatten, was lokal zu Verwüstungen der Landschaft führte.

Der Wald war im Übrigen ein wichtiges Reservoir für die Ernährung von Mensch und Tier. Man sammelte, was der Wald an Beeren, Pilzen und Ähnlichem zu bieten hatte. Auch Laub, Äste und Fallholz waren besonders bei den Armen begehrt. Das Laub konnte zum Beispiel als Streu im Stall oder für den Laubsack als Schlafunterlage verwendet werden. Das so genannte Ackerit, das heisst die Eicheln und Buchecker, die in vielen Wäldern des Baselbiets bisweilen in grosser Fülle fielen, nutzte man vor allem im 16. und 17. Jahrhundert für die Mast von Schweinen, die man zum gegebenen Zeitpunkt in die Wälder trieb.[12]

Einschläge – Aufbruch zu einer neuen Landwirtschaft

Mit dem Begriff Einschlag, englisch enclosure, wird in der Agrargeschichte eine der wichtigsten Innovationen der frühneuzeitlichen Landwirtschaft West- und Mitteleuropas bezeichnet.[13] Als Einschlag wird ein Grundstück bezeichnet, das von einem Holzzaun oder einem Lebhag umschlossen oder auch nur von einem Graben umgeben war. Entscheidend ist dabei, dass das Grundstück nicht mehr unter den Flurzwang oder andere Regelungen der kollektiven Nutzung fiel, der Besitzer es also grundsätzlich frei bewirtschaften konnte. Einschränkungen der freien Verfügbarkeit bestanden zu Beginn höchstens noch bei der Herbstweide, der die Einschläge bisweilen noch zu

Nebeneinander von Jung- und Altbäumen naturnah und ästhetisch ansprechend. Für diese Nutzung sind nur Mischbestände von Nadelhölzern und Buchen geeignet, sie wurde in der frühen Neuzeit weniger praktiziert und war auf höhere Lagen beschränkt.

Jagd und Fischfang

Die Fauna aus Flur und Flüssen spielte für die Ernährung der Menschen in der frühen Neuzeit eine gewisse, wenn auch nicht überragende Rolle. Wichtiger war das Sammeln von Wildpflanzen und -früchten. Ausserdem war die Jagd ein Herrschaftsvorrecht; es wurde von der Obrigkeit in der Regel mit dem Jagd- und Fischereiregal begründet, das im Zuge des Gebietserwerbs auf sie gekommen war. Die Landvögte der reformierten Basler Landschaft wurden vom Rat immer wieder angewiesen, jegliches «wilde» Jagen zu unterdrücken und im Widerhandlungsfall zu ahnden. Auch die Verleihung oder Verpachtung von Jagden, zumindest an einzelne Landleute, war nicht erlaubt. Die obrigkeitlichen Vorrechte wurden aber, mit Duldung oder trotz des Widerstands der Herrschaft, von den Untertanen oft kaum respektiert. Schon der ländliche Protest während der Reformationszeit hatte gezeigt, dass die Güter der Allmend – und als

öffnen waren. Der Einschlag an sich war nichts völlig Neues, einzelne Einschläge wurden an manchen Orten schon im 16. und im 17. Jahrhundert angelegt, so etwa im 17. Jahrhundert in Teilen des luzernischen Kornlandes.[14] Die Einschlagsbewegung des 18. Jahrhunderts in der alten Basler Landschaft ist gut untersucht, über die Situation im Fürstbistum dagegen wissen wir kaum etwas. Einschläge wird es wohl auch dort gegeben haben, die Anstrengungen zur Förderung der Landwirtschaft gingen jedoch im Fürstbistum in andere Richtungen.[15] Ausserdem wies das Laufental eine ausgeprägte Dreizelgenwirtschaft auf, und die Bauern dürften solchen Veränderungen dort grösseren Widerstand entgegengesetzt haben.

Im Lauf des 18. Jahrhunderts legten die Baselbieter Bauern wie viele ihrer Kollegen im schweizerischen Kornland zusehends mehr Einschläge an. Spätestens seit 1764 taten sie dies mit obrigkeitlichem Segen, denn in diesem Jahr erliess der Basler Rat ein Mandat, das die Anlage von Einschlägen förderte. In der Verordnung von 1764 wurde endlich auch das Bewilligungsverfahren geregelt. Einschlagswillige Landleute hatten zunächst ihre Nachbarn, dann die Gemeinde und die Zehntempfänger zu begrüssen und deren Zustimmung zu erlangen, ferner nahm der Landvogt einen «Augenschein» vor, bevor er das Gesuch an den Rat weiterleitete. Konflikte unter den Landleuten entbrannten vor allem wegen der so genannten Eigenweidigkeit: Die grossen Bauern tendierten dazu, die Einschläge vom allgemeinen Weidgang auszunehmen, das heisst, sie eigenweidig zu machen, während die Tauner und Taunerinnen sich gegen die Einschränkung einer für sie wichtigen Ressource wehrten.

Der Rat hatte lange gezögert, sich in diese Richtung zu engagieren, denn die Zehnt- und Bodenzinsempfänger befürchteten einen Rückgang ihrer Einkünfte. Erst im späten 18. Jahrhundert setzte sich die Erkenntnis durch, dass mit einer Vergrösserung der Grünlandfläche mit Hilfe von Einschlägen die Viehhaltung intensiviert und die Düngermenge gesteigert wurden. Das wiederum war die Voraussetzung dafür, dass die Getreideäcker

Jagd
Die Jagd war eine weitere Form, die Allmend, das heisst Wald und Weide, zu nutzen. Die Jagd war an sich ein Privileg der Herrschaft, das diese jedoch in strikter Form weder durchsetzen konnte noch wollte. Die Jagd gehörte zu den periodischen Vergnügungen der Herrschaftsträger des städtischen Rates und des Fürstbistums. Die Jagden von städtischen Bürgern und Adligen aus dem Fürstbistum waren jedoch höchst bescheiden, wenn man sie mit ähnlichen Veranstaltungen in den europäischen Monarchien der Zeit vergleicht. Andererseits spielte die Jagd für die Ernährung der Landleute nur eine untergeordnete Rolle.

Buus und Umgebung um 1620
Der Plan von Buus wurde vermutlich von Niklaus Bock um 1620 gezeichnet. Er zeigt eine schematisierte Gesamtsicht auf die Kulturlandschaft des Baselbiets im frühen 17. Jahrhundert.

fruchtbarer wurden. Der typische Einschlag lag im Zelgareal, seltener waren Einschläge innerhalb des Mattlandes. Der durchschnittliche Einschlag war zwischen einer halben und mehreren Jucharten gross. Für grössere Einschläge taten sich meistens mehrere Besitzer benachbarter Grundstücke zusammen. Im Baselbiet wurden die Einschläge im 17. und vor allem im 18. Jahrhundert in erster Linie als Matten oder als Weideplatz genutzt, Letzteres vor allem im oberen Baselbiet. Der Anbau von Kartoffeln oder Rüben in den Einschlägen kam erst spät im 18. Jahrhundert auf.

Gute und schlechte Zeiten

Entsprechend der langfristigen Entwicklung des Klimas waren die ersten beiden Drittel des 16. Jahrhunderts, vor allem die Jahrzehnte zwischen 1520 und 1550, und die zweite Hälfte des 18. Jahrhunderts, günstige Phasen für die Landwirtschaft, in denen hohe Erträge und gute Preise erzielt wurden, besonders von den grossen Getreidebauern. Allerdings kamen immer auch andere Ursachen dazu: Während des Dreissigjährigen Kriegs stimulierten Exporte in die vom Krieg verwüsteten Gebiete vorab in Süddeutschland die Agrarproduktion, im 18. Jahrhundert wirkten sich agrarische Innovationen und eine verstärkte Nachfrage infolge des Bevölkerungswachstums positiv aus. Letzteres trifft auch für das 16. Jahrhundert zu. Die Krisen der Landwirtschaft sind fast immer auf schlechte klimatische Bedingungen zurückzuführen. Hier sind vor allem die neunziger Jahre des 16. und des 17. Jahrhunderts hervorzuheben. Dass auch innerhalb guter Jahrzehnte sehr schlechte Jahre vorkamen, belegt die schwere Krise zu Beginn der 1770er Jahre. Andererseits hatten schlechte Zeiten in der Landwirtschaft mitunter auch ausgeprägt ökonomische Gründe, so zum Beispiel nach 1650, als die Vorteile der Kriegskonjunktur dahinschmolzen.

solche galt die Fauna von Flur und Flüssen – als Allgemeingut betrachtet wurden, das niemand für sich beanspruchen konnte. Trotzdem hatten die Untertanen 1525 die Oberhoheit der Herrschaft in diesem Bereich anzuerkennen, und auch 1653 liess der Basler Rat nicht an diesem Herrschaftsvorrecht rütteln.
Besonders klar war das Jagdprivileg der Obrigkeit im Fürstbistum. Der Fürstbischof besass in allen Jagd- und Fischereifragen die volle Souveränität, die er sich auch dann vorbehielt, wenn er dem Domkapitel oder Einzelnen bestimmte Zugeständnisse machte. So verfügte der Fürstbischof ausserhalb der Dorfetter über das gesamte Gross- und Kleinwild. Trotz der Kontrolle des Oberstjägermeisters und des für jede Vogtei bestellten Oberjägers konnte jedoch die eigenmächtige Jagd von Untertanen nicht verhindert werden. Die «Selbstbedienung» der Landleute war an der Tagesordnung. Das zeigen auch die unzählige Male wiederholten, entsprechenden Mandate mit Verboten und Einschränkungen. Im Übrigen gingen auch Stadtbasler im Allschwilerwald auf Vogelfang aus. Zeitweise wurde die Jagd wegen zu starker Reduktion der Bestände ausdrücklich verboten, wovon allerdings die Vögte und Domherren ausgenommen waren. Sie konnten weiterhin der Jagdlust frönen und

Die historische Kulturlandschaft im Überblick
Der Plan des Homburger Amts von Geometer G. F. Meyer von 1680/81 gibt eine eindrucksvolle Gesamtsicht auf die Kulturlandschaft des frühneuzeitlichen Baselbiets wieder. Schön erkennbar ist die je nach Gelände mehr oder weniger ausgeprägte, konzentrische Anordnung der verschiedenen Nutzungszonen, angefangen von der Dorfsiedlung über die Gärten, die Matten, die Ackerflächen in den Zelgen bis zu den Weiden und den Wäldern.

sogar Untertanen fronweise zu Treibjagden heranziehen.

Auch Fischenzen, das heisst das Recht, an einem bestimmten Ort zu fischen, waren Teil obrigkeitlicher Regalien. Sie wurden aber im Fürstbistum wie im alten Basel verkauft oder verpachtet. So besass das Bruckgut zu Münchenstein das Fischereirecht «von dem ehemaligen Zollhaus an der Münchensteinerbruck bis zum Wuhr bei der Neuen Welt».[5] Am Rhein gehörte das Fischereirecht zwischen Säckingen und Hüningen der so genannten Rheingenossenschaft. Von der Mündung der Ergolz in den Rhein bis Liestal war die Fischenz im Besitz der Stadtbürger von Liestal. Besondere Reservate bildeten in beiden Territorien die obrigkeitlichen Fischweiher, etwa jene des Fürstbischofs in Oberwil und Arlesheim.[6] Im städtischen Herrschaftsgebiet oblag die Oberaufsicht den Vögten und dem Schultheissen von Liestal, dörfliche Unterbeamte und zum Teil eigens ernannte Weihermeister leiteten die allfälligen Fronarbeiten. Dazu gehörte die periodische Reinigung und das Aussetzen von Jungfischen; beliebt waren dabei Karpfen und Forellen. Der Ertrag ging vornehmlich an die Obrigkeit und ihre Vertreter sowie als Entlöhnung an die mit Ämtern und obrigkeitlichen Aufgaben betrauten Landleute.

Lesetipps

Ein grundlegendes Werk zur Landwirtschaft des Baselbiets in der frühen Neuzeit ist Huggel (1979); er behandelt zahlreiche Teilfragen der Baselbieter Agrargeschichte vor 1800.

Immer noch gültig ist die Dissertation von Paul Suter (1971) über die Entwicklung der Kulturlandschaft im Ergolzgebiet vom 17. bis 19. Jahrhundert und jene von Peter Suter (1969) über die Geschichte der Einzelhöfe vom 18. bis 20. Jahrhundert.

Auf allgemeiner Ebene ist auf das zweite Kapitel von Braun (1984) und auf Pfister (1984) zu verweisen. Braun behandelt die Landwirtschaft der alten Eidgenossenschaft im Überblick, Pfister Klima und Agrargeschichte von 1525 bis 1860.

Neuerdings kann über Internet (dhs.ch) auch auf einschlägige Artikel des entstehenden Historischen Lexikons der Schweiz zurückgegriffen werden.

Abbildungen

StA BL, Planarchiv A 58: S. 9 [A].
StA BS, Bildersammlung, Falk A 419: S. 10.
StA BL, Abt. II F, Bd.e 1–3: G. F. Meyer: Entwürfe. Topographisch-geometrische Skizzen über die Basler Landschaft, 1678–1681, Bd. 1, Blatt 106 f, Vorderseite: S. 11 [A].
StA BL, Planarchiv C 129; E. Büchel 1762 nach G. F. Meyer 1678: S. 12, 20 [A].
Emanuel Büchel, um 1750, StA BS, Bildersammlung, Falk Fb 16,8: S. 13.
Kantonsmuseum Basel-Landschaft, Graphische Sammlung; Mikrofilmstelle Kanton Basel-Landschaft: S. 13.
Privatbesitz. Reproduktion Zentralbibliothek Zürich, Graph. Sammlung: S. 14 [A].
Herbarium Caspar Bauhin, 1560–1624, Botanisches Institut der Universität Basel, aus Heinz Schneider, Beat Ernst: Natur und Landschaft der Region Basel, CD, Basel 1999: S. 15.
Anne Hoffmann Graphic Design: S. 16.
StA BL, Planarchiv B 79: S. 17 [A].
StA BL, Abt. II F, Bd.e 1–3: G. F. Meyer: Entwürfe. Topographisch-geometrische Skizzen über die Basler Landschaft, 1678–1681, Bd. 2, Blatt 370, Vorderseite: S. 18 [A].
Anne Hoffmann Graphic Design: S. 19.
StA BL, Planarchiv C 129: S. 20 [A].
Leonhart Fuchs: New Kreüterbuch, Basel 1543, Tafel 46: S. 21.
StA BL, Planarchiv A 19: S. 22 [A].
StA BE, Pläne AA IV Nr. 521: S. 23.
Mikrofilmstelle Kanton Basel-Landschaft; Foto Felix Gysin: S. 24 oben und unten.
StA BE, Pläne AA IV Nr. 526: S. 25.
Kantonale Denkmalpflege Liestal: S. 27.
Universitätsbibliothek Basel, Handschriftenabteilung, Kreutterbuch von Hieronymus Bock, 1539: S. 28.
StA BL, Planarchiv B 79: S. 29 [A].
StA BL, Planarchiv A 21: S. 30.
StA BL, Planarchiv A 77: S. 31.

StA BL: Fotos von Felix Gysin, Mikrofilmstelle Kanton Basel-Landschaft.

[A]= Ausschnitt aus Originalvorlage.

Anmerkungen

1 Vgl. HK Münchenstein 1995, Bd. 1, S. 148ff. Zum Folgenden: Huggel 1979, S. 204, 234ff.
2 Brühwiler 1975, S. 79, 88f.
3 Vgl. Geschichte des Kantons Zürich 1996, Bd. 2, S. 78; ferner Ineichen 1996, Lemmenmeier 1983 und Kurmann 1985 für Luzern.
4 Suter, Paul 1971, S. 120ff.
5 Vgl. Huggel 1979, S. 97 und Pfister 1984, Bd. 2, S. 27.
6 Vgl. Bd. 5, Kap. 8.
7 Gauss et al. 1932, Bd. 2, S. 163f.
8 Gauss et al. 1932, Bd. 2, S. 164.
9 Die Sorten werden von Kettiger genau beschrieben.
10 Vgl. Geschichte des Kantons Zürich 1996, Bd. 2, S. 117ff.
11 Vgl. Schluchter 1990 zu den Holzfreveln im Kanton Solothurn während der frühen Neuzeit.
12 Vgl. Suter, Paul 1971, S. 100.
13 Vgl. Huggel 1979, S. 2–74.
14 Vgl. Kurmann 1985 und Ineichen 1996.
15 Vgl. Suter, Andreas 1985, S. 255–272, 313f. Der Fürstbischof forcierte die Kommerzialisierung der Landwirtschaft und die Verlagerung vom Ackerbau zur Viehzucht vor allem in den südlichen Teilen des Fürstbistums. In den nördlichen Vogteien wurde an der traditionellen Dreizelgenwirtschaft festgehalten.

1 Vgl. Pfister 1988, S. 29f.; ders. 1995, S. 60ff. und ders. 1984, Bd. 2, S. 126ff.
2 Für Details zur Düngerversorgung des Baselbiets konsultiere man Huggel 1979, S. 152–185, insbesondere auch zur Düngung mit Gülle (Jauche) und mit Lätt (Mergel).
3 Vgl. zur Rütene: Id., Bd. 6, Sp. 1805, zur Bünte, a.a.O., Bd. 4, Sp. 1401ff.
4 Die folgenden Abschnitte beruhen auf Suter, Peter 1969.
5 HK Münchenstein 1995, Bd. 1, S. 115. Zum Folgenden: Geschichte von Augst und Kaiseraugst 1962, S. 76ff.
6 Vgl. dazu Rippmann 1992. Zum Folgenden Suter, Paul 1971, S. 69f.

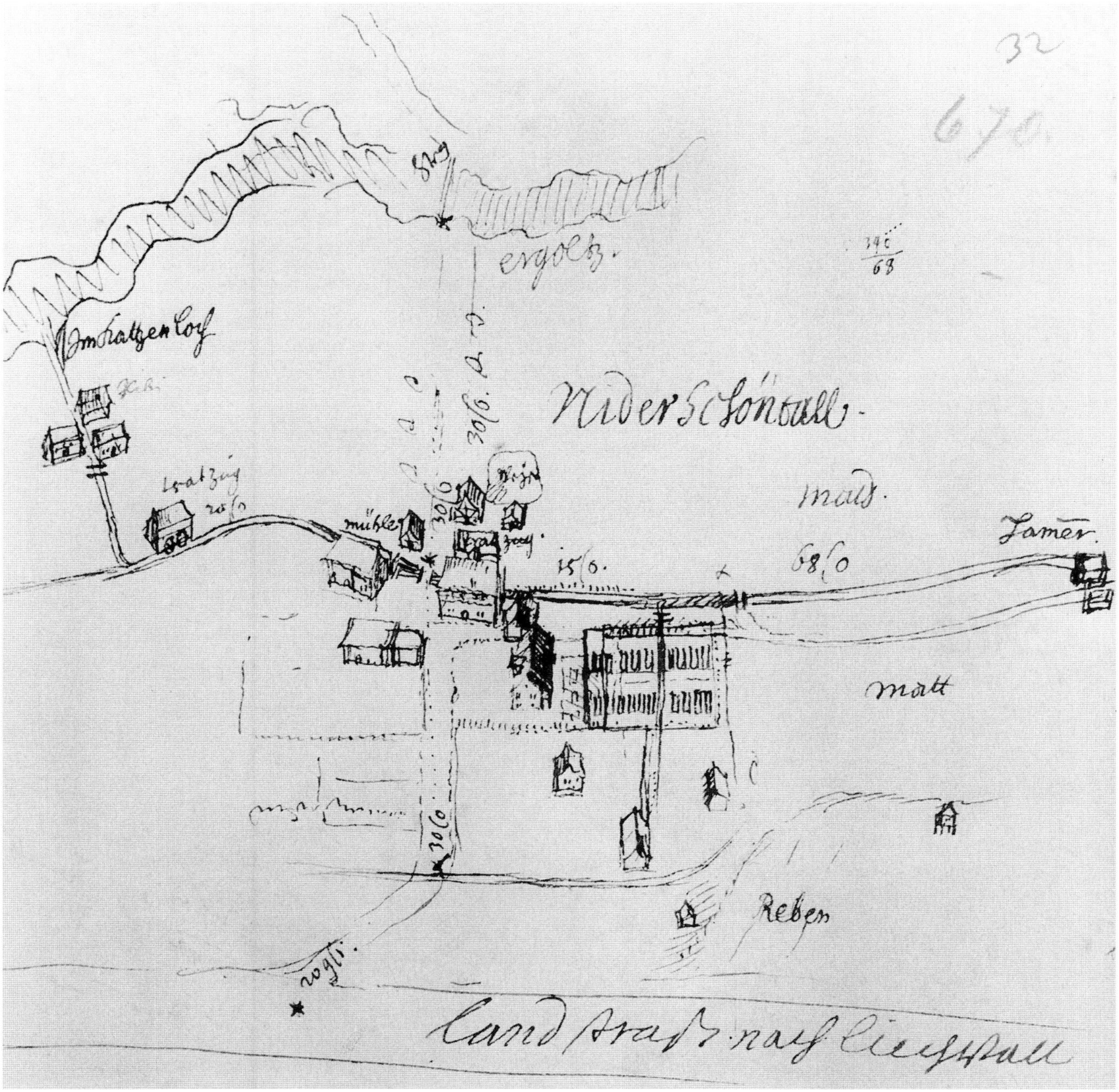
32
670
ergolz
Nider Schönau
mühle
matt
Lamer
68 ¦0
15 ¦0
matt
Reben
Land Straß nach Liestall

Bild zum Kapitelanfang

Handwerk und Gewerbe auf dem Land

Alle benötigten Handwerke und Gewerbe waren auf dem Land vorhanden. Zu jenen, die den kurz- und zum Teil den mittelfristigen Bedarf deckten und sich in vielen Dörfern fanden, gehörten: Bäcker, Metzger, Schneider, Schuhmacher, Weber, Schmiede, Maurer, Schreiner, Kübler, Wirte, Küfer, Sattler. Zu den Handwerken und Gewerben, die mit einem regionalen Einzugsgebiet für den mittel- und den langfristigen Bedarf produzierten und nicht in allen Dörfern anzutreffen waren, zählten: Müller, Säger, Wagner, Gerber, Nagler, Chirurgen, Hafner, Papierer, Ziegler, Seiler und die Betreiber von so genannten Drahtzügen wie etwa in den Eisenwerken von Niederschöntal. Der Beginn der intensiveren gewerblichen Nutzung des Ergolzwassers im Gebiet des Niederschöntals fällt ins Jahr 1658. Der Basler Eisenhändler Johann Heinrich Zäslin kaufte in diesem Jahr die dortige Mühle und errichtete einen Drahtzug, eine Kupfer- und Hammerschmitte sowie eine Unterkunft für die Arbeiter. In einem Drahtzug wurde glühendes Eisen so oft durch zunehmend kleinere Lochformen gezogen, bis es nur noch die Dicke eines Drahtes hatte. Die Wasserkraft diente dazu, den Draht durch die Lochformen zu ziehen und anschliessend aufzuwickeln.

Nicht vom Handwerk allein

Wer in der frühen Neuzeit in einer Stadt wie Basel wohnte, fand sein Auskommen nicht nur in Handwerk, Gewerbe und Handel, sondern auch in einer intensiven Kleinland- und Gartenwirtschaft inner- und ausserhalb der Mauern. Umgekehrt fristete, wer auf dem Dorf lebte, sein Dasein im Allgemeinen nicht nur mit Arbeit in der Landwirtschaft, sondern auch mit haupt- oder nebenberuflicher Tätigkeit in Handwerk, Gewerbe und Handel. Das Dorfhandwerk produzierte die wichtigsten Werkzeuge und Geräte für die ländliche Wirtschaft und befriedigte die Nachfrage aus dem Bausektor. Das dörfliche Gewerbe versorgte die Landleute mit den Konsumgütern des alltäglichen Bedarfs und verarbeitete Agrarprodukte oder die natürlichen Rohstoffe des Landes wie Holz, Steine oder Eisenerz. Auf die Bedürfnisse des Transitverkehrs durch die grösseren, den Jura querenden Täler bauten die Fuhrleute, Wagner, Schmiede, Seiler, Metzger und Wirte. Nur die wenigsten Handwerker konnten sich ganz ihrem Gewerbe verschreiben, genau so wie es nur wenige «reine» Vollbauern gab. Wer vorwiegend in der Landwirtschaft tätig war, erledigte zahlreiche handwerkliche Arbeiten: Geräte und Werkzeuge reparierte man, wenn es ging, selber, ebenso selbstverständlich waren Hausbau und -unterhalt Aufgaben, die wenn möglich von Angehörigen des eigenen Haushalts ausgeführt wurden. Bäuerinnen und Taunerinnen trieben Kleinhandel mit Lebensmitteln, und nicht selten übten Bauern nebenbei, zum Beispiel im Winter, ein Handwerk aus oder sie betätigten sich als Fuhrleute. Ausserdem leisteten die Männer die regelmässigen Frondienste für Gemeinde und Obrigkeit: Sie besserten Strassen, Wege, Zäune und Stege aus oder zogen neue Bewässerungsgräben in den Wiesen. Solche Arbeiten wurden allerdings gerne den älteren Männern und Kindern oder Jugendlichen delegiert. Auf der anderen Seite betrieben fast alle Handwerker und Gewerbetreibenden eine mehr oder weniger kleine Landwirtschaft. Gerade für die ärmeren Handwerke war ein Überleben ohne diese Art der Selbstversorgung undenkbar.[1]

Die soziale Einordnung der Handwerker

Das Vermögen eines Handwerkerhaushalts setzte sich aus dem in Werkstatt und Geräten gebundenen Kapital, dem Geld und dem Landbesitz zusammen.[1] Leider verfügen wir nicht über genügend aussagekräftige Quellen, die uns über die Gerätschaft von Handwerkern in der frühen Neuzeit unterrichten. Da Handwerker und Gewerbetreibende meistens auch Landwirtschaft betrieben, können wir sie aufgrund ihres Landbesitzes annähernd sozial einordnen. Zur dörflichen Oberschicht mit beträchtlichem Landbesitz gehörten viele Wirte und Müller, manchmal auch Schmiede, Gerber, Metzger, Chirurgen oder Betreiber von Sägereien. Zur dörflichen Mittelschicht gehörten Schreiner, Bäcker, Metzger, Sattler. Zu den armen Handwerkern zählten Kübler, Lismer, die Hosen und Strümpfe strickten, viele Maurer, Schneider, Weber oder Schuhmacher, um nur einige zu nennen.

Zünfte auf dem Land

Lange wurden Zünfte als städtische Erscheinung betrachtet, seit jüngerer Zeit ist jedoch erwiesen, dass das Landhandwerk in vielen Gebieten zünftisch oder zunftähnlich organisiert war, so auch auf der alten Basler Landschaft und im Fürstbistum.[2] Die Geschichte der Zünfte im al-

Insgesamt bestritten in der frühen Neuzeit die meisten Menschen ihren Lebensunterhalt mit Geld- und Naturaleinkommen aus einem ganzen Spektrum von Tätigkeiten. Nur wenige Haushalte lebten von einer einzigen Arbeit. Selbstverständlich war auch, dass jeder und jede im Haushalt auf seine Weise zum Auskommen beitrug. Gerade die Arbeit von Frauen, Kindern und alten Menschen wird in Darstellungen des alten Handwerks oft vernachlässigt. Ein beträchtlicher Teil des von Frauen erbrachten so genannten Hauswerks war handwerklich-gewerblicher Natur, etwa die Herstellung und der Unterhalt von Kleidern und die Verarbeitung von Lebensmitteln oder der erwähnte Kleinhandel, an dem auch Kinder beteiligt waren. Alte Menschen führten unter anderem Holzarbeiten und kleinere Reparaturen aus oder sie flochten Körbe. Auf alle Fälle war man weit entfernt von den Verhältnissen des 20. Jahrhunderts, wo der männliche Familienvorstand mit seinem Lohn, wenn möglich, eine sonst nicht erwerbstätige Familie ernährte.

Wovon die Menschen in Laufen lebten

Grosse Städte mit mehr als 10 000 oder gar 20 000 Einwohnern und Einwohnerinnen waren im frühneuzeitlichen Europa verglichen mit heute dünn gesät, und in der alten Eidgenossenschaft gab es keine. Neben Städten wie Genf, Bern oder Basel spielten vor allem Kleinststädte wie Liestal, Waldenburg, Rheinfelden oder Laufen, Olten oder Zofingen, Sursee, Burgdorf oder Winterthur eine wichtige Rolle. Das waren Orte mit gewissen zentralen Funktionen, oft ausgestattet mit alten Sonderrechten und obrigkeitlichen Privilegien und meistens mit weniger als 1000 Einwohnern und Einwohnerinnen.[2] Laufen war zwar als Kleinstadt rechtlich von den anderen Gemeinden in der Vogtei Zwingen abgehoben, im Gegensatz zu Basel, das sich schon bald vom Fürstbischof und Stadtherrn zu emanzipieren begann, blieb Laufen aber über die Jahrhunderte hinweg stärker an den fürstbischöflichen Landesherrn gebunden.

ten Basel und im Fürstbistum ist allerdings noch zu wenig untersucht, um die Entwicklungen in Handwerk und Gewerbe während der frühen Neuzeit im Einzelnen nachzeichnen zu können. Zunächst betrachtete die Forschung die zunftähnlichen Zusammenschlüsse auf der Landschaft in erster Linie als Anhängsel der städtischen Zünfte, neuere Arbeiten zeigen dagegen die eigenständige Entwicklung der Landzünfte auf und erklären deren Entstehung als Krisenphänomen: Die Angehörigen von Handwerk und Gewerbe wehrten sich damit gegen die wegen des allgemeinen Bevölkerungswachstums immer zahlreicheren Konkurrenten in ihrem Bereich.

Auf der Basler Landschaft scheinen sich einzelne Zweige des Landhandwerks spätestens seit den 1580er Jahren ämterweise in so genannten Meisterschaften organisiert zu haben, darauf deuten unter anderem hierarchische Strukturen mit Meistern, Gesellen und Lehrjungen oder die für diesen Zeitraum fassbaren kollektiven Petitionen von Landhandwerkern. Solche Bittschriften setzten voraus, dass im Rahmen einer Organisation Beschwerden gesammelt und gemeinsame Interessen formuliert wurden.

Für die Entwicklung der Landzünfte spielten die städtischen Zünfte aber eine wichtige Rolle, sei es als Konkurrenz oder als

Diegten

1774 lebten in Diegten 431 Einwohner und Einwohnerinnen in 85 Haushalten. 27 Haushalte wurden in der Volkszählung als Handwerker bezeichnet. Vertreten waren die folgenden Handwerke und Gewerbe: 1 Bäcker; 2 Metzger; 1 Wirt; 4 Weber; 5 Schneider; 1 Schuhmacher; 1 «Chräzenweber» (Korbmacher?); 1 Schmied; 2 Maurer; 1 Ziegler; 2 Säger; 2 Zimmerleute; 2 Schreiner; 1 Wagner; 1 Blattmacher.

Liestal

Im Städtchen Liestal mit 1919 Einwohnern und Einwohnerinnen lebten 1774 sehr viel mehr Handwerker und Gewerbetreibende: 28 Bäcker, 1 Pastetenbäcker, 29 Metzger, 3 Wirte, 4 Krämer, 29 Schuhmacher, 2 Leistenschneider, 4 Müller, 1 Habermahler, 3 Büchsenschmiede, 1 Zeugschmied, 1 Degenschmied, 2 Kupferschmiede, 1 Messerschmied, 6 Schmiede, 1 Nagler, 3 Schlosser, 17 Küfer, 3 Kübler, 6 Drechsler, 7 Schreiner, 2 Wagner, 2 Zimmerleute, 10 Schneider, 3 Handschuhmacher, 2 Hutmacher, 7 Strumpfweber, 5 Säckler, 9 Weber bzw. Leinenweber, 4 Wollweber bzw. Tuchmacher, 3 Färber, 1 Lismerhändler, 1 Windenmacher, 3 Schleifer, 1 Gerber, 3 Hafner, 1 Kessler, 1 «Kretzenmacher» (Korbmacher?), 1 Zinngiesser, 1 Papierformmacher, 1 Papierer, 1 Bartschneider, 1 Bader, 8 Chirurgi (Wundärzte), 1 Maler, 2 Uhrenmacher, 7 Sattler, 4 Seiler, 6 Maurer, 1 Ziegler.

Quelle: HK Diegten 1996 und HK Liestal 1970.

Ländlicher Kleinhandel in der Stadt
Die vom Zürcher David Herrliberger 1749 herausgegebenen «Baßlerischen Ausruff-Bilder» zeigen Frauen und Männer von der Landschaft, die in der Stadt Gebrauchsgegenstände des Alltags wie Körbe, Holzspäne usw., aber auch Nahrungsmittel feilboten. Die Darstellungen vermitteln einen Eindruck von der engen wirtschaftlichen Verbundenheit zwischen Stadt und Land, besonders was die Versorgung mit Nahrungsmitteln und Gütern des täglichen Lebens anbelangte.

Laufen zählte Ende des 16. Jahrhunderts rund 530 Einwohner und Einwohnerinnen. In der Mitte des 18. Jahrhunderts lebten rund 880 Menschen in Laufen, das in der frühen Neuzeit die grösste Gemeinde der Vogtei Zwingen war. Liestal und Delsberg waren im späten 16. Jahrhundert grösser als Laufen, Waldenburg kleiner. Olten war mit rund 500 Einwohnern und Einwohnerinnen um 1600 etwa gleich gross. In Rheinfelden lebten um die Mitte des 16. Jahrhunderts schätzungsweise 1100 Personen, nach dem Dreissigjährigen Krieg waren es noch 900, 1792 dann wieder 1400.

Im Unterschied zu anderen Kleinstädten der Region und der alten Eidgenossenschaft erlebte Laufen in der zweiten Hälfte des 18. Jahrhunderts kein nennenswertes Wachstum, ja es zeigt, wie andere Regionen des Fürstbistums auch, eine gewisse Stagnation.

Kleine, aber auch viele grosse Städte waren nicht nur Zentren des Handels und Handwerks, sondern auch ganz erheblich von der Landwirtschaft geprägt. So gab es auch innerhalb der Stadtmauern von Laufen Gärten, in denen Gemüse gepflanzt wurde, ferner Ställe, in denen das Vieh untergebracht war. Die zugehörige Acker- und Mattenflur befand sich ausserhalb der Stadtmauern. Hier betrieben die Laufner eine Dreizelgenwirtschaft, wie sie damals üblich war.[3] Weitere, zum Teil saisonale Beschäftigung boten die Flösserei, die Steinhauerei und die Fischerei. Geflösst wurde vor allem Holz, das für die Versorgung der Stadt Basel unerlässlich war.

In einer Erhebung zu den Vorräten von 1630 wurden weniger als die Hälfte, nämlich 47 von 109 Haushaltsvorständen, als Handwerker bezeichnet.[4] Die Stadt verfügte über eine breite Palette von Bedarfsgewerben. Daneben gab es seit der zweiten Hälfte des 16. Jahrhunderts Betriebe wie die Ziegelei und die Papiermühle, die nicht nur für den lokalen Bedarf produzierten. Mehr als die Hälfte der Haushaltsvorstände, 56 an der Zahl, besass Rindvieh, was auf die allgemeine Bedeutung der Landwirtschaft hinweist. Die Zahl der Vollerwerbsbauern ging allerdings bis zum Ende des 18. Jahrhunderts zurück.

Kooperationspartner. In der Einleitung zu ihrer «Ordnung» bezogen sich die Landweber der Ämter Farnsburg und Homburg 1607 auf ein Zunftreglement, das der Landvogt von Farnsburg 1585 mit Zustimmung der Basler Weberzunft für dieses Amt erlassen hatte. Da diese «Ordnung» revisionsbedürftig war, wollten die Landweber die Neuerungen und Verbesserungen 1607 in einer neuen «Ordnung» festhalten. Darin ging es nicht nur um die Qualität der Waren und um die Lehrzeit, sondern auch darum, wie sich die Webermeister der beiden Ämter organisierten, ferner um die jährliche Versammlung in Gelterkinden und das Vermögen dieser Korporation. 1640 gaben sich auch die Schuhmacher der Ämter Farnsburg, Waldenburg und Homburg ihre eigene «Ordnung», zwar unter Aufsicht der Obervögte, jedoch ohne Mitbestimmung der Stadtzunft. Eine ähnliche «Ordnung» ist für die Sattler auf der Landschaft belegt. Ausserdem deuten Quellen zu den Konflikten zwischen Stadt- und Landhandwerkern darauf hin, dass bis in die erste Hälfte des 17. Jahrhunderts hinein ein beachtlicher Teil des Landhandwerks gut organisiert war. Gewisse Handwerke der Landschaft, etwa die Bäcker, waren allerdings direkt den städtischen Zünften unterstellt. Gemeinsam war den Stadt- und den Landzünften die Abwehr

23.

KROOMAD FRISCHE AYER.

12.

KORB-FLIKA-LOO.

25.

KROOMAD DÜR HOLZ.

20

SUESSA ANKA.

Laufen «von oben»

Der Ausschnitt stammt aus einem vom fürstbischöflichen Landvermesser Brunner erstellten Atlas, der in geraffter und damit verallgemeinerter Form die reichen Informationen aus den umfangreicheren Plänen des gleichen Autors aus den 1770er Jahren festhält. Die Häuser der Stadt Laufen werden nur in schematischer Form wiedergegeben. Gut zu erkennen ist hier die Einbettung der Kleinstadt in ihr landwirtschaftliches Umfeld, wie die Eintragungen «Äcker», «Zelg», «Felder», «Reben» oder «Matten» zeigen.

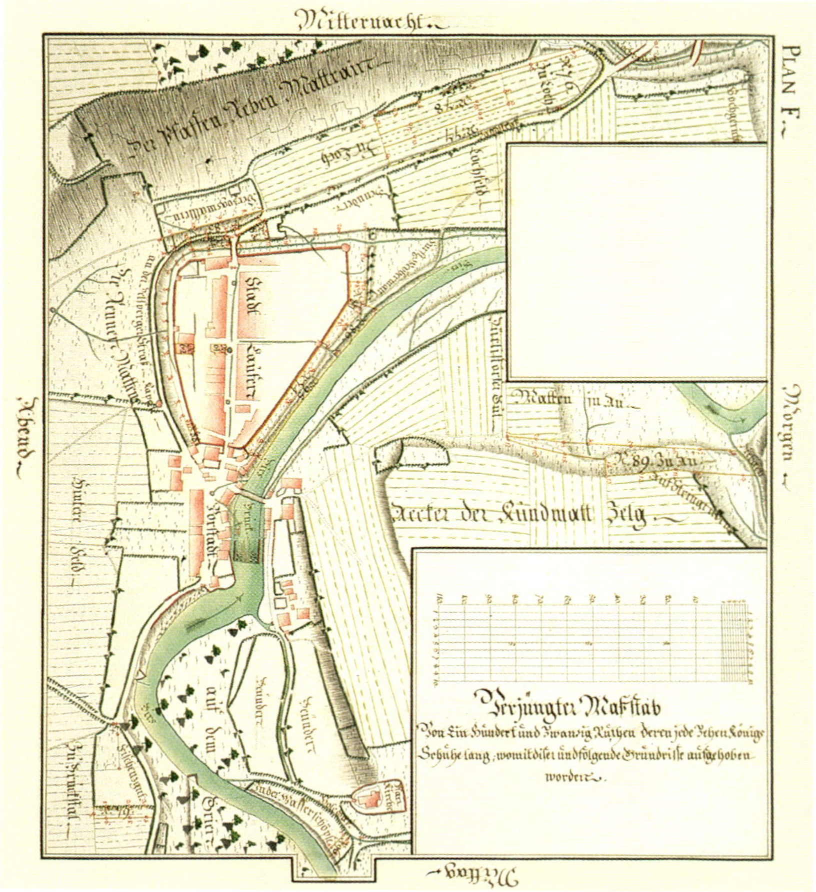

1698 wurde ein Verzeichnis über den Acker- und den Mattlandbesitz angelegt. Daraus geht hervor, dass der Anteil der Besitzer von Grund und Boden an den Haushaltsvorständen rund zwei Drittel ausmachte. Das Land war jedoch ungleich verteilt: Etwa 15 Prozent der Bevölkerung müssen aufgrund des Landbesitzes der Oberschicht, 20 Prozent der Mittel- und 65 Prozent der Unterschicht zugewiesen werden. Die soziale Gliederung der Kleinstadt

auswärtiger Konkurrenz, etwa aus dem Sundgau, dem Markgräflerland, dem Fricktal oder dem Solothurnischen. Ferner kämpften sie gegen nicht-zünftische, so genannte Stümper und gegen den Hausierhandel. Und sowohl städtische wie ländliche Zünfte schlossen Frauen von einer ordentlichen Ausbildung aus, das ging gegen die Zunft- und Männerehre und hätte die «Übersetzung» der Handwerke zusätzlich gefördert, das heisst, der Kuchen hätte unter noch mehr Meistern und Meisterinnen sowie Gesellen und Gesellinnen verteilt werden müssen.

Zunftkonflikte und Zunftgründungen intensivierten sich nochmals im späteren 18. Jahrhundert, weil die Anzahl der zünftischen, aber auch der nicht-zünftischen Gewerbetreibenden wegen des Bevölkerungswachstums stark gestiegen war. Der Markt wurde enger, weil sich immer mehr Anbieter auf ihm tummelten. Daher versuchten viele Berufsgruppen, ihren Anteil zu halten, indem sie neue Anwärter mit strengen Zulassungsnormen abschreckten und die Mauern für Auswärtige und nicht Ausgebildete noch höher zogen. So wurden etwa die Anforderungen an die Gesellenstücke und die Meisteraufnahmen gesteigert. Mit solchen selbst auferlegten Beschränkungen und mit obrigkeitlichen Interventionen sollten das Angebot auf

unterschied sich also nicht grundlegend von derjenigen der Dörfer. Gerade die ärmeren Haushalte waren auch in Laufen darauf angewiesen, ihr Dasein mit Hilfe von Taglohnarbeit in unterschiedlichen Bereichen zu sichern.

Die Papiermühle von Lausen

Bis ins 19. Jahrhundert hinein war die Wasserkraft neben der in der Schweiz kaum genutzten Windenergie, der Muskelkraft von Mensch und Tier und der Holzkohle die einzige und wichtigste Energiequelle. Der kleine Wasserfall der Ergolz an der Grenze zwischen Itingen und Lausen wurde darum schon seit dem Mittelalter zur Energiegewinnung für eine Mühle genutzt, zumal die Ergolz hier ganzjährig genügend Wasser liefert.[5] Im 16. Jahrhundert erlebte die Papiermacherei in der Region eine Blützezeit. Basel profitierte von der bedeutendsten Erfindung in der Kommunikationstechnik am Ende des Spätmittelalters, vom Buchdruck, und wurde zu einem Zentrum der europäischen Buchproduktion. Der Rohstoff für das Papier waren Lumpen, das heisst alte Kleider und Textilien, meistens aus Leinen. Die Lumpen wurden von Hand zerrissen, danach in speziellen Mühlen oder Stampfen in Fasern aufgelöst und in Wasser zu einem Faserbrei aufbereitet, aus dem mit Hilfe von Sieben Papier geschöpft wurde.

Die Gründung der Lausener Papiermühle Mitte der 1570er Jahre ging auf die in Basel ansässige Papiermüllerfamilie Düring zurück. Heinrich Düring wird in einer Urkunde von 1579 erstmals als Papierer von Lausen bezeichnet. Den Weg ins Dorf auf der Landschaft ebnete dem Fachmann aus der Stadt wohl die Heirat mit der Lausenerin Anna Schweizer. In den ersten Jahrzehnten ihrer Existenz wuchs die Lausener Papiermühle zu einem stattlichen Gewerbebetrieb mit mehreren Gesellen heran. Sie wechselte allerdings mehrmals die Hand, denn Bau, Betrieb und Unterhalt von Wasserrädern waren kapitalintensiv. Der Papierermeister Peter Düring-Merian konnte den Betrieb schliesslich nach 1632 zu Eigentum übernehmen. Die weitere Entwicklung der Papiermühle kennen wir vor allem aufgrund von Akten über

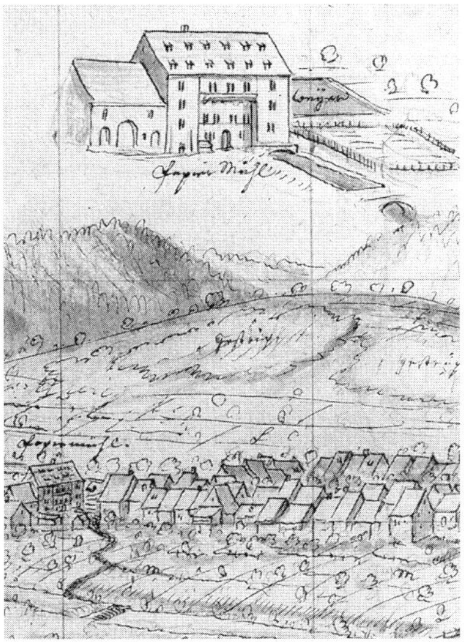

Ländliches Gewerbe für den überregionalen Markt
Emanuel Büchels Darstellung von der Mitte des 18. Jahrhunderts zeigt am linken Rand ein grosses Gebäude, die Papiermühle von Lausen, inmitten ihres ländlichen Umfelds. Papier war ein Exportprodukt, das vor allem in Städten gebraucht wurde. Zum zolltechnischen «Ausland» gehörte für die ursprünglich aus der Stadt stammenden Lausener Papiermacher damals auch Basel selber, denn die Obrigkeit erhob auf Papier wie auf anderen «Importprodukten» von ihrer Landschaft den Pfundzoll.

Seiten der Produzenten beschränkt und die Preise fixiert werden, um allzu heftige Konkurrenz und gegenseitige Unterbietung zu verhindern, nicht immer zur Freude der Konsumentinnen und Konsumenten. Der Organisationsgrad war auf der Landschaft allerdings nicht so rigoros wie in der Stadt, an eine flächendeckende Durchsetzung des Zunftzwangs war nicht zu denken.[3] So bildeten im späten 18. Jahrhundert die Huf- und Waffenschmiede zusammen mit den Schlossern im Liestaler und im Waldenburger Amt zwei Meisterschaften, während diese Tätigkeiten in den übrigen Ämtern ohne Zunftzwang ausgeübt werden konnten.

Landgerber gegen Stadtgerber

Stadt- und Landzünfte waren, obwohl sie gleiche zunftpolitische Ziele verfolgten, letztlich Konkurrenten und weil sie bei Konflikten auf die Obrigkeit zählen konnten, hatten die städtischen Zunfthandwerker tendenziell die besseren Karten, wie der Fall der Gerber im alten Basel zeigt.[4] Die Zahl der städtischen Gerbermeister hatte seit der Mitte des 17. Jahrhunderts massiv zugenommen, sie versuchten daher immer wieder, den Markt in Stadt und Land ganz unter sich aufzuteilen. Sie erreichten immerhin, dass über die bereits bestehenden hinaus keine neuen Gerbereien ausserhalb der Stadtmauern errich-

Siegel der Liestaler Gerber
Ein Zeichen zünftischen Selbstbewusstseins waren Siegel wie das hier abgebildete der Gerber von Liestal. Es stammt höchstwahrscheinlich aus dem 18. Jahrhundert.

Konflikte zwischen den verschiedenen Nutzern der Ergolz. Um die knappen Wasserressourcen stritten sich die Bauern, die ihre Matten bewässern wollten, der unmittelbar benachbarte Getreidemüller, der seit 1648 noch eine Hanfreibe betrieb, der Papierproduzent und die Gemeinde. Die Auseinandersetzungen betrafen Veränderungen der Zu- und Ableitungskanäle, Anpassungen der Fallhöhe oder den Unterhalt der Kanalbauten. Die beiden Müller waren wirtschaftlich mächtige Figuren im Dorf: Die Landleute mussten ihr Getreide beim Müller mahlen lassen, der Papierer war ein wichtiger Arbeitgeber, vor allem für kleinere Bauern sowie Tauner und Taunerinnen. Die Papierer von Lausen bekamen im Übrigen auch die Benachteiligung der ländlichen Untertanen zu spüren. Die Dürings hatten das Basler zugunsten des Lausener Bürgerrechts aufgegeben. Die Mühle, die ihre Produkte vor allem in der Region und in der Stadt absetzte, galt daher nicht als städtischer Betrieb, so dass ihre Produkte bei der «Einfuhr» in die Stadt mit einem Zoll belegt wurden. Zu Beginn des 18. Jahrhunderts bestritten die städtischen Konkurrenten zudem das Recht der Düring, in der Region Lumpen aufzukaufen, und die Obrigkeit verweigerte ihnen weiterhin Zollprivilegien.

Das Hausbuch eines Ziefner Wirts

Selbstzeugnisse von Landleuten aus der frühen Neuzeit sind selten, um so wertvoller ist darum das auf einem Ziefener Estrich gefundene Buch, auf dessen Deckel zu lesen steht: «Heirech Buser in Zeiffen hat das aufgeschriben mit seiner Eigenen Handt ...»[6] Dieses Hausbuch ist besonders aufschlussreich, weil Wirtshäuser einer der Brennpunkte des dörflichen Lebens waren. Busers Wirtschaft war in einer Bauernstube untergebracht, als so genannter Wechselwirt durfte er neben Getränken nur Brot und Käse anbieten. Die Eintragungen von Busers Hand umfassen die Jahre von 1735 bis 1738. Es geht dabei in erster Linie um Zech- und andere Schulden von Gästen, Kunden und Kundinnen. Nebenbei hält der Wirt aber auch die Umstände und Motive für den Wirtshausbesuch fest, so dass wir einen

tet werden durften. Zudem setzten sie durch, dass Stadtbürger nur in der Stadt gerben lassen durften, mit beschränktem Erfolg allerdings. Denn die Landgerber produzierten billiger, unter anderem weil sie einfacher und günstiger an die Rohmaterialien, vor allem die Lohe, herankamen. Im Streit zwischen den Stadt- und Landgerbern entschied das zuständige Direktorium der Kaufmannschaft 1733, dass die vier selbständigen Gerbermeister von Liestal anzuerkennen waren, nicht aber die anderen sechs im Farnsburger und im Waldenburger Amt tätigen Gerber. (In Liestal gab es noch zehn unselbständige Gerber.) Die Liestaler Meister mussten der städtischen Zunft beitreten und durften nur noch ihre Erben bei sich ausbilden. Die Errichtung neuer Gerbereien ausserhalb Liestals wurde endgültig verboten. Ebenso mussten die Baselbieter Gerber ihr Rohmaterial künftig jenseits der Basler Grenzen beschaffen. Diese Bestimmung erwies sich in der Folge als unwirksam, war doch die im Solothurnischen und im Bernbiet beschaffte Lohe nicht nur billiger, sondern auch besser als die baslerische. Nach längerem Hin und Her wurden die Landgerber 1749 endlich ganz unter die städtische Zunftordnung gestellt. Ausserdem verbot der Rat im gleichen Jahr die Einfuhr von Lohe aus dem Fricktal und dem Solothurni-

Wirtshaus Bad Oberdorf

Der Stich von Emanuel Büchel zeigt das Wirtshaus beim Bad Oberdorf um die Mitte des 18. Jahrhunderts. Dieser Treffpunkt im Waldenburgertal hatte eine grosse Ausstrahlung und zog Leute aus dem breiteren Umkreis an, so auch aus dem katholischen Solothurn und dem Fürstbistum. In der frühen Neuzeit wurden folgende Kategorien von Wirtschaften unterschieden: 1. die Tavernen mit Beherbergungsrecht und der Erlaubnis, warme Speisen abzugeben, 2. die Meienwirtschaften, die statt des Schildes einen Meien, das ist ein Blumenstrauss, führten und kein Beherbergungsrecht besassen, 3. die Wechselwirtschaften, die von den Gemeinden für einige Jahre an den Meistbietenden verliehen wurden, 4. die Nebenwirtschaften der Weinzäpfer, die den selbst gepflanzten Wein verwirteten, 5. die Bierwirtschaften, die im Gebiet der Nordwestschweiz selten waren, 6. die Bäder. Ehaft waren die Tavernen und die Bäder, das heisst, ihre Betreiber genossen obrigkeitliche Privilegien, insbesondere garantierte die Ehafte ein relativ gesichertes Einzugsgebiet, da sie innerhalb eines Rayons mit einem Konkurrenzverbot verbunden war.

kurzen Blick auf den dörflichen Alltag erhaschen. Ein typischer Gast war zum Beispiel Hans Rudin, der etwa jeden zweiten Tag im Wirtshaus sass und die Zeche jeweils aufschreiben liess:[7] «Anno 1735 den 4den meien hat Hanss ruti marti Hanss ein halbe 2 Sch. 4 Pf. [halbe Mass 2 Schilling 4 Pfenninge]; den 6den meien hat er drei schoben und brot 4 Sch., den 8den may hat er ein halbe 2 Sch. 4 Pf.» Was Rudin getrunken hat, ist nicht erwähnt, weil selbstverständlich, nämlich Weisswein. Wenn es sich, was selten war, um Rotwein handelt, hat der Wirt das ausdrücklich vermerkt. Wie alle Wirte verkaufte Buser auch Wein über die Gasse. Die Mengen waren in diesem Fall grösser, erreichten aber selten mehr als zwanzig Mass.

Bei welchen Gelegenheiten suchten nun die Leute Busers Wirtshaus auf? «Hanss Ribas» kam, «wo er die reben geschnitten hat», andere Bauern reichten den Männern und Frauen, die im Taglohn in der Ernte arbeiteten, mehrere Mass Wein aus dem Wirtshaus. Andere kehrten dort ein, nachdem «geheuet», «geherbstet» oder nachdem Mist oder Holz geführt war. «Jogi

schen, womit er den Landgerbern die Produktionsbasis entzog. Die Zahl der Landgerber sank in der Folge, das Gewerbe verschwand allerdings nicht vollständig.

Zunfthandwerk gegen Landbevölkerung

Konfliktfelder ergaben sich aber nicht nur zwischen Stadt- und Landhandwerkern, zunftwirtschaftliche Prinzipien führten auch zu Spannungen innerhalb der ländlichen Gesellschaft. Die Bildung von Korporationen gab den Handwerkern der Landschaft nämlich die Möglichkeit, eine eigenständige Preispolitik zu betreiben, die nicht immer konsumentenfreundlich war.[5] So ist in einem Schreiben der Obervögte der Ämter Farnsburg, Waldenburg und Homburg aus dem Jahr 1643 nachzulesen, dass «von dem gemeinen Bauersmann vielfältige Klagen fürkommen, wie die Handwerksleute seit einiger Zeit ihre Waren, Arbeit und Taglöhne unter dem Schein grosser Fruchtteuerung hoch gesteigert hätten, indem Maurer und Zimmerleute anstatt, wie früher gebräuchlich, 5 Batzen neu einen halben Gulden und neun Batzen heuschen, ja auch etliche sich nicht scheuen, für Essen und Trinken für einen Tag 5 Batzen zu fordern». Gleiches müsse von Schmieden, Wagnern, Webern und Schuhmachern berichtet werden. Darum sei es «dem Bauersmann bald nicht

Die Öfen der Ziegelscheune von Laufen
Die Ziegelscheune liegt südöstlich der Birs am Hang. Die Hanglage ermöglichte es, die Zugänge für das Einheizen und das Einfüllen bequem und voneinander getrennt anzulegen.
Der grosse, turmartige Brennofen stammt aus dem späten 17. oder dem frühen 18. und der kleinere Ofen aus dem 16. oder dem frühen 17. Jahrhundert.
Der jüngere Ofen besteht aus einem Mauergeviert mit den äusseren Abmessungen von 5,25 mal 4,75 Metern und ist 5,20 Meter hoch, was einen Rauminhalt von knapp 40 Kubikmetern ergibt. Der Ofen ist zweischalig aufgemauert, der äussere Mantel besteht aus Bruchsteinmauerwerk, während die Innenauskleidung aus Backsteinen gefertigt war.
Der ältere, einfachere Ofen besteht aus einem Mauergeviert mit den Ausmassen von 4,7 mal 3,4 Metern und einer Höhe von vermutlich rund fünf Metern, was einen Rauminhalt von knapp 20 Kubikmetern ergibt. Der Ofen ist ebenfalls zweischalig aufgeführt.
Das mittlere Bild zeigt den grösseren Ofen mit der Beschickungsöffnung links und den zwei Schürlöchern unten. Diese sind auf dem unteren Bild in Nahaufnahme wiedergegeben.

Buser» lud die Maurer und Zimmerleute ein, die ihm ein Haus bauten. Ein Posamenter bezog neun Schoppen, «wo sie die Webstul gereicht haben». Auch Käufe und Verkäufe wurden mit einem Trunk, dem so genannten Weinkauf, bekräftigt. Die im Wirtshaus anwesenden Gäste galten als Zeugen, welche die Rechtsverbindlichkeit der Geschäfte gewährleisteten. Heinrich Hartmann kaufte zum Beispiel am 14. August 1735 «dem heini Grim das feld auf dem Kleckenberg» ab. Neben dem Weinkauf von 15 Schilling verzeichnete Buser auch eine vorher nicht beurkundete, im Wirtshaus aber gültig abgeschlossene Übereinkunft «aussertt dem Gerichtsbuch». Das Hausbuch hält auch familiäre Ereignisse fest wie Heiraten, Taufen und «Kindbetten», bei denen der Kindbetterin und den bei ihr anwesenden Frauen Wein gereicht wurde. Schliesslich wurden auch Kegelnachmittage begossen, ebenso Gänge zum Landvogt oder in die Stadt. Gemeindebeamte in offizieller Mission, zum Beispiel beim Anzeigen von Baumstämmen für Bauholz, oder das Dorfgericht beendeten ihren Tag regelmässig in der Wirtschaft von Buser. Als dörflicher Geldgeber half der Wirt seinen Schuldnern mit kleineren und grösseren Geldbeträgen aus. Die Schulden wurden in bescheidenen Barbeträgen zurückbezahlt, häufig lieferten die Schuldner aber auch Waren, etwa einen Sack Hafer oder Dinkel, Kerzen oder Fleisch, oft auch Wein in grösseren Mengen. Von Zeit zu Zeit rechnete der Wirt mit seinen Schuldnern ab: «Anno 1738 den 12den mertzen hab ich mit hanss rutiss dochtermann abgerechnet, ist alles verrechnet bis dato, und er bleibt schuldig in gelt 12 Pfund.»

Die Ziegel- und Kalköfen von Laufen

Dank einer aussergewöhnlichen archäologisch-baugeschichtlichen Untersuchung der so genannten Ziegelscheune in Laufen aus dem Jahr 1992 sind uns wesentliche Details zur Technik der Ziegelherstellung in der Region bekannt.[8] Der Betrieb des grossen, jüngeren Ofens verteilte sich auf drei Ebenen. Im untersten Geschoss wurde eingefeuert, hier befanden sich auch

1 Beschickungsöffnungen
2 Schüröffnungen
3 Feuerraum
4 Kalksteine
5 Backsteine
6 Dachziegel
7 Hohlziegel

mehr möglich, Schiff und Geschirr zu erhalten». Drei Jahre später erliess der Basler Rat eine Tax-, das heisst Tarifordnung für die Handwerkerlöhne auf der Landschaft. Das hinderte nicht, dass die Landleute schon 1653, während des Bauernkriegs, wiederum Klagen wegen der Zünfte vorbrachten. In der angespannten Situation des offenen Untertanenwiderstands wollte der Rat «von keinen Zünften uffem Land nichts wissen», ja er verbot sie für alle Zukunft, es sei denn, er bewillige sie auf Gesuch hin selber. Nachdem sich die Lage beruhigt hatte, schritt die Selbstorganisation des Landhandwerks selbstverständlich fort.

Ehafte Gewerbe
Ursprünglich gehörten bestimmte Handwerke und Gewerbe wie Mühle, Taverne, Schmiede, Bäckerei, Metzgerei, zum Teil auch Gerbereien, Färbereien, Bleichen zur Ausstattung jeder grösseren Grundherrschaft. Der Grundherr verlieh das Recht zur Führung dieser so genannten ehaften Betriebe, er bestimmte, wo sie errichtet wurden und wie gross ihr Einzugsgebiet war, denn innerhalb seiner Grundherrschaft konnte er die Hörigen zwingen, seine Ehaften zu benützen.[6] Auch Basel «erbte» beim Aufbau seines Territoriums im Spätmittelalter solche Rechte. Ehaften waren stets an Liegenschaften gebunden,

die beiden Schüröffnungen. Die Öffnung für die Beschickung mit Brenngut lag im mittleren Geschoss. Hier lag auch die Zieglerwerkstatt, wo die Werkstücke geformt und getrocknet wurden. Das oberste Geschoss umfasste Einrichtungen für die Brandregulierung und für die Einfüllung der oberen Teile des Ofens. In einem an den Ofen angrenzenden, überwölbten Raum, der Schutz gegen Feuchtigkeit garantierte, wurde der gleichzeitig mit den Ziegeln gebrannte Kalk in Fässern gelagert.

Der ältere, kleinere Ofen wurde durch eine einfache Schüröffnung von Südwesten her geheizt. Die Ziegel wurden durch eine Öffnung eingefüllt, die rund 1,7 Meter über dem Ofenboden auf der Südostseite lag. Der ältere Ofen befand sich ausserhalb der eigentlichen Zieglerhütte, der jüngere war Bestandteil derselben. Beiden Öfen gemeinsam war die räumliche Trennung von Energiezufuhr und Ziegelproduktion. Der ältere Ofen wurde vom Freien her mit Brenngut gefüllt, während man bei der Beschickung des jüngeren unter Dach arbeiten konnte.

Im Gegensatz etwa zu römischen Ziegelöfen weisen die Laufener Öfen keine bauliche Unterteilung in eine Feuerkammer und eine darüber liegende Kammer für das Brenngut auf. Diese Trennung wurde hier dadurch erreicht, dass bei jeder Beschickung des Ofens mit Kalksteinen eine oder zwei Feuerkammern eingerichtet und die Tonwaren darüber gestapelt wurden. Neben gebranntem Kalk wurde eine breite Palette von Baukeramik hergestellt: Backsteine verschiedener Formate, Dach-, Hohl-, First- und Flach- oder Biberschwanzziegel, ferner Bodenplatten, so genannte «Bsetzi-Plättli» für die Auskleidung von Wandteilen, und Tonröhren.

Die Gründung dieser Ziegelei dürfte auf das späte 15. Jahrhundert zurückgehen. Unter anderem führte der allmähliche Übergang zu Ziegeldächern im Verlauf der frühen Neuzeit, ferner die vermehrte Verwendung von Backsteinen im Bau zu einer stärkeren Nachfrage nach Tonwaren. Kalk wurde nicht nur als Mörtel, sondern auch für Ausfachungen sowie für das Weisseln von Haus und Ställen verwendet.

und ihre Inhaber hatten einen jährlichen Zins zu entrichten. Ausserdem mussten sie Vorschriften hinsichtlich Produktion und Angebot erfüllen, dafür war der Absatz garantiert. Im Lauf der frühen Neuzeit wurden die obrigkeitlichen Gebote jedoch vor allem von Bäckern, Metzgern, Schmieden und Wirten immer weniger respektiert, es entstanden zahlreiche «wilde» Gewerbe. Ehafte Gewerbe waren auf der Basler Landschaft Wirtshäuser, Mühlen, Ziegelhütten, Schmieden, Gerbereien, Trotten und Badstuben sowie im Prinzip, nicht jedoch in Wirklichkeit auch Metzgereien.[7] Die Betreiber, vor allem Müller und Wirte, gehörten zur dörflichen Oberschicht.

Liestal – Kleinstadt im Schatten Basels
Liestal war während der frühen Neuzeit der grösste zentrale Ort auf der Basler Landschaft, auch wenn die Landleute in ihrem Alltag je nachdem, wo sie wohnten, zum Teil auf andere Marktflecken und Städtchen ausgerichtet waren, so zum Beispiel auf Rheinfelden, auf Aarau, Olten und Zofingen, auf Solothurn und Laufen.[8] Liestal zählte 1497 450, 1680 1236, 1709 1385, 1743 1353, 1770 1544 und 1798 1575 Einwohner und Einwohnerinnen. Liestal wurde im späteren 13. Jahrhundert zur Stadt erklärt. Seit dieser Zeit war die Stadt ummauert und verfügte über einen Markt und einen Schultheissen. Bürger und Ge-

Im grossen Ofen dürften pro Brand schätzungsweise 11000 Ziegel hergestellt worden sein bei einem verwertbaren Kalkvolumen von sechs bis acht Kubikmetern. Die Jahresproduktion der Laufener Ziegelhütte hat damit – vorausgesetzt, dass nur Dachziegel gebrannt wurden – für eine Dachfläche von 1500 bis 2000 Quadratmeter gereicht, was ungefähr der Dachfläche von zehn Häusern der heutigen Laufener Altstadt entspricht. Spätestens mit der Inbetriebnahme dieses Ofens war die Produktion der Laufener Ziegelei klar auf ein regionales Absatzgebiet ausgerichtet.

Die Schreiner des oberen Baselbiets

Schreinerarbeiten, zum Beispiel historische Möbel oder Inneneinrichtungen, gehören zu den wenigen Überresten der Sachkultur, die sich in grösserer Zahl auch aus dem Baselbiet der frühen Neuzeit erhalten haben. Mehr über die Arbeits- und Lebensumstände ihrer Hersteller wissen wir aber erst seit den Forschungen zweier interessierter Kenner.[9] Im Zentrum dieser Monographie über die Schreiner des Oberbaselbiets im 16. und 17. Jahrhundert steht die bekannte Liestaler Schreinerfamilie Hoch, so etwa Peter Hoch, der 1599 geboren wurde als Sohn von Hans Jacob Hoch und Barbara Pfaff, auch sie aus einer Schreinerfamilie. Obwohl Peter Hoch 1627 wegen angeblicher Zauberei verurteilt und verbannt wurde, liess er sich bald wieder in Liestal nieder, wo er als geachteter Schreinermeister unter anderem auch Aufträge für Obrigkeit und Kirche ausführte, vor allem Kanzeln und Abendmahlstische sowie Täfer und Schränke. Die Schreiner der Landschaft waren im 16. und 17. Jahrhundert ziemlich sicher nicht wie ihre städtischen Berufsgenossen zu Spinnwettern zünftig, sondern sie bildeten eine eigene Vereinigung. Im Meisterbuch zu Spinnwettern ist nämlich kein einziger Landschreiner aus diesen beiden Jahrhunderten eingetragen. Die Schreiner, die in der zweiten Hälfte des 16. und im 17. Jahrhundert in den Ämtern Liestal, Farnsburg, Waldenburg und Homburg für Staat und Kirche arbeiteten, lebten grösstenteils in Liestal. Erst aus dem 17. Jahrhundert kennen wir Schreiner

Truhe aus Zeglingen

Diese Truhe gehört zu den wenigen Schreinerarbeiten aus dem 15. Jahrhundert, die erhalten sind. Sie ist braun gestrichen, aus Buchenholz und einfach konstruiert. Sie ist 54 Zentimeter hoch, 106 Zentimeter breit und 39 Zentimeter tief. Die Truhen waren in gewissem Sinn die Kästen der frühen Neuzeit. Hier bewahrten die Menschen jene Alltagsdinge auf, die versorgt werden mussten. Truhen aus späterer Zeit, so vor allem aus dem Barock, zeigen auch im Baselbiet eine vergleichsweise grosse Formenpracht.

Der «Spörlinschrank» von Liestal
Liestal war bis ins 17. Jahrhundert das Zentrum der Oberbaselbieter Schreiner. Dieser reich verzierte Schrank von 1642 ist vermutlich von einem aus anderen Quellen gut bekannten Schreiner, von Peter Hoch, geboren 1599, gefertigt worden. Der Schrank ist 251 Zentimeter hoch, 193 Zentimeter breit und 65 Zentimeter tief. Der erste Besitzer war Paul Spörlin, 1600–1648, von Liestal. Im oberen Teil zeigt der Schrank darum das Wappen der Familie Spörlin und jenes der Familie seiner Frau, von Margreth Bischoff, 1606–1686. Im obersten Teil über den Säulen ist der Schrank mit kunstvoll verzierten Ziffern datiert, und zwar auf das Jahr 1642.

meinde werden als politische Mitspieler im späten 14. Jahrhundert deutlich fassbar. Um diese Zeit wurde wohl auch das erste Rathaus gebaut. Rat und Bürger versuchten ebenfalls von der Krise des spätmittelalterlichen Adels und den Schwierigkeiten des Bischofs zu profitieren und waren nahe daran, wie Basel volle Selbständigkeit zu gewinnen. Diese Entwicklung wurde jedoch mit dem Übergang Liestals an die Stadt Basel im Jahr 1400 gestoppt. Seit diesem Zeitpunkt war Liestal darauf aus, ein Maximum an Rechten und Freiheiten gegenüber der Stadt als der Herrschaft und gegenüber den übrigen Gemeinden der Landschaft zu verteidigen. Liestal spielte darum in den grossen Konflikten zwischen Stadt und Land jeweils eine wichtige Rolle, etwa in den Bauernunruhen von 1525, im Bauernkrieg von 1653 und bei der helvetischen Revolution von 1798.[9] Im Lauf dieser Auseinandersetzungen erlebte die Bürgerschaft mehrere herbe Enttäuschungen, so besonders 1532, als Liestal wie die Gemeinden der übrigen Landschaft seinen 1525 erhaltenen Freiheitsbrief der Basler Obrigkeit zurückgeben musste, oder noch gravierender 1653, als Liestal im Zuge der Bestrafung der Untertanengemeinden wichtiger symbolischer Zeichen seiner Sonderstellung beraubt wurde.[10] Das Schultheissenamt

Der «Zunftschrank» von Liestal
Der dreigeschossige Schrank ist in schlichtem Renaissancestil hergestellt. Die drei Teile sind einzeln angefertigt und aufeinander gestellt. Die Türe wird umrahmt von heraldischen Malereien. Die Personenwappen sind teils auf den Schrank gemalt, teils auf Holz- oder Metalltäfelchen und aufgenagelt. Als Entstehungszeit ist die Wende vom 17. zum 18. Jahrhundert zu vermuten, wie die Jahreszahl 1691 in der obersten Reihe zeigt. Die Wappen sind auf Jahre zwischen 1728 und 1788 datiert, können aber auch nachträglich aufgebracht worden sein. Möglicherweise handelt es sich um den Schrank einer Zunft. Zünfte besassen repräsentatives Mobiliar, das der Aufbewahrung von Zunftakten oder der Geselligkeit diente.

von Ormalingen, Gelterkinden, Sissach, Diepflingen, Känerkinden oder Läufelfingen, die vor allem einfachere Aufträge ausführten oder Liestaler Schreiner bei grösseren Arbeiten unterstützten.

Die Hauptarbeit der Schreiner bestand in Bauaufträgen und so genanntem «Flickwerk», das heisst Reparaturen. Daneben wurden Möbel hergestellt. Vor allem für anspruchsvolleres Mobiliar griffen die Landschreiner auf vereinfachte Vorlagen aus Vorlageblättern und -büchern, so genannten Schweiffbüchlein, zurück. Eine gewisse Spezialisierung ergab sich offenbar erst im 17. Jahrhundert, besonders in Liestal, indem sich die einen auf Bau-, die anderen auf die Möbelschreinerei konzentrierten. Bauschreiner fertigten in erster Linie Fenster, Täfer, Türen, zum Teil auch Decken und Böden.

Für typische Bauschreinerei beim Neubau des Wintersinger Pfarrhauses im Jahr 1662/63, ausgeführt von Hans und Wilhelm Hoch sowie die Schlosser Jacob Simon und Panthaleon Heiniman, alle von Liestal, sind folgende Arbeiten bezahlt worden:[10] «Dem Schreiner für seine Gäng 2 Pfund 10 Schilling»; Hans Hoch für eine doppelte und eine einfache eichene Haustüre 9 Pfund; Hans Hoch für die Täferung beider Stuben und der Kammern, für Doppelfenster, Türen, Läden und sonst allerlei Schreinerarbeit, per 169 Tage à 12 Schilling 6 Pfennig: 105 Pfund 12 Schilling 6 Pfennig, per 190 Tage den Gesellen à 10 Schilling: 145 Pfund 5 Schilling; Trinkgeld: 2 Pfund. Wilhelm Hoch und seinen Gesellen, per 243 Tage à 10 Schilling: 121 Pfund 15 Schilling samt Trinkgeld von 1 Pfund 2 Schilling 6 Pfennig. Jacob Simon, dem Schlosser für 31 Fensterrahmen, teils verzinnt, teils schwarz, ferner für das Beschlagen von «Benkhtröglin, gätteren und dergleichen», für die Beschläge von «allerhand Türen und Läden, für Klammern, Haken und Bauchöfen [zum Waschen], Röste, Ofentürlein, Kamineisen»: 125 Pfund 17 Schilling; für Gänge und Trinkgeld: 2 Pfund 5 Schilling; ausserdem für Haustüren, vier Stalltüren, Fenster und das Scheunentor: 34 Pfund 5 Schilling. Ferner Panthaleon Heiniman für seinen Anteil «in allerhand obgedachter Arbeit»: 110 Pfund; für Gänge und Trinkgeld 2 Pfund 5 Schilling.

wurde in eine normale Obervogtsstelle umgewandelt. Gemäss dem neuen, 1654 erstmals geschworenen Eid durften sich die Liestaler zwar noch als Bürger bezeichnen, sie schworen aber keinen eigenen Eid mehr wie früher, sondern wie die Gemeinden des Amtes einen allgemeinen Untertaneneid.

Alltag in der Kleinstadt

Im August 1540 beklagte sich der Schulmeister Jerg Gass, «wie er in einem huss, da vil unlufts und geschmacks drumb syge, welches in ouch an gsundheit hinderi, ja zu besorgen, das die kind oder jugent, so inn die schul gan sollen, ouch ungsund werden möchten», und wünschte, dass man ihm eine andere Behausung zur Verfügung stelle. Der Basler Rat trat nicht darauf ein, ordnete aber an: «Damit unnd aber der ellend geschmack, damit die schuel (wie man eigentlich achten muss) bisher so jemerlich vergifftet worden, hinfur verhötet und abgestellt werden, solend unsere botten einem erbaren rath zu Liestall anzeigen und ernstlich befehlen für das erst, das Panthaleon Singysen, allt Schultheiss, sinen schwinstal by der schuole von stund an dannen tun und an andern ort, da der gestank und geschmack niemanden irre, von der schuol hinweg setzen solle; zum andern, das der graben,

Der «Laufen» von Laufen
In seiner mit «Prospect des Wasserfalls bei Lauffen» betitelten Darstellung hielt der Basler Zeichner Emanuel Büchel 1755 das zentrale, Namen gebende Landschaftselement von Laufen fest: den «Laufen», das heisst den Wasserfall. Zugleich vermittelt Büchel uns einen Einblick in den überbauten Teil des Marktfleckens und zeigt uns die in Kleinstädten häufiger auftretenden, mehrstöckigen Gebäude mit Laubengängen und Anbauten für gewerbliche Nutzungen. Gut erkennbar sind auch ein kleines Stauwehr links und Kanalbauten auf beiden Seiten der Birs. Der Wasserfall bildete für die auf der Birs betriebene Flösserei ein oft nicht einfach überwindbares Hindernis. Andererseits war Laufen damit der von der Natur gegebene Etappenort, wo sich auch spezialisierte Flösser niederliessen.

Zünfte in Laufen

In Laufen formierten sich die Zünfte weniger autonom als in den grossen regierenden Städten wie Basel oder Zürich. Im Fürstbistum waren die Landzünfte obrigkeitlich anerkannte, körperschaftliche Organisationen von Handwerkern in Dörfern und Marktflecken. Die Laufener Korporationen folgten ebenfalls der zünftischen Tradition, hielten die Normen von Standesehre und berufsständischer Ordnung hoch und pflegten den Kontakt mit ähnlichen Organisationen.[11] Allerdings waren die Landzünfte im Gegensatz zu den städtischen Zünften von der Teilhabe an der politischen Macht und der Selbstverwaltung ausgeschlossen. Wie andernorts auch umfassten die Laufener Zünfte nicht nur Handwerker der Stadt, sondern auch solche aus den umliegenden Dorfgemeinden. Zum Teil waren die Zünfte sogar vogteiübergreifende Organisationen, so 1601, als sich die Meisterschaft der Maurer, Steinmetzen, Zimmerleute und Weber der Vogteien Zwingen, Birseck und Pfeffingen eine Zunftordnung gaben. Die Gründung der Korporationen ging von den Handwerkern selber aus. Nach der Konstituierung

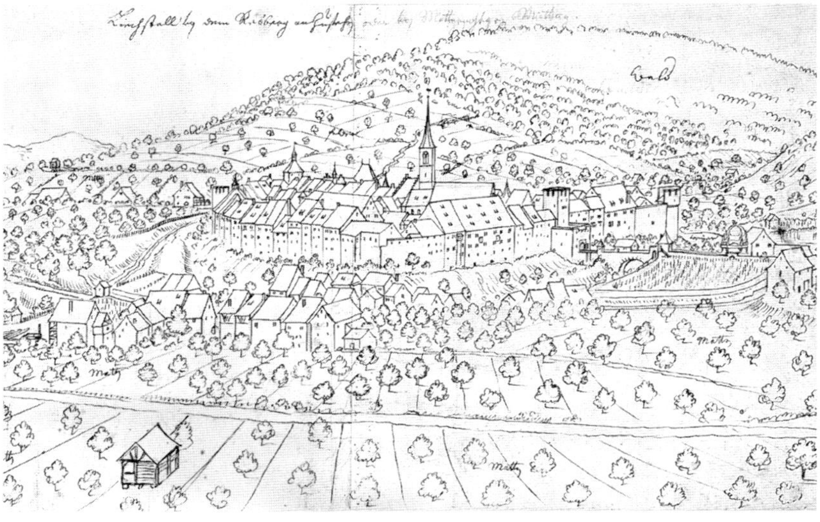

Liestal im 18. Jahrhundert
Die Liestaler und Liestalerinnen wohnten in ihrer Mehrheit innerhalb der Mauern. Ausserhalb befanden sich nur einige wenige Gebäude, meistens von armen Bürgern bewohnt. Erst im letzten Viertel des 18. Jahrhunderts wurde vermehrt ausserhalb der Mauern gebaut, vor dem oberen Tor, wo eine kleine Vorstadt entstand, beim unteren Tor und auf dem Gestadeck. Ebenso verschwand die Stadtbefestigung selber allmählich. So wurde 1770 einem Bürger erlaubt, sein an die Mauer gebautes Haus nach hinten hinaus gegen den Graben zu vergrössern. Ferner begannen einzelne Bürger an verschiedenen Stellen den Graben aufzufüllen und Gärten und Kartoffelpflanzplätze anzulegen. Schliesslich verlegte man die Schweineställe und Misthaufen in den Graben. Die Darstellung von Emanuel Büchel stammt aus dem Jahr 1735.

Laufen

In Laufen lebten 1630 109 Haushalte, davon 47 in Handwerk und Gewerbe: 2 Bäcker, 1 Metzger, 2 Müller, 2 Wirte, 2 Glaser, 2 Maurer, 3 Zimmerleute, 1 Ziegler, 1 Hafner, 3 Säger, 2 Küfer, 1 Rechenmacher, 1 Tischmacher, 1 Wagner, 3 Drechsler, 3 Schlosser, 3 Schmiede, 1 Sattler, 1 Lismer (= Strumpfstricker), 2 Schneider, 2 Schuhmacher, 1 Tuchmacher, 4 Weber, 1 Papierer, 2 Scherer bzw. Bader.

1797 umfasste die Bevölkerung 195 Haushalte, davon 102 in Handwerk und Gewerbe: 4 Bäcker, 2 Müller, 4 Wirte, 1 Fischer, 1 Glaser, 4 Maurer, 3 Zimmerleute, 2 Ziegler, 1 Hafner, 1 Säger, 2 Küfer, 1 Rechenmacher, 5 Schreiner, 2 Wagner, 1 Drechsler, 5 Schlosser, 2 Schmiede, 1 Sattler, 3 Seiler, 6 Strumpfstricker, 6 Schneider, 18 Schuhmacher, 11 Wollweber, 10 Leinenweber, 1 Hutmacher, 1 Färber, 2 Fuhrleute, 2 Krämer.

Quelle: Fridrich 1998.

gelangten die Handwerker an den Fürstbischof, ohne dessen Zustimmung die Zunftbriefe keine Rechtskraft erlangten. Diese Landzünfte waren also, wie jene im reformierten Basel, vom Wohlwollen und vom starken Arm der Obrigkeit abhängig. Die Belege für Zünfte im 17. Jahrhundert sind allerdings so spärlich, dass angenommen werden muss, die damals existierenden Zünfte hätten sich im Laufe des Jahrhunderts wieder aufgelöst.

Erst zu Beginn des 18. Jahrhunderts wurden wieder neue Zünfte gegründet. Den Anfang machten 1707 die Schuhmacher, es folgten 1720 die Schneider und Weber sowie die Strumpfstricker und Wollweber. 1726 taten sich die Schreiner, Glaser und Schlosser zusammen. Seit 1728 ist etwas mehr als zehn Jahre lang auch eine Rotgerberzunft belegt. Schliesslich entstand 1791 die Zunft der Bäcker. Die Gründung von Zünften in Laufen im 18. Jahrhundert war klar Ausdruck einer Krisensituation. Das Bevölkerungswachstum im ersten Viertel des 18. Jahrhunderts steigerte die Konkurrenz um die vorhandenen Beschäftigungsmöglichkeiten. Ausserdem war die Nachfrage nach handwerklich-gewerblichen Produkten infolge einer allgemeinen Verschlechterung der Wirtschaftslage seit dem späten 17. Jahrhundert zurückgegangen. So organisierten sich denn auch vor allem die gut oder überbesetzten Bedarfshandwerker zünftisch. Die Bauhandwerker, die 1601 von Bedeutung waren, zogen nicht mit. Keiner Zunft gehörten in Laufen weniger stark vertretene Handwerke wie Küfer, Rechenmacher, Seiler, Hutmacher etc. an, ebenso Schmiede, Säger und andere Inhaber von ehaften Gewerben wie Müller, Ziegler und Wirte sowie die Metzger, die von der Stadt eingesetzt und beaufsichtigt wurden.

Landzünfte, Markt und Hausierer

Laufen verfügte seit 1565 über zwei Jahrmärkte, seit Mitte des 17. Jahrhunderts über deren vier. Seit 1620 führte die Stadt auch einen Wochenmarkt durch. Zwischen Zunft und Markt bestand indessen ein Interessenkonflikt, weil das Marktrecht das Monopol der lokalen Zünfte vorübergehend ausser

der neben der schul hin got, von oben harus durchunder besetzt und dermassen zugricht werde, das die ungesuber von den privaten da herab unnerschwellt fliessen möge [...] Zu dem dritten soll der Ricker sinen wasserstein, der ins schulgesslein haruss gat, darzu all andere wasserstein, so ins spitallgesslin und anderen orten sind, infassen und das wasser mit einem tuchel an der muren hinableiten, damit niemands bescholten und nit so ein wüsthi sye.» Ausserdem sollten die Liestaler den Bach, den sie jede Woche einmal durch die Stadt laufen liessen, so teilen, dass ein Teil des Wassers auch vor der Schule durchfliesse und den Unrat wegschwemme, ein Stadtsäuberungsverfahren, das in vielen frühneuzeitlichen Städten angewendet wurde.[11]

Wenige Tage, nachdem im Bauernkrieg von 1653 die Strafe gegen Liestal ausgesprochen worden war, ging am 17. Juni gegen acht Uhr abends «unversehens ein solch erschreckenlich Hagelwetter» über Liestal nieder, wie es noch kein lebendiger Mensch erlebt hatte.[12] Die kleinsten Steine waren so gross wie Baumnüsse, andere so gross wie Hühner- und Gänseeier und viele waren mehr als faustgross und bis zu anderthalb Pfund schwer. Sie fielen «mit solcher grausamen Gewalt ganz dick und hauffecht auf die Dächer und Häuser»,

Kraft setzte. An Märkten durften nämlich auch Auswärtige und nicht-zünftisch organisierte Gewerbetreibende auftreten. Die Laufner Zünfte stemmten sich dagegen, indem sie mit der Formulierung von Qualitätskriterien und mit Kontrollen ihren Einfluss auf den Markt geltend zu machen versuchten. Eine gute Qualität der angebotenen Güter lag zwar durchaus im Interesse der Stadt, die an den Einnahmen des Marktes beteiligt war. Das Gleiche gilt natürlich auch für die Kunden und Kundinnen, die den Markt besuchten. Der Markt konnte jedoch nur funktionieren, wenn das Angebot reichhaltig genug war, um ausreichend Kundschaft anzulocken. Angesichts der zahlreichen Märkte und der noch zahlreicheren Händler, die von Haus zu Haus zogen, war das Florieren eines Marktes wie desjenigen von Laufen keine Selbstverständlichkeit. Der Wochenmarkt von Laufen war denn auch um die Mitte des 18. Jahrhunderts akut bedroht. Die Stadt engagierte sich daher für die Förderung des Marktes und gegen allzu einschränkende Massnahmen der Zünfte gegen die Händler. Dies war umso mehr notwendig, als die nächsten ländlichen Marktorte in Dornachbrugg und Breitenbach-Rohr nicht weit entfernt waren.

Konflikte mit fremden Krämern, die ausserhalb der Märkte mit Waren hausierten, hatten auch in Laufen Tradition. So beklagten sich die Laufner Krämer 1702 über herumziehende Händler, die an Sonn- und Feiertagen, von denen es im katholischen Fürstbistum nicht wenige gab, ihre Waren in den Dörfern feilboten. Der Fürstbischof untersagte in der Folge, ausserhalb der Jahrmärkte Güter zu verkaufen. Ob dieses Verbot Wirkung zeigte, darf füglich bezweifelt werden. Zum einen weil die Sanktionsmöglichkeiten gerade gegenüber auswärtigen Händlern gering waren, zum anderen weil das Hausieren durchaus im Interesse der Kunden und Kundinnen in den Dörfern draussen lag. Einerseits lieferten die Händler die Waren direkt zum Haus, andererseits musste, anders als auf dem Markt üblich, oft nicht bar bezahlt werden, was der Landbevölkerung entgegenkam, da sie nur saisonal über Bargeld verfügte.

Aushängeschild eines Hufschmieds
Mit diesem Schild machte ein Reigoldswiler Hufschmied auf sein Gewerbe aufmerksam. Ausnahmsweise ist das Objekt datiert, es weist die Jahreszahl 1683 auf.

dass innert einer Viertelstunde etliche hunderttausend Ziegel zerschmettert wurden, dass die Gassen mehr als schuhtief mit Scherben gefüllt waren, «also dass alle Häuser hierdurch geöffnet und den Besitzern feuchte Bettwerck und anderes vom Regen und Nässe übel beschädigt worden». Das schrieb Niklaus Rippel, der Basler Ratsschreiber und spätere Bürgermeister in seinen Schreibkalender. Er schloss mit den Worten: «Es ist ein unerhört schrecklich Wetter gewesen, also dass sowohl die Einwohner als darin gelegene Soldaten [der Stadt; as] anderst nicht gemeint, als dass sie all müessten zue grund gehn.» Es habe nur Liestal getroffen, kaum jedoch die Umgebung. «Gott gebe», fährt der Schreiber fort, «dass sowohl das noch iemlich verhärtete rebellische Volk von Manns- und Weibspersonen an selbigem Ort hierdurch möchte erweicht, als auch wir alle insgesamt zu wahrer ungleissnerischer Busse und Besserung unseres sündlichen Lebens verleitet und getrieben werden.»

Laufner Zunfthandwerker gegen Laufner Krämer

Die auseinander strebenden Interessen von zünftischen Produzenten, Händlern, Kundschaft und Behörden waren auch in Laufen je länger je weniger unter einen Hut

Das Neue: Die Seidenbandweberei

So zeitlos die für das Baselbiet so typische heimindustrielle Seidenbandweberei auch scheinen mag, sie hatte einen Anfang im späten 17. und ein Ende im frühen 20. Jahrhundert.[12] Die Einführung der Posamenterei vor etwas über 300 Jahren stellte das frühneuzeitliche Basel vor eine fundamentale Herausforderung. Die wirtschaftliche Innovation löste einen grundlegenden Konflikt innerhalb der städtischen Gesellschaft aus: Auf der einen Seite stand das Zunfthandwerk, auf der anderen die so genannten Fabrikanten, das waren Basler Kauf- und Handelsleute, die mit der Seidenbandweberei in Heimarbeit einer frühindustriellen Form der gewerblichen Produktion zum Durchbruch verhelfen wollten. Unter dem Druck dieser wirtschaftlich und politisch mächtigen Fraktion des städtischen Bürgertums entschied sich die Obrigkeit dafür, der neuen Technologie früher als in anderen europäischen Regionen den Weg zu ebnen. Von diesem Vorsprung profitierte die Basler Seidenbandindustrie bis ins späte 18. Jahrhundert. Für die Geschichte des Baselbiets interessiert in erster Linie, welche Bedeutung die heimindustriell betriebene Seidenbandweberei für die ländliche Gesellschaft im 17. und 18. Jahrhundert hatte.

Mit der erfolgreichen Etablierung der Posamenterei eröffnete sich den Baselbietern und Baselbieterinnen vor allem eine neue Verdienstmöglichkeit. Die meisten Landleute waren daran gewöhnt, ihr Einkommen mit unterschiedlichen, nebeneinander betriebenen Tätigkeiten zu erzielen. Vor allem die Ärmeren unter ihnen nutzten die neue Erwerbsquelle gerne. Die Heimindustrie kam gerade im richtigen Moment, denn vor allem im oberen Baselbiet und hier in erster Linie im Amt Waldenburg war die Bevölkerung gewachsen und näherte sich der Grenze des Nahrungsspielraums, der Lebensstandard war im Sinken begriffen. Das Wachstum der dörflichen Unterschicht vergrösserte die Konkurrenz auf dem ländlichen Arbeitsmarkt, wo sich immer mehr Leute um Taglohnarbeit in Landwirtschaft und Handwerk bewarben. In dieser angespannten Situation erweiterte der neue Produktionszweig das wirtschaftliche Potential der Region erheblich.

zu bringen. Das zeigt der lange Streit zwischen den Webern und den Krämern von Laufen im 18. Jahrhundert. 1733 beklagt sich Claus Pirry aus Blauen namens der Weberzunft über Conrad Wetter von Laufen: Er beherrsche das Weberhandwerk nicht, begebe sich aber nach Basel, wo er für einige hundert Pfund im Jahr Stoff einkaufe, um ihn, zum grossen Schaden der Weberzunft, in Laufen zu verkaufen. Der Streit kam bald vor den Fürstbischof, zog sich aber bis zum Ende des Jahrhunderts hin. Denn die Laufner Weber hatten sich nicht nur mit der Konkurrenz einheimischer Krämer herumzuschlagen, sondern auch auswärtige Weber und Krämer sowie jüdische Händler machten ihnen, so ihre Perspektive, das Leben schwer. Gegen das Verbot des Handels ausserhalb der Jahrmärkte, das die Weberzunft beim Fürstbischof erwirken konnte, erhoben in der Folge die Laufner Krämer Klage und forderten «freyen Handel». Die Weberzunft konnte die Obrigkeit aber immer noch für ihr Anliegen gewinnen. Die Krämer jedoch waren so stark im Wirtschaftsleben des Laufentals verankert, dass sie durch ein Verbot nicht zu verdrängen waren. Die Weberzunft versuchte daher, die Krämer für sich zu gewinnen, und unterbreitete ihnen Vorschläge für eine Zusammenarbeit: Die Krämer sollten Stoff nicht mehr von auswärts,

Der Verlag

Neu war auch die Organisation der Produktion im so genannten Verlag. Diese Art der Herstellung von Seidenbändern beruhte auf dem geschickt organisierten Zusammenwirken von Handwerks- und Handelstätigkeit in Stadt und Land; ein neues Regime in den Beziehungen zwischen Arbeitgebern einerseits, Arbeitnehmern und Arbeitnehmerinnen andererseits hielt Einzug. Die zentrale Figur dieser Organisation war der Bandfabrikant. Er kontrollierte die Bandherstellung von Anfang bis Schluss. Er beschaffte den Rohstoff, und er verkaufte die Bänder. Stets blieb er Eigentümer des Arbeitsgegenstandes, den er den verschiedenen Arbeitern und Arbeiterinnen sowie bestimmten Handwerkern zur Weiterverarbeitung anvertraute. Mit der je nach Geschäftsgang unterschiedlichen Vergabe von Aufträgen konnte der Bandfabrikant zudem einen Teil des Konjunkturrisikos abwälzen, ebenso liessen sich die Lohnkosten tief halten, weil die Seidenbandweber und -weberinnen in ihren eigenen vier Wänden arbeiteten und einen Teil ihrer Nahrungsmittel selber produzierten. Gerade deswegen akzeptierten viele Posamenter und Posamenterinnen die Heimindustrie als Fortführung ihres gewohnten Lebens, das aus Handwerk und Kleinlandwirtschaft bestand. Zu Hause, am Webstuhl, war man, so die Wahrnehmung vieler Landleute, sein eigener Herr und Meister. Unter anderem konnte man selber Arbeitsrhythmus und Arbeitszeit bestimmen.

Die Heimindustrie war auch gut einzupassen in eine extensiv betriebene Kleinlandwirtschaft, und man war zumindest bei guter Konjunkturlage weniger abhängig von den dörflichen Arbeitgebern, den grossen Bauern und Handwerkern. Die innovationsfreundliche Haltung der Basler Obrigkeit kam also nicht zuletzt der ärmeren Bevölkerung des Baselbiets durchaus zugute, auch wenn die Löhne niedrig waren und die offensive Wirtschafts- und Unternehmenspolitik der Basler Fabrikanten auf Kosten der zünftisch organisierten Passementer und Weber, ja der traditionellen Zunftwirtschaft überhaupt ging.

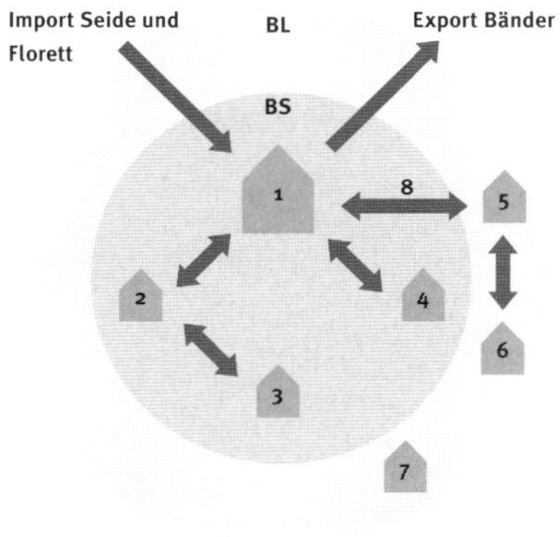

Die Seidenbandproduktion im Verlag
1 Bandfabrikant
2 Zwirnerin
3 Dopplerin
4 Seidenfärber
5 Posamenter und Posamenterin
6 Winderin
7 Bandstuhlschreiner
8 Bote

etwa aus Basel, einführen, sondern nur noch bei den Laufner Webern beziehen; oder die Weber würden alles Garn bei den Krämern kaufen und zu Stoff verarbeiten. Die Weber waren also bereit, ihre gefährdete Stellung als Stoffanbieter zu sichern, indem sie sich mit den Krämern zusammentaten, um den lokalen Markt gemeinsam noch weiter zu regulieren. Kaum hatten sich die gegnerischen Parteien geeinigt, traten der Rat von Laufen und die Meier sämtlicher Gemeinden der Vogtei Zwingen auf den Plan. Sie beschwerten sich über die Weberzunft, die den Handel zu sehr beschränke. Unter anderem forderten die Weber, in Absprache mit den einheimischen Krämern, eine eigene Gebühr von auswärtigen Webern und Krämern, die auf den Laufner Markt kämen. Da diese noch eine fürstbischöfliche Gebühr zu bezahlen hatten, wurde der Gang nach Laufen für sie zu einer teuren Sache. Die doppelte Gebühr hielt, so die Auffassung des Rates und der Meier, auswärtige Händler davon ab, den Laufner Markt zu frequentieren. Hier meldeten sich also die Konsumenten und Konsumentinnen zu Wort: Es war zu befürchten, dass die immer engere Regulierung des Marktes und des Handels die Vielfalt des Angebotes zu sehr einschränkte. Die Protestierenden wiesen daraufhin, dass die Qualität der angebotenen Ware da-

Anzahl Bandstühle auf der Landschaft

Waldenburg		
1754	*691*	*(57,5 %)*
1770	*853*	*(57,0 %)*
1786	*1168*	*(52,2 %)*
Farnsburg		
1754	*316*	*(26,3 %)*
1770	*460*	*(30,7 %)*
1786	*701*	*(31,4 %)*
Liestal		
1754	*61*	*(5,2 %)*
1770	*79*	*(5,3 %)*
1786	*156*	*(7,0 %)*
Homburg		
1754	*75*	*(6,2 %)*
1770	*87*	*(5,8 %)*
1786	*134*	*(6,0 %)*
Münchenstein		
1754	*58*	*(4,8 %)*
1770	*18*	*(1,2 %)*
1786	*76*	*(3,4 %)*
Total		
1754	*1201*	*(100 %)*
1770	*1497*	*(100 %)*
1786	*2235*	*(100 %)*

1754 beauftragte die Obrigkeit den Schreiber der Fabrik-Kommission, Johann Jakob Eglinger, mit einer Zählung sämtlicher Bandstühle in Stadt und Land. Die Zahlen von 1770 gehen auf die Volkszählung aus diesem Jahr zurück, und die Angaben zu 1786 beruhen auf einer erneuten obrigkeitlichen Bandstuhlzählung. Die Bandfabrikanten machten bei diesen Zählungen mit, weil sie hofften, damit Leute aus Stadt und Land zu entdecken, die sich unerlaubterweise in ihrem Sektor betätigten.

Quelle: Gschwind 1977, S. 670ff.

Die sozialen Gruppen in der Bandfabrikation

Jedem Verarbeitungsschritt in der Seidenbandherstellung kann eine bestimmte soziale Gruppe zugeordnet werden. Die Rohseide musste vor dem Weben gedoppelt, gezwirnt und gefärbt werden. Für die ersten beiden Arbeitsgänge setzten die Fabrikanten im Allgemeinen Frauen aus der städtischen Unterschicht ein. Die Dopplerinnen mussten die Rohseide verlesen und mehrere gereinigte Grègefäden auf eine Spule vereinigen *(doublieren)*. Beim anschliessenden Zwirnen *(Moulinieren)* mit Hilfe der so genannten Zwirnmühle wurde durch das Zusammendrehen von zwei bis vier Grègefäden ein verarbeitbares Garn erzeugt. Bei stärkerem Zwirnen erhält man ein zugfestes, hartes Garn, die Organzin, durch geringeres Zwirnen entsteht die schwächere, lockerere Trame. Die Organzin dient als Kettgarn, die Trame hingegen verwendet man für den Einschlag, für jene Fäden also, die rechtwinklig zu den Kettfäden verlaufend, je nach Muster abwechselnd auf und unter diese zu liegen kommen. Das Färben erledigten die Meister und Gesellen des zünftigen Seidenfärberhandwerks.

Das solcherart aufbereitete Rohmaterial wurde den Bandwebern und -weberinnen auf der Basler Landschaft weitergegeben. Oft bediente man sich dazu des «Botten», das heisst eines Fuhrmannes der Basler Landschaft, der auf eigene Rechnung ein- oder zweimal in der Woche den Gütertransport zwischen der Stadt und den Dörfern besorgte. Vor dem Weben mussten die Strangen gewunden, das heisst auf Spulen übertragen werden. Diese Arbeit nannte man «Spüeli mache». Es folgte das Zetteln, das heisst das Herrichten von Kettfäden auf einen je nach Vorschrift breiteren oder schmaleren Zettel mit bestimmter Länge. Diese einfachen, aber zeitraubenden Arbeiten wurden meistens von Frauen und Kindern aus dem eigenen Haushalt ausgeführt oder von Windern und Winderinnen, die als Knechte und Mägde angestellt waren. Erst danach konnte der Webstuhl «aufgemacht», das heisst für die eigentliche Webarbeit vorbereitet werden. Das Herrüsten des Stuhls war eine heikle Verrichtung, die in der Regel zwei, manchmal sogar drei ganze

durch noch mehr zu wünschen übrig lasse und dass ein Quasimonopol die Preise zu sehr nach oben treibe.
Fürstbischof Simon Niklaus von Montjoie bestimmte 1764, dass sich die Weberzunft zwar gegen ausländische Weber, nicht aber gegen Konkurrenz durch Krämer wehren könne. Allen Bürgern sei es erlaubt, in ihren Läden sowohl an als auch ausserhalb von Jahr- und Wochenmärkten Stoff zu verkaufen. Den Stoff dürften sie beziehen, wo es ihnen gut erscheine. Ausserdem verbot er der Zunft, weiterhin ein Einstandsgeld von auswärtigen Marktbesuchern zu fordern. Damit war die Weberzunft in die Schranken gewiesen. Im Übrigen war es ein Signal für alle Zünfte: Die Zunftwirtschaft blieb zwar bestehen, es wurde aber immer klarer, dass der zunehmende Druck auf die Zünfte nicht einfach durch eine immer stärkere Regulierung von Produktion und Vertrieb aufgefangen werden konnte. Im späten 18. Jahrhundert zeichnen sich damit auch im Fürstbistum die ersten deutlichen Risse im Zunftsystem ab. Nicht nur die im Verlagssystem produzierende Heimindustrie, sondern auch Jahrmärkte und der «freie» Handel von Kaufleuten, Krämern und Hausierern beanspruchten mehr Platz auf dem Gesamtmarkt. Ebenso machten sich zunehmend auch die Kunden und Kundinnen mit

Arbeitstage beanspruchte.[13] Die gewobenen Bänder brachten die Produzenten selber oder per Boten zum städtischen Verleger. Bei der Übergabe wurde der oft erst dann festgelegte Lohn ausbezahlt. «Visiteure», die als Angestellte der Verleger die Arbeit der Posamenterhaushalte vor Ort kontrollierten, kannte man im 18. Jahrhundert noch nicht. Nur wenige Posamenter besassen eigene Webstühle, diese wurden in der Regel von den Fabrikanten gegen eine jährliche Miete gestellt. Mitte des 18. Jahrhunderts hatte die Obrigkeit den Bandstuhlschreinern der Landschaft zudem verboten, für Untertanen Bandmühlen anzufertigen. So wurde den Fabrikanten eine ziemlich umfassende Kontrolle der Produktion ermöglicht.

Die Basler Bandfabrikanten verfügten zum Teil über grosse Betriebe und erzielten damit einen beträchtlichen Reichtum. So betrug das Kapital der Handlungsgemeinschaft, die Martin Strub 1724 mit seinem Schwiegersohn Johann Jakob Bachofen schloss, lediglich 11 000 Gulden. Als Bachofen 1752 seinen Sohn Martin ins Geschäft nahm, war das Kapital auf 154 800 Gulden angewachsen. Die mächtigsten Unternehmen betrieben eigene Färbereien; sie konnten dank ihren grossen Kapitalien die starken Schwankungen der Rohstoffpreise durch spekulative Einkäufe zu ihren Gunsten ausnützen und die Ware zu äusserst tiefen Preisen verkaufen.

Lohn eines Posamenters mit Passefinstuhl zu 14 Läufen, 1795

Einnahmen (= Bruttoverdienst pro Jahr)	
Lohn	*416 Pfund*
Ausgaben	
Stuhlzins an den Bandfabrikanten	*8 Pfund*
Aufwendungen für den Bandstuhl (Litzenfaden, Blätter, Draht, Baumöl etc.)	*18 Pfund*
Öl und Licht für 21 Wochen	*28 Pfund*
Seidenbote und Weg nach Basel	*16 Pfund*
Winderlohn: Zettel	*42 Pfund*
Winderlohn: Einschlag	*40 Pfund*
Löhne für Knecht und Magd	*45 Pfund*
Nahrungsmittel für das Gesinde	*65 Pfund*
Beitrag zur Posamenter-Kasse	*7 Pfund*
Total	*269 Pfund*
Nettoverdienst	*147 Pfund*

Der Verdienst eines Posamenters

Nebenstehende Tabelle weist erstaunlich hohe Aufwendungen auf Seiten des Posamenters aus.[14] Der effektive Lohn umfasste nur 36 Prozent des Betrags, den der Bandfabrikant auszahlte. Bandweberhaushalte konnten allerdings Kosten einsparen, wenn Frau und Kinder mithalfen und auf Posamenterknecht und -magd, aber auch auf externe Seidenwinderinnen verzichtet wurde. Zudem standen bisweilen zwei Webstühle in Betrieb, was die Einnahmen ebenfalls verbesserte. Hingegen scheinen die Posamenterlöhne im Verlauf des 18. Jahrhunderts trotz der Geldentwertung nicht erhöht worden zu sein. Im Vergleich mit anderen Berufsgruppen waren Posamenter im

ihrem Interesse an günstigen und qualitativ guten Produkten bemerkbar. Entweder schalteten sie sich über vermittelnde Instanzen wie die Vertreter der lokalen Selbstverwaltung ein oder sie stimmten, sozusagen, mit den Füssen ab, indem sie verbotenerweise von fahrenden Händlern kauften oder sich auswärts zu günstigeren Konditionen eindeckten.

Die Ursprünge der Basler Seidenbandweberei

Schon vor 1600 hatten Posamenter und Posamenterinnen aus den stadtnahen Gemeinden, aus dem Delsberger- und Laufental sowie dem Birseck und aus dem Solothurner Schwarzbubenland verlagsmässig für Fabrikherren in der Stadt produziert. Die Initiative dazu ging von Glaubensflüchtlingen aus Italien, Frankreich und Flandern aus, die sich in Basel niedergelassen hatten und im Handel wie in der Produktion tätig waren. Ohne grosse Rücksichten auf die Zünfte entwickelten sie im 17. Jahrhundert zusammen mit alteingesessenen Baslern ein Verlagswesen, welches das zünftische Passementergewerbe der Stadt bei weitem übertraf. Wie andernorts in Europa begann die Industrialisierung also auch in der Region Basel auf dem Land. Die Seidenbandfabrikanten wichen den Zwängen und der Machtpolitik

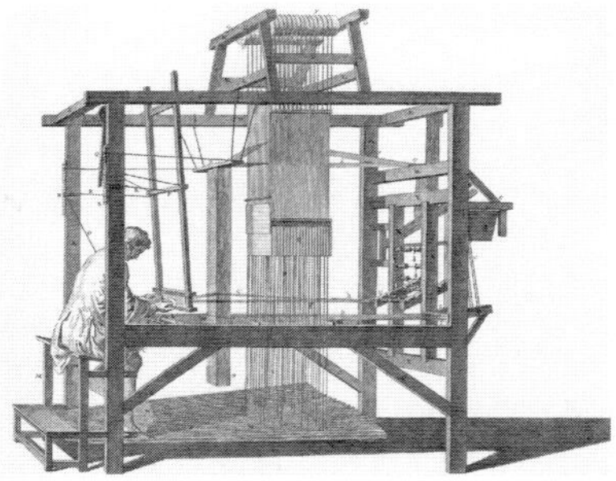

Einfacher Webstuhl
Die Abbildung aus Diderots Encyclopédie zeigt einen einfacheren Webstuhl, der so konstruiert war, dass sich die geraden und ungeraden Kettfäden abwechslungsweise hoben und senkten. Dabei wurde jedesmal die Kette neu geöffnet, so dass der Weber oder die Weberin das Schiffchen von Hand durchführen konnte.

Durchschnitt deutlich schlechter gestellt. Bauhandwerker erhielten Ende des 18. Jahrhunderts Löhne zwischen 190 und 240 Pfund, wovon die Naturalentschädigung 45 Pfund ausmachte. Frauen und Männer, die im Taglohn in der Landwirtschaft arbeiteten, konnten auf Jahreslöhne von 170 Pfund kommen. Schlechter gestellt waren arme Handwerker wie Schneider, die auf Löhne von rund 100 Pfund pro Jahr kamen.

Bandwebstühle je nach Band

Bis ins 19. Jahrhundert wurden die Bänder in Europa an vielen Orten auf so genannten Treten- oder Trittwebstühlen gewoben. Damit war es unmöglich, gleichzeitig mehr als ein einziges Band zu weben. Dass dabei die Bänder, verglichen mit Tüchern, sehr teuer zu stehen kamen, liegt auf der Hand; denn je schmaler ein Band war, desto mehr Arbeit im Verhältnis zur Stoffmenge erforderte dessen Herstellung. Ebenso wenig konnte man den Tretenwebstuhl für die Verfertigung von gemusterten Bändern verwenden, denn ein Muster kommt nur zustande, wenn gewisse Kettfäden an bestimmten Stellen vom Einschlag überdeckt sind. Es brauchte also Vorrichtungen, die es gestatten, die Kettfäden so anzuordnen, dass weit mehr Kombinationen möglich sind als auf dem Tretenwebstuhl, wo sich stets sämtliche geraden Kettfäden heben, wenn sich die ungeraden Kettfäden senken. Die theoretisch einfachste Möglichkeit, die Zahl der Kombinationen zu vergrössern, bestand in der Vermehrung der Treten (Pedale) und der Schäfte. Da sich aber Bandstühle mit einer grossen Anzahl von Schäften in der Praxis nicht bewährten, musste man sich auf eine andere Weise behelfen: Statt durch Schäfte wurden die einzelnen Kettfäden durch Zugschnüre bewegt. Dafür eingerichtet war der Hochlitzenstuhl. Erst zu Beginn des 19. Jahrhunderts konnte man dank einer genialen Erfindung des Lyoner Mechanikers Joseph-Marie Jacquard das Weben von gemusterten Bändern weiter vereinfachen. Seither wird das gewünschte Muster nämlich auf Lochkarten gestanzt, die das Auf und Ab der Zugschnüre bestimmen.

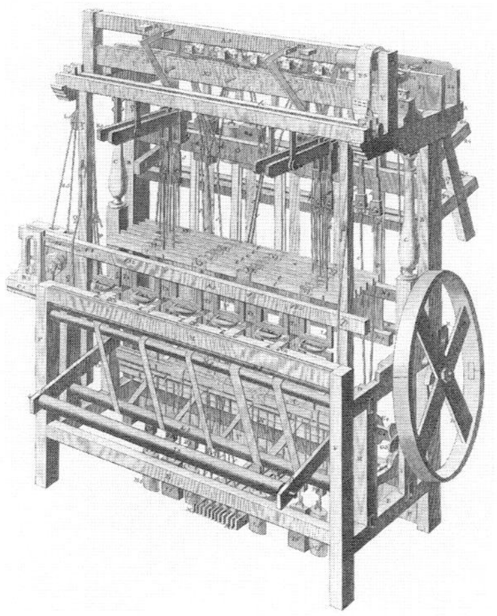

Mehrgängiger Webstuhl
Bei der Bändelmühle setzte der Posamenter oder die Posamenterin mit der Schlaglade eine Vielzahl von Weberschiffchen in Bewegung, was das gleichzeitige Weben mehrerer Bänder gestattete. Die Abbildung aus der Encyclopédie gibt einen «Métier à faire plusieurs pièces de ruban à la fois» wieder.

der städtischen Zünfte aus, indem sie in den Dörfern produzieren liessen. Hier fanden sich genügend billige Arbeitskräfte. Die Menschen im Fürstbistum unterstanden zudem einer anderen Landesherrschaft, so dass die städtische Obrigkeit nur beschränkt intervenieren konnte.

Zunfthandwerk unter Druck

Im Lauf des 17. Jahrhunderts musste das Basler Zunfthandwerk, besonders die so genannten Passementer, ein Zugeständnis nach dem anderen machen. Nachdem sie seit 1640 mehrere Male erfolglos gegen die Ausbreitung des Verlagswesens geklagt hatten, stimmten sie schliesslich im Jahre 1666 der Freigabe des Florettbandwebens zu. Seither durften alle Seidenband webenden Landleute in die Stadt kommen, um bei ihrem Verleger den Rohstoff zu holen und die fertigen Bänder abzuliefern. Vier Jahre später folgte der Entscheid der Obrigkeit zu Gunsten der Bandmühle, die zünftigen Passementermeister fuhren aber fort, auf den eingängigen Bandstühlen zu arbeiten. Sie forderten bis 1692 noch viermal die Abschaffung der Bandmühle, aber im Gegensatz zu ihren Berufsgenossen in anderen Städten Europas konnten sie sich beim Rat nicht durchsetzen, ebenso wenig konnten sie die Bandfabrikanten 1673 zum Beitritt in die Weberzunft veranlassen.

Die Bandmühle für mehrere Bänder

Für die Anfänge der Basler Bandindustrie war eine andere technische Innovation von zentraler Bedeutung: die Bandmühle, auch Bändelmühle, Kunststuhl, Mühlstuhl genannt. Im Gegensatz zum gewöhnlichen Webstuhl zeichnet sich der Kunststuhl durch eine Vielzahl von gleichzeitig arbeitenden Schiffchen aus. Damit können – das ist das grundlegend Neue – in ein und demselben Arbeitsgang mehrere Bänder gewoben werden. Mit einer besonderen mechanischen Vorrichtung, der so genannten Schlaglade, setzte der Weber oder die Weberin die Schiffchen in Bewegung. Mit den frühen Stühlen dieser Art konnten nur einfarbige Bänder mit ganz einfachen Mustern produziert werden. Der Kunststuhl wurde höchstwahrscheinlich zu Beginn des 17. Jahrhunderts in Holland erfunden. Bald hatte man ihn so weit vervoll-

«Bändelmühle» von Niklaus Tschudin von Sissach
Industriespionage eines Baslers in Holland hat vermutlich dazu geführt, dass ab etwa 1670 auch in Basel so genannte Bändelmühlen gebaut werden konnten. Diese Bandwebstühle kamen einem Quantensprung in der Technologie der Seidenbandweberei gleich, weil mit ihnen mehrere Bänder gleichzeitg produziert werden konnten. Den Webstuhl konnten Bandweber und -weberinnen in der Regel nicht erwerben, er blieb Eigentum des Fabrikanten. Weber und Weberinnen hatten jedes Jahr einen bestimmten Betrag für die Benutzung zu entrichten; sie verpflichteten sich schriftlich, nicht auf eigene Rechnung und nicht für andere Auftraggeber zu arbeiten. War der Seidenbandfabrikant mit den Ergebnissen nicht zufrieden, konnte er den Webstuhl wieder an sich ziehen. Der abgebildete Webstuhl wurde vom bekannten Stuhlmacher Niklaus Tschudin von Sissach, 1726–1779, gebaut. Er hat seine Initialen und das Entstehungsjahr des Webstuhls, 1764, in den oberen Querbalken geschnitzt.

Die Seidenherren entwickelten den Kunststuhl laufend weiter. Während ursprünglich nur einfache Florettbänder gewebt werden konnten, wurden bald auch kompliziertere Taffetbänder und Galonen, seit 1725 auch gemusterte Bänder auf den Bändelmühlen hergestellt. Diese Verbesserungen bekamen die städtischen Passementermeister schnell zu spüren. Hatten ihnen die Bandmühlen anfänglich materiell nur wenig geschadet, weil sie sich der Herstellung hochwertiger Bänder zugewandt hatten, so blieben mit der Zeit immer weniger Bandsorten übrig, die ausschliesslich auf eingängigen Bandstühlen gewebt werden konnten. Schliesslich gingen einige Passementermeister in den 1720er Jahren dazu über, neben ihren eingängigen Bandstühlen auch auf Bandmühlen zu arbeiten, so dass die neue Form der Bandproduktion das alte Zunfthandwerk langsam auffrass.

Basels Vorrangstellung

Die Überlegenheit der Basler Bandindustrie beruhte auf ihrer Organisationsform, dem Verlag, und auf der Anwendung mehrgängiger Bandstühle. Solche Stühle wurden zunächst nur gerade in Holland sowie in den daran angrenzenden deutschen Gebieten gebraucht, zum Teil nur von zünftischen Handwerkern. Im französischen Zen-

Bändel aus dem Musterbuch der Bandfabrik Emanuel Hoffmann
Die Musterbücher, welche die Bandfabrikanten mit sich führten, um sie ihren Kunden oder auf Messen vorzulegen, geben Aufschluss über den damaligen technischen und modischen Stand der Basler Bandfabrikation. Die hier wiedergegebenen Bändel stammen aus einem der wenigen erhaltenen Bücher aus dem 18. Jahrhundert.
In grossem Massstab umgesetzt wurden die Bänder vor allem auf den grossen Messen in Zurzach, Strassburg und Frankfurt am Main. Die Absatzgebiete der Basler Bänder lagen vorwiegend in Deutschland und Frankreich. Über die Messen gingen die Basler Bänder auch in andere europäische Länder und über Schweizer Kaufleute in grossen Hafenstädten gelangten sie sogar nach Übersee. Daneben gab es auch regionale Absatzmärkte, die meistens durch kleine Händler im Strassenverkauf bedient wurden. Die Mode des 18. Jahrhunderts war günstig für die Bandweberei, sowohl in der städtischen als auch in der ländlichen Kleidung. Grosse Schleifen in reicher Zahl schmückten die Kleider, ja selbst die Schuhe. Unerlässlich waren Seidenbänder auch in der Hutmode.
Zur Zierde eines der für das Ende des 18. Jahrhunderts typischen grossen Hüte benötigte man mehrere Meter Seidenband, und spätere Auffrischungen oder Anpassungen an neue Moden erforderten die gleichen Mengen.
Dazu fanden Seidenbänder in kleinen Mengen, dafür aber an sehr vielen Stellen Verwendung, so an Urkunden, an Taschen und Notizbüchern, bei Kästchen und anderen Gegenständen des täglichen Gebrauchs. Auf der Basler Landschaft wurden vor allem einfache Bänder gewoben, die als Massenware in den Verkauf kamen.

kommnet, dass bis zu 24 Bänder gleichzeitig hergestellt werden konnten. Ein früher Siegeszug wurde allerdings durch einschränkende behördliche Vorschriften zu Gunsten der zünftischen Passementer und durch technische Grenzen des neuen Stuhls verhindert. Denn anspruchsvollere Bänder waren auf den frühen Bandmühlen nicht herzustellen. Erst die Basler haben auf diesem Gebiet Fortschritte erzielt, insbesondere in der Entwicklung neuer Webgeschirre, dank denen nicht nur einfarbige, sondern auch gemusterte Bänder mehrgängig gewebt werden konnten. Eine grundlegende Vereinfachung brachte aber auch hier erst der Jacquard-Mechanismus. In Basel eingeführt wurde der Kunststuhl 1670 vom Bandfabrikanten Emanuel I. Hoffmann, der sich die entsprechenden Kenntnisse zuvor in Holland angeeignet hatte. Nach längeren Auseinandersetzungen mit den Zünften breitete sich die Bandmühle im 18. Jahrhundert zunehmend auf der Landschaft aus.

Spezialisten: Die Bandstuhlschreiner

Bändelmühlen herzustellen erforderte einiges Können, das vor allem am Anfang auf der Landschaft fehlte. Im 18. Jahrhundert aber wurden die Bandstühle von Schreinern der Landschaft hergestellt und repariert. Einige Schreiner spezialisierten sich sogar auf Bandstühle, unter anderem mehrere Angehörige der Familie Tschudin von Sissach. Niklaus Tschudin, der von 1726 bis 1779 lebte, lernte das Schreinerhandwerk bei seinem Vater, der ihn 1747 zur Ausbildung nach Lyon und Saint-Etienne, den Zentren der französischen Bandproduktion, sandte. Neben seiner Tätigkeit als Bandstuhlschreiner betrieb Niklaus Tschudin später eine respektable Landwirtschaft, besass er doch 1774 fünf Pferde, zwei Kühe und drei Schweine sowie 9,5 Jucharten Ackerland, 5 Jucharten Mattland und 0,25 Jucharten Rebland. Zudem beschäftigte er fünf männliche und zwei weibliche Hilfskräfte. Gerade die Bandstuhlschreiner hatten als erfahrene Praktiker und Tüftler dazu beigetragen, die Bändelmühle weiterzuentwickeln, so dass im Verlauf des 18. Jahrhunderts immer aufwändigere Bänder gewebt werden konnten.

trum der Bandfabrikation, in der Gegend von Lyon und Saint-Etienne, führte man die Bandmühlen erst um 1770 ein. Ausserdem wurde die Einfuhr französischer Ware ins Reich immer wieder verboten, so dass die Basler Fabrikanten im 18. Jahrhundert die Märkte in Mittel- und Osteuropa beherrschten. Der Rat unterstützte die Fabrikanten mit einer merkantilistischen Wirtschaftspolitik: Bandstühle durften nicht ausgeführt werden, und Landleute konnten nicht als Verleger-Fabrikanten ins Geschäft einsteigen. Streng verboten war auch das Unterschlagen von Seide für den eigenen Gebrauch, als Strafe drohte der Stuhlentzug. 1738 wurde schliesslich eine «Fabrik-Kommission» eingesetzt, welche die Einhaltung sämtlicher Vorschriften überwachen sollte, und seit 1750 durften die Bandstuhlschreiner nicht mehr für Untertanen arbeiten. Trotzdem wanderten im 18. Jahrhundert Landleute aus und beteiligten sich im Ausland am Aufbau von Bandindustrien, so in Wien oder in Preussen. Ebenso arbeiteten Baselbieter Posamenter und Posamenterinnen für Bandfabrikanten aus dem Bernischen Aargau. Arbeit für fremde Verleger war attraktiv. Erstens wurden zum Teil höhere Löhne bezahlt, und zweitens konnten so Zeiten überbrückt werden, während denen die Basler Verleger keine Aufträge vergaben.

Lesetipps

Als exemplarische Einführung ins Thema Handwerk und Gewerbe in der frühen Neuzeit sei auf Meier (1986) über den Kanton Zürich hingewiesen.

Eine schöne Fallstudie über die Schreiner des oberen Baselbiets im 16. und 17. Jahrhundert bieten Weis/Bischof (1995).

Die Frage der Landzünfte behandelt Simon-Muscheid (1993).

Für die Seidenbandweberei sind die Arbeiten von Fink (1979 und 1983) sowie jene von Grieder (1985) zu konsultieren.

Für die Geschichte von Liestal kann immer noch Gauss, in: Merz, Bd. 2 (1910) herangezogen werden, für Laufen und seine Entwicklung Fridrich 1998 (erscheint 2001).

Die gesamtschweizerische Einordnung ermöglicht Braun (1984; drittes Kapitel).

Abbildungen

StA BL, Abt. II F, Bd.e 1–3: G. F. Meyer: Skizzen über die Basler Landschaft, 1678–1681, Bd. 3, Blatt 670; Foto Felix Gysin: S. 33 [A].
Universitätsbibliothek Basel, Handschriftenabteilung, Falk. 1471: S. 37.
StA BE, Atlanten, Nr. 116, Blätter E & F, Brunner'sche Atlanten: S. 38 [A].
StA BS, Bildersammlung, Falk Fb 9,1: S. 39 [A].
Historisches Museum Basel, Inv.Nr. 1900.166; Foto Maurice Babey, Peter Portner: S. 39.
StA BS, Bildersammlung, Wack K 178: S. 41 [A].
Archäol. Dienst Kanton Bern: S. 42 / 43 [A].
Historisches Museum Basel, Inv.Nr. 1900.148; Foto Peter Portner: S. 44.
Privatbesitz Seltisberg; Foto Felix Gysin, Mikrofilmstelle des Kantons Basel-Landschaft: S. 45.
Kantonsmuseum Basel-Landschaft, Inv.Nr. H 3890: S. 46.
Öffentliche Kunstsammlung Basel, Kupferstichkabinett, Inv.Nr. 1886.7.3 Skb. A 48b, p. 40 (A 202): S. 47 [A].
StA BS, Bildersammlung, Falk Fb 8,9: S. 47 [A].
Museum der Kulturen Basel, Inv.Nr. VI 2246: S. 49.
Anne Hoffmann Graphic Design, nach Fink 1979: S. 51.
Diderot/d'Alembert: Encyclopédie, Bd. 11 der Tafeln, Paris 1772, Kap. «Passementerie», Planche V, «Métier à faire le Galon» und Kap. «Rubanier», Planche I, «Métier à faire plusieurs pièces de ruban à la fois»; Reproduktion: Universitätsbibliothek Basel: S. 54.
Kantonsmuseum Basel-Landschaft, Leihgabe Museum der Kulturen, Basel: S. 55.
Historisches Museum Basel, Inv.Nr. 1880.170; Foto Maurice Babey, Peter Portner: S. 57.

[A]= Ausschnitt aus Originalvorlage.

Anmerkungen

1 Vgl. Meier 1986.
2 Vgl. zu Laufen: Fridrich 1998; 700 Jahre Laufen 1995; Laufen 1986 und Bd. 2, Kap.3.
3 Vgl. zur Dreizelgenwirtschaft Kap.1.
4 Vgl. Fridrich 1998.
5 Vgl. Stettler 1994, S. 1–36.
6 Vgl. Müller/Rebmann 1962, S. 215–227.
7 Ein Halbe ist eine halbe Mass, gleich 0,75 Liter, ein Schoppen macht 0,375 Liter aus.
8 Vgl. Descœudres 1995, S. 101–110. Hier auch Details zur weiteren Geschichte.
9 Weis/Bischoff 1995.
10 StA BS, Kirchengüter G1, 1663. Vgl. auch Rudin 1996, S. 358ff. sowie Heyer in: KDM BL, Bd. 3.
11 Vgl. dazu Fridrich 1998.
12 Vgl. Fink 1979 und 1983, ferner für das 19. Jahrhundert Grieder 1985, Maurer 1985 und Bd. 5, Kap. 2. Hier auch weitere technische Details der Seidengewinnung und der Bandherstellung.
13 Vgl. dazu auch Bd. 5, Kap. 2.
14 Fink 1983, S. 83f.

1 Vgl. Huggel 1979, S. 442–449, 476f. und Landolt 1996, S. 57–65.
2 Vgl. Fridrich 1998; Simon-Muscheid 1993, S. 101ff.; Landolt 1996, S. 59–62, 443 sowie Gauss et al. 1932, Bd. 2, S. 34ff. Zum Grundsätzlichen Dubler 1982 und Meier 1986.
3 Simon 1981, S. 166ff. Zum Folgenden Simon-Muscheid 1993, S. 102.
4 Vgl. Maurer 1985, S. 37ff., 56ff.
5 Vgl. Landolt 1996, S. 59–62.
6 Dubler 1982, S. 288f.
7 Gauss et al. 1932, Bd. 2, S. 35; Simon 1981, S. 167ff.; Geschichte des Kantons Zürich, Bd. 2, S. 118.
8 Vgl. Gauss in: Merz 1910, Bd. 2, S. 189–295 sowie HK Liestal 1970. Vgl. zur mittelalterlichen Geschichte von Liestal Bd. 2, Kap. 3.
9 Vgl. dazu Kap. 7 und 10 sowie Bd. 4, Kap. 1 und 2.
10 Vgl. Landolt 1996, S. 680ff., 689f.
11 Gauss in: Merz 1910, Bd. 2, S. 249f.
12 Gauss in: Merz 1910, Bd. 2, S. 255f.

SISSACH

Bild zum Kapitelanfang

Der Zehntenplan von Sissach 1689–1692

Der von Geometer G. F. Meyer gezeichnete Plan ist eines der frühsten Dokumente, das uns die Kulturlandschaft des frühneuzeitlichen Baselbiets in «modernem Design» vor Augen führt. Das heisst: für eine Gemeinde, Sissach, wurden alle Grundstücke einzeln erfasst, klassifiziert und mit Namen den Besitzern beziehungsweise den Zehntpflichtigen zugeordnet. Der Plan erlaubt nicht nur eine detaillierte Rekonstruktion der Besitzstruktur, sondern er zeigt auch die Gliederung der damaligen landwirtschaftlichen Nutzfläche, so etwa die längliche Form der schmalen Ackerparzellen und die der blockförmigen, als Mattland genutzten Grundstücke. Primäres Ziel dieses Plans war es, die Abgabepflichtigen der Gemeinde Sissach genau festzuhalten. Ein solches Instrument diente daher in erster Linie den Empfängern von Bodenzins und Zehnten und in zweiter Linie denjenigen, die den Einzug dieser Abgaben übernommen hatten.

Wirtschaft, Recht und Herrschaft

Auch in der frühen Neuzeit war die Wirtschaft nicht losgelöst von Politik, Recht und Herrschaft. Herrschaft manifestierte sich unter anderem darin, dass die Herrschenden, das heisst die Obrigkeiten, einen Teil dessen, was die Beherrschten erwirtschafteten, für sich und die Zwecke des frühneuzeitlichen Staates beanspruchten. Dies geschah über verschiedene Kanäle: so über direkte und indirekte Steuern, vor allem aber über Abgaben und Frondienste sowie über Zölle, Regalien und andere ähnliche Instrumente. Während Herrschaft im Mittelalter stärker personenbezogen war, weist sie in der frühen Neuzeit immer mehr eine Tendenz zur Verdinglichung und zur Territorialisierung auf. Das heisst: Im Mittelalter war die Beziehung zwischen den Beherrschten und den Herrschenden wie etwa den Grund-, Gerichts- und Leibherren in erster Linie ein Verhältnis zwischen bestimmten Personen. Diesen Bezug nahmen die Beherrschten sozusagen überallhin mit, er blieb aufrechterhalten, auch wenn sie sich im Gebiet anderer Herren aufhielten. In der frühen Neuzeit dagegen wurde die Herrschaftsbeziehung und damit auch die Pflicht zur Abgabenleistung immer mehr an das Territorium gebunden, in dem die Menschen lebten. So veränderte sich die Leibherrschaft zu Beginn des 16. Jahrhunderts in der Nordwestschweiz grundlegend, indem die wichtigsten Leibherren, vor allem die städtischen Obrigkeiten und einige Klöster, in gegenseitigen Verträgen den persönlichen Charakter der Leibeigenschaft zurücknahmen, Leibeigene austauschten und die Leibherrschaft als Untertanenschaft an das Territorium banden. Auswandernde Leibeigene nahmen also ihre Leibeigenschaft nicht mehr mit, sondern sie mussten sich gegen Gebühren von ihrem alten Leibherrn loskaufen und am neuen Ort in die Leibeigenschaft des neuen Leib- und Landesherrn eintreten. Im Folgenden werden die für die frühe Neuzeit zentralen Abgaben, Bodenzins und Zehnt, sowie die wichtigste Form des Eigentums, die Erbleihe, vorgestellt.[1] Danach wird auf Steuern und Zölle sowie weitere Grundlagen des wirtschaftlichen Handelns eingegangen.

Der Einzug der Bodenzinsen

Die Bodenzinsen wurden an Martini, also am 11. November, von Haus zu Haus eingezogen, entweder durch den Zinsempfänger selbst, meistens aber durch einen «Trager». Zu diesem wurde derjenige Einzinser bestimmt, der den höchsten Betrag innerhalb einer Tragerei, das heisst eines mehrere Parzellen umfassenden Zinsbezirks zu entrichten hatte. Er war dem Grundherrn gegenüber für eine korrekte Lieferung verantwortlich. Zur Kontrolle der Abgabepflichtigen und der Höhe ihrer Abgaben erhielt er einen Auszug aus dem Berein, Heischrodel, Tragereibüchlein oder Einzugsbuch genannt, in dem er die Handänderungen innerhalb seines Zuständigkeitsbereichs laufend nachzuführen hatte. Für Ausfälle hafteten die Einzinser einer Tragerei solidarisch. Das Trageramt war nicht sehr begehrt, viele Trager fügten sich dieser Pflicht nur widerwillig. Dabei ist zu bedenken, dass sie ihre Arbeit «allezeit in ihren eigenen Kösten und ohne Entgelt» leisten mussten. Zugestanden wurde ihnen nur, ihre Spesen den anderen Einzinsern der Tragerei in Rechnung zu stellen. Zu diesem Zweck konnten sie ein Geringes über den Betrag der Tragerei hinaus einziehen. Diese Differenz zwischen Bodenzinseinzug und -ablieferung wird in den zeitgenössischen Quellen als «Trag-

Erbleihe und Bodenzins

Sowohl im Fürstbistum wie im alten Basel war die Erbleihe für die übergrosse Mehrheit der ländlichen Bevölkerung die hauptsächliche rechtliche Form des Grundeigentums. Die Landesordnung des Standes Basel von 1757 unterschied grundsätzlich zwei Arten von Lehen: das weit verbreitete Erblehen und das seltenere Zinsgut. Bei beiden verfügte der Grundherr über das Obereigentum am Grundstück, während der Belehnte das Nutzeigentum besass. Er durfte also, unter Vorbehalt der Rechte des Grundherrn, so etwa des Vorkaufsrechts, das Grundstück verkaufen, verpfänden, vererben oder verschenken. Geriet der Belehnte mit drei Jahreszinsen in Verzug, so konnte ihm bei der Erbleihe das Gut weggenommen und anderweitig verliehen werden. Im gleichen Fall musste der Grundherr den mit einem Zinsgut Belehnten gerichtlich betreiben. In der Praxis waren die Unterschiede allerdings kaum mehr relevant, indem die Grundherren oft länger andauernde Zinsrückstände hinnahmen, ohne von ihren Rechten Gebrauch zu machen. – Die andere, wenn auch weniger verbreitete Rechtsform für Grundeigentum war der so genannte Lehens- oder Pachtvertrag, der von den Parteien für eine begrenzte Zeit abgeschlossen wurde. Im Baselbiet und im Fürstbistum war dies vor allem bei Einzelhöfen üblich, die im Allgemeinen für Fristen um acht Jahre an so genannte Lehenmänner verpachtet wurden.

Das Entgelt für ein Erblehen oder ein Zinsgut war der Bodenzins. Der Rechtsanspruch des Grundherrn auf diese Abgabe war im so genannten Berein festgehalten, einer Vorform des Katasters beziehungsweise des Grundbuchs. Der Berein war eine Urkunde, die das dem Grundherrn gehörende Land in so genannte Tragereien gliederte und die einzelnen Güter nach Grösse, Bewirtschaftungsart, Lage, Anstössern und Lehensträgern beschrieb. Wegen der fortschreitenden Veränderungen in der Parzelleneinteilung, vor allem infolge Handänderung, musste ein Berein ständig nachgeführt und in grösserem zeitlichem Abstand etwa alle 30 bis 50 Jahre völlig revidiert, eben bereinigt werden.

becher» bezeichnet. Er konnte zwischen 3 und 14 Prozent des Zinsertrags einer Tragerei ausmachen.

Die Grundherren

Die grösste Grundherrin im alten Basel war die ganze frühe Neuzeit über die Obrigkeit, die Ende des 18. Jahrhunderts 38 Prozent der Korn-, 50 Prozent der Hafer- und 14 Prozent der Geldbodenzinsen bezog. Bedeutende Bodenzinsen empfingen das Direktorium der Schaffneien, die Domprobstei und das Stift St. Peter, als Rechtsnachfolger der Klöster und anderer kirchlicher Institutionen des Mittelalters, die seit der Reformation als selbständige, öffentlich-rechtliche Sonderverwaltungen geführt wurden. Gleich wichtig war die Gruppe der öffentlichen Armengüter: die Armenherberge, das Deputatenamt, das Grosse Spital, das Spital zu Liestal und andere. Diese beiden Gruppen zogen zwischen 6 und 18 Prozent der Getreidezinse ein. Dreissig Kirchen der Landschaft besassen insgesamt 13 Prozent der Korn-, 8 Prozent der Hafer- und 10 Prozent der Geldzinsen. Etwa im gleichen Rahmen bewegte sich der Anteil der Bodenzinsen, die einheimische Private bezogen. Von den auswärtigen Grundherren, die 15 beziehungsweise 14 Prozent der im alten Basel anfallenden Korn- und Haferbodenzinsen

Basler Getreidemass
Getreide wurden im Handel in Hohlmassen gemessen. Zur Ausmessung des Getreides dienten einfache, walzenförmige Holzgefässe, deren dünne Wände mit Eisenbändern verstärkt waren. Das gezeigte Mass ist 11 Zentimeter hoch und weist einen Durchmesser von 20 Zentimeter auf. Es ist mit dem Wappen des Basler Fürstbischofs Johann Konrad von Reinach-Hirzbach versehen, der von 1705 bis 1737 im Amt war. Die eingebrannte Jahreszahl 1711 bezieht sich auf das Jahr der Eichung durch den so genannten Fechtmeister. 1756 wurde das Gefäss ein zweites Mal geeicht. Dabei wurde jeweils mit Hilfe eines Urmasses überprüft, ob das Messinstrument noch stimmte. Wenn die Prüfung positiv ausfiel, wurde in der Regel das Wappen der Obrigkeit und die Jahreszahl angebracht.

Die Höhe des Bodenzinses blieb über Jahrhunderte unverändert. Er wurde zumeist in Getreide, Korn und Hafer, und mit Wein, bisweilen, vor allem bei Häusern, auch in Geld, Hühnern oder Eiern entrichtet. Die Quellen bieten reiche Belege für die lokal unterschiedlichsten weiteren Formen von Bodenzinsen; so bezog der Landvogt auf Farnsburg Hähne anstatt Hühner, aus Lupsingen wurden dem Liestaler Kornamt jährlich fünfeinhalb Gänse geliefert etc. Die relative wirtschaftliche Last des Bodenzinses schwankte je nach Zinssatz und Ertrag eines Grundstücks; man schätzt, dass er rund vier bis fünf Prozent des Bruttoernteertrags beansprucht hat. Weil der Zins fixiert war, sank seine Last tendenziell mit steigender Produktivität in der Landwirtschaft.

Der Zehnt

Der Zehnt war ursprünglich eine kirchliche Abgabe auf dem Ertrag eines Gutes. Gestützt auf die biblische Grundlage im dritten und vierten Buch Mosis wurde der Zehnt schon im Mittelalter in vier gleiche Teile, die Quarten, aufgeteilt. Diese waren für Bau und Unterhalt der Kirchen, die Armen, die Geistlichen und den Bischof bestimmt. Im Laufe der Jahrhunderte verlor sich diese ursprünglich kirchliche Zweckbestimmung, und der Zehnt wurde zunehmend zu einer öffentlich-rechtlichen Abgabe für die Bestreitung staatlicher Bedürfnisse. Das schloss allerdings nicht aus, dass die Kirche und ihre Institutionen sowie einzelne Gotteshäuser auch in der frühen Neuzeit Zehntabgaben zugute hatten.

Die Basler Obrigkeit hatte zur Zeit der Reformation die Rechte fast aller auf ihrem Territorium befindlichen Klöster an sich gezogen und sie dann durch eigenständige Organe wie zum Beispiel das so genannte Direktorium der Schaffneien verwalten lassen. Neben diesen indirekten Zehnteinkünften verfügte die öffentliche Hand über direkte, die vor allem von den Landvögten, dem Liestaler Kornamt und den Untervögten bezogen wurden. Die Pfarrer traten entweder für sich selbst, das heisst für ihre Pfrund, oder für ihr

empfingen, traten die Frauenstifte Olsberg und Säckingen, die Deutschordenskommende Beuggen, das Chorherrenstift St. Martin in Rheinfelden, die Johanniterkommenden in Basel und Rheinfelden sowie das Kloster St. Blasien im Schwarzwald hervor. – In der frühen Neuzeit unterschied sich die Situation bei den Bodenzinsen in den hier interessierenden Teilen des Fürstbistums nicht grundsätzlich von jener im alten Basel.[1] Der Fürstbischof als Landesherr und das Domkapitel als Repräsentant des Hochstifts Basel waren die wichtigsten Empfänger von Bodenzinsen, es folgten Institutionen von Kirche und Staat sowie adlige Familien, Letztere wohl mit einem etwas grösseren Anteil als im alten Basel. Ausserdem waren Basler Bürger und die oben genannten Institutionen des Standes Basel ebenfalls an vielen Orten Grundherren, vor allem im Birseck.

Wofür waren Zehnten abzuliefern?

Je nach den erzeugten Produkten waren unterschiedliche Zehnten zu entrichten. Sie seien hier am Beispiel der alten Basler Landschaft dargestellt. Der so genannte Kleine Zehnten wurde vor allem von den Erträgen des Gartens genommen, also vom Obst, Gemüse, Hanf etc. Diese Abgabe war im reformierten Basel 1525 aufgehoben worden. Unter den Grossen Zehn-

Der «Zehntenschrank» von Oltingen
Die Zins- und Zehntempfänger, nicht selten zum Beispiel Pfarrer, besassen oft an mehreren Orten solche Abgaben. Die einschlägigen Akten, die unter anderem ihre Eigentumsrechte bezeugten, bewahrten sie mitunter in repräsentativen Möbeln wie diesem so genannten Zehntenschrank auf. Er stammt aus dem Jahr 1647 und wurde vermutlich vom Liestaler Schreiner Peter Hoch hergestellt. Vom Prinzip her ist der Schrank mit einem Zettelkasten zu vergleichen. Für jeden Ort und für bestimmte Rubriken gab es eine Schublade, so dass die zusammengehörenden Akten am gleichen Ort lagen und nötigenfalls schnell zu finden waren.

Gotteshaus als Zehntherren auf. Weitere bedeutende Bezüger waren auswärtige geistliche Institutionen wie das Fürstbistum Basel, das Kloster Olsberg, das Stift St. Martin in Rheinfelden, die Kommende Beuggen und das Frauenkloster in Säckingen sowie Adlige wie die von Andlau, Bärenfels, Löwenburg, Reichenstein, Roggenbach oder Truchsess. – Im Fürstbistum waren der Fürstbischof und das Domkapitel die wichtigsten Zehntempfänger, daneben sind zu nennen: die Pfarrer, stadtbaslerische Institutionen wie das Direktorium der Schaffneien, Adlige so etwa die Herren von Hallwil.

Steuern: Das Beispiel des Fürstbistums

Während direkte Steuern im alten Basel während der frühen Neuzeit nur in Ausnahmesituationen erhoben wurden, so etwa die Soldatengelder während des Dreissigjährigen Kriegs, spielten sie im Fürstbistum eine grössere Rolle.

ten fielen das Getreide, der Wein und das Heu, also die Produkte aus der bebauten Flur. Hinzu kam der so genannte Novalzehnten, auch Neubruch-, Hochwald- oder Rütizehnten genannt, den sich die Obrigkeit seit dem 15./16. Jahrhundert als Landesherrin vom Ertrag neu bebauten Landes ausserhalb der Flur, im oder am Rand des Hochwaldes, hatte sichern können. Mit dem gleichen Recht bezogen die Gemeinden den Allmendzehnten von Aufbrüchen und Einschlägen, das heisst von individuell genutzten Parzellen in der zum Gemeingut gehörenden Allmend.

Die Frage, was alles mit dem Zehnten belastet war, führte immer wieder zu Auseinandersetzungen zwischen den Landleuten und der Obrigkeit sowie zu Konflikten zwischen dieser und anderen Zehntbezügern. Sowohl der Fürstbischof wie der Rat versuchten im Lauf der Jahrhunderte, dem Zehnten wie dem Bodenzins die Rechtsnatur einer privatrechtlichen Reallast zu nehmen und ihm statt dessen den Charakter einer öffentlich-rechtlichen Abgabe zu verleihen. Problematisch waren für ein solches System von Abgaben Innovationen, so zum Beispiel die auf der Basler Landschaft im 18. Jahrhundert aufkommenden Einschläge oder der zur gleichen Zeit beginnende Anbau von Kartoffeln.[2] Die individuell bewirtschafteten, meist nicht mit

Das Zehntenhaus in Liesberg
Das Abgabengetreide wurde im Allgemeinen im Dorf, das heisst produzentennah ein- oder zwischengelagert. Zu diesem Zweck mussten die Einzüger ihre Scheune vergrössern, oder es wurden, zum Teil auf Initiative der Obrigkeit, die viele Zinsen und Zehnten besass, entsprechende Gebäude bezeichnet oder neu errichtet. Heute sind meist nur noch die repräsentativeren dieser Gebäude erhalten, bei den anderen weist oft nur noch der Name – Zehntenhaus oder Zehntenscheune – auf die ursprüngliche Funktion hin.

24-Kreuzer aus dem Fürstbistum
Im 18. Jahrhundert münzten nur zwei Bischöfe, Johann Kornad II. von Reinach-Hirzbach und Joseph Sigismund von Roggenbach, der 1786 die Wiedereröffnung der Münzstätte in Pruntrut verfügte und 24- sowie 12-Kreuzer-Stücke, ferner Batzen und Halbbatzen prägen liess. Die abgebildete Münze ist ein 24-Kreuzer von 1788 in Silber. Die Vorderseite zeigt das Porträt von Fürstbischof Joseph Sigismund von Roggenbach, im Amt von 1782 bis 1793, die Rückseite den gekrönten Doppeladler und den Wert von 24 Kreuzern. Der Text dieser Seite lautet auf deutsch: Fürst des Heiligen Römischen Reichs.

Allerdings befand sich der Fürstbischof in einem ständigen Kampf mit den so genannten Landständen um das Recht, wer die Steuern bewilligen durfte.[2] Die Landstände, eine Zwischenebene, die es im reformierten Nachbarterritorium nicht gab, vertraten unter dem Vorsitz des Abts von Bellelay die Interessen der drei Stände, das heisst des Adels, der Geistlichkeit und des dritten Standes. Birseck und Pfeffingen delegierten einen bis zwei Vertreter des dritten Standes, 1765 zum Beispiel für die Vogtei Pfeffingen Nikolaus Nebel, Meier von Aesch, und Johann Kaiser, Adlerwirt in Grellingen. An direkten Steuern zahlten die Gemeinden dem Fürstbischof unter anderem eine «Jahressteuer», die von Gemeinde zu Gemeinde variierte und langfristig wuchs, allerdings den Betrag von 18 Pfund pro Gemeinde nie überstieg. Zu den «ordentlichen Kontributionen» zählten ferner die so genannten Monatsgelder, eine Steuer auf Immobilien, die erstmals im September 1674 erhoben wurde und zum Beispiel 1675 in der Vogtei Birseck 1148 Pfund 14 Schilling abwarf. Ab 1746 betrug diese Steuer 5 Schilling pro 100 Pfund Schatzungswert. Die Monatsgelder wie auch die übrigen Kontributionen zogen die Gemeindegeschworenen zuhanden des Meiers ein, der den Gesamtbetrag auf der Landvogtei ablieferte. Ursprünglich nur zur Befriedigung momentaner Bedürfnisse des Fiskus eingeführt, wurden die Monatsgelder zur regulären Steuer, die bis zum Untergang des Fürstbistums als ordentliche direkte Kontribution zu entrichten war.

Ausserordentliche direkte Steuern in Geld waren dagegen die Kriegskontributionen. Sie wurden wegen militärischer Massnahmen etwa infolge drohender oder bereits erfolgter Grenzverletzungen durch kriegführende Truppen erforderlich. Besonders häufig wurden sie in der zweiten Hälfte des 17. Jahrhunderts erhoben, als die deutsch-französischen Kriege die Grenzen des Fürstbistums unsicher machten. Des Weitern entstanden dem Fürstbistum auch finanzielle Lasten aus seiner Zugehörigkeit zum Heiligen Römischen Reich Deutscher Nation. Die damit verbundenen «Römermonate» waren von den Untertanen zu tragen. Auch dieses Geld wurde vor allem für

Getreide angebauten Einschläge innerhalb des an sich dem Kornbau gewidmeten Zelgareals verminderten die Zehnterträge, die Besitzer der Einschläge hatten darum den Zehntausfall zu entschädigen. Immer wieder umstritten war die Zehntbelastung von speziellen Nutzpflanzen, die auf den Zelgen angebaut wurden. So unterlag der im 18. Jahrhundert sich ausbreitende Klee ebenfalls dem Zehnten, wenn er auf Zelgareal wuchs. Zehntpflichtig waren auch die Früchte der Brachzelg, also Bohnen, Erbsen, Wicken. Abgabenfrei waren dagegen die auf dem brach liegenden Land angepflanzten Kartoffeln und wahrscheinlich auch die Rüben.

Der Einzug des Getreidezehnten

Sowohl im Fürstbistum wie im alten Basel wurde der Zehnt nicht direkt vom Zehntherrn eingezogen. Normalerweise wurde der Fruchtzehnt aufgerufen, das heisst dem meistbietenden Bewerber zur Einsammlung verliehen. Im Fürstbistum galt dabei die Regel, dass diese Aufgabe nur von jemandem übernommen werden konnte, der das Jahr über «einen Pflug im Feld erhalte», das heisst ein Vollbauer war, keine Zehntschulden hatte und dem Wirt das so genannte Zehrgeld von der letzten Zehntverleihung nicht schuldig war.[3] Jedes Jahr liess der Zehntherr in seinem Bezirk kurz vor der Ernte den zu erwartenden Er-

Kriegszwecke verwendet, die Summen galten als Entschädigung anstelle von Soldatenkontingenten, die der Fürstbischof zu stellen gehabt hätte. Am stärksten hatte man während des Siebenjährigen Kriegs darunter zu leiden, als der Reichstag von Regensburg im Mai 1757 infolge Verstärkung der Reichstruppen eine massive Erhöhung der «Römermonate» beschloss. Im Ganzen hatte der Fürstbischof 129 Monate zu bezahlen, was insgesamt 13 545 Pfund ausmachte. Zu dieser Gruppe von ausserordentlichen Kontributionen gehörten auch die so genannten Türkensteuern, die der Kaiser für die Abwehr der Türken erhob. Diese Reichssteuern glichen sich mit der Zeit den ordentlichen Steuern an, denn im 17. und 18. Jahrhundert wurde das Fürstbistum elfmal, nämlich in den Jahren 1650, 1663, 1685, 1690, 1696, 1712, 1721, 1733, 1757, 1758 und 1760 zur Kasse gebeten.[3]

Bei den indirekten Steuern ist neben den Umgeldern, das heisst den Verbrauchssteuern auf bestimmten Lebensmitteln, vor allem die so genannte Akzise zu erwähnen.[4] Nach dem Dreissigjährigen Krieg war die Schuldenlast des Fürstbischofs auf 158 000 Pfund gestiegen. In dieser Situation führte Fürstbischof Johann Konrad von Roggenbach 1659 mit Zustimmung des Domkapitels die Akzise als neue indirekte Steuer auf einigen Lebensmitteln ein. Zunächst war sie auf ein Jahr befristet und betraf nur Kaffee und Fleisch, aber bald wurde die Akzise mehrmals erneuert und so zu einer dauernden Einrichtung. Als ihr Ertrag nicht den Erwartungen entsprach, dehnte man die Steuer auf andere Verbrauchsartikel wie Bier, Schnaps, Wein, Tabak, unbearbeitete Häute, ja sogar auf Spielkarten aus. Dies war eine der Ursachen für den Ausbruch der Troublen zwischen 1730 und 1740.[5] Alle Wirte, Krämer, Bäcker, Metzger oder wer sonst Handel trieb, hatten bei Ankunft der Ware oder vor dem Schlachten bei Strafe der Konfiskation und einer Busse die Ware bei eigens damit beauftragten Beamten zu melden und registrieren zu lassen. Der Einzug der Akzise war mit hohem Aufwand für alle Beteiligten verbunden, das komplizierte System mit unterschiedlichen Steuersätzen je nach Ware erforderte eine intensive Kontrolle und war anfällig für Betrug.

Ein Batzen aus dem Fürstbistum
Bargeld spielte im Alltag der meisten Landleute eine untergeordnete Rolle. Was man zum Leben brauchte, konnte man sich meistens ohne Geld im Tausch besorgen, sei es gegen Arbeit oder gegen Produkte. Gleichwohl benötigte man einen kleinen Handvorrat an Bargeld, so zum Beispiel um Ausgaben auf dem nächsten Markt zu tätigen oder Zölle zu bezahlen. Für die Obrigkeit war die Prägung von Münzen nicht zuletzt auch Ausdruck ihrer Macht. Die Münzen waren so etwas wie Werbeträger der Herrschaft, einerseits innerhalb des Territoriums, andererseits gegen aussen, wurden doch überall in Europa Münzen unterschiedlichster Herkunft benutzt. Die Münze aus dem Fürstbistum ist ein Batzen von 1733. Die Vorderseite zeigt das Wappen und den Namen des Fürstbischofs Johann Konrad II. von Reinach-Hirzbach, im Amt von 1705 bis 1737, die Rückseite den gekrönten Doppeladler und den Wert von vier Kreuzern.

trag schätzen und rief dann die Dorfgenossen zur Versteigerung zusammen. Wer den Zuschlag erhielt, verpflichtete sich zur Ablieferung der vereinbarten Getreidemenge, im Allgemeinen zwei Drittel Dinkel und ein Drittel Hafer. Dieser so genannte Zehntbeständer konnte als Entgelt für das Einsammeln und das Dreschen das Stroh und einen allfälligen Getreideüberschuss über die festgelegte Menge hinaus für sich behalten. Auf der anderen Seite trug er auch das Risiko, dass der Zehnten weniger eintrug, als bei der Versteigerung geschätzt worden war. Nachlässe wurden nur in Ausnahmefällen gewährt, so bei Schäden durch Krieg oder Hagel. Die Zehntversteigerung war im Übrigen ein dörflicher Festanlass, mit Trinken und Spielen begleitete die ganze Bevölkerung diesen Moment vor der Ernte.

War der Bodenzins eine Bringschuld, bei der die Zinszahler die Kosten der Einsammlung zu tragen hatten, so war der Zehnt eine Holschuld. Er wurde auf dem Feld «gestellt», der Zehntpflichtige hatte die Garben der Reihe nach, wie sie geschnitten und gebunden worden waren, bereitzulegen. Darauf nahm der Zehntbeständer jede zehnte oder elfte Garbe weg. Dabei waren allerlei Ränke, Manipulationen und Konflikte möglich, etwa indem die Zehntpflichtigen versuchten, es so zu ar-

Sammelbüchse, zum Beispiel für Zölle
Die Einnahmen an den verglichen mit heute sehr zahlreichen Zollstätten innerhalb und an den Grenzen der Territorien von Stadt und Fürstbistum wurden in Büchsen wie dem hier abgebildeten, wohl aus dem 19. Jahrhundert stammenden Gefäss gesammelt. Die Entrichtung der Zölle war eine der wenigen Gelegenheiten, wo die Landleute Bargeld zur Hand haben mussten.

Zölle im alten Basel

Eine der wichtigen Einnahmequellen der Stadt Basel waren die Zölle.[6] Eine für uns Heutige ungewohnte Besonderheit des frühneuzeitlichen Zollwesens bestand darin, dass die Zölle nicht nur an den Aussengrenzen, sondern auch innerhalb des Staatsterritoriums erhoben wurden, und zwar an unzähligen Orten und für unzählige Dinge. Man unterschied den Markt- oder Pfundzoll vom «Zoll und Geleite», das heisst Transitzoll. Der Pfundzoll wurde im städtischen Kaufhaus, wohin alle eingeführten Waren gebracht werden mussten, von den Engrosverkäufen erhoben und betrug 1,66 Prozent des Wertes. Dazu zahlten Einheimische und Fremde sechs Kreuzer «Krangeld» und «Hauslohn», das heisst Wägegeld respektive Lagergebühr. Für die Ausfuhr entrichteten Bürger und Ausländer 0,5 Prozent vom Wert, Handwerker für ihre eigenen Erzeugnisse nur 0,25 Prozent. Die Ausfuhr nach den Jahrmärkten des Auslandes und des Baselbietes in Liestal, Sissach, Waldenburg, Langenbruck, Gelterkinden und Muttenz war zollfrei. Dagegen wurde an denselben der gewöhnliche Pfundzoll auf allen Verkäufen erhoben. Die von auswärts kommenden, aber für die Landschaft bestimmten Waren mussten ins Basler Kaufhaus geführt werden. Wollte ein im Baselbiet ansässiger Fabrikant oder Handwerker Waren ins Ausland schicken, so hatte er sich beim nächsten Zollamt eine Deklaration zuhanden des Basler Kaufhausschreibers ausfertigen zu lassen, der dann viermal im Jahr Rechnung stellte. Im Kleinhandel wurden die Käufer angehalten, mit dem Preis der Ware zugleich den Pfundzoll zu verlangen und diesen dann der nächsten Zollstätte abzuliefern, eine Bestimmung, der allerdings nur sehr mangelhaft nachgelebt wurde.

Der andere Zoll, «der Zoll und das Geleite», war ein Entgelt für die Benützung und die Sicherheit der Strassen und Brücken. Dieser Transitzoll wurde früher nur an den Hauptverkehrsadern erhoben, nämlich den beiden Hauensteinstrassen. Zollstätten für den Unteren Hauenstein waren nacheinander Trimbach, Hauenstein, Diepflingen, Buckten und Sissach. Dieses Dorf hatte im Übrigen zwei Zollbrücken, eine über den Diegter Bach, den

rangieren, dass die zehnte Garbe jeweils schlechtere Halme umfasste. Mit dem Zehnteinzug wurde Herrschaft auf die dörfliche Ebene verlagert, umso mehr als die Zehntbeständer meistens Angehörige der dörflichen Oberschicht waren, also reiche Bauern oder Müller.

Der Muszoll: Ungleichheit zwischen Stadt und Land

Während der Bauernunruhen von 1525 war im alten Basel unter anderem der Muszoll umstritten. Es handelte sich um eine Abgabe, die beim Kauf von «essender spysz, es sig, so sy inn irm hus bruchen: hering, fisch, kesz, muesz, korn und anders», in der Stadt zu entrichten war.[4] Dieser vom Rat 1387 eingeführte Ausfuhrzoll galt zunächst nur bei Waren, die zum Zweck des Wiederverkaufs ausgeführt wurden. Die Einkäufe der Landleute für den Eigenbedarf wurden erst gegen Ende des 15. Jahrhunderts der Gebührenpflicht unterworfen, wodurch diese nun gleich wie andere auswärtige Marktbesucher behandelt wurden, während die städtischen Konsumenten weiterhin eine Vorzugsposition behielten. Die Klage der Landleute richtete sich nicht gegen den Muszoll an sich. Sie verlangten lediglich wieder Zollfreiheit auf Waren, die sie für den Hausgebrauch ausführten. Liestal forderte auch die Befrei-

Farnsburger Zoll, und eine über die Ergolz, den Rheinfelder Zoll. Zollstätte für den Oberen Hauenstein war Waldenburg. Weitere Zollstätten waren vor allem Liestal und Augst, ferner Reigoldswil (Wasserfallenzoll), Anwil (Weggeld ins Fricktal, nach Kienberg und über die Schafmatt). Nebenzölle gab es zum Beispiel in Füllinsdorf, hauptsächlich für Vieh und Wein. Die unteren Ämter hatten Zölle unter anderem an der Münchensteiner Brücke zu St. Jakob. Für alle diese Zollstätten bestanden ausführliche Ordnungen. Der Weg von Basel nach Aarau oder Olten, aber auch jener von Binningen nach Oltingen oder Titterten, war also mit Zollstätten geradezu gespickt. Die Obrigkeit liess sich den Unterhalt beziehungsweise die Benutzung der Strassen quasi Stück für Stück bezahlen. Dieses schwerfällige System überlebte in Basel bis ins 19. Jahrhundert hinein, und die liberal gesinnten Kreise der städtischen Wirtschaft hatten lange zu kämpfen, bis dieser «alte Zopf» abgeschnitten wurde.

Stadt und Land
Der Blick entlang der Stadtmauer in Richtung Steinentor verläuft entlang einer physisch gut wahrnehmbaren Grenze, die Stadt und Land im Alltag klar voneinander trennte. Dies galt auch in wirtschaftlichen Fragen; viele Ein- und Ausfuhren in die beziehungsweise aus der Stadt mussten verzollt werden, oftmals auch wenn sich der Ausgangs- oder Zielpunkt auf der Landschaft befand. Die Stadttore wurden jeden Abend geschlossen: Wer nicht rechtzeitig herausgekommen war, musste in der Stadt übernachten, wer zu spät draussen angelangt war, hatte die Nacht in Binningen oder Muttenz zu verbringen.

Zölle im Fürstbistum

Das Zollwesen war auch im Fürstbistum stark reglementiert.[7] Im Lauf der frühen Neuzeit hatte sich eine eigentliche Zollorganisation mit «Ober- und Unterzollern» herausgebildet. Deren Direktion in der fürstbischöflichen Hofkammer in Pruntrut zog auch die Bannwarte, Polizisten und Ordonnanzreiter heran, um sich den Zolltribut nicht entgehen zu lassen. Jede Gemeinde, mit Ausnahme von Pfeffingen, hatte ihren Zoller. Bei ihm liefen die Zollgelder zusammen; die Rechnung schloss er auf den Johannitag, den 23. Juni, ab und leitete sie an die Hofkammer weiter. Zu den wichtigsten Zollstätten im Fürstbistum gehörte der Allschwiler Posten, der mit einem Verkehr von durchschnittlich 10 000 Zentnern pro Jahr jenen von Reinach mit etwa 2000 bis 2500 Zentnern weit übertraf. Gerade im Birstal als wichtiger Durchgangsroute achtete der Fürstbischof sorgfältig darauf, über die Zölle zu einem Maximum an Einnahmen aus dem Transport von Gütern zu kommen. Dabei lag das Schwergewicht bei den Ausfuhr-, Einfuhr- und Transitge-

ung von Zöllen auf leeren Wagen beim Verlassen der Stadt. Die Homburger verlangten die Beseitigung des Zolls auf Mühlsteinen. Die beiden letzten Beispiele zeigen, wie aufgesplittert das Zollwesen während der frühen Neuzeit war. Die Basler Zollpolitik verfolgte also nicht nur fiskalische Zwecke, sondern sie diente auch dem Schutz und der Bevorzugung städtischer Konsumenten und Handwerker.

Zur Handelspolitik der Fürstbischöfe

Wenn sie verarbeitet wieder ausgeführt wurden, waren im Fürstbistum folgende Waren vom Einfuhrzoll befreit: weisse und braune Lumpen für die Papierherstellung, Glasersand, gewöhnliche Asche und Pottasche, Holz, Holzwellen, Kohlen, Dielen, Latten und andere Sägeschnitte, eichene und tannene Rebstecken, gestampfte und ungestampfte Rinden, Reife, Fässer, Bütten, Eimer und eichene Dauben, Büfetts, Tröge, Kisten, Bettstätten, Tische, Stühle und andere Schreiner- und Drechslerarbeiten, Kalk, Ziegel, Backsteine und andere Zieglerarbeiten, Harz und Pech, Unschlitt und Lichter, Käse, Butter, Honig, Wolle und Baumwolle. Keine Einfuhrzölle wurden also auf Waren und vor allem auf Rohstoffen erhoben, die für das verarbeitende Handwerk im Fürstbistum von Bedeutung waren. Zudem macht die Liste deutlich, dass

Ein Basler Batzen von 1762
Die Münze der Stadt Basel zeigt auf der Vorderseite einen Baselstab in verzierter Kartusche, wie das die Fachleute aus der Numismatik nennen.
Die Rückseite informiert über den Wert und das Jahr der Prägung.

bühren, den so genannten grossen Zöllen. Kleine Zölle («la petite vente») wie das Radgeld in Pruntrut, die Stadtzölle in Delsberg, Weggelder oder Brückenzölle sind hier nicht zu finden. Ausserdem bestanden wesentliche Zollerleichterungen für den Eigenbedarf sowie im kleinen Grenzverkehr über die Grenzen zu Solothurn, der Stadt Basel und Frankreich.

Wie die Menschen ihr «tägliches Brot» verdienten

Was die Versorgung der Landbevölkerung mit Lebensmitteln anbelangt, ist zunächst an die beschränkten Kapazitäten des damaligen Verkehrsnetzes zu erinnern. Die Wege und Strassen in der Region waren schlecht und im Allgemeinen wenig geeignet für grössere Transporte eines Massengutes wie Getreide. Die Verteilung der Lebensmittel spielte sich darum in erster Linie vor Ort, allenfalls innerhalb der näheren Umgebung ab. Dabei wurden nur kleine Mengen transportiert. Wer etwas in Laufen oder Liestal zu besorgen hatte, nutzte die Gelegenheit und nahm einen Sack Korn oder Hafer nach Hause. Bei Getreidehändlern und Müllern konnte man ebenfalls kleinere Quantitäten kaufen. Ziemlich sicher wurde ein Teil der Abgaben an Zehnten und Bodenzinsen wiederum lokal verteilt, da deren Abtransport ebenso aufwändig und entsprechend teuer gewesen wäre wie die Zufuhr von Getreide. Wohl deshalb besassen die Pfarrer als wichtige Abgabenempfänger auf der Landschaft die grössten Vorräte am Ort; dafür spricht auch der Umstand, dass die Obrigkeiten vor allem im 18. Jahrhundert dezentrale Getreidespeicher errichten liessen.

Eine wichtige Funktion für die Lebensmittelversorgung spielte der Taglohn. Tauner und Taunerinnen, die bei reichen Bauern oder Gewerbetreibenden arbeiteten, bezogen einen substantiellen Teil des Lohns in Form von Nahrungsmitteln, vor allem als Getreide. Dadurch entstand eine enge gegenseitige Abhängigkeit zwischen den Arbeitgebern und den Arbeitnehmenden. Das belegt Artikel 72 der Gerichts- und Dorfordnung des Oberen Amtes Birseck von 1627 über «die Beschränkung der Tauner bei Verdingung

die begünstigte zollfreie Einführung von Ressourcen aus anderen Gebieten auch die eigenen Ressourcen schonen half, so vor allem beim Holz. Entsprechend einer vor allem für das 18. Jahrhundert charakteristischen merkantilistischen Handelsauffassung sollte die Ausfuhrpolitik die Veredelung von Produkten im eigenen Territorium begünstigen. Keinen Ausfuhrzöllen unterworfen waren deshalb: Stahl, Weissblech, Draht aus Messing und aus Eisen und andere eiserne Kleinarbeit, gewöhnliches Eisen, Guss-, Stab- und Kesseleisen, Fayence, irdenes Geschirr und Hafnerarbeiten, Salz, ausländische Weine, gewöhnlicher Wein, Bier und Branntwein. Transitzoll wurde auf allen Waren mit Ausnahme von Dung, Letten und Mergel erhoben, allerdings nur in mässigem Umfang, um Handel und Verkehr nicht allzu stark zu belasten. Für die Flösserei auf der Birs galt ein besonderer Zolltarif.

In allen Zolltarifen wurden im Übrigen besondere Bestimmungen für die Juden festgehalten, so zum Beispiel in einer Ordnung von 1747, wo unterschieden wurde, ob der Jude oder die Jüdin, oder auch der Christ in ihrem Auftrag, zu Pferd oder zu Fuss unterwegs war oder ob es sich um so genannte Betteljuden handelte.

zu auswärtiger Feldarbeit».[8] Danach verfügten die «Tauner oder Handtarbeiter» nur über «geringe Vermögen» und «ihr Weib und Kündt werden sonderlich zu Wünters- und andern Zeiten, allwo nichts zue verdienen, von den überigen Wolhabenten ernehret oder erhalten». Den Taunern und Taunerinnen wurde daher verboten, ausserhalb ihrer Gemeinden oder des Amts Lohnarbeit in der Landwirtschaft zu suchen. Sie hatten sich im Dorf oder im Amt zu verdingen, solange hier Arbeit zu «billigen» Löhnen vorhanden war. Reiche und Arme waren einander innerhalb eines saisonalen Austauschmechanismus verbunden: Nahrungsmittelvorschüsse in Zeiten der Unterbeschäftigung und Nahrungsmittelknappheit gegen Arbeitskraft in Zeiten hohen Arbeitsanfalls in der Landwirtschaft. Oder umgekehrt: Arbeitsleistung, die später mit Getreide entschädigt wurde. Offenbar liessen sich auch Handwerker so «bezahlen». Für ihre Arbeit wurde ihnen bisweilen ein so genannter Haferzedel ausgestellt, das heisst ein Schuldschein, der auf eine bestimmte Menge Getreide, vorzugsweise Hafer, lautete. Diese Scheine konnten sie später einlösen. Beide Seiten spekulierten dabei mit einem für sie günstigen Preisverlauf.[9]

Etwas auf dem Kerbholz haben
In einer Wirtschaft, die gerade im Alltag vor allem auf dem Tausch beziehungsweise dem Anschreibenlassen beruhte, waren Kerbhölzer ein einfaches Mittel, gegenseitig Soll und Haben festzuhalten und von Zeit zu Zeit zu verrechnen. Sie erfüllten im Zahlungsverkehr eine ähnliche Funktion wie heute schriftliche Quittungen. Schuldner und Gläubiger erhielten je eine Hälfte eines gespaltenen Holzstäbchens.
Bei Zahlungen des Schuldners wurden beide Hälften aneinander gelegt und in beide gleiche Kerben eingeschnitten. Zahlungen sind wohl schon vor langer Zeit auf diese Art und Weise quittiert worden. Die Methode eignete sich auch darum, weil viele Menschen nicht schreiben konnten. Sie wurde in Stadt und Land auch noch angewandt, als mehr Leute, vor allem in den Städten, schreibkundig waren. Einzelne Kerbhölzer sind datiert und mit dem Namen der Besitzer versehen.
Die abgebildeten Hölzer gehörten Männern aus der Stadt Basel und dürften auf das Ende des 16. Jahrhunderts zurückgehen.

Die Versorgungspolitik des Basler Rats
Die Obrigkeit setzte in hohem Ausmass auf die Selbstorganisation der dörflichen Versorgung, vornehmlich in Krisenzeiten, reichten doch die obrigkeitlichen Vorräte knapp für die Ernährung der Stadtbevölkerung. Der Rat orientierte seine Versorgungspolitik gerade beim Getreide fast ausschliesslich an den Bedürfnissen der Stadt. Die regelmässige Zufuhr in die Stadt sollte mit Instrumenten wie dem Marktzwang und dem Fürkaufsverbot sichergestellt werden. Dieses untersagte den Aufkauf von Getreide bei den Produzenten, jenes verpflichtete die Produzenten, auf dem städtischen Markt zu verkaufen. Beide Vorschriften konnten nur beschränkt durchgesetzt werden. Um die Versorgung der ländlichen Bevölkerung kümmerte sich die Obrigkeit nur wenig. Der Handel innerhalb der Dörfer, insbesondere mit Zins- und Zehnteinnahmen war nicht nur toleriert, sondern die Obrigkeit rechnete fest damit. Die Landleute traten daher nur unregelmässig auf dem städtischen Kornmarkt auf.

Die Hungersnot von 1770/71 auf der Basler Landschaft
Die Krise von 1770/71 war eine der schlimmsten der ganzen frühen Neuzeit.[5] Nach der Ernte und dem Dreschen kostete

Basler Doppelassis von 1623
An Kleinmünzen hatte Basel innerhalb der Schweizer Münzprägung des 17. Jahrhunderts keinen grossen Anteil. Vermutlich kursierten im Basler Münzgebiet genügend Scheidemünzen der Nachbarstaaten, so dass die Herausgabe dieser Münzen für den Alltagsgebrauch in Basel nicht nötig war. Eine für Basel typische und sonst in der Schweiz nicht vorkommende Münzeinheit war der so genannte Doppelassis, der 1623 während des Dreissigjährigen Kriegs herausgegeben wurde.
Die Vorderseite zeigt ein grosses Baslerwappen, am Rand steht: «Moneta Nova Basiliensis», was Neue Basler Münze heisst. Auf der Rückseite ist zu lesen: «Domine Conserva Nos in Pace» (erhalte uns in Frieden, Herr) sowie «Assis Duplex» samt Jahrzahl und Verzierung.

Spekulation und Familienwirtschaft

Marktwirtschaftliches, profitorientiertes Verhalten war den Menschen frühneuzeitlicher ländlicher Gesellschaft durchaus nicht fremd. Die Unsicherheit der Produktion und des Preisverlaufs von Getreide boten sich geradezu an für Spekulations- und Termingeschäfte, die im Rohstoffsektor auch schon früher gang und gäbe waren. Besonders wer reich war und über die entsprechenden Mittel und Vorräte verfügte, hatte gerade in Krisenzeiten die Möglichkeit, Extraprofite zu erzielen. Ins Bild passt auch, dass man in einer Gesellschaft, in der nur wenig Bargeld vorhanden war, dauernd anschreiben liess, sei es beim Wirt, Krämer oder Viehhändler, beim Bruder, bei der Tante oder beim Nachbarn, und dass man nur von Zeit zu Zeit abrechnete und die Salden meistens mit Naturalien oder Arbeit ausglich. Die dörfliche Wirtschaft funktionierte, durchaus vergleichbar mit der heutigen Kreditkartengesellschaft, ganz wesentlich mit Buchgeld. Gleichzeitig war das wirtschaftliche Handeln der ländlichen Bevölkerung stark am Gesamtwohl des Haushalts orientiert. Zum gemeinsamen Auskommen hatten alle beizutragen, die unter dem gleichen Dach lebten, auch Leute, die nicht mit dem Haushaltsvorsteher oder der Haushaltsvorsteherin verwandt waren wie Mägde und Dienstboten oder Gesellen. Diese familienwirtschaftliche Orientierung zeigte sich auch bei den Heimarbeitern und Heimarbeiterinnen: Wenn die Posamenter und Posamenterinnen gut verdienten, schränkten sie ihren Output oft ein, weil sie ja genug verdient hatten, um ihre Bedürfnisse und Wünsche zu befriedigen, während ihre Auftraggeber, die so genannten Fabrikherren, gerade dann so viel produzierten wollten, wie irgend möglich. Handkehrum steigerten die Posamenter und Posamenterinnen ihr Produktionsvolumen, wenn die Zeiten und die Löhne in der Seidenbandbranche schlecht waren. Indem sie länger arbeiteten, versuchten sie ihre Ertragseinbussen auszugleichen, dies jedoch in einem Moment, in dem die Auftraggeber die Produktion ohnehin drosselten. Die Logiken der Familienwirtschaft und der heimindustriellen Produktion kamen einander also mitunter in die Quere.

der Sack Dinkel im Dezember 1770 im Basler Kornhaus 25 Pfund und 17 Schillinge, während der Preis in den vorangegangenen zehn Jahren im Durchschnitt 9 Pfund und 3 Schillinge betragen hatte. Das Hauptnahrungsmittel hatte sich also fast auf das Dreifache verteuert. Der Kornpreis kam erst 1773 wieder auf ein normales Niveau zu liegen. Die Ursache der Kornteuerung war eine Missernte, die auf schlechtes Wetter in grossen Teilen Europas zurückging. Seit dem April 1770 waren tiefe Temperaturen und vor allem ungewöhnlich viele Regentage zu verzeichnen: Man konnte die Sommerfrucht erst Ende April aussäen, und da noch mit Mühe, und auch beim Wintergetreide traten Ernteausfälle ein, die Zehnterträge lagen auf der Basler Landschaft zwischen 15 und 25 Prozent tiefer als normal.

Zur Verteuerung des Korns trugen allerdings nicht nur die Missernte bei, sondern auch die Kornsperren. Bei den ersten Zeichen der Knappheit wurde überall, vor allem im vorderösterreichischen Fricktal, im französischen Elsass, in der Markgrafschaft Baden, im Fürstbistum und in Solothurn, die Grenzen abgeriegelt. Die Ausfuhr von Getreide, zum Teil auch von weiteren Lebensmitteln, wurde verboten, während Basel selbst zwischen Kornsperre und freiem Kornhandel schwankte. Des-

Wie sich Arme durchschlugen

Was die Verteilung und den Konsum von Lebensmitteln anbelangt, dachten und handelten die meisten Landleute in kleinen, auf das Lokale bezogenen Massstäben. Die regionalen Märkte frequentierte die Mehrheit der armen Dorfbewohner und Dorfbewohnerinnen in erster Linie als Anbieter kleiner Mengen von Produkten aus Baum- und Krautgarten, dazu zählten vor allem Obst, aber auch Eier. Mit diesen «cash-crops» erwarben die Armen kleine Bargeldbeträge, die sie für Einkäufe im gewerblich-handwerklichen Sektor verwendeten oder zur Seite legten. Manchmal versuchten sich Tauner und Taunerinnen auch im Zwischenhandel mit handwerklich-gewerblichen Produkten, die im Dorf bezogen und auf dem Markt mit einer geringen Gewinnmarge wieder verkauft wurden. Ein weiteres wirtschaftliches Standbein vieler Taunerhaushalte war die Kleinlandwirtschaft auf etwas Acker- und Mattland sowie im Garten. Die Erträge des Gartens, seit der ersten Hälfte des 18. Jahrhunderts auch Kartoffeln, des (Klein-) Viehs und der Sammelwirtschaft waren von grosser Bedeutung, sei es für den direkten Konsum oder für den Verkauf.

Diese Kleinheit in allen wirtschaftlichen Dingen war eine Strategie, die allgemeinen Lebensrisiken zu vermindern. Ein paar kleine Rütenen zu bepflanzen, eine Kuh und ein Schwein zu halten, einen Garten zu unterhalten, als Tagelöhner und Tagelöhnerin Gelegenheitsarbeiten zu verrichten, nur wenig Geld in Nahrungsvorräte zu investieren, von Gelegenheiten zu profitieren, von Tag zu Tag zu leben, damit auch flexibel zu sein und reagieren zu können, war für die Mehrheit der Bevölkerung eine ökonomische Notwendigkeit und Ausdruck ihrer Wirtschaftsmentalität, ein Rechnen und Handeln in kleinen Dimensionen. Die Mehrheit der Bevölkerung fristete damit allerdings auch in normalen Jahren ein kärgliches Dasein. Für Angehörige der Unterschicht war es sinnvoll und ergab sich zugleich aus ihrer prekären Beschäftigungslage, ihre ökonomischen Aktivitäten auf möglichst verschiedene Bereiche auszudehnen, so dass ein Ausfall in einem Bereich einen

halb sank das Volumen des Getreidemarktes im Erntejahr 1770/71 um fast 90 Prozent. Nur mit grossem Aufwand konnte die Obrigkeit auswärtiges Getreide beschaffen und erreichen, dass wenigstens ein Teil der geschuldeten Abgaben vor allem aus Frankreich beigebracht werden konnte. Besonders hart betroffen von der Kornteuerung waren die Heimarbeiter und Heimarbeiterinnen auf der Landschaft, denn die Bandindustrie war schon vor 1770 in eine Krise geraten, so dass sich Unterbeschäftigung und Arbeitslosigkeit breit machten. Die Heimarbeiterhaushalte waren aber gerade jene, die am ehesten auf den Zukauf von Getreide und anderen Nahrungsmitteln angewiesen waren und darum unter den hohen Preisen litten.
Wie früher schon wandten sich die Landleute in der Not so weit möglich von den teureren Nahrungsmitteln ab, kauften weniger Fleisch und Getreide und versuchten, das Fehlende durch Gemüse und, so scheint es, erstmals in grösserem Umfang auch durch die vor allem in Gärten gezogenen Kartoffeln zu ersetzen. Neben Wortzeugnissen, die auf verbreiteten Hunger hinweisen, etwa dass man innerhalb von zwei Tagen nur einmal zu essen hatte, deuten auch indirekte Hinweise auf eine gravierende Krise hin. Die Landleute schoben die Heirat auf, und es kamen weniger Kin-

Kleinbauernhaus in Rothenfluh
Dieses einfache Haus eines Kleinbauern beziehungsweise Posamenters aus dem 18. Jahrhundert steht in Rothenfluh an der Rössligasse 12. Es war ursprünglich noch kleiner und wurde später ausgebaut. Es besitzt im Innern den Grundriss eines früheren Holzbaus mit Strohdach. Das heute als erste Bauphase wahrnehmbare Haus belegt eine Fläche von 15,3 auf 9,5 Meter. Wohn- und Ökonomieteil haben an der Fassadenlänge mit 7,5 Metern und 7,8 Metern den gleichen Anteil. Der Wohnteil, ohne die späteren Kelleranbauten, ist im Erdgeschoss in zwei ungefähr gleich grosse Räume für Küche (3,5 mal 6 Meter) und Stube (4 mal 6 Meter) unterteilt. Das Haus war für zwei Familien bestimmt, so dass ein sehr bescheidenes Raumangebot für jeden Haushalt resultierte.

Ein stattliches Haus in Oltingen
Dieses ansehnliche Wohnhaus mit Ökonomie, die so genannte Sandgrube in Oltingen, stammt von 1626. Der Reichtum von Landleuten kam in erster Linie im Grundbesitz und in zweiter Linie bei Gebäuden und deren Ausstattung zum Ausdruck. Grosse Landwirtschafts- oder Gewerbebetriebe brauchten natürlich entsprechenden Raum, um das Vieh, das Heu und die Kornernte unterzubringen. Darüber hinaus war Wohnraum für das Gesinde bereitzustellen, und im 18. Jahrhundert wurden viele Bauten, auch solche von wohlhabenden Haushalten, erweitert, um Webstühle für die Seidenbandweberei unterzubringen.

relativ kleineren Mangel erzeugte und das Risiko grösserer Not vermieden oder vermindert werden konnte.

Akten zu einer Einbruchsanzeige aus dem Jahr 1734 lassen erahnen, was es hiess, von der Hand in den Mund, von Tag zu Tag zu leben.[10] Der in Haft gesetzte Verdächtige musste darlegen, auf welche Weise er zu einer bestimmten Summe Geld gekommen war, über die er nach Aussagen der Zeugen angeblich gleich nach dem Einbruch zur Überraschung aller verfügt habe. Er berichtete: Er habe auf dem Liestaler Markt zwei Stricke um drei Schilling gekauft, wofür er vorher 18 Batzen geborgt habe. Die Stricke habe er danach einem Bauern im Dorf verkauft und dafür «3 XXX Sols» und zwei französische «Pieclin» erhalten. Ferner habe seine Mutter bei der Frau des Bauern zwei Pfund geholt, die er «abverdient» habe, und sie habe sich gleich noch fünf Pfund ausleihen lassen. Die ganzen sieben Pfund habe sie ihm gegeben. Zudem habe er von seinem Vater vier Pfund erhalten, um in Wangen an der Aare «Hürling» zu kaufen.[11] Die genannten Münzsorten sind nicht genau zu identifizieren; es handelte sich um verschiedene Sorten von Scheidemünzen.[12] Offenbar waren minime Vorteile zu erlangen, wenn es einem gelang, eine bestimmte Sorte Münzen in eine andere zu wechseln.

Wie die Wohlhabenden wirtschafteten

Spiegelbildlich zu den Verhältnissen in der dörflichen Unterschicht präsentierte sich die Situation bei den wenigen Haushalten, die über genügend oder überschüssiges Getreide verfügten. Ihre wirtschaftliche Grundlage war in erster Linie der landwirtschaftliche Betrieb. Aufgrund der erzielten Erträge hatten sie ein Quasimonopol in der lokalen Versorgung mit dem Hauptnahrungsmittel. Die Verteilung der Überschüsse und die Bewirtschaftung der grösseren Betriebe waren wie erwähnt über die Taglohnarbeit strukturell miteinander verflochten. Die agrarische Haupttätigkeit der Vorsteher von grösseren Betrieben war mit einem ganzen Spektrum von Nebentätigkeiten verbunden, sei es die Ausübung von Ämtern oder der gelegentliche

der zur Welt. 1771/72 zeigt sich dann vor allem in den Heimarbeitergemeinden des oberen Baselbiets sogar ein Anstieg der Todesfälle, besonders in den Monaten März bis Mai 1771, als die Ernte des Vorjahres konsumiert und die neue noch nicht verfügbar war. Die Ursachen dafür liegen wahrscheinlich in einer grösseren Anfälligkeit vieler Menschen für Krankheiten, speziell des Magen-Darm-Traktes, aber auch darin, dass vor allem Kleinkinder und alte Menschen infolge allgemeiner Schwäche früher und schneller starben als in normalen Jahren. Vor allem für jene Landleute, die nicht selber Getreide produzierten, wie zum Beispiel die Heimarbeiter, wurde die Lage in Krisenjahren wie jenen um 1770 mitunter dramatisch. Besonders im Amt Waldenburg forderte die Krise Opfer unter den Säuglingen und Kindern bis fünf Jahre. In Bretzwil starb jeder zweite Knabe, bevor er seinen fünften Geburtstag erreichte. Nahezu so viele Mädchen, 44 auf 100, erlitten dasselbe Schicksal. In den typischen Bauerndörfern im Amt Farnsburg wurden ebenfalls relativ hohe Sterblichkeitsraten verzeichnet, hier starb rund ein Drittel der Kleinkinder. Diese waren durch Mangel- und Minderernährung mehr gefährdet als Erwachsene. Der Sommer 1772 brachte wieder eine gute Ernte, so dass die Preise sanken.

TOP 33

SANDGRUEBE

Die Namen zum Haus
Die Abbildung zeigt eine so genannte Flugpfette aus dem Haus Schneidergasse 66 in Oltingen. Der Holzbalken ist mit den Namen der Männer und Frauen versehen, die das Haus besasssen beziehungsweise darin wohnten: Jakob Gass, Anna Gass, Aberham Gass und Eva Hofer. Datiert ist die Inschrift auf das Jahr 1797. Jahrzahlen und Initialen sowie Namenszüge sind seit langer Zeit nicht nur in der Region Basel ein beliebtes Element der Dokumentation und der Dekoration von Gebäuden. In diesen Inschriften drückt sich gerade im Fall von reichen Haushalten das Selbstbewusstsein und der Wunsch nach Repräsentation aus.

Viehhandel, der Besuch von Ganten in der Region und anderes mehr, alles Tätigkeiten, die ziemlich viel Zeit und ein gewisses Vermögen erforderten. Auch in dieser Schicht der dörflichen Bevölkerung war eine merkantil-kleinkapitalistische Denk- und Handlungsweise anzutreffen, allerdings in anderer Form als bei den Armen: Der reiche Bauer war nicht nur der kalkulierende agrarische Unternehmer, der gerne auch in Krisenzeiten sein Scherflein ins Trockene brachte, sondern zugleich auch der fürsorgliche oder mitunter harte Patron, der über die von ihm Abhängigen «herrschte» beziehungsweise für sie sorgte.

Die Konjunkturentwicklung im 16. und 17. Jahrhundert

Will man sich ein Bild über die Jahrhunderte übergreifende wirtschaftliche Entwicklung einer Region machen, so greift man in der Geschichtswissenschaft gerne auf lange Preis- und Lohnreihen zurück. Für Basel verfügen wir über Angaben zur Entwicklung der Preise für agrare Güter. In einer aus dem Jahr 1797 überlieferten Tabelle sind alle seit 1476 (Wein) beziehungsweise 1501 (Getreide) festgesetzten Preise aufgelistet. Allerdings kennen wir nicht die Marktpreise, sondern nur den so genannten Wein- und Fruchtschlag, das heisst den obrigkeitlich festgelegten Richtpreis für Getreide und Wein, der in der Regel etwas unter dem Marktpreis lag. Da es hier vor allem um eine Annäherung an die langfristige konkjunkturelle Entwicklung geht, lassen sich diese Fruchtschlagpreise als hinreichend genaue Werte benutzen. Dies umso mehr, als es für Basel leider nicht möglich ist,

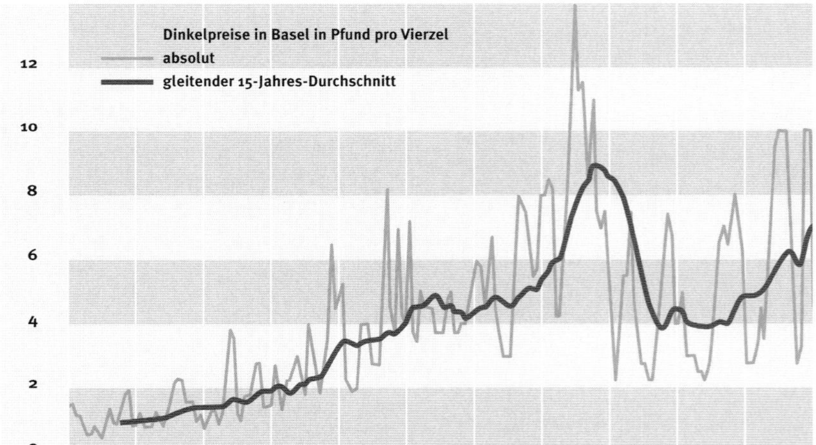

den Preisen eine ebenso lange Reihe der Löhne gegenüberzustellen. Ähnlich wie im übrigen Europa stiegen die Preise auch in Basel seit der zweiten Hälfte des 16. Jahrhunderts in zyklischen Bewegungen stetig an. Dabei können drei Phasen unterschieden werden. Eine erste dauerte bis 1592/93 mit Teuerungsspitzen um 1544/45, 1571/74 und 1586/93.[13] Danach folgte eine kurze Beruhigung, die Preise lagen allerdings auf einem höheren Niveau als in der Mitte des 16. Jahrhunderts. Im zweiten Jahrzehnt des 17. Jahrhunderts setzte eine zweite Teuerungsperiode ein, die auf der Basler Landschaft bis 1644 dauerte; aber auch danach blieben die Preise auf einem hohen Niveau. Dieser Preisanstieg hängt mit dem Bevölkerungswachstum und einer grösseren Nachfrage zusammen, die zudem seit der zweiten Hälfte des 16. Jahrhunderts mit stagnierenden oder teilweise sinkenden Ernteerträgen zusammenfielen. Die Teuerungsspitzen waren durch Missernten verursacht, durch Spekulationskäufe während des Dreissigjährigen Kriegs und durch die Nachfrage aus der nördlichen Nachbarschaft sowie von Seiten durchziehender Heere. Einen weiteren Faktor bildete schliesslich die kontinuierliche Geldentwertung.

Von wenigen Ausnahmen abgesehen, hatte der Preisanstieg bei Agrarprodukten für die Stadtbevölkerung negative Konsequenzen, umso mehr, als die Löhne nicht im gleichen Ausmass stiegen. Seit dem Mittelalter ergriff der Rat auch in Basel verschiedene Massnahmen, um die Versorgung der Bürgerinnen und Bürger einigermassen sicherzustellen. Durch eigene, vor allem nach der Reformation reichlich fliessende Zins- und Zehnteinnahmen, durch private und öffentliche Getreidekäufe und schliesslich durch eine restriktive Marktpolitik versuchte die Obrigkeit, die immer wiederkehrende Knappheit und die Preissteigerungen in den Griff zu bekommen.

Die Folgen der konjunkturellen Entwicklung für die Untertanen der Landschaft sind schwieriger abzuschätzen, da wir beispielsweise zu wenig über die Marktverflechtung der Haushalte unterrichtet sind und lange Reihen mit Angaben zu den Löhnen bis anhin fehlen. Es dürften aber in erster Linie

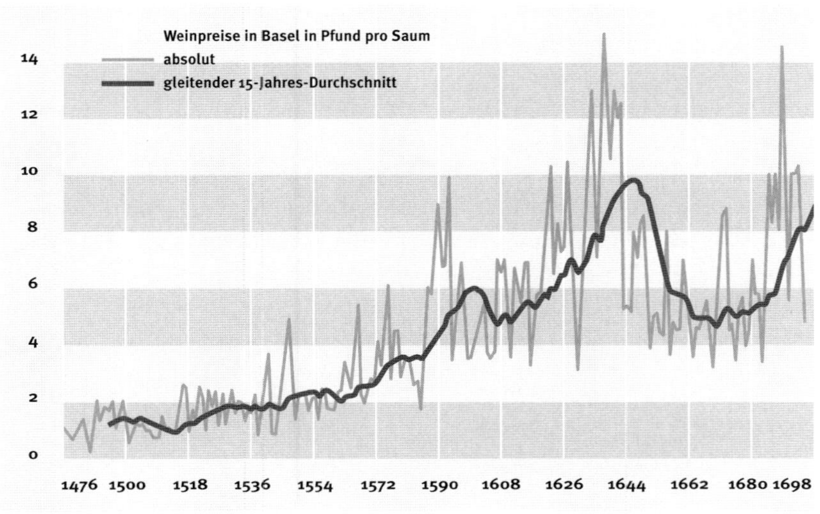

Preisentwicklung im 16. und 17. Jahrhundert
Die Grafiken zeigen die Preise sowohl als Absolutwerte als auch in gleitenden 15-Jahres-Durchschnitten. Jährliche Spitzen und Tiefen werden dadurch relativiert, so dass nicht nur die längerfristige Entwicklung deutlicher hervortritt, sondern auch längere Perioden hoher oder tiefer Preise zu erkennen sind.

Halber Guldentaler, Basel 1572
Basel gehörte zu jener Zeit zum Rappenmünzbund, zusammen mit Habsburg-Österreich, Freiburg im Breisgau, Colmar und Breisach. In den Jahren 1564 bis 1584 gab die Stadt Basel gemäss der Reichsmünzordnung von 1559 ganze und halbe Guldentaler à 60 beziehungsweise 30 Kreuzer heraus. Die Vorderseite zeigt das Basler Wappen im so genannten Vierpass, die Rückseite den Reichsadler und die Umschrift «Domine Conserva Nos in Pace», auf deutsch: Herr, bewahre uns in Frieden.

die reichen Bauern profitiert haben, jene also, die mehr Getreide anbauten, als sie zur Selbstversorgung benötigten. Besonders zur Zeit des Dreissigjährigen Kriegs suchten diese aus der kriegsbedingten guten Konjunktur Nutzen zu ziehen und weiteten ihre Ackerflächen aus. Weniger günstig standen die Handwerker da. Es muss allerdings zwischen den verschiedenen Berufsgruppen unterschieden werden. Einige Handwerkszweige hatten nämlich im ausgehenden 16. Jahrhundert begonnen sich zu organisieren und versuchten, eine monopolistische Preis- und Lohnpolitik durchzusetzen. Möglicherweise konnten sie so die Härten einer sich öffnenden Lohn-Preis-Schere zum Teil auffangen. Ausserdem besassen viele Handwerker noch ein wenig Land, so dass sie einen guten Teil ihrer Nahrung selber produzieren und damit hohen Preisen eher ausweichen konnten. Am meisten betroffen war die wachsende Schicht der landarmen und landlosen Bevölkerung, das heisst all jene Familien, die nicht genügend Land zur Selbstversorgung besassen. Dies auch deshalb, weil es im 16. und 17. Jahrhundert nur beschränkt alternative Erwerbsquellen gab und weil die Kaufkraft der mit Geld entlöhnten Arbeit durch die Teuerung gesunken sein dürfte.

Konjunktur und Krisen im 18. Jahrhundert

Die Konjunkturentwicklung lässt sich für das späte 17. und 18. Jahrhundert auch anhand der indirekten Verbrauchssteuern für Stadt und Landschaft Basel rekonstruieren.[14] Diese Steuern hiessen Umgelder und wurden auf Wein, Mehl, Fleisch und Bier erhoben. Die bei weitem wichtigste, weil ergiebigste war das Weinumgeld. Der Verlauf der Einnahmen aus den gesamten Verbrauchssteuern des Staates zeigt vom späten 17. bis zum Ende des 18. Jahrhunderts eine weitgespannte, ausgeprägte Depression. Diese setzte in der Krise der 1690er Jahre mit einem kräftigen Rückgang ein und begründete eine lang anhaltende Phase tiefer Konsumsteuereinnahmen. Zwischen 1689 und 1714 häuften sich die Teuerungsjahre. Dies war einerseits die Folge katastrophaler Ernten in den für Basels Versorgung massgebenden Gebie-

Streit um sauer verdiente Batzen

Gemäss den Akten zu einem Ehestreit begab sich eine Frau aus Bubendorf an einem Sonntag des Jahres 1721 zum Liestaler Markt, um Birnen zu verkaufen, während ihr Ehemann ins Wirtshaus ging.[6] Der Streit entbrannte am Abend, als die Frau ihrem Mann vier «Batzen» übergab. Sie behauptete, das sei der ganze Erlös, er meinte, es sei nur ein Teil. Sie argwöhnte, er wolle sich so Geld für weitere Wirtshausbesuche verschaffen, und behielt den Schlüssel der Truhe, wo das Geld aufbewahrt war, für sich. Daraus schloss er wiederum, dass sie ihm Geld vorenthalte, und brach die Truhe auf. Dagegen wehrte sich die Frau zunächst mit Gewalt, so dass ihr Ehemann ziemlich «zerkratzt» war und «abgepriglet» aussah. Danach wandte sie sich an den Meier, der die Sache zur definitiven Beurteilung an den Landvogt weiterleitete. Neben den wirtschaftlichen Aspekten treten in diesem Fall Fragen der Rollenverteilung deutlich hervor. Durch ihren unentbehrlichen Beitrag zum Familienunterhalt konnten die Frauen in den Taunerhaushalten Selbständigkeit erringen, zum Teil in Bereichen, die nach herkömmlichen Vorstellungen und geltenden Normen den Frauen nur beschränkt oder gar nicht zugänglich waren.

ten Elsass, Sundgau und Markgräflerland, in Kriegszeiten andererseits auch die Folge französischer Fruchtsperren. Diese Krisenjahre standen am Anfang des Rückgangs bei den Konsumsteuern. Die Depression wurde erst in den 1780er und 1790er Jahren stufenweise überwunden. Frühere Ansätze zu einer Erholung fehlen keineswegs, so zum Beispiel in den 1730er oder den 1760er Jahren, aber sie bleiben kurze Ausschläge. Allerdings: Diese Entwicklung wird weitgehend durch die städtischen Konsumsteuern hervorgerufen. Auf der Landschaft zeigt sich ein anderes Bild: Es gab keine Depression bei den Einnahmen, sondern nur kurzfristige Tiefs in einer seit Beginn des 18. Jahrhunderts langsam, aber stetig ansteigenden Kurve. Ausserdem kamen die landschaftlichen Steuereingänge immer näher an die städtischen heran und liessen sie schliesslich im letzten Drittel des Jahrhunderts hinter sich zurück. Das heisst, im 18. Jahrhundert wurde ein immer bedeutenderer Teil der staatlichen Finanzeinkünfte von den Untertanen aufgebracht.

Die unterschiedliche Entwicklung der Einnahmen von Stadt und Land macht deutlich, dass sich die Bevölkerung der Landschaft schneller und besser von Krisen erholte als die in höherem Mass von der Getreidezufuhr abhängige Stadt. Andersherum lässt sich allerdings festhalten, dass die Landschaft als Versorgungsgebiet der Stadt praktisch wegfiel, denn gerade in Krisenzeiten wurde das auf der Landschaft produzierte Getreide weitgehend hier konsumiert und die Stadt musste sich anderweitig eindecken. Die Landleute waren dank ihrem Zugang zu Grund und Boden in Krisenjahren halbwegs abgesichert. Ausserdem schuf die Seidenbandheimindustrie vor allem im südlichen Oberbaselbiet neue Erwerbsquellen und damit auch Kaufkraft für eine wachsende Bevölkerung.[15] Im Fall der städtischen Bevölkerung kam hinzu, dass der neu gewonnene Reichtum aus der Produktion von Seidenbändern in den Händen weniger reicher Handels- und Kaufleute sowie Fabrikanten konzentriert war, während das Gros der städtischen Bevölkerung im Lauf des 18. Jahrhunderts den Gürtel laufend enger schnallen musste.[16]

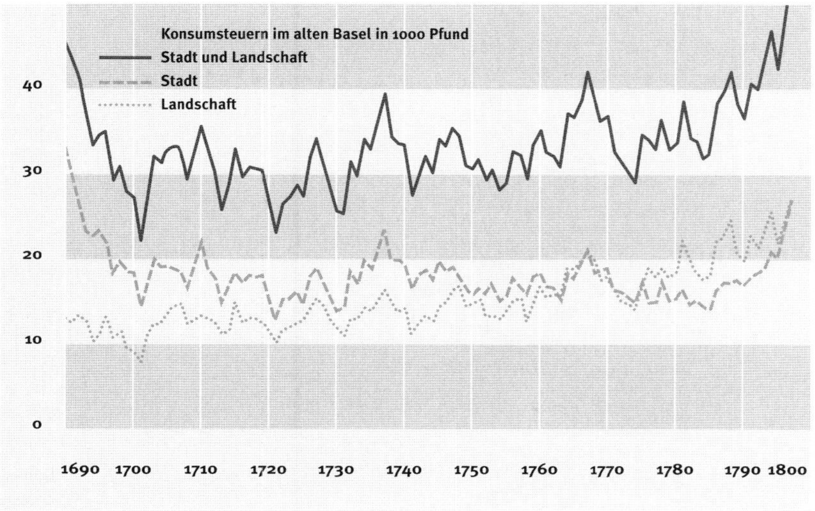

Lesetipps

Immer noch sehr informativ, vor allem für das 18. Jahrhundert, sind die Artikel von Freivogel (1924, 1925, 1927, 1929).

Einen guten Überblick bieten je nach Fragestellung auch Manz (1991), Vettori (1984) und Landolt (1996) sowie Gauss et al. (1932, Bd. 2).

Hilfreich ist zuweilen auch der direkte Rückgriff auf die Sammlung der Basler Rechtsquellen von Schnell (1859/1865; RQ BS/BL).

Abbildungen

StA BL, Planarchiv C 349 a (Original); Reproduktionen im Gemeindearchiv Sissach, H 31, Bd. 22; Mikrofilmstelle Kanton Basel-Landschaft;
Foto Felix Gysin: S. 59 [A].
Historisches Museum Basel, Inv.Nr. 1898.294; Foto Maurice Babey, Peter Portner: S. 62.
Pfarrhaus Oltingen; Mikrofilmstelle Kanton Basel-Landschaft; Foto Felix Gysin: S. 63.
Mikrofilmstelle Kanton Basel-Landschaft; Foto Felix Gysin: S. 63.
Historisches Museum Basel, Inv.Nr. 1917.1678, 1917.1646; Foto Maurice Babey, Peter Portner: S. 64, 65.
Kantonsmuseum Basel-Landschaft, Inv.Nr. H 00247; Foto Andreas Zimmermann: S. 66.
StA BS, Bildersammlung, Falk Fa 3,7: S. 67 [A].
Historisches Museum Basel, Inv.Nr. 1903.789; Foto Maurice Babey, Peter Portner: S. 68.
Historisches Museum Basel, Inv.Nr. 1870.895a–d; Foto Maurice Babey, Peter Portner: S. 69.
Historisches Museum Basel, Inv.Nr. 1903.782; Foto Maurice Babey, Peter Portner: S. 70.
Schweizerische Bauernhausforschung, Zug: S. 73.
Mikrofilmstelle Kanton Basel-Landschaft; Foto Felix Gysin; Furter 1999: S. 73.
Schweizerische Bauernhausforschung, Zug; Furter 1999: S. 74 [A].
Anne Hoffmann Graphic Design, nach Landolt 1996: S. 74, 75, 77.
Historisches Museum Basel, Inv.Nr. 1903.605;
Foto Maurice Babey: S. 76.

[A]= Ausschnitt aus Originalvorlage.

Anmerkungen

1 Vgl. dazu auch Bd. 2, Kap. 8, ferner Landolt 1996, S. 75ff.; Manz 1991, S. 309ff.; Freivogel 1924; Huggel 1979, S. 6ff.
2 Vgl. Kap. 10 sowie Bd. 4, Kap. 1 und 2. Zum Folgenden Gauss et al. 1932, Bd. 2, S. 145–160; Berner 1994 und Suter, Andreas 1985.
3 Suter, Andreas 1985, S. 283ff.
4 Vgl. zu den Umgeldern Bd. 4, Kap. 1.
5 Vgl. Bd. 4, Kap. 2.
6 Vgl. Vettori 1984 und Gauss et al. 1932, Bd. 2, S. 8ff.
7 Vgl. Gauss et al. 1932, Bd. 2, S. 185ff.
8 RQ BS/BL, Bd. 2, S. 171f.
9 Vgl. dazu Schnyder 1992, S. 148f.
10 Schnyder 1992, S. 150f.
11 Heuerlinge sind junge, kleine Fische (Id., Bd. 2, Spalte 1585).
12 1 «XXX Sol» entsprach 1708 1 Pfund und 1 Schilling (vgl. StA BL, BSA, Teilbücher Waldenburger Amt, 16. Oktober 1708).
13 Vgl. zum Folgenden Landolt 1996, S. 62ff. und 735.
14 Vettori 1984, S. 206ff. Zum Weinumgeld Bd. 4, Kap. 1.
15 Dass die Heimindustrie den Lebensstandard steigerte, ist in der Forschung umstritten. Vgl. Kriedte/Medick/Schlumbohm 1977, 1983 und 1992 zur Proto-Industrialisierung und Abt 1988.
16 Vgl. Vettori 1984, S. 345ff.

1 Vgl. Gauss et al. 1932, Bd. 2, S. 139ff.
2 Vgl. zu den Einschlägen Kap. 1.
3 Vgl. Gauss et al. 1932, Bd. 2, S. 143. Der Weinzehnten wurde im Allgemeinen durch herrschaftliche Beamte an einer der obrigkeitlichen Weintrotten eingezogen.
4 Vgl. Landolt 1996, S. 201ff.
5 Vgl. Mattmüller 1982, S. 271–291.
6 Schnyder 1992, S. 149f.

Winteringen

Bild zum Kapitelanfang

Dorf und Haus um 1600

Der vom österreichischen Geometer Melchior Heinrich Graber 1602/1604 angefertigte Plan des Grenzgebiets zwischen dem vorderösterreichischen Fricktal und dem alten Basel ist eines der ältesten Bilddokumente zu Siedlung und Kulturlandschaft der Region in der frühen Neuzeit. Der Ausschnitt ist auf Wintersingen fokussiert und zeigt, wie klein die Dörfer zu Beginn des 17. Jahrhunderts waren. Sie bestanden aus einigen Häusern, die je für sich standen und noch nicht wie im 18. Jahrhundert als Häuserzeilen entlang der Strassen dicht aneinander gebaut waren. Die Darstellung lässt im Übrigen den Schluss zu, dass die Häuser damals vor allem als Hochstudbauten konstruiert waren.

Leben in Dörfern

Die Besiedlung des frühneuzeitlichen Baselbiets war viel weniger dicht als heute. Die grosse Mehrheit der Landleute lebte auf dem Dorf, das heisst in kleinen, so genannten Haufendörfern, die sich entlang von Strassen oder Bächen erstreckten. Besonders im 16. und 17. Jahrhundert bestanden die Dörfer oft nur aus wenigen Dutzend meist ein- oder zweistöckigen Gebäuden, die durch Gärten voneinander getrennt waren. Im Zug des Bevölkerungswachstums während der frühen Neuzeit verdichteten sich die Dorfsiedlungen allmählich, so dass die Zwischenräume zwischen den Gebäuden verschwanden und geschlossene Firstlinien entstanden. Die Dorfsiedlungen erhielten durch diese Verdichtung zum Teil einen kleinstädtischen Einschlag. Die Wohnhäuser wurden höher und umfassten häufiger zwei oder drei Stockwerke. Parallel dazu wurden zunehmend Stein- anstelle von Holzbauten errichtet und das Ziegel- löste das Strohdach ab. An Lage, Struktur und Ausdehnung der dörflichen Siedlungen änderte sich jedoch nur wenig. Spätestens seit dem frühen 18. Jahrhundert prägten die bekannten geschlossenen Häuserzeilen entlang der Strassen das Bild der Baselbieter Dörfer, wie das Bild von Tenniken auf der gegenüberliegenden Seite zeigt.

Weiler waren im Baselbiet kaum anzutreffen, zu nennen wäre etwa der so genannte Tschoppenhof, heute Liedertswil. Eine Randerscheinung waren bis Ende des 17. Jahrhunderts auch die Einzelhöfe, erst im späten 18. und im 19. Jahrhundert nahm ihre Zahl stark zu. Vor allem in den höheren Lagen des Jura wurden damals neue Sennhöfe errichtet. Gefördert wurde diese Entwicklung durch die grundlegenden Veränderungen in der Landwirtschaft, etwa durch die Auflösung der Dreizelgenwirtschaft, die Einschlagsbewegung oder die beginnende Umstellung auf Vieh- und Graswirtschaft.[1] Indirekt spielten dabei auch der Aufschwung der Heimindustrie und die damit veränderten Konsumgewohnheiten eine Rolle. Abgänge oder Auflassungen dörflicher Siedlungen sind im Baselbiet während der frühen Neuzeit nicht bekannt.

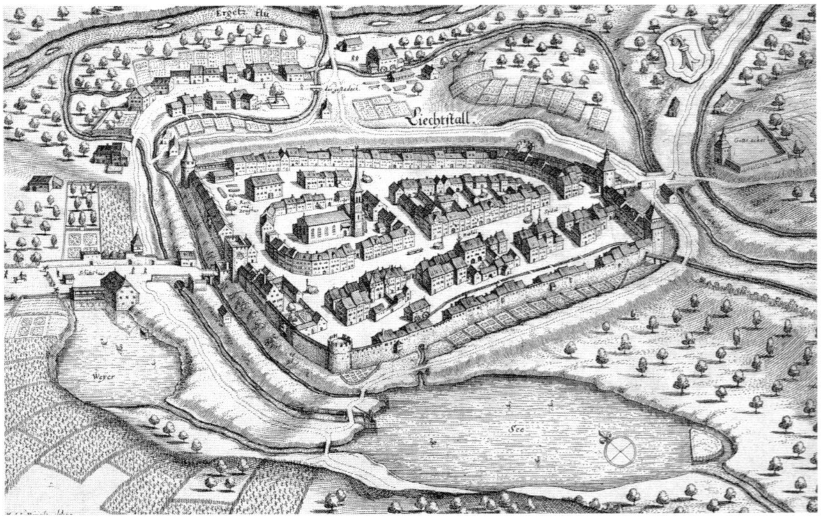

Die Kleinstadt auf dem Land

Der Stich nach einer Zeichnung von Johann Jakob Ringle von 1642 zeigt eine auch für die frühneuzeitliche Siedlungslandschaft der Region typische Erscheinung: die befestigte Kleinstadt. Die meisten städtischen Siedlungen dieser Zeit waren kleine Marktflecken wie Liestal. Der Stich ist sehr detailliert und erlaubt ohne weiteres den Vergleich mit der heutigen Situation. Gut erkennbar sind die Stadtkirche, das Korn- und Zeughaus, die Tore sowie die Mühle am «Teich», der durch das Städtchen fliesst.

Siedlungsverdichtung
Das Bevölkerungswachstum und die Erstellung von Neubauten führten im Lauf des späteren 17. und des 18. Jahrhunderts zu einer Siedlungsverdichtung. Typisch dafür waren Häuserzeilen wie die hier abgebildete von Tenniken. Charakteristisch war für diese Zeit auch das Nebeneinander von Hauskonstruktionen, wie es in der Skizze zum Ausdruck kommt, die G. F. Meyer Ende des 17. Jahrhunderts von Bennwil angefertigt hat. Zum einen gab es in den Dörfern der Region Hochstudbauten aus Holz, deren Dächer mit Stroh gedeckt waren, hier erkennbar an den mit Stroh gedeckten Walmdächern, zum Beispiel am unteren Rand (punktierte Dächer). Zum andern fanden sich die zumeist neueren Steinbauten mit aufgesetztem und mit Ziegeln gedecktem Satteldach, gut zu sehen in der Bildmitte und am oberen Rand (schraffierte Dächer). Ende des 17. Jahrhunderts standen infolge des Bevölkerungswachstums mehr Häuser als hundert Jahre zuvor. Abschnittweise waren sie bereits zu Häuserzeilen zusammengebaut.

Bauweisen im Wandel

Parallel zum Bevölkerungswachstum und zur Siedlungsverdichtung veränderte sich die Konstruktion der Gebäude zwischen 1500 und 1800 grundlegend: An die Stelle der frei stehenden Holzbauten in Ständerbauweise, der so genannten Hochstudhäuser, unter deren Strohdach Wirtschafts- und Wohnteil Platz fanden, traten im Lauf des 17. und 18. Jahrhunderts im Zuge von Um- und Neubauten die bekannten, massiv gebauten Häuser mit Ziegeldach. Beim Steinbau bestanden die tragenden Teile aus Bruchsteinmauern, während der Innenausbau nach wie vor in erster Linie in Holz ausgeführt wurde. Bestehende Bauten wurden meistens ergänzt oder teilweise ersetzt, aber kaum je ganz abgebrochen und von Grund auf neu erstellt. Lange Zeit waren daher in den Baselbieter Dörfern beide Gebäudetypen nebeneinander anzutreffen.

Zumindest in grösseren Dörfern war immer irgendjemand am Bauen, denn es wurde laufend erneuert, ausgebessert oder erweitert. Einen Eindruck davon vermitteln die zahlreichen Bauholzbegehren, die in der alten Basler Landschaft über den Landvogt an den Rat zu richten waren. So verlangte zum Beispiel Hans Handschin von Rickenbach «zur erbauwung eines

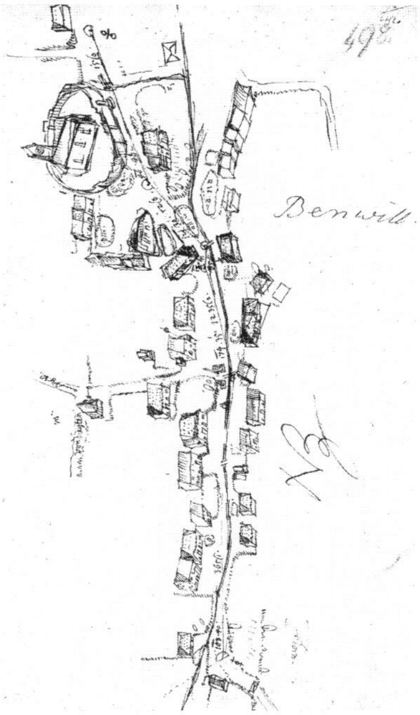

Zentrale Orte: Kleinstädte und Flecken
Neben Basel als dem Zentrum der Region prägten wenige grössere Ortschaften mit gewissen zentralen Funktionen den ländlichen Raum: Gelterkinden, Sissach, Liestal und Laufen. Von Bedeutung waren auch Orte und Flecken jenseits der engeren regionalen Grenzen, so zum Beispiel Rheinfelden als Orientierungspunkt für die Leute im Farnsburger Amt, oder Aarau, Olten, Wangen an der Aare, Balsthal, Oensingen, Wiedlisbach, Solothurn, nicht zu vergessen Delsberg und Pruntrut im Fürstbistum. Liestal kann als typisches kleines Landstädtchen der frühen Neuzeit gelten. Innerhalb des Mauerrings standen die Häuser dicht gedrängt. Die Gebäude dienten nicht nur dem Wohnen und dem Arbeiten in Werkstätten, sondern auch der kleinstädtischen Land- und Gartenwirtschaft.[1]

Der Beutezug ins Speckkämmerlein
Manchmal erfahren wir auch in scheinbar abgelegenen Quellen etwas über die innere Struktur eines Hauses, etwa in den Verhörprotokollen des Waldenburger Landvogts aus dem 18. Jahrhundert. Hier sind die Aussagen zu einem so genannten Ehrenhändel in Oberdorf enthalten. Im Mai 1737 zogen einige Männer, darunter auch ledige Knaben, von Waldenburg, wo sie an einer Hochzeit teilgenommen hatten, nach

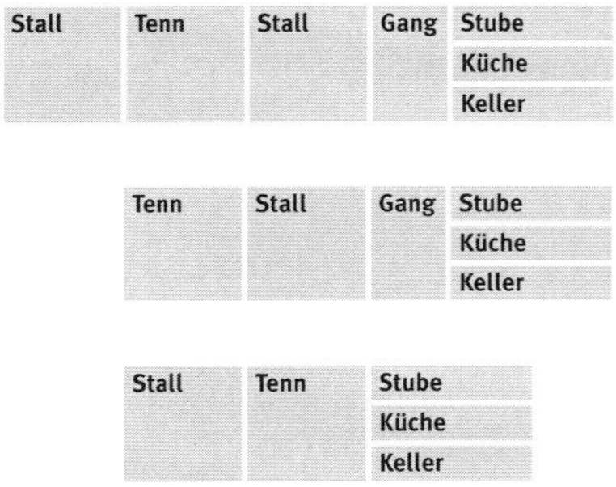

Grundrisse der Vielzweckbauten der Nordwestschweiz
Die Schemas zeigen mögliche Aufteilungen von Wohn- und Wirtschaftsbauten auf der Ebene des Erdgeschosses. Der grosse Anteil von Bauernhäusern mit reduziertem Ökonomieteil verweist auf den entsprechenden Anteil von Kleinbauern und Posamenterhaushalten an der Bevölkerung.

neuen Hauses und Scheuren»: 35 Paar Rafen, das sind Dachsparren, im Weitern verschiedene Stämme, die zu Brettern, Latten, Balken, Schwellen und Ähnlichem verarbeitet wurden, nämlich: 25 Stück Bauholz, 4 Lattenbäume, 2 Saghölzer, 1 Eiche und 4 kleine Eichen.[2] Die meisten Bauholzgesuche betrafen Reparaturen am Dachstock, an Treppen, Fussböden, Wandtäfern, Decken, Fenstern oder Türen.

Einfach bauen

Trotz der grundlegenden Veränderungen in der Konstruktion und bei den Baumaterialien blieb das ländliche Haus im alten Basel und im Fürstbistum im Allgemeinen ein so genannter primärer, quer zum First unterteilter Vielzweckbau, in dem alle Baueinheiten, das heisst Wohnhaus, Tenn (Scheune) und Stall, unter einem Dach oder unter einer Firstlinie zusammengefasst waren. Mehrhaus-Höfe, die aus mehreren Gebäuden bestehen, sind nur für das vom benachbarten Sundgau beeinflusste Unterbaselbiet westlich der Birs belegt, so etwa für Allschwil. Den gleichen regionalen Schwerpunkt zeigen bekanntlich auch die Riegel- oder Fachwerkbauten.

Die ganze frühe Neuzeit über waren die meisten Häuser einfach konstruiert und für heutige Begriffe äusserst knapp und zugleich karg ausgestattet. Unter einem Dach befanden sich ein Wirtschaftsteil und ein Wohnhaus. Der Ökonomieteil bestand mindestens aus Stall und Tenn und war je nach Ausstattungsgrad durch einen Gang vom Wohnteil abgetrennt. Häuser mit einer auf einen Stall und ein Tenn reduzierten Ökonomie überwogen im Baselbiet bei weitem. Die meisten Wohnhäuser umfassten ein Erd- und ein Obergeschoss. Der würfelförmige Baukörper mit steilem Dach stand direkt auf dem Boden, Unterkellerung war nicht üblich. Die zweigeschossigen Wohnhäuser waren im Allgemeinen für zwei Familien ausgelegt, je eine in jedem Geschoss. Das Grundangebot mit einer Stube und der Küche wurde längst nicht in jedem Haus durch weitere Kammern oder Nebenstuben ergänzt. Viele Wohnhäuser umfassten nur eine Stube und eine Küche, allen-

Oberdorf.[2] Dort drangen sie in das Haus des Amtspflegers Heini Schneider ein, gingen von der parterre gelegenen Stube die Treppe hinauf und traten durch eine mit einem Dietrich geöffnete Türe auf die Heubühne. Das dort befindliche Speckkämmerlein war mit einem Mahlenschloss verriegelt; ein mitgezogener Schlosser brach es fachmännisch auf. Die Männer entwendeten «Kinnbacken, Hammen und anderes» und trugen dies «an einem Stecken» nach Waldenburg, wobei sie unterwegs «allerlei Schabernack» damit trieben. Zurück am Hochzeitsfest, wo auch der bestohlene Amtspfleger war, foppte einer der Männer Schneider, er solle aufpassen, heute sei gar nichts mehr sicher vor Dieben, «es hätten einige dem armen Ketzer, dem Bad Friedly zu Oberdorf, Fleisch oder Schweines aus seiner oberen Kuchi gestohlen». Der Amtspfleger habe geantwortet: «Gang nur Baschy, man wird dir Salz auch darzu geben.» Das Fleisch verzehrten die Männer einige Tage später in aller Öffentlichkeit. Der Amtspfleger entdeckte den Diebstahl bald und gelangte an den Landvogt, wo er ohne weiteres die Urheber angeben konnte. Diese waren geständig und zahlten die auferlegte Busse.

Es schwelte offenbar schon länger ein Konflikt zwischen dem Amtspfleger und

Kleinbauernhaus in Pratteln von 1742
Dieses so genannte Mitterstallhaus an der Hauptstrasse 33 in Pratteln hat einen Zugang auf der Giebelseite zur Küche und einen durch den Stall. Der Wohnteil rechts umfasste Stube, Küche und Nebenraum. In der Mitte befinden sich vorne der Stall und hinten der Keller. Ganz links ist das Tenn angefügt. Mehrstöckige Häuser wurden im 18. Jahrhundert zunehmend öfter von zwei oder mehr, meistens wenig bemittelten Familien bewohnt.

falls noch einen ebenerdig gelegenen Keller. Die Menschen lebten also, verglichen mit heute, auf engstem Raum zusammen. Wo kein Gang die Erschliessung von Wohn- und Wirtschaftsteil ermöglichte, betrat man den Wohnteil direkt über die Stube oder die Küche.

Das Hochstudhaus des 16. und 17. Jahrhunderts

Das Hochstudhaus in Ständerbauweise wurde auf einem umlaufenden, auf eine niedrige Mauer oder den Keller aufgesetzten Schwellenkranz aus mächtigen Eichenbalken errichtet. In diese waren Eck- und Wandständer, Stud genannt, eingezapft. Jedes Geschoss wurde oben durch einen weiteren Kranz von Rahmenhölzern zusammengehalten. Senkrecht zur Firstrichtung verliefen die Querschwellen. Jene im Innern des Hauses trugen die hochragenden Firstsäulen, die Hochstüde, mindestens zwei, oft aber auch mehr. Diese Stüde stützten den Firstbalken, über den meist paarweise, scherenförmig, durchgeschlitzt oder überblattet und mit einem Holznagel gesichert,

einigen der Männer. Der Umzug mit dem erbeuteten Fleisch am Stecken, die Neckerei gegenüber dem Amtspfleger und der öffentliche Verzehr des Fleisches waren brauchtümliche Formen von Revancheaktionen. Die Herausforderer verstanden ihr Unternehmen keineswegs als Einbruch, gaben sie doch dem Amtspfleger Kenntnis von ihrem Vorgehen. Ganz nebenbei gewährt eine solche Geschichte einen Blick in ein ländliches Haus.

Isaac Bowe von Bretzwil auf der Flucht

Ein aussergewöhnliches Beispiel frühneuzeitlicher Fussgängermobilität ist die Flucht von Isaac Bowe, einem der Baselbieter Protagonisten des Bauernkriegs von 1653.[3] Der drohenden Verhaftung nach der Niederschlagung des Aufstandes entzog sich Bowe am 9. Juni 1653, indem er sich ausser Landes begab. Er schlug sich im südwestdeutschen Raum mit Gelegenheitsarbeiten in der Landwirtschaft durch und blieb immer nur einige Tag an einem Ort. Sein Reisebüchlein beginnt folgendermassen: «Erstlich als ich von zu Hause verreist bin, bin ich auf Schwörstadt gereist, wo ich mich über den Rhein führen liess, danach bin ich auf den Eichberg zum Übernachten, am anderen Tag auf den Rohrberg, wo ich acht Tage gemäht habe, danach bin ich auf Schönau, von dort auf

Fachwerkbau in Allschwil
Fachwerkbauten finden sich vorwiegend im westlichsten Teil des Baselbiets. Sie stammen aus dem 17. und späteren Jahrhunderten. Bei Fachwerkbauten sind die rechteckigen Felder, die so genannten Gefache, zwischen den vertikalen Ständern und dem waagrechten Schwellen- und Rahmenwerk durch schräge Streben unterteilt. Die kleineren Gefache sind weiter unterteilt durch waagrechte Kanthölzer, die «Riegel». Die offenen Wandflächen zwischen den Holzteilen wurden mit lehmbestrichenem Flechtwerk, Strohlehmwickeln oder Steinmaterialien ausgefüllt. In der Region wurden dazu oft Haselruten, vermischt mit gehacktem Stroh und Lösslehm verwendet. Das ergibt bei einer Wanddicke ab 12 Zentimetern ein gut isolierendes Baumaterial, das einfach zu ersetzen ist.

Hochstudbau in Rothenfluh
Dieses Haus birgt im Innern, das heisst im Ökonomie- und im rechten Hausteil, noch ein weitgehend erhaltenes Hochstud-Ständergerüst, von dem vier Hochstüde stehen. Hochstudbauten waren in der Region bis ins 17. Jahrhundert weit verbreitet, wurden aber später allmählich von Gebäuden mit gemauerten Wänden und aufgesetztem Dachstock abgelöst.

die Rafen gehängt waren. Das dickere Ende befindet sich beim First, während das dünnere auf Rähmbalken oder Fusspfetten aufliegt. Die Hochstüde trugen also, ohne Mitwirkung des Wandgerüstes, die gesamte Dachlast. Die Dachflächen mussten einen grossen Winddruck ertragen; daher war die Verstrebung des Grundgerüstes wichtig. Durch die Ständerkonstruktion war die Raumaufteilung im Innern weitgehend vorgegeben.

Das ländliche Haus im 17. und 18. Jahrhundert

Die im 17. und 18. Jahrhundert immer mehr aufkommenden Steinhäuser mit Ziegeldach weisen eine grundsätzlich andere Bauweise auf: Der Dachraum ist nämlich von der Konstruktion her stärker vom Rest des Hauses getrennt und die Dachsparren liegen dem gemauerten Hausteil auf. Die Aussenwände der Wohnteile und mancher Ökonomieteile waren Bruchsteinmauern, wozu sich die in der unmittelbaren Umgebung der Dörfer verfügbaren harten Kalke des Juras gut eigneten. Auf den zwei Schmalseiten ragten hohe Giebel auf, zwischen denen sich ein steiles Satteldach erstreckte. Für

Bernau, wo ich ebenfalls etliche Tage gemäht habe, danach auf Neustadt, und von dort nach Villingen ...» etc. Nach einer 600 Kilometer langen Fussreise durch den Schwarzwald und die Pfalz liess er sich im Herbst 1653 wieder in Bretzwil blicken, musste jedoch das Dorf, nachdem er erkannt worden war, gleich wieder verlassen. Bei seiner zweiten Flucht im Herbst 1653 «reiste» er über Dattingen nach Müllheim, wo er während vier Wochen zum Dreschen angestellt wurde. Die weitere «Reise» über 800 Kilometer führte ihn weit nach Norden bis nach Nördlingen und Eberbach am Neckar (bei Heidelberg), bevor er Anfang 1654 in seine Heimat zurückkehrte und sich der Obrigkeit stellte. Vergleichbare Distanzen legten Handwerksgesellen «auf der Walz» zurück, oder, wenn auch in kleinerem Rahmen, Handelsleute und Gewerbetreibende, etwa wenn sie Messen, Lieferanten oder Kunden besuchten.
Eine andere Form der Mobilität lebten die vielen Frauen, die nach der Heirat an den Wohnort ihres Ehemannes zogen, und die zahlreichen ledigen jungen Männer und Frauen, die als Dienstboten und -botinnen zum Teil weit herumkamen, sei es in der Nordwestschweiz oder darüber hinaus, so zum Beispiel im Markgräflerland oder im Elsass.

die Innenwände wurden Holz, je nachdem auch Bruchsteine, so genanntes konstruktives Fachwerk, für die Böden Holz und zum Teil Backsteine verwendet. Auch bei diesen Steinbauten herrschten im Wohnteil einfache Grundrisse nach dem Zweiraumkonzept mit Stube und Küche vor. Der Übergang zum Steinbau verlief, obwohl von den Obrigkeiten immer wieder gefordert und per Mandat vorgeschrieben, langsam. Besonders die Ökonomiegebäude wurden noch lange ganz oder zu einem grossen Teil in Holz erbaut, und auch das Strohdach über Stall und Tenn wurde nicht sofort ersetzt. Der Ausbaustandard variierte auch nach Verwendungszweck und sozialem Status der Landleute. In den Dörfern existierten deshalb die verschiedenen Gebäudetypen im 17. und 18. Jahrhundert über lange Zeit nebeneinander, wie die zahlreichen erhaltenen Bilddokumente zeigen.

Küche, Kamin und Ofen
In der Küche befand sich die Feuerstelle, die Energie- und Wärmezentrale des Hauses. Man liess das Feuer nie ausgehen, auf dem Herd befand sich immer mindestens eine mit Asche bedeckte Glut. Zu Beginn der frühen Neuzeit war der freie Rauchabzug durch die Ritzen von Wänden und Dach üblich, erst im Lauf der Zeit wurden eigene Rauchabzüge konstruiert, und noch später eigentliche Kamine. Ziemlich verbreitet war dagegen schon länger der Rauchfang über der Herdstelle, und bisweilen wurde der Rauch über ein Halbkamin in den Dachraum geleitet, wo er durch Ritzen oder durch Dach- und Giebelöffnungen entweichen konnte. Der bekannte Kachelofen hat sich auf der Landschaft auf breiterer Basis erst im 17. und 18. Jahrhundert durchgesetzt. Die Abbildung zeigt einen Ofen von 1808, der an der Rickenbacherstrasse 13 in Buus steht.

Zu Fuss unterwegs

Während der frühen Neuzeit bewegten sich die Menschen vorwiegend zu Fuss von Ort zu Ort, Pferde und Kühe mit Wagen benutzten sie vor allem für Lastentransporte. Die Fahrt mit dem Boot kam in erster Linie für längere Distanzen in Frage. Der Gang zu Fuss konnte der Erledigung von Geschäften dienen, den Markt in Liestal oder Laufen zum Ziel haben oder auch ein Wirtshaus im nächsten oder übernächsten Ort. Nach Basel führten einen Gänge zu Behörden oder, vor allem im 18. Jahrhundert, regelmässig zum Bandfabrikanten. Immer mal wieder musste man zum Landvogt oder in die Landschreiberei gehen. Ab und zu nahmen die Menschen aus dem Baselbiet den Weg über den Jura unter die Füsse, etwa um in den Dörfern an der Aare frischen Fisch zu kaufen. Auch eine «Chilbi» in einem katholischen Ort jenseits der Grenzen zum Fricktal oder zum Solothurnischen wurde zu Fuss erreicht. Pferde besassen in erster Linie reiche Bauern und spezielle Gewerbetreibende wie zum Beispiel Müller, Weinhändler oder Wirte. Ausserdem war das Pferd das Transporttier der Vertreter der Obrigkeit und insofern ein Statussymbol.

Blick auf eine Dorfstrasse von Pratteln
Die Skizze von Büchel aus dem Jahr 1735 gewährt einen aufschlussreichen Blick auf eine Dorfstrasse. Im Fürstbistum wie im alten Basel waren die Gemeinden für den Unterhalt der Wege und Strassen auf ihrem Banngebiet zuständig, bei den regionalen oder überregionalen Landstrassen allerdings unter Mitwirkung der Obrigkeit. Das innergemeindliche Weg- und Strassennetz war wenig entwickelt und oft in einem schlechten Zustand. Meistens waren es unbefestigte Karrwege, die oft mehr oder weniger fliessend in das angrenzende Privatgrundstück übergingen.

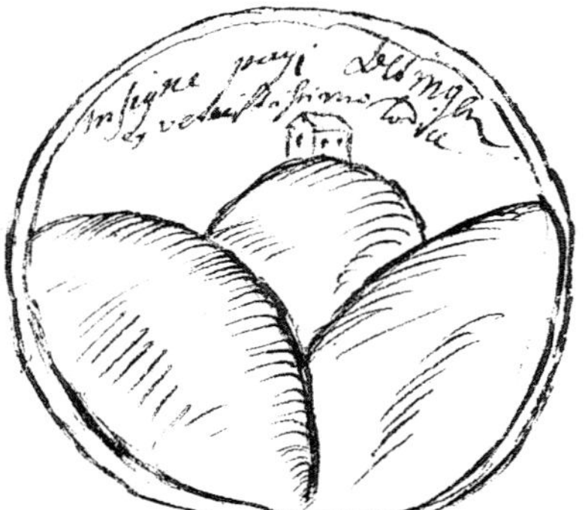

Alarmsystem im alten Basel
Über die «Ordnung wegen des Lermens Zeichen» wurde 1619 Folgendes bestimmt: Wenn der Lärm, das heisst der Alarm, von Basel ausging, sollte das Wachtfeuer auf der Schauenburgerfluh denen auf der Sissacherfluh, der Geissfluh, dem Wiesenberg und der Wasserfallen rufen. Ein Schuss bedeutete eine Warnung, zwei Schüsse meldeten Feuersnot, drei Schüsse das Herannahen eines Feindes.
Da aber die Schüsse von Basel oder Münchenstein wegen des Muttenzer Berges in Liestal nicht gehört werden konnten, sollte auf der Schauenburgerfluh ein Böller aufgestellt werden. Zunächst würden dann von Basel und Münchenstein die Schüsse abgegeben, danach würde auf der Schauenburgerfluh neben dem Feuer, das angezündet würde, auch ein Schuss getan. Alle «wehrhaften Stätt und Orte» würden dann die Losung mit Geschütz, Anzündung der Wachtfeuer und Sturmläuten sowie Boten weitergeben.
Das obere Bild zeigt die Hochwacht auf der Geissfluh bei Oltingen, das untere die Hochwacht auf der Schauenburgerfluh.

Geschwindigkeiten und Zeit-Räume

Um rechtzeitig ans Ziel zu kommen, brachen Fussgänger und Fussgängerinnen nicht selten nachts auf. So machten sich Leute aus den Dörfern am Juranordfuss kurz nach Mitternacht auf, um frühmorgens in Basel zu sein. Dabei richtete man es so ein, dass man die Wartezeit bis zur Toröffnung in einer Wirtschaft in einer der stadtnahen Gemeinden verbringen konnte. Der Tag stand dann für Geschäfte, weitere Wirtshausbesuche und anderes zur Verfügung. Auf den Heimweg machte man sich gegen Abend oder noch später, so dass man um Mitternacht wieder zu Hause war. Schwere Güter wurden mit Pferden und Wagen transportiert. Dazu zählten etwa Fuhren von Müllern oder Weinhändlern, im 18. Jahrhundert auch die regelmässig verkehrenden, so genannten Botten.[3] Je nachdem konnten hier auch weitere Transportgüter mitgegeben werden.

Den gleichen Mobilitätsbedingungen waren auch die Obrigkeit und ihre Vertreter unterworfen, auch wenn die Kommunikation hier zumindest in kritischen Fällen mit speziellen Meldereitern beschleunigt werden konnte. So war ein Brief des Landvogts von Farnsburg an den Rat im Allgemeinen einen oder zwei Tage unterwegs, bis er seinen Adressaten erreichte. Die Schrift diente der Kommunikation über grössere räumliche oder zeitliche Distanzen. Was an einem Ort erdacht wurde und an einem anderen Ort zeitverschoben zur Kenntnis genommen werden sollte, musste aufgeschrieben, das heisst mittels der Schrift haltbar gemacht und zu Fuss oder per Pferdeboten übermittelt werden. Dabei war die Geschwindigkeit zumindest im Bereich von kleineren Gebieten wie jenen des Fürstbistums oder des alten Basel mit der heutigen vergleichbar. Völlig unbekannt war die moderne Sofort-Übermittlung von Nachrichten und Informationen wie Telefon, Telefax, Internet usw. Einzig die überall eingerichteten Systeme der Alarmierung via Hochwachten und Glockenläuten können in gewissem Sinn als Vorläufer der «Real-Time-Kommunikation» betrachtet werden. Um sich eine Vorstellung von der Fortbewegungsgeschwindigkeit zu machen, kann man sich

Der Zustand der Strassen und Wege
Das besondere Augenmerk der Obrigkeit galt den grossen Überlandstrassen, die mit Hilfe von Fronen der Untertanen unterhalten wurden.[4] Dabei mussten die Untertanen auch an Landstrassenabschnitten anderer Gemeinden mitarbeiten, was nicht ohne Widerstände und Konflikte abging. Die Fron bestand in allgemeinen Reparaturen, vor allem aber darin, Kies und Steine aus bestimmten, von der Obrigkeit bezeichneten Gruben zu den jeweils auszubessernden Strassenstücken zu karren. Die zeitgenössische Strassentechnik kannte das Steinbett im Allgemeinen nicht; stattdessen wurde ein mehrere Zoll hoher Kiesbelag ausgebracht, der jedoch unter den schweren Fuhren und zum Teil unter den ungeeigneten Fuhrwerken sehr litt. Einzig an sumpfigen Stellen wurden Steinbette oder Faschinen aus Holz angebracht. Meist war der Zustand der Strassen mässig bis schlecht. So wird berichtet, dass zwischen Allschwil und Oberwil tiefe Löcher die Pferde einsinken liessen und dass die Wagen trotz Vorspann immer wieder mit Winden aus dem Morast gezogen werden mussten, so dass die Fuhrleute für die Strecke von Allschwil nach Reinach anstatt zwei acht Stunden brauchten. Ebenso wurde darüber geklagt, dass die Untertanen Steine aus Äckern

zum Beispiel vergegenwärtigen, wie schnell die stattliche Kolonne von Notabeln vorankam, die jeweils zum Aufzug eines neuen Landvogts von der Stadt zum Farnsburger Landvogteischloss zog:[4] Die Herren verliessen Basel am Samstag nachmittag mit dreissig Pferden, auf denen alle Landvögte, der Oberstzunftmeister, weitere Basler Behördenvertreter und Offiziere sassen. Sie erreichten Liestal gegen Abend, wo sie mit 48 Schüssen und zwei Salven von der Bürgerschaft empfangen wurden. Auf dem Weg dahin hatten alle Gemeinden den Zug standesgemäss zu begrüssen, was in erster Linie hiess, die bewaffnete Mannschaft in Uniform und mit Gewehr Spalier stehen zu lassen. Nach der Übernachtung in Liestal ritten die Herren am Sonntag morgen um sechs Uhr aus dem Städtlein und erreichten Gelterkinden, wo die Huldigung der Untertanen stattfand, um neun Uhr. Zunächst gingen sie hier zur Predigt, danach begaben sie sich zum «Schützenhaus allwo einige Stunden auff die Bauren gewartet». Nachdem die Huldigungszeremonie beendet war, ritten die Herren zum Schloss Farnsburg, wo der neue Landvogt sie mit einem reichlichen Mittagessen für die erlittenen Strapazen zu «entschädigen» hatte.

Post und Fuhrwesen

Es gab selbstverständlich auch im frühneuzeitlichen Basel einen auf den Transport von Waren und Gütern, weniger von Personen spezialisierten Sektor der Wirtschaft. Den Verkehr auf der Landschaft gewährleisteten einheimische Fuhrleute, meistens Bauern oder Gewerbetreibende wie Wagner, Müller, Wirte und andere, die oft nebenbei eine Fuhrhalterei besassen. Ausserdem richteten die Obrigkeiten so genannte «ordinäri Fuhren» ein, die regelmässig nach bestimmten Orten verkehrten.[5] So erhielten die Gebrüder Jakob und Sebastian Tschopp von Waldenburg 1750 vertraglich für ein Jahr die obrigkeitliche Solothurner Fuhr, oder der Meier und Bärenwirt von Langenbruck, der selber zehn Fuhrleute beschäftigte, die Fuhr nach Morsee (Morges). Auch die «Ordinäri» nach Zofingen, Bern und Lenzburg waren

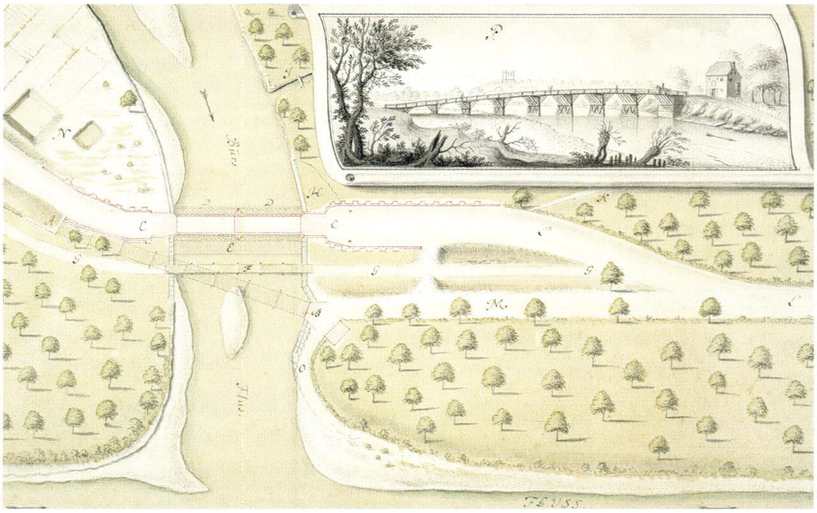

Die Birsbrücke am Birskopf
Verkehrswege waren auch in der frühen Neuzeit Gefahren ausgesetzt. Eine neuralgische Stelle waren Flussübergänge, besonders im Unterlauf und im Mündungsbereich, wo die Flüsse immer wieder einen anderen Weg nahmen und oft grosse Flächen belegten. Das Schicksal der Birsbrücke am Birskopf um die Mitte des 18. Jahrhunderts ist auf Grund einer Serie von Zeichnungen von Emanuel Büchel aus den Jahren 1742 bis 1750 gut dokumentiert. Die Brücke war seit ihrer Fertigstellung im Jahr 1425 einer der wichtigsten Birsübergänge, denn der Verkehr nach Zürich und über die beiden Hauensteinpässe ging über diese Brücke. Der Übergang bei St. Jakob war nicht für Wagen bestimmt, da er nur aus einer Abfolge von Stegen bestand, die dort über die drei Arme der Birs führten. Die Birsfelder Brücke von 1425 war ein Holzviadukt, der beidseits weit ins Land hineinreichte. Bei den Reparaturen wurde sie jeweils verkürzt. Um 1739 wurde der Bau einer schönen zweibogigen Steinbrücke begonnen, die 1741 fertiggestellt war. Der Pfeiler im Birsbett war jedoch schlecht fundiert. Am 19. Juli 1744 wurde die Steinbrücke von einem Hochwasser der Birs zum Einsturz gebracht. Darauf kehrte man zur Holzkonstruktion zurück. Die neue, nach Plänen von Büchel erbaute Brücke hielt von 1745 bis 1881 stand, bis sie wiederum von einem Hochwasser mitgerissen wurde. Die Abbildung zeigt rechts oben die vor 1739 bestehende Holzbrücke und eine Übersicht über die topographische Situation.

Der Basler Landsitz in Sissach
Martin Bachofen-Heitz war einer jener Basler Handelsherren, die aufgrund ihrer Tätigkeit in der damaligen neuen Ökonomie, in der Seidenbandweberei, als Bandfabrikant zu Reichtum gelangt waren. 1774 bis 1776 liess er einen standesgemässen Landsitz in Sissach bauen, das so genannte Schloss Ebenrain, wo er den Sommer über und manchmal auch länger residierte. Der Ebenrain und sein Park gehören zum relativ kleinen Ensemble von repräsentativen Bauten und Gartenanlagen auf der Basler Landschaft. Der streng gegliederte Park brachte ein gänzlich andersartiges Element in die traditionelle Ackerbaulandschaft um Sissach hinein. Wie es sich gehörte, wurde die Anlage von Beginn an immer wieder in Bildern festgehalten. Hier ist ein Aquarell von Johann Caspar Zehender von 1785 wiedergegeben.

Blick ins Dorf
Emanuel Büchel hatte zwar, als er 1735 dieses Bild malte, vor allem das Pratteler Schloss im Blick. Quasi im Nebenhinein gewährt er uns aber auch einen Blick ins Dorf und seinen Alltag. Gut erkennbar sind die mit Ziegeln gedeckten Vielzweckbauten, die Wohn- und Wirtschaftsteil unter einem First vereinen und die, wie das typisch war für das 18. Jahrhundert, einer an den anderen angebaut waren. Ferner sehen wir die eingezäunten Gartenareale, eine Ruhebank und eine grosse, gut behängte Wäscheleine.

damals in Baselbieter Händen, wie überhaupt das Fuhrwesen im 18. Jahrhundert zunehmend von Landleuten beherrscht wurde. Der Basler Postkreis beschränkte sich fast ganz auf das eigene Territorium, denn das Postregal war für die übrigen Teile der Eidgenossenschaft an die bernische Patrizierfamilie Fischer von Reichenthal vergeben. In Absprache mit dieser führten die Basler täglich einen einfachen Postdienst mit einer vierplätzigen Kutsche nach Balsthal, wo die Postsachen gegen die bernischen umgetauscht wurden. 1795 war für diese Strecke eine zulässige Zeit von sieben Stunden vorgegeben. Regelmässige Verbindungen gab es, zumindest zeitweise, auch nach Laufenburg im Fricktal, nach Aarau und Aarburg.

Im Fürstbistum herrschte noch im 17. Jahrhundert nur ein mässiger Postverkehr, meistens auf die amtlichen Beziehungen zwischen dem Fürstbischof in Pruntrut und dem Domkapitel in Arlesheim sowie den Vogteien beschränkt.[6] Das Normale wurde mit einem regelmässigen Botenverkehr bewältigt. Besonderes wurde mit fronweise aufgebotenen «Expressen» von Ort zu Ort befördert. Im spärlichen privaten Postverkehr liess man die Sachen durch Fussgänger übermitteln, oder man übergab sie zum Beispiel Händlern oder Wirten, die ein Briefdepot unterhielten und für die Spedition mit Fuhrleuten in Verbindung standen. Im Lauf des 18. Jahrhunderts wurden die so genannten Bauernposten immer weniger berücksichtigt, bis schliesslich das gesamte Postwesen unter staatliche Hoheit kam. Gemäss dem «tableau général des arrivées des postes» wurde für die Linie Basel–Delsberg–Pruntrut respektive Biel eine Fahrtdauer von 13 Stunden angesetzt. In Reinach, das als Sammelpunkt für die Vogteien Pfeffingen und Birseck diente, trafen die Wagen von Pruntrut her um zwei Uhr nachmittags am Dienstag und Freitag, und von Basel her um fünf Uhr morgens am Mittwoch und Samstag ein. Seit 1781 übernahm die fürstbischöfliche Post auch den Personenverkehr. An Stelle der bisher üblichen kleinen «chaisen» verkehrten grössere Wagen für drei bis vier Personen.

und Rebbergen einfach auf der Landstrasse deponierten oder dort auch Baumstämme lagerten, so dass die Durchfahrt behindert wurde.

Die Flüsse: Rhein und Birs
In der Region war nur der Rhein schiffbar; auf ihm wurden regelmässig sowohl Waren- als auch Personentransporte durchgeführt. So konnte man beispielsweise von Rheinfelden aus per Schiff nach Basel gelangen, was für die Untertanen aus dem nordöstlichen Farnsburger Amt durchaus von Interesse war. Die übrigen Flüsse wurden wenn überhaupt vorzugsweise zum Flössen von Holz benutzt, so vor allem die Birs, auf der man viel Bau- und Brennholz nach Basel transportierte. Dabei kollidierten die Interessen der Flösser natürlich immer wieder mit jenen anderer Flussnutzer, der Bauern, die ihre Matten wässern wollten, der Müller oder der Gemeinden, welche die Uferbefestigungen zu unterhalten hatten.
Flüsse behinderten Handel und Transport in der frühen Neuzeit erheblich, sowohl bei normalem wie bei aussergewöhnlichem Wasserstand. Denn sie waren nur wenig kanalisiert, so dass das Wasser dem natürlichen Lauf folgte und gerade in den Auegebieten im Unterlauf grosse Flächen beanspruchte.

Lesetipps

An erster Stelle steht hier <u>Furter</u> (1999). Darin finden Interessierte, nach neusten wissenschaftlichen Massstäben bearbeitet, alles, was man heute zu Haus und Siedlung im alten Baselbiet weiss.

Für die klassischen Highlights wie den Ebenrain, Kirchen, Schlösser und andere Baudenkmäler sei auf die drei von <u>Heyer</u> herausgegebenen Bände der Kunstdenkmäler des Kantons Basel-Landschaft verwiesen. Die Bearbeitung der Bezirke Waldenburg und Laufental steht noch aus.

Abbildungen

StA BL, Planarchiv A 4; Mikrofilmstelle Kanton Basel-Landschaft; Foto Felix Gysin: S. 79 [A].
StA BS, Bildersammlung, Wack K 162: S. 80 [A].
Foto Andreas Wolfensberger, Winterthur: S. 81.
StA BL, Abt. II F, Bd.e 1–3: G. F. Meyer: Entwürfe. Topographisch-geometrische Skizzen über die Basler Landschaft, 1678–1681, Bd. 2, Blatt 498, Vorderseite; Mikrofilmstelle Kanton Basel-Landschaft; Foto Felix Gysin: S. 81 [A].
Anne Hoffmann Graphic Design, nach Furter 1999: S. 82.
StA BL, Mikrofilmstelle Kanton Basel-Landschaft: S. 83 oben.
Furter 1999; Foto Thomas Bitterli, Basel: S. 83 unten.
Schweizerische Bauernhausforschung, Zug; Furter 1999: S. 84.
Schweizerische Bauernhausforschung, Zug: S. 85 oben.
StA BS, Bildersammlung, Negativ 30426: S. 85 unten.
StA BL, Kirchen E9, Oltingen 1: S. 86 oben.
StA BS, aus Bruckner: Merkwürdigkeiten: S. 86 unten [A].
StA BS, Bildersammlung 9,8: S. 87 [A].
StA BL, Mikrofilmstelle Kanton Basel-Landschaft; Foto Felix Gysin: S. 89 oben.
Gemeinde Pratteln; Foto Ernst Meyer, Pratteln: S. 89 unten.

[A] = Ausschnitt aus Originalvorlage.

Anmerkungen

1 Vgl. Kap. 1.
2 StA BS, Protokolle Kleiner Rat, Bd. 82, S. 332, 8. Oktober 1687.
3 Vgl. Kap. 2.
4 Die Beschreibung stammt vom Schlossschreiber von Farnsburg und betrifft das Jahr 1732. Vgl. Schnyder 1998.
5 Vgl. zum Folgenden Gauss et al. 1932, Bd. 2, S. 41f.
6 Vgl. zum Folgenden Gauss et al. 1932, Bd. 2, S. 202f.

1 Vgl. zu den Kleinstädten Laufen und Liestal Kap. 2.
2 Vgl. dazu Schnyder 1992, S. 316f.
3 Vgl. Suter, Paul 1953, S. 240ff., Landolt 1996, S. 670f und Bd. 4, Kap. 1.
4 Vgl. zum Folgenden Gauss et al. 1932, Bd. 2, S. 191ff.

bauren gehn Zue markt
54

Bild zum Kapitelanfang

«bauren gehn zue markt»

Eines der wenigen Bilder zur Kleidung der ländlichen Bevölkerung stammt aus der Kostümfolge des Basler Malers Hans Heinrich Glaser, 1634 veröffentlicht unter dem Titel «Basler Kleidung aller Hoh und nidriger Standts-Personen nach deren grad auff ietzige art fleissig corrigiert und auff begeren zum anderen mahl gemacht und verlegt in Basel im Juli 1634 durch Hanns Heinrich Glaser». Neben Amtspersonen und Würdenträgern werden auch «gewöhnliche» Menschen aus der Stadt gezeigt. Die ländliche Bevölkerung ist nur mit dem hier wiedergegebenen Bild präsent.

Es zeigt zwei bäuerliche Paare auf dem Weg zum Markt. Die eine Frau trägt Hühner und Eier, die andere ziemlich sicher Früchte im Korb auf dem Kopf. Der eine Mann trägt ein Kaninchen, der andere nahm als Zeichen seines Mannestums und seiner Würde das Schwert mit. Auffällig ist der Baslerstab auf seinem Wams, wahrscheinlich gehörte er zur Gruppe der ländlichen Amtsträger. Die eine der beiden Frauen trägt eine Haube, beide haben Halskrausen. Die Vordere ist mit einem Wams oder einer Jacke mit weit ausladendem Kragen gekleidet, darunter ist ein Göller, das ist ein Brusttuch, erkennbar. Ausserdem trägt sie ein Fürtuch, das heisst eine Schürze, und einen Rock. An den Füssen trägt sie Lederstiefel. Der Hut ist, wie für die «gemeinen Leute» üblich, abgestumpft. Die hintere Frau ist mit Bluse, Fürtuch und Rock bekleidet. Die beiden Männer tragen einfache, vorne mit Bändeln zugeknöpfte Lederschuhe, darüber Strümpfe, die mit einem Band unter dem Knie gehalten werden. Unter dem Wams mit bauschigen Ärmeln, die am Ellbogen gerafft werden, tragen sie kurze, bauschige Hosen. Beim vorderen Mann ist die so genannte Schamkapsel gut sichtbar; dies, die Schuhe und das weit ausgeschnittene Wams sind Hinweise darauf, dass auf dem Bild ein damals eher veralteter Zustand der Kleidung festgehalten ist.

Die Kleider in der frühen Neuzeit

Vor 1800 gab es in der Region keine eigenständige Tracht der ländlichen Bevölkerung, die Alltagskleidung der gewöhnlichen Bevölkerung in Stadt und Land war sehr ähnlich.[1] Ein Hauptunterschied dürfte die gröbere Stoffqualität gewesen sein, die auf dem Land verwendet wurde. Ebenso gab es Unterschiede hinsichtlich des Schmucks und der Hüte.

Im grossen Ganzen blieb vor allem die Alltagskleidung in ihren Grundzügen über die frühe Neuzeit hinweg gleich. Erst gegen Ende des 18. und zu Beginn des 19. Jahrhunderts bahnten sich unter dem Einfluss des französischen Vorbildes Änderungen an, besonders bei den Männern: Das Wams wurde von der Weste und dem Überrock abgelöst. Letzterer glich oft einem Frack. Dieser Rock mit «Fäckten» verschwand später und wurde vom kurzen Rock, dem Kittel, abgelöst. Zuweilen tauchten auch schon lange Hosen auf, ohne Hosenträger, hinten mit einem Schnürlein festgebunden. Sie setzten sich im Lauf des frühen 19. Jahrhunderts schnell durch und verdrängten die kurzen Hosen. Bei den Frauen kamen keine neuen Kleidungsstücke auf, die Röcke wurden etwas kürzer, die Jacken und die Halstücher leichter und praktischer. Insgesamt kam hierin auch die Hinwendung zu einem neuen Körperideal bei Frau und Mann zum Ausdruck: Statt eines untersetzten Körpertypus mit schweren, langen Kleidern und Betonung des Rumpfes gegenüber den Gliedmassen begünstigte die neue Kleidung eine eher langgliedrige, hoch gebaute und beweglichere Erscheinung mit schmalerem Rumpf, dies vor allem bei den Frauen.[2]

Die Kleider um 1800 im Bilderzyklus von Reinhart

Im Trachtensaal des Bernischen Historischen Museums befindet sich ein Zyklus von 125 Ölbildern, die meistens zwei Personen in der Landestracht darstellen.[3] Die hier gezeigten Baselbieter Bilder wurden alle im Jahr 1792 gemalt. Auftraggeber war der Aarauer Seidenbandfabrikant Johann Rudolf Meyer, der von 1739 bis 1813 lebte. Gemalt wurden die Bilder vom Luzerner

Hanf, Flachs und Wolle: Die Textilrohstoffe

Die Grundstoffe für Alltagstextilien waren bis ins 19. Jahrhundert hinein lokal oder allenfalls regional produzierte pflanzliche oder tierische Fasern, zum einen das Leinen, das aus Hanf und Flachs meist aus eigenem Anbau hergestellt wurde und für die allermeisten Kleidungsstücke und Heimtextilien in unterschiedlicher Verarbeitungsform und Qualität Verwendung fand.[1] Zum anderen waren es die Wolle und das Leder, Letzteres, oft in Kombination mit Holz, vor allem für Schuhe. Hanf, Cannabis sativa L., und Flachs, Linum usitatissimum L., auch Lein genannt, wurden als die beiden wichtigsten Gespinstpflanzen vor 1800 auch im Baselbiet weitherum angepflanzt und verarbeitet.

Das aus den Samen gewonnene Öl beider Pflanzen diente als Nahrungsmittel und als Leuchtöl, der Samen wurde auch als Heilmittel verwendet. Aus Hanffasern stellte man Seile her und ebenso Papier. Der Flachs ergab das feinere Gespinst, Hanf ergab ein gröberes Gewebe, das jedoch langlebiger und strapazierfähiger war. Beide wurden nach der Ernte als so genanntes Wäärch in ähnlicher Weise verarbeitet und für das Spinnen vorbereitet. Die Verarbeitung des Hanfs fiel ganz in den Zuständigkeitsbereich der Mädchen und

Joseph Reinhart, geboren 1749, gestorben 1824, im Laufe mehrerer Jahre jeweils vor Ort. Die Bilder spiegeln das damals erwachende Interesse bürgerlicher Kreise an Traditionen des Landvolks und am so genannt einfachen Leben wider. Die Darstellungen zeigen also eine geschönte Wirklichkeit, ergänzen aber die Hauptquelle zu Kleidern, die Fahrnisverzeichnisse, auf willkommene Art und Weise. Mit Ausnahme des Orismüllers stammten alle acht dargestellten Personen aus dem oberen Diegtertal. Es ist daher unklar, ob diese Beispiele für das ganze Baselbiet repräsentativ sind. Alle Personen gehörten zumindest zur dörflichen Mittelschicht und damit zu angesehenen Familien. Alle Paare standen nur für die künstlerische Darstellung zusammen, in Wirklichkeit waren sie nicht miteinander verheiratet.

• Bild 1, Seite 95: Der 1792 43 Jahre alte Orismüller, einer der Protagonisten der helvetischen Revolution auf der Landschaft, ist hier mit einer Frau aus Diegten abgebildet, mit Salome Mohler, damals 15 Jahre alt. Schäfers Tracht hat etwas Uniformartiges an sich. Er trug Kniehosen, Schuhe und Gamaschen, eine rote Weste, eine dunkle Krawatte, einen offenen Rock aus braun-gelbem Tuch mit Ärmelaufschlägen, einen spitzen schwarzen Hut, einen so genannten Napoleonshut. Schäfer scheint sich sorgsam gekleidet zu haben. «Seine Frau», Salome Mohler, trägt eine Schnabelkappe mit aufgebundenen Zöpfen, ein Hemd mit bauschigen Ärmeln, weisse Strümpfe, Schnallenschuhe, einen Unterrock, einen schwarzen Jupe, die so genannte Jippe mit Schnürmieder, einen Brustlatz, ein farbiges Halstuch und ein gestreiftes Fürtuch, die Schürze. Die Farbigkeit und die Reichhaltigkeit der Kleider deuten auf eine Sonntagstracht hin. An Werktagen dürften Mann und Frau weniger und einfachere Kleider getragen haben.[4] Hauptmaterial war Leinen in mehr oder weniger fein gesponnenen Varianten. Die Werktagskleider zeichneten sich in erster Linie durch schwere und gröbere, das heisst auch strapazierbarere und haltbarere Leinenstoffe aus, Zwilch genannt. Oft verwendeten die Landleute auch Halbleinen, ein Gemisch von Lein und Wolle.

Hanfpflanze und Flachsriffel

Die Hanfpflanze war zusammen mit dem Lein, auch Flachs genannt, einer der beiden Ausgangsstoffe für die Herstellung von Tuch. Hanf und Flachs wurden in Gärten und Bünten angebaut.
Erst nach 1800 begann ihre Bedeutung zu schwinden, weil sie allmählich von der Baumwolle abgelöst wurden. Beim Hanf stehen die weiblichen und männlichen Pflanzen getrennt und unterscheiden sich vom Typus her deutlich. Hanf wurde im Mai ausgesät, der männliche Hanf wurde im August einzeln mit der Wurzel ausgerauft und zum Trocknen ausgelegt. Der weibliche Hanf wurde Anfang Oktober ausgezogen und in Bündeln zum Trocknen ausgelegt. Danach wurden die dürren Samen ausgedroschen oder mit der abgebildeten Flachsriffel entfernt. Im nächsten Schritt kam der Hanf in die Röste. Mit diesem Fäulnisprozess wurden die Rinden- und Holzteile mürbe gemacht. Entweder wurden die Pflanzen dazu einfach auf den Wiesen oder in den Stoppelfeldern ausgelegt oder sie wurden in Gewässern eingeweicht. Anschliessend wurden die Stängel über dem Feuer getrocknet und gedörrt.
Es folgte das Brechen mit der Rätsche und der Arbeitsgang mit der Hechel, um letzte Holzteile zu entfernen.

Baselbieter und Baselbieterinnen im Bild

Joseph Reinhart von Luzern hat Herrn und Frau Schweizer Ende des 18. Jahrhunderts in ihrer Tracht gemalt. Zu diesem Bilderzyklus gehören auch mehrere Personen aus dem Baselbiet. Die Bilder gehören zu den wenigen Dokumenten, die uns eine Ahnung von den Menschen jener Zeit, insbesondere von ihrem Auftreten und ihrer Kleidung vermitteln. Die Darstellungen werden im Haupttext ausführlich besprochen. Im Besitz der Gottfried-Keller-Stiftung gibt es im Übrigen noch weitere, weniger bekannte Bilder von Baselbietern und Baselbieterinnen, die von Reinhart gemalt wurden.

• Bild 2, Seite 95: Es zeigt ein betagtes Paar, Jakob Christoph Althaus-Flubacher, zum Zeitpunkt der Darstellung 79 Jahre alt, und Witwe Maria Meyer-Mohler, damals 78 Jahre alt. Er war Nachkomme einer aus dem Emmental eingewanderten Sennenfamilie und lebte zuletzt auf dem Senngut «Mittlerer Belchen» bei Eptingen. Sie stammte aus einer begüterten Diegter Familie. Er trägt ein rotbraunes Kamisol, ein Gilet, wie wir heute sagen würden, ferner ein Hemd mit schwarzer Halsbinde, einen langen, offenen Tuchrock mit Ärmelaufschlägen, Kniehosen, dunkle Strümpfe und Schnallenschuhe. In der linken Hand hält er einen Dreiröhrenhut, einen Stock und einen Schnitzsack, in der rechten Rocktasche steckt eine weisse Zipfelmütze, die unter dem Hut getragen wurde. Maria Meyer-Mohler trägt eine Begine, das ist eine oft kostbar bestickte Kappe, einen Jupe mit Schnürmieder, ein dunkles Halstuch, ein gestreiftes Fürtuch, eine dunkle, geblümte offene Jacke, weisse Strümpfe und weit ausgeschnittene Empirehalbschuhe. Dazu hält sie in der linken Hand einen Schnitzsack.

• Bild 3, Seite 95: Eine junge Frau bietet einem Mann einen Trunk an. Melchior Suter, so hiess der Mann, war damals 34 Jahre alt. Er entstammte einer aus dem Bernischen Aargau zugewanderten Sennenfamilie. Er brachte sich neben der Sennerei mit Leinenweben und Botengängen durch, gehörte also sicher nicht zu den Reichen. Die 20-jährige Frau heisst Barbara Schaffner und kam ursprünglich von Anwil, lebte aber 1792 schon länger in Diegten. Er trägt eine Arbeitstracht, ähnlich jener von Bild 2, aber ohne Rock. Dazu gehörten eine blaue Kniehose mit Hosenträgern, ein schwarzer Strohhut und ein rotes Kamisol. Sie trägt «Barermel», ein Schnürmieder, einen Brustlatz, ein Göller, ein Mailänder Halstuch, eine gestreifte Schürze und eine Schnabelkappe über aufgesteckten Zöpfen. Suter machte 1797 Konkurs, das Inventar erwähnt an Kleidern: «Eine komplette Jägeruniform: Rock, Kamisol, Hosen, Hut, samt Waidsack und Waidmesser, auch einen Stutzer. Ferner einen alten Rock, ein wollenes weisses Leibchen, einen alten zwilchenen Rock und Hosen, ein altes rotes Leibchen, einen neuen rotbraunen

Frauen. Das umfasste den arbeitsintensiven Anbau, die Pflege während des Wachstums, die Ernte und vor allem die sehr arbeits- und zeitaufwändige Vorbereitung für die Textilproduktion.

Die Arbeitsschritte zielten darauf ab, die Nutzfasern, die man verspinnen wollte, von allen anderen ungewollten Begleitmaterialien, vor allem den Holzteilen und -fasern, zu reinigen. Das Spinnen zu Garn war ebenfalls eine klassische Frauenarbeit für Randzeiten, das heisst im Winter und am Abend. Meist wurde nur das Weben des Tuchs und das Nähen der fertigen Textilien dem Weber und dem Schneider überlassen. Auch einfache Veredlungprozesse wie das Bleichen und zum Teil auch das Färben der Kleider und Heimtextilien gehörten zum Repertoire weiblicher Arbeiten.

Die Fahrhabe eines Armen

Im Fahrnisverzeichnis von Heini Meyer selig von Bretzwil sind aufgelistet:[2] 2 alte Deckbetten zu 4,8 und 2,5 Pfund, 1 alte, kleine Kupferschüssel zu 2,25 Pfund, 1 Truhe zu 1,7 Pfund und 1 alte Bettstatt zu 0,5 Pfund. Daneben besass er eine Behausung und einen Krautgarten samt Gerechtigkeit und 1 Jucharte Pflanzplatz im Gesamtwert von 103 Pfund.

Die Schulden beliefen sich auf 81,15 Pfund: 74 Pfund bei einem Basler Gläubiger sowie

Lein und Flachsrätsche
Der Flachs, auch Lein genannt, war das andere wichtige Ausgangsmaterial für die Herstellung von Textilien. Die Flachsrätsche, auch Flachsbreche genannt, diente dazu, die Fasern der Pflanzen durch den Schlag mit dem beweglichen Arm des Geräts zu brechen, damit sie nachher leichter weiter verarbeitet werden konnten.

Rock, einen alten Jupe und ein altes Weiberröcklein, zwei Männerhemden, eine Schürze, die beim Geschworenen Mohler versetzt ist, drei Paar alte Strümpfe, einen alten Kittel und ein Halstuch, einen alten Hut und ein Paar Weiberschuhe.» Dieses Inventar erlaubt uns, das Bild mit der kargeren Wirklichkeit in Bezug zu setzen. Es verweist auch nochmals auf die beiden Hauptrohstoffe für Textilien: Leinen und Wolle.

• Bild 4, Seite 95: Reinhart zeigt uns hier den damals 55-jährigen Schulmeister von Eptingen, Hans Jakob Mohler, und die 28-jährige Verena Grieder-Schaub von Diegten. Mohler betrieb neben der Schule eine kleine Landwirtschaft und verdiente als Kübler noch etwas hinzu. Er hat sich besonders auch für Fortschritte im Obstbau engagiert und eine Baumschule angelegt. Es handelt sich wiederum um einen Mann aus der dörflichen Mittelschicht. Verena Grieder stammte aus der Familie eines Posamenters und Geschworenen. Die zwei Trachten unterscheiden sich sehr von den anderen Beispielen. Beide Personen werden in Dreiviertelansicht gezeigt, so dass bei ihr das schwarze Samtband mit den aufgesetzten Filigranrosetten sichtbar ist. Dieses Band dient als Gurt der Sonntags- und Festtracht. Unter der braunen Jacke trägt sie ein gesticktes Mieder, die Schürze ist blau, das rote Halstuch schwarz umbordet. Schlecht erkennbar ist die dunkelbraune Schnabelkappe mit Bandschleifen. Unter dem linken Arm trägt die Frau vier Strangen Seide. Dieses bei der täglichen Arbeit verwendete Material passt nicht unbedingt zur Festtagstracht, soll aber vermutlich andeuten, dass es sich hier um eine Seidenwinderin oder eine Posamenterin handelt. Im Übrigen trägt die Frau einen schwarzen Jupe, einen roten Unterrock, rote Strümpfe und dunkelbraune Schnallenschuhe. Der Mann hat ein weisses Leinenhemd mit schwarzer Halsbinde, einen schwarzen Dreispitz, einen braunen, offenen, langen Rock an. Die Kniehose und das nicht zugeknöpfte Kamisol sind rot. Schwarze Kniebänder halten weisse Strümpfe, die Schnallenschuhe sind braun. Aus der Rocktasche hängt ein grünliches Tuch heraus. Auffallend ist die Felltasche, die an einem über die Schulter gelegten Riemen befestigt ist.

Handschulden von 0,4 Pfund beim Schuhmacher, 3 Pfund beim Wirt und 3,75 Pfund für Getreide bei einer Witwe Jenni. Der Haushalt umfasste vor 1715 mindestens fünf Personen, die Eltern, zwei Söhne, einer davon behindert, und eine Tochter. Die Familie gehörte zu den «pauperes» im Dorf, das heisst, sie hatte Anrecht auf Armenunterstützung.

Nicht arm, aber auch nicht reich

Eine Vorstellung von der Habe eines nicht gerade armen, aber keineswegs reichen Mannes gibt das Fahrnisverzeichnis der Teilung von Heini Straumann von Bretzwil.[3] Gemessen an seinem Land- und Viehbesitz gehörte er zur dörflichen Mittelschicht. Er besass 1 Deckbett, 3 grosse Bettbezüge, 3 verschiedenfarbige Kissenbezüge, 5 Leinenlaken, 1 altes Tischlaken und 2 Säcke, 1 Bettstatt für sich, seine Frau und ein Kind, ferner an Geschirr: 1 alten Eisenhafen, 1 Kupferpfanne; an Möbeln: 1 Truhe und 1 altes Kästlein; an Werkzeug: 2 Hauen, 1 Dangel,[4] 2 Bohrer, 1 Beil, 1 Gertel, 1 Sichel und 1 «gross Garn» sowie 1 Spannstrick.

Straumann besass wohl noch mehr Geschirr, das er aber, wie es üblich war, für sich behielt. Arme Haushalte verfügten dagegen meist nur über einen bis zwei Teller sowie ein paar Messer und Löffel.

Einfache Grundausstattung der Haushalte

Eine der wenigen Quellen, die uns über die Alltagsgerätschaften und die Kleider der Menschen in den Dörfern der frühen Neuzeit orientieren, sind die so genannten Fahrnisverzeichnisse in den Ganträdeln und den Teilbüchern.[5] Bei Teilungen wurden Erbschaften geregelt, Ganten waren öffentliche Versteigerungen, die bei Konkursen, bei Erbfällen oder beim Wegzug einer Familie durchgeführt wurden oder auch auf Verlangen von jemand, der Geld brauchte. Oft sind diese Fahrnisverzeichnisse unvollständig, so dass wir uns keine Vorstellung von der ganzen Habe eines Haushalts machen können. Die Fahrnisganten waren das Warenhaus des Dorfes. Vor allem Männer, aber immer wieder auch Frauen deckten sich hier mit Ersatzteilen und Gebrauchsgegenständen des mittel- und langfristigen Bedarfs ein. Wer etwas anzubieten hatte, versuchte, seine Einnahmen dadurch zu steigern, dass die Objekte möglichst in Einzelteile zerlegt verkauft wurden. Das traf sich mit dem Interesse der Kaufenden, möglichst billig zu einzelnen Gegenständen oder Teilen davon zu kommen. Bezeichnend sind daher auch die niedrigen Preise, zwei Drittel aller Objekte kosteten im 18. Jahrhundert zwischen 0,1 und 3,5 Pfund.

Ganz allgemein galt für viele Preise: Was in schnellerem Rhythmus erneuert werden musste, war relativ teuer, so zum Beispiel Hemden, während Gebrauchsgegenstände, die lange hielten, eher billiger waren, so etwa Mäntel oder Produktionswerkzeuge wie Pflüge. In der Berücksichtigung der Verwendungsdauer kommt die Wertschätzung der Mehrwert schaffenden Hand-Arbeit zum Ausdruck, möglicherweise aber auch die Knappheit des Angebots von kurzlebigen Gütern. Ausserdem floss die Bewertung des Rohstoffeinsatzes und des Verarbeitungsgrades in die Preise ein; so kosteten Eggen im Allgemeinen mehr als Pflüge. Gegenstände, in denen mehr Arbeit und mehr Rohstoffe, insbesondere metallische, steckten, waren teurer. Die in den Fahrnisverzeichnissen genannten Gegenstände lassen den relativ tiefen technologischen Stand besonders in Land- und Forstwirt-

Man benutzte sie gemeinsam oder ass mit den Händen. An Kleidern besass Heini Straumann zum Zeitpunkt seines Todes: 3 Paar Hosen, 1 zwilchene, 2 wollene, 3 alte Röcke, 8 Hemden und 1 wollenes Hemd, alles im Wert von 18 Pfund. Kleider erzielten an Ganten im Allgemeinen Preise zwischen 1 und 2,5 Pfund.
Viele Kleider hatten die Leute nicht. Prunk- und Prestigekleider waren wenig verbreitet. Ein Mann hatte, wenn er zu den besser Gestellten gehörte, etwa zwei bis drei Paar Hosen, gleich viele Kittel, ein halbes Dutzend Hemden und einen Mantel. Unterwäsche war nicht überall üblich.[5] Ein bis höchstens zwei Paar Schuhe gehörten ebenfalls dazu, wie wir aus Verzeichnissen von Handschulden in Teilungsprotokollen wissen.
Frauen trugen Unter- und Überröcke, Fürtücher, das heisst Schürzen, und ebenfalls Kittel und Mantel, zum Teil die gleichen wie die Männer. Eine gewisse Mindestzahl an Kleidern musste vorhanden sein, weil nicht allzu oft gewaschen wurde. Aus dem gleichen Grund wurden die Kleider vermutlich auch nicht häufig gewechselt. Spezielle Nachtkleider sind nicht erwähnt. Viele Leute schliefen in den Tageskleidern, nicht zuletzt weil die Schlafkammern oft ungeheizt waren.

Kupferkessel
Solche Kessel mit Deckel wurden vor allem zum Aufbewahren von Wasser verwendet und entsprachen damit einer dringenden Notwendigkeit in einer Zeit ohne zentrale Wasserversorgung mit Leitungssystem. Der Kessel ist 54 Zentimeter hoch und hat einen Durchmesser von 60 Zentimetern.

Holzlöffel
Der linke Holzlöffel ist eine Seltenheit, denn er ist, was eine Ausnahme ist, datiert, und erst noch auf das frühe 17. Jahrhundert, genau auf das Jahr 1614. Löffel waren das am häufigsten verwendete Essgerät. Jeder Haushalt besass mehrere davon, was bei Messern und Gabeln nicht der Fall war. Im Allgemeinen ass man mit den Händen und oft auch nicht vom eigenen Teller, sondern aus der gemeinsamen, grossen Schüssel.

schaft, aber auch in Handwerk und Haushalt erahnen, ebenso die grosse Bedeutung der Handarbeit als Energiequelle und in der Verarbeitung. Charakteristisch für die dörfliche Gesellschaft der frühen Neuzeit war die grosse Bescheidenheit, wenn nicht sogar Ärmlichkeit der persönlichen Ausstattung eines Haushalts, auch bei besser gestellten Familien. Man hatte im Allgemeinen nur eine einfache Grundeinrichtung bei Möbeln: Eine Bettstatt für die Eltern, Tisch, Stühle, Kasten und relativ wenige Kleider. Reichtum und soziales Prestige bemassen sich nach anderen Kriterien, besonders dem Grundbesitz, Gebrauchsgegenstände dienten kaum als Statussymbole.

Hausrat und Geräte

An Hausrat erwähnen die Fahrnisverzeichnisse: «Bettstätten», Deckbetten, Kissen, irdene und kupferne Schüsseln, Kästen, Truhen, Tische, meistens zu Preisen zwischen einem und fünf Pfund, übrigens auf einem deutlich höheren Niveau als bei den Geräten. Dass ein altes Kupferschüsselchen teurer war als ein Pflug und etwa in der Preisklasse der Eggen oder Äxte lag, zeigt die Wertschätzung des verarbeiteten Metalls. Möbel kamen weniger auf Ganten. Das hängt mit der Erbpraxis zusammen, wonach Möbel unter alle Erbenden geteilt wurden.[6] Möglicherweise bestanden zu Möbeln auch

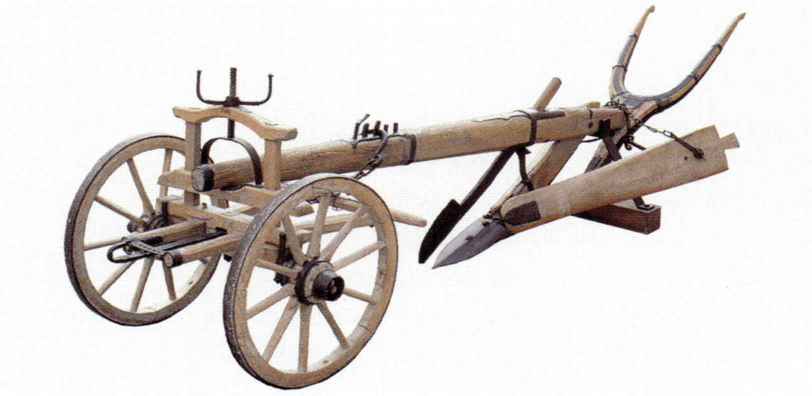

Ackerbaugeräte aus Holz
Der abgebildete so genannte Aargauer Pflug aus dem oberen Baselbiet stammt ziemlich sicher aus dem 19. Jahrhundert. Darauf deuten die vielen Eisenteile. Die Pflüge, die vor 1800 verwendet wurden, waren von der Konstruktion her einfacher und vor allem fast ganz aus Holz konstruiert. Lediglich die beanspruchten Teile wie das Schneidmesser wurden aus teurem Eisen gefertigt. Pflüge wurden über Generationen gebraucht. Dieses Ackerbaugerät war insgesamt relativ günstig, kapitalaufwändiger war der Unterhalt der Zugtiere. Deshalb besassen in erster Linie reiche und mittlere Bauern sowie einige Handwerker einen Pflug samt Zug, wie man die vier Zugtiere nannte.

Die Fahrhabe eines Reichen

Henman von Offenburg, Besitzer des Freihofs, am Standort des heutigen Regierungsgebäudes, hinterliess bei seinem Tod 1558 gemäss Inventar unter anderem:[6] 38 Kronen Bargeld, Siegel, Petschaft und zwei Ringe; 43 Viernzel Korn und 36 Viernzel Hafer auf dem Estrich und Wein im Keller; einen vergoldeten Kopf mit einem Offenburger Schilt (Wappen), einen silbernen, hohen Becher mit einem Deckel und drei Greifenfüssen, einen gedeckten silbernen Becher mit einem Offenburger Schilt, einen vergoldeten Becher mit Deckel, sieben dazu passende Trinkbecher, eine silberne Schale, vierzehn beschlagene Löffel. Zum «gemeinen Hausrat» gehörten ausserdem: 21 Betten, 3 Deckbetten, 22 grosse Kissen, 4 Pfulmen, 3 Schulterkissen, 21 kleine Kissen, 29 Decken, 12 Strohsäcke, 2 Säcklein mit Federn, 17 Spannbetten, etliche davon mit Himmeln, 13 Truhen, 2 Känsterlein, 1 Tisch, 1 grünes Tischtuch, 49 Leinenlaken, 16 Tischlaken, 11 Ziechen, das heisst Kissenüberzüge, klein und gross, Dutzende von Pfannen, Becken, Kannen, Häfen und Kesseln, 22 Lichtstöcke, 1 Glutpfanne, 3 Mörser, zahlreiche Flaschen sowie Becher aus Zinn, Holz und Ton, 9 Salzbüchslein, 39 grosse Platten und viele kleine Plättlein, 8 Senfschüsseln, 1 Käse-

besondere persönliche Beziehungen. Zumindest bei den etwas schöneren Möbeln, vor allem Kästen, «(Büffet-) Känsterli» und Truhen, wurde zuweilen einiger Aufwand betrieben, was ebenfalls zu höheren Preisen beitrug. Bei armen Landleuten allerdings waren Möbel meistens die einzigen Fahrnisgegenstände, die vergantet werden konnten. Über ein Bett verfügten viele Familien, oft aber nicht über mehr, ebenso über etwas Bettzeug. Matratzen waren unbekannt, es wurden Laub- und Strohsäcke verwendet; ein Deckbett musste in vielen Haushalten genügen, Kissen waren oft mehrere vorhanden. Uhren werden selten erwähnt. Zumindest im 18. Jahrhundert aber dürften in den Haushalten der dörflichen Mittel- und Oberschicht Uhren in Gebrauch gewesen sein. Besonders auffällig sind Bibeln, die mit Preisen von 5,5 Pfund und mehr zu den teuren Gegenständen gehörten.[7]

Zum kostbaren Besitz mit Preisen über 20 Pfund zählte vor allem das Vieh: Pferde kosteten zu Beginn des Jahrhunderts zwischen 9 und 30 Pfund, manchmal bis 60 Pfund, Stiere zwischen 3 und 50, Kühe zwischen 25 und 35, Rinder und Kälber zwischen 4 und 22 Pfund. Schweine gingen für 12 Pfund weg. Ebenfalls in die Kategorie der teureren Objekte gehörten Mist, Heu und Stroh. Viele Geräte und Geräteteile hatten einen Bezug zu den Arbeiten in der Landwirtschaft: Wagen, Zäune, Kummet und Zaumzeug, Pflugteile und ganze Pflüge, Eggen, Räder, Stricke, Hauen, Seile, Äxte, Ketten, Loteisen,[8] Sägen, Spaten, Kärste, Stiele, Degen etc., alles zu Preisen meistens unter 2 Pfund. Einzig Eggen und Wagen waren teurer, zwischen 7 und 20 Pfund und mehr. Auffällig sind die Preise der Pflüge um 2 Pfund. Angesichts der Tiefstpreise für ein Hauptgerät der damaligen Landwirtschaft ist zu vermuten, dass sie weitgehend aus Holz und einfach konstruiert waren.[9] Die Eggen, für die es Eisenteile brauchte, waren drei- bis viermal teurer. Ein ganzes Zuggeschirr umfasste mindestens 1 «Grasriemen»[10] zu 1 Pfund, 1 Kummet zu 0,9 Pfund, 1 Paar Stricke zu 1,3 Pfund, 1 Halfter zu 0,7 Pfund, 1 Leitseil zu 0,8 Pfund und 1 Hintergeschirr zu 2,35 Pfund; Letzteres wurde auch zerlegt angeboten. Insgesamt kostete das Geschirr also gut 7 Pfund.

schüsselein, 19 grosse geschlagene Teller, 37 kleine zinnene Teller. Es kamen hinzu: etliche beschlagene Känsterlein, das sind Kästchen, 18 Schweinespiesse, 3 Halbarten, 1 Büchse, 3 Scheffelin,[7] 1 Schweizerdegen mit 3 beschlagenen Messern, 1 Dolch, 1 Fausthammer, 9 Barette, 1 schwarzes Wams, 1 rotes Brusttuch, 5 paar Hosen «gut und bös», 1 schwarzer Mantelrock mit einem samtenen Kragen und weitere zum Teil reich ausgestattete Kleidungsstücke. Eine solche Liste zeugt nicht nur vom beträchtlichen Reichtum dieses Junkers aus dem 16. Jahrhundert, sondern sie verweist auch auf so alltägliche Dinge wie die Erleuchtung nachtdunkler Häuser und Zimmer mit Lichtstöcken oder auf die Heizung mit Glutpfannen, in denen heisse, Wärme abstrahlende Glut in die Zimmer getragen werden konnte. Ausserdem fehlen Gabeln, wohl nicht zufällig, brauchten doch auch Junker damals vor allem Löffel und Hände zum Essen. Messer sind nur wenige erwähnt. Die unterschiedlich kostbaren Trinkgefässe deuten auf die zahlreichen Besucher und die Gastmahle des Junkers hin.

Einbeinschlitten
Dieser Einbeinschlitten stammt wohl aus dem 19. Jahrhundert, darauf deuten die Eisenbeschläge hin. Er dürfte aber in früheren Jahrhunderten nicht wesentlich anders ausgesehen haben. Wir verfügen damit über eines der eher seltenen Beispiele für ein einfaches ländliches Spielzeug aus einer älteren Epoche.

Himmelbett von 1795
Diese nicht alltägliche Bettstatt stammt mit grosser Wahrscheinlichkeit von der Basler Landschaft. Es handelt sich dabei um den ländlichen Typus des offenen Baldachinbettes aus Holz. Tragendes Element sind die Bettpfosten. Das Bett hat eine Bretterverschalung, einen tafelförmigen Betthimmel, einen geschweiften Aufsatz am Kopfende sowie verzierte Seitenwände. Wem es gehört und wo es genau gestanden hat, wissen wir leider nicht.

Lesetipps

Wer sich für die historische Sachkultur interessiert, hat meistens sehr konkrete Fragen. Für die Schweiz ist dabei der Rückgriff auf die entsprechende volkskundliche Literatur nützlich. Diese ist meistens regionalspezifisch. Am schnellsten findet man den Weg zu Antworten mit Hilfe der Zeitschrift Schweizerisches Archiv für Volkskunde, zu dem ein ausführliches Register vorliegt.

Hilfreich sind hier selbstverständlich auch die volkskundlichen Museen respektive die volkskundlichen Abteilungen historischer Museen.

In den Archiven sind vor allem die Selbstzeugnisse wie Tagebücher und Ähnliches sowie die Inventare zu berücksichtigen, die bei Gelegenheit von Todesfällen, Konkursen usw. erstellt wurden.

Abbildungen

Universitätsbibliothek, Handschriftenabteilung, Falk 1464: S. 91.
Herbarium Caspar Bauhin, 1560–1624, Botanisches Institut der Universität Basel, aus Heinz Schneider, Beat Ernst: Natur und Landschaft der Region Basel, CD, Basel 1999: S. 93 oben.
Kantonsmuseum Basel-Landschaft, Inv.Nr. H 285; Foto Andreas Zimmermann: S. 93 unten.
Historisches Museum Bern: S. 95.
Foto Beat Ernst, Basel, aus Heinz Schneider, Beat Ernst: Natur und Landschaft der Region Basel, CD, Basel 1999: S. 96 oben.
Kantonsmuseum Basel-Landschaft, Inv.Nr. H 2640; Foto Andreas Zimmermann: S. 96 unten.
Kantonsmuseum Basel-Landschaft, Inv.Nr. H 1080: S. 97 oben.
Museum der Kulturen, Basel, Inv.Nr. VI 11563–65: S. 97 unten.
Kantonsmuseum Basel-Landschaft, Inv.Nr. H 1013; Foto Andreas Zimmermann: S. 98 unten.
Kantonsmuseum Basel-Landschaft, Inv.Nr. H 3516: S. 99 oben.
Kantonsmuseum Basel-Landschaft, Inv.Nr. H 2533; Foto Andreas Zimmermann: S. 99 unten.

Anmerkungen

1 Vgl. Weber 1993; ferner zu Kleidern Heierli 1910 und 1932; Grossmann 1940; Horand-Buess 1932; Strübin 1952 und 1997. Zum überregionalen Vergleich: Medick 1996, S. 379–446.
2 Vgl. Medick 1996, S. 441ff. und Grossmann, S. 62ff.
3 Vgl. Suter, Paul 1973, S. 281–285; Stöcklin 1973, S. 366–372; ders. 1974, S. 503–510; ders. 1975, S. 614–619. Hier auch weitere biographische Angaben zu den Personen.
4 Vgl. Strübin 1952, S. 101f. und ders. 1997, S. 33–72, besonders S. 38.
5 Vgl. dazu im Detail Schnyder 1992, S. 183–230, besonders S. 209–219. Die Angaben zu Preisen stammen aus Beispielen von Bretzwil um 1700.
6 Das Gleiche gilt für Geschirr. Zu den Möbeln vgl. auch Kap. 2.
7 Im Baselbiet hatten Bibeln, Gesangs- und Erbauungsbücher vor allem in Zeiten von Krankheit und Gebrechen einen geradezu magischen Wert; vgl. Burckhardt-Seebass 1979, S. 33ff.
8 Im Fuhrwesen verwendetes Gerät (vgl. Id., Bd. 1, Sp. 541).
9 Nach Huggel 1979 wären es Beetpflüge mit Radvorgestell gewesen (S. 368–374, 724ff.). Hier auch Angaben zu Preisen für Eggen, Pflüge und Hauen für das ganze 18. Jahrhundert.
10 Teil des Zaumzeugs für ein Pferd.

1 Vgl. Strübin 1997, S. 33ff.; ferner Geschichte des Kantons Zürich 1996, Bd. 2.
2 StA BL, BSA, Gantrödel Waldenburger Amt, 22. Januar 1715.
3 StA BL, BSA, Teilbücher Waldenburger Amt, 4. August 1708.
4 Gerät zum Dengeln von Sensen und Sicheln (Id., Bd. 13, Sp. 463ff.).
5 Vgl. HK Bretzwil 1980, S. 254f. Laut Kleinjogg wechselten die Bauern das Hemd etwa jeden Monat einmal (vgl. Id., Bd. II, Sp. 1298).
6 Gauss in Merz 1910, Bd. 2, S. 270f.
7 Schäffel(in) = Wurfspiess (Id., Bd. 8, Sp. 305f.).

Bild zum Kapitelanfang

Wein und Wasser zum Trinken

Dieses gut erhaltene und ausnahmsweise auch datierte Exemplar eines Krugs aus dem fürstbischöflichen Oberwil rechtfertigt den prominenten Platz, den das Objekt in diesem Kapitel einnimmt. Für einmal wird damit das Thema Ernährung mit einem Bild zum Trinken eingeleitet. Hauptgetränke waren Wasser und Wein, im 18. Jahrhundert zunehmend auch Most und – vor allem in den Heimarbeitergebieten – Kaffee mit Milch. Der Krug dürfte in erster Linie den ersten drei Getränken vorbehalten gewesen sein. Basel ist umgeben von Tälern mit reichen Lehmvorkommen: so im südlich der Stadt gelegenen Leimental oder im Kandertal am Fuss des Schwarzwalds. Hier fertigten Hafner ihre glasierte Irdenware. Den Basler Hafnern war ein Meisterstück vorgeschrieben, das dem abgebildeten Krug entspricht: «... ein zehenmässiger (zehn Mass haltender) Krug mit einem engen Hals von einem Stuck getrait ...» Die Inschrift lautet: «1737 de 6 dag meyen von Johannes gemacht in Oberwill.» Sie bezieht sich auf den Hafner Johannes Parnier (oder Bannier, getauft 1697, gestorben 1751) aus Oberwil im fürstbischöflichen Amt Birseck.

Das Korn – die Hauptsache

Was die Menschen auf dem Land während der frühen Neuzeit assen und tranken, widerspiegelt direkt, was in der Land- und Gartenwirtschaft produziert wurde. Wie in der Flur standen beim alltäglichen Essen pflanzliche Produkte, besonders das Korn im Mittelpunkt, konkret der Dinkel und der Hafer. Was das Essen anbelangt, waren die frühneuzeitlichen Gesellschaften Europas Getreidekulturen. Im Spätmittelalter dagegen war der Fleischkonsum höher, während nach 1800 ein Jahrhundert lang die Kartoffel das Hauptnahrungsmittel für die Mehrheit der armen Bevölkerung war.[1] Auch die Menschen im Fürstbistum und auf der alten Basler Landschaft deckten in der frühen Neuzeit mehr als die Hälfte ihrer Kalorien- und Nährstoffaufnahme mit pflanzlichen Nahrungsmitteln, an erster Stelle stand das so genannte Mus auf der Basis von Getreidekörnern und an zweiter das Brot. Die Zutaten zum Mus kamen aus der Sommerzelg und zum Teil aus dem Garten. Das Mus wurde mit Wasser angerichtet, oft war es auch eher eine Suppe oder ein Brei, je nach Konsistenz und je nachdem, ob es roh, gekocht, kalt oder warm gegessen wurde. Verwendet wurden Hafer, Bohnen, Erbsen, Roggen, Gerste, manchmal auch Dinkel und andere Zutaten wie zum Beispiel Obstschnitze.

Der Dinkel aus der Winterzelg war das Brotgetreide par excellence. Man ass meistens ein dunkles Brot aus rauhem Mehl. Brot wurde im Laufe des 17. und 18. Jahrhunderts zusehends nicht mehr selber hergestellt, sondern beim Bäcker gekauft. Der Brotkonsum hing damit stärker von der Kaufkraft der Haushalte ab. Brot war darum gerade in ländlichen Gebieten und in den unterbäuerlichen Schichten für viele Menschen beim Essen erst die zweite Wahl, an erster Stelle stand bei ihnen im Alltag das Mus. Trotzdem geht die Agrargeschichte davon aus, dass frühneuzeitliche Menschen im Durchschnitt gut ein Pfund, manchmal bis zu anderthalb Pfund Brot pro Tag assen.[2] Am Brot zeigten sich auch soziale Unterschiede: Dunkles Brot, in Notzeiten oft mit Beimischungen von Produkten aus der Sommerzelg, assen die ärmeren Leute. Es galt als Armenspeise und hatte einen schlechteren

Das tägliche Brot

Brot spielte zusammen mit Mus und Brei aus Getreide, Bohnen und Früchten eine zentrale Rolle für die Ernährung der Menschen in der frühen Neuzeit. Ein Brotschneider wie der abgebildete gehörte allerdings wohl nur in besser gestellten ländlichen Haushalten zum Hausrat. Für ein solches Objekt aussergewöhnlich ist sein Alter und die Datierung: Der Brotschneider aus den Beständen des Kantonsmuseums Basel-Land stammt von 1687. Das Brett ist 59 Zentimeter lang, 31 Zentimeter breit und 7,3 Zentimeter dick.

Ruf, obwohl es, wie wir heute wissen, gesünder ist als weisses Brot, das den besser gestellten Familien vor allem des städtischen Bürgertums vorbehalten war und im Krankheitsfall als besonders gesundheitsfördernd angesehen wurde.

Das «Drum-Herum»

Um die Hauptnahrung aus Getreide gruppierten sich Nahrungsmittel und Getränke aus anderen Teilen der Flur, so vor allem Gemüse und Kräuter aus dem Garten sowie zum Teil von der Brachzelg, Früchte von den Obstbäumen und aus dem Wald, ferner, von der Weide, Fleisch und Milchprodukte wie Butter und Käse. Neben den Bohnen und Erbsen waren die häufigsten Gemüse: Spinat, Mangold, weisse und gelbe Rüben, ferner Kohl, Lattich, Lauch, Endivien, Zwiebeln, Petersilie. Die regelmässig genossenen Gemüsearten Spinat und Mangold wurden oft einfach als «Kraut» bezeichnet. Zusammen mit bestimmten Rüben, unter anderem den roten Rüben oder auch den Randen, gehören Spinat und Mangold der gleichen botanischen, fast nur Kulturpflanzen umfassenden Familie an, nämlich den Chenopodiaceae, den so genannten Meldengewächsen. Es sind Pflanzen, die nährstoffreiche Böden bevorzugen, wie sie gerade um Siedlungen herum häufig vorkommen. Gemüse ass man immer mit etwas anderem zusammen, in den «einfacheren Volksschichten» zum Mus oder Brot, in städtisch-bürgerlichen Haushalten zu Fleisch. Der in verschiedenen Deutschschweizer Dialekten geläufige Ausdruck «Gumpist» oder «Gumpost» brachte das gut zum Ausdruck. Er geht auf das lateinische compositum zurück: das Zusammengesetzte, zu vergleichen auch mit Kompost und Kompott. Damit wurde eine Mischung von (Sauer-) Kraut mit Äpfeln und je nachdem mit geräuchertem Fleisch bezeichnet.[3] Über die Zubereitung von Gemüse ist nur wenig bekannt. Offenbar wurde Gemüse oft in Wasser gekocht oder als Salat verzehrt, so etwa Lattich, Kresse, Endivien und Portulak. Salat galt allerdings bei vielen Leuten als Armenspeise, der Verzehr roher, nicht gekochter Pflanzen

Der «Pflanzgarten»

Daniel Rhagorius von Brugg, von 1612 an bernischer Landvogt in Gottstatt, nach 1625 in Thorberg, gestorben 1648, untergliederte in seiner Abhandlung über den Pflanzgarten die Pflanzen des Krautgartens in drei «Geschlechter»: erstens die «Kräuter», das sind jene Pflanzen, deren «Blätter man allein oder doch mehr braucht als die Wurzlen». An zweiter Stelle folgen jene «Wurzeln», die «in Speis und Küche zugerüstet und gebraucht werden», und als Drittes nennt er die «Früchte», konkret jene Gewächse, «welche vom Kraut oder Stängel herfürwachsen und auf der Erde bleiben oder sich von dem Kraut um etwas erheben, deren in unseren Landen nicht so viel als in anderen und mehr warmen auferzogen werden». Zu den Kräutern zählte Rhagorius Lattich, Kresse, Spinat, Kabis, Kohl, Mangold, Spargeln, Petersilie, «Sonnenwirbel», das heisst Zichorie oder Endivien, ferner «Körbelkraut» und «Boretsch» sowie «Burtzelen», heute Portulak genannt. Zu den Wurzeln gehören: Zwiebeln, Lauch, Knoblauch, weisse und gelbe Rüben, «Pasteney», das ist Pastinak, «Girgelen» und die «Cartoffel»;[1] unter dem Titel «Früchte» erwähnt er: die Melone, die «Cucumeren», Kürbis, «Artischock», «Kieffel oder Erbsen» und «Bönlein». Die Auflistung spiegelt sicher gehobene Verhältnis-

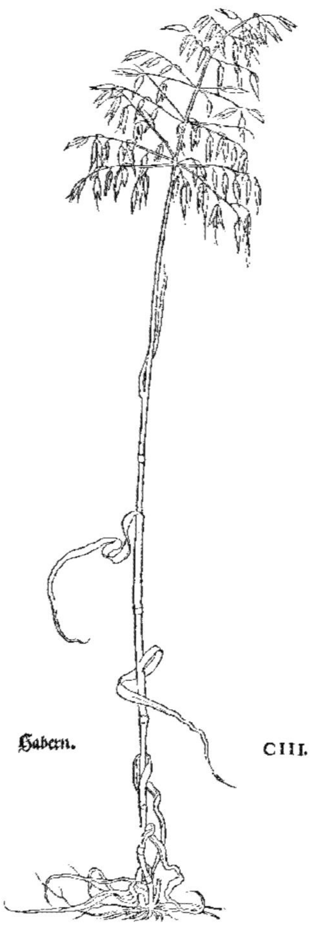

Hafer

Der Hafer, Avena sativa, gehörte zu den Hauptgetreiden der frühen Neuzeit. Er wurde auch in der Nordwestschweiz weitherum angebaut. Hafer ist eine robuste Pionierpflanze mit geringen Ansprüchen an Besonnung, Wärme und Böden, aber mit einem grossen Bedarf an Feuchtigkeit und damit das charakteristische Sommergetreide im feuchten, kühlen Klima. Der Hafer diente zum einen als Abgabefrucht für Bodenzins und Zehnten, zum anderen als Nahrungsmittel. Als Grundlage der täglichen Mus- oder Breimahlzeit war er für einen Grossteil der Bevölkerung ein zentraler Bestandteil der Ernährung. Ausserdem wurde er den vor allem im Fuhrwesen verwendeten Pferden verfüttert.

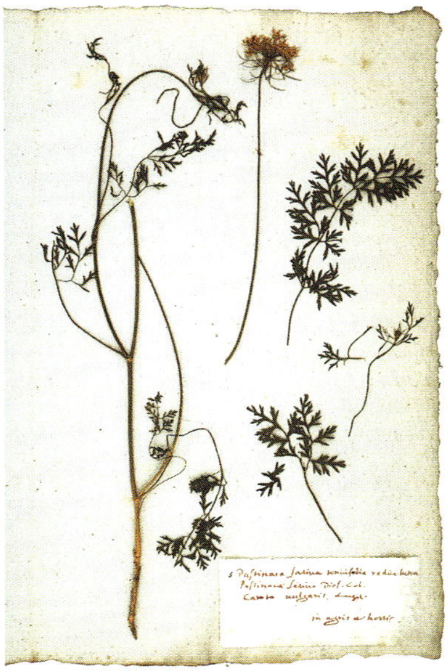

Das Gemüse als Beilage
Gemüse aus dem Garten bildete wie das Obst eine wichtige und wertvolle Ergänzung des Speisezettels der Baselbieter und der Baselbieterinnen in der frühen Neuzeit. Die beiden Abbildungen, oben Karotte, unten Spinat, zeigen Pflanzenteile aus dem berühmten Herbar des Basler Botanikers Caspar Bauhin. Vor allem der Spinat, auch Kraut genannt, wurde häufig angepflanzt. In einem Vermerk verweist Bauhin übrigens ausdrücklich auf die Orte des Anbaus, indem er bei der Karotte notiert «in agris et in hortis», auf deutsch: in den Äckern und in den Gärten.

hatte einen negativen Beigeschmack. Vielleicht erinnerte das Essen von rohen «Kräutern» zu sehr ans Vieh, das heisst an das Essen von Gras und Wurzeln, was in Notzeiten immer wieder vorkam. Mangold und Kohl wurden offenbar mit dem Hackmesser kleingeschnitten und dann gekocht; gelbe und weisse Rüben wurden gesotten, dann geschält, zerschnitten und darauf erneut mit Salz und Kümmel im Schmalz geschmort.

Obst wurde meistens in aufbereiteter Form genossen, gedörrt, als Kompott oder als Most. Der Konsum von rohem Obst war selten und galt als ungesund. Im Alltag dominierten die so genannten Schnitze, das heisst gedörrte Äpfel und Birnen. In dieser Form waren sie ein wichtiger Bestandteil der Ernährung breiter Schichten.

Hinzu kamen Erzeugnisse aus der tierischen Produktion, so zum Beispiel Schweine- und Schaffleisch oder Eier. Eier galten als Festtagsspeise und wurden oft auch verkauft, um zu etwas Geld zu kommen oder um Brot damit zu «bezahlen». Fleisch kam bei der Mehrheit der Bevölkerung nur unregelmässig auf den Tisch, oft als «mindere» Sorten wie etwa Innereien. Das eigentliche Fleischtier war das Schwein, fast alles an diesem Tier bis hin zur Schwarte war essbar. Beliebt waren Würste aus allen möglichen Bestandteilen des Schweins sowie geräuchertes Fleisch. Die Räucherung war die Hauptkonservierungsart für Fleisch. Frischfleisch wurde im Übrigen offenbar eher gesotten als gebraten. Fische ergänzten den Speisezettel der Landleute eher selten, vielleicht mit Ausnahme von Gemeinden, die am Ufer grösserer Flüsse lagen, wo Fische wohl etwas häufiger verzehrt wurden, nie aber die Hauptnahrung ausmachten. Vögel und Wild waren den Landleuten an sich verboten, sie dürften sich das eine oder andere Mal jedoch «selbst bedient» haben. Die Vorstellung, dass sich breite Kreise der Bevölkerung ihr Fleisch mit der Jagd besorgt hätten, trifft allerdings nicht zu.

Butter und Käse, Letzterer vor allem als Zutat für Zwischenverpflegungen, vervollständigten die Palette der Nahrungsmittel. An erster Stelle stand der einfacher herstellbare Mager- oder Sauerkäse, die Produktion von Fett-

se wider. Der Krautgarten der einfachen Bauersfrau dürfte nicht so reichhaltig gewesen sein. Rhagorius erweist sich im Übrigen als gebildeter Mann, wenn er zum Beispiel damaligen medizinischen Auffassungen entsprechend empfahl, Lattich und Kresse zusammen zu essen, denn jener sei feucht und kalt, diese aber trocken und warm, was sich gut ergänze.

Das Essen im ethnologischen Modell
Gemäss einem einfachen Modell des Ethnologen Sydney M. Mintz lässt sich die Ernährung der Ackerbau treibenden Kulturen annäherungsweise in drei Gruppen unterteilen:[2] 1. Das «Core», den Kern, bildet ein zentrales, stärkehaltiges Nahrungsmittel, ein Kohlehydrat, das den Hauptbedarf an Kalorien deckt, am häufigsten eine Getreideart oder sonst Knollen wie zum Beispiel Kartoffeln oder Maniok. 2. Eine Leguminose, das heisst eine Hülsenfrucht, die einen substantiellen Anteil der Eiweisse und auch der Kalorien liefert, zum Beispiel Bohnen oder Erbsen. 3. Das «Fringe», das heisst der Rand oder die Peripherie, die als «Geschmackslieferant» dient. Die Zuordnung der Leguminosen zum «Fringe» oder «Core» schwankt je nach Kultur. Auf alle Fälle ergänzen sich «Core» und «Fringe» oft nicht nur aus ernährungsphysiologischer Sicht, sondern auch geschmacklich

oder Labkäse setzte in unserer Region erst irgendwann im Lauf der frühen Neuzeit ein, vermutlich im späten 16. oder im frühen 17. Jahrhundert.[4] Sauerkäse glich mehr oder weniger flüssigem Quark oder geronnener Milch und wurde dezentral in den Haushalten produziert. Der Fettkäse wurde, da leichter transportierbar, aus den höher gelegenen Viehwirtschaftsgebieten im Jura bezogen. Milch konsumierte man nur wenig, da die Milchleistung der Kühe mit kaum 500 Litern pro Jahr gering war und saisonal stark schwankte. Man trank, wenn überhaupt, Buttermilch, ein Nebenprodukt der Butterherstellung, dies besonders auf den Einzelhöfen in den höheren Lagen des Kettenjuras, wo generell mehr Milchprodukte und auch Fleisch gegessen wurden. Die Schotte, ein weiteres Nebenprodukt der Milchverarbeitung, wurde zur Schweinemast verwendet.

Wichtige Zutaten waren Schweineschmalz, das als Fett verwendet wurde, ferner Pfeffer und Salz, das zu vergleichsweise hohen Preisen bei den so genannten obrigkeitlichen Salzkästen bezogen werden musste.

Frische Fische

Fische spielten in der Ernährung der Landleute eine höchst untergeordnete Rolle. Sie kamen selten auf den Tisch und wurden dann meistens gekauft und nicht aus den heimischen Flüssen und Bächen gefangen, was an sich auch verboten war. Von Bedeutung dürfte in diesem Zusammenhang gewesen sein, dass Fische schnell verdarben und schlecht zu konservieren beziehungsweise zu transportieren waren. Sie fanden ihren Weg zu den Konsumenten und Konsumentinnen in grossen hölzernen Bottichen auf dem Rücken von Händlern. Eine grössere Bedeutung kam den Fischen für die Ernährung der städtischen Bevölkerung zu. So gab es auch in Basel zünftige und zunftunabhängige Fischer, welche die Stadt regelmässig mit Fischen versorgten. Die Darstellung von Emanuel Büchel wurde um 1750 angefertigt und zeigt oben einen Lachs, damals Salm genannt. Dieser Fisch konnte damals in Basel regelmässig gefangen werden. Der Beginn der Saison war ein markantes Datum im Alltag der Stadt und wird zum Beispiel in den Tage- und Aufschreibbüchern der Städter häufig erwähnt.

optimal. Nicht selten lassen sich sogar Zeitpunkt und Umstände des Anbaus der entsprechenden Kulturpflanzen gut miteinander kombinieren. Gemäss diesem Modell hätten wir in der frühneuzeitlichen Kornbaugesellschaft des Baselbiets als «Core» das Getreide-Mus, als Leguminose Bohnen und Erbsen sowie als «Fringe» Gemüse, gedörrte Früchte und Fleisch. Diese Abfolge deckt sich ganz grob auch mit den Produktionszonen der Landwirtschaft. Modelle enthalten bekanntlich nie die ganze Wahrheit, sie erlauben es aber, Befunde zu ordnen und mit anderen Verhältnissen zu vergleichen. So wird etwa deutlich, dass wir uns heute im Vergleich zur frühen Neuzeit viel stärker mit dem «Fringe» befassen und dass das «Core» in unserer Ernährung erheblich an Wert verloren hat, während Süssstoffe in unserer Ess- und Trinkkultur massiv an Bedeutung gewonnen haben.

Die Frage der Selbstversorgung

Die Region zwischen Jura und Rhein war während der frühen Neuzeit nicht selbstversorgend. Von auswärts kamen nicht nur die Kolonialwaren, sondern auch Grundnahrungsmittel, so etwa Getreide aus den Kornbaugebieten der Eidgenossenschaft, des Elsass und aus Schwaben. Wein wurde in erheblichen Mengen aus dem Elsass und dem Badischen eingeführt, aber auch aus

Zum Würzen brauchte man Salbei, Kümmel, Thymian, Laserwurz, Zwiebeln, Essig, Fruchtsäfte, Knoblauch, Schnittlauch, Petersilie. Süssstoff par excellence, jedoch spärlich verwendet, war der Honig. Dazu kamen eingedickte Fruchtsäfte und Latwergen. Zucker war ein eher rarer Artikel und wurde als Kolonialware vor allem in gehobenen städtischen Haushalten verwendet. Zu den Genussmitteln zählte ferner der Kaffee, der seit dem 18. Jahrhundert auf der Basler Landschaft besonders bei den Posamenterinnen und Posamentern Verbreitung fand, allerdings oft vermischt mit Ersatzstoffen wie Zichorienextrakt. Zu den Produkten, die von weit her kamen, gehörte schliesslich auch der Tabak, der gegen Ende der frühen Neuzeit in der Nordwestschweiz ebenfalls vermehrt genossen wurde, was auch hier die Diskussionen über Luxus und Verschwendung anheizte.

Wein zum Trinken

Hauptgetränk war der Wein, oft auch für Kinder. Vielerorts wurde er schon zum Morgenessen getrunken, häufig mit Wasser verdünnt oder mit Beimischungen von geröstetem Mehl oder Fruchtsaft. Wein wurde in vielen Gemeinden produziert, und im Prinzip galt, dass die Untertanen in erster Linie den einheimischen Wein zu konsumieren hatten. So hatten das viele Obrigkeiten des Ancien Régime festgeschrieben. Auswärtiger Wein aus klassischen Weinbaugebieten war der Obrigkeit und ihren Vertretern beziehungsweise der städtischen Bevölkerung vorbehalten. Weitere Getränke waren das Wasser, sofern es sauber und in genügender Menge vorhanden war, und im Lauf des 18. Jahrhunderts zunehmend der Most, meistens saurer, sowie Schnaps. Bier war auf dem Land praktisch unbekannt, wurde aber ab und zu bei Besuchen in der Stadt in Wirtshäusern konsumiert. Milch wurde nur wenig getrunken und wenn, dann eher als Buttermilch. Tee kannte man nur als Kräuteraufguss etwa bei Krankheiten. Auf die spezielle Bedeutung des Kaffees für die Posamenter und Posamenterinnen im 18. Jahrhundert wurde schon hingewiesen.

der Ost- und der Westschweiz. Die Frage der Selbstversorgung war jedoch auch ein soziales Problem, wie das Beispiel des Grundnahrungsmittels, des Dinkels, zeigt. In der Forschung rechnet man für das 18. Jahrhundert mit einem Verbrauch von durchschnittlich 250 Kilogramm unentspelzten Dinkels pro Person und Jahr. Diese Menge wurde nur in wenigen Dörfern der Region erreicht, und dies auch nur im Durchschnitt. Denn in Wirklichkeit ernteten einige wenige Bauern und lagerten einige Müller und Getreidehändler wesentlich mehr, während die Mehrheit der dörflichen Bevölkerung nicht auf die für die Selbstversorgung nötigen Quanten kam. Die sozial ungleiche Verteilung der Dinkelvorräte wirkte sich um so stärker aus, als die dörfliche Unterschicht, aber auch viele Handwerker und Kleinbauern darauf angewiesen waren, einen Teil ihrer Nahrungsmittel über den Naturallohn für ihre Arbeit zu erwerben oder zu kaufen. Andererseits stützten sich gerade die ärmeren Leute für ihre Ernährung stark auf den Garten, auf die Bünten, Rütenen und den Wald ab. Ausserdem sind bei der obigen Durchschnittsrechnung nur der Dinkel, nicht aber der Hafer und andere Anbauprodukte berücksichtigt. Für eine vollständige Berechnung wäre dies aber gerade bei den ärmeren Haushalten notwendig.

Aufgabenbereich der Frauen

Die Verarbeitung und die Zubereitung der Nahrungsmittel waren Aufgabe der Frauen, die zusammen mit Kindern auch schon bei der Ernte und beim Einsammeln der Rohprodukte eine wichtige Rolle spielten. Bei der Produktion fielen vor allem die Gärten und die Sondernutzungsflächen wie Bünten und Rütenen in die Zuständigkeit der Frauen. Zu ihrem Bereich gehörte des Weitern die Vorratshaltung und die Konservierung von Nahrungsmitteln, so etwa das Räuchern von Speck, das Einkochen von Gemüsen und Früchten oder das Dörren von Obst. Die Zubereitung beanspruchte erheblich mehr Zeit als heute, schliesslich standen die Frauen ja nicht am Herd, sondern kochten auf Feuerstellen. Zeit- und arbeitsaufwändig war auch die Konservierung von Nahrungsmitteln, so zum Beispiel die Herstellung des so genannten Gumpist, einer Art vorgekochter, eingemachter Gemüse oder Früchte. Bei Früchten verwendete man dazu Honig und Gewürze wie Ingwer und Nelken, sofern vorhanden. Kinder erledigten Hilfsarbeiten wie das Rüsten und das Überbringen von Speise und Trank an die Arbeitsstätten ausser Haus, etwa auf dem Feld oder bei Taglohnarbeit in anderen Dörfern.

Abwechslung von Alltag und Fest

Man ass vier- bis fünfmal pro Tag. Die erste Mahlzeit hielten die Leute morgens in der Frühe, eine so genannte Morgensuppe oder das Morgenbrot. Das konnte je nach Jahreszeit und anstehender Arbeit zwischen vier und fünf Uhr sein. Das Mittagessen als nächste Hauptmahlzeit folgte, zumindest im 16. Jahrhundert, nach zehn, manchenorts gegen elf Uhr. Erst später verschob sich der Zeitpunkt des Mittagessens auf halb zwölf oder zwölf Uhr. Das Abendessen wurde zwischen 18 und 19 Uhr eingenommen.[5] Zu den Hauptmahlzeiten wurde vor allem Mus und Suppe gegessen, am Morgen mit Obstschnitzen, am Mittag und abends mit Gemüse oder Salat. Zwischendurch gab es Brot und dazu beispielsweise Obstschnitze oder Käse. Getrunken wurde meistens Wein, je nachdem Wasser oder Buttermilch. Was und wann

War die Ernährung gesund?

Die Antwort auf die Frage, ob die frühneuzeitliche Ernährung pro Kopf der Bevölkerung genügend Kohlehydrate, Fette und Proteine sowie Vitamine und Spurenelemente enthielt, ist nicht einfach, da die Überlieferung zu den Lebensmitteln sehr spärlich ist. Wir müssen darum mit Schätzungen vorlieb nehmen, und auch das ist nur für die Hauptnahrungsmittel möglich, in erster Linie für das Getreide. Insgesamt erlauben die bisherigen Überlegungen zur Qualität der Nahrungsmittel den Schluss, dass die Bevölkerung des schweizerischen Kornlands während der frühen Neuzeit bei normaler Versorgung einigermassen gesund ernährt war, wenn man einen Tagesbedarf von rund 2000 Kalorien unterstellt.[3] Dies trifft vor allem für die Versorgung mit Kohlehydraten zu, ebenso für die meisten Vitamine und für das Eisen, das aus Gemüse, Obst und Beeren konsumiert wurde. Kritisch konnte es dagegen bei den Proteinen werden, ebenso bei bestimmten Vitaminen, zum Beispiel dem Vitamin B_2. Unsicherheit herrscht bezüglich Kalzium und Natrium. Die Versorgung mit den lebensnotwendigen Nährstoffen war zudem unterschiedlich je nach sozialer Zugehörigkeit. In normalen Zeiten kamen die Angehörigen der städtischen und ländlichen Unterschicht vermutlich nur ganz

«Schnitzesser»

Die bisweilen verächtlich gemeinte Bezeichnung «Schnitzesser» verweist auf den Umstand, dass die Landleute ihr tägliches Mus mit Obst, vor allem mit gedörrten Apfel- und Birnenschnitzen bereicherten. Die Sortenvielfalt war in früheren Jahrhunderten auch in unserer Region viel grösser. Die Darstellungen von Samuel Birmann beziehen sich auf das frühe 19. Jahrhundert und zeigen von oben nach unten: «Benzler» und «Lederapfel», «Eisenbirne» und «Martin sec».

Die Frauen am Herd
Die Zurüstung und Zubereitung sowie die Verarbeitung der Nahrungsmittel waren in den frühneuzeitlichen Haushalten vorwiegend Aufgabe der Frauen und Mädchen. Lediglich in den Posamenterhaushalten des späten 18. und 19. Jahrhunderts gab es mehr Männer, die sich zwischendurch etwas kochten, da hier auch viele Frauen in der Seidenbandweberei beschäftigt waren und jeweils derjenige oder diejenige kochte, die es vom Arbeitsablauf her einrichten konnte. Das Bild zeigt eine Herdstelle aus dem 19. Jahrhundert in Bretzwil. Der Rauchfang ist ein mit Lehm verstrichenes Rutengerüst, das auf einem Holzrahmen liegt. Der Küchenboden ist mit Steinplatten belegt. So oder ähnlich dürfte der wichtigste Teil der Küche auch in vielen Häusern des 18. Jahrhunderts und früher ausgesehen haben.

gegessen wurde, hing auch von der Arbeit und von der Jahreszeit ab. Denn ein erheblicher Anteil des Lohnes für die vielen Taglöhner und Taglöhnerinnen bestand in der Verköstigung durch den Arbeitgeber oder die Arbeitgeberin. Während des Sommers, besonders während der Erntezeit, waren die Arbeitstage der in der Landwirtschaft tätigen Menschen lang und es wurden auch zwischendurch kräftige Mahlzeiten, zum Teil mit Fleisch, gereicht, so zum Beispiel den Schnittern und Schnitterinnen bei der Getreideernte. Das Gegenbeispiel waren die Posamenterinnen und Posamenter des späten 18. Jahrhunderts, die besonders im Winter lange Tage und Abende am Webstuhl verbrachten und sich mit mehreren, schnell zwischendurch zubereiteten Mahlzeiten ernährten, vorwiegend aus Mus, Brot und Kaffee, manchmal auch schon Kartoffeln, sei es als «Gschwellti» oder «präglet», das heisst gebraten.

Suppe und Gemüse wurden in der frühen Neuzeit auf dem Land aus einer gemeinsamen Schüssel gegessen, das Fleisch von Holztellern, wobei oft ein Teller von zwei bis drei Personen benutzt wurde.[6] Ebenso wurde der Brei in einem Topf auf den Tisch gestellt, und alle bedienten sich mit ihrem Löffel. Alle festen Speisen wurden mit den Fingern zum Mund geführt. Gabeln kannte man nicht, zumindest nicht bis ins 18. Jahrhundert. Messer gab es oft nicht für alle, die am Tisch sassen, während alle ihren Löffel hatten. Getrunken wurde aus Holzbechern. Auch das übrige Geschirr war vorwiegend aus Holz, zum Teil aus gebranntem Ton, mit Ausnahme natürlich von Pfannen, die ins oder übers Feuer gestellt oder gehängt wurden. Die aus der Basler Landschaft erhaltenen Verzeichnisse von Erbschaften und Versteigerungen deuten es an: Die Ausstattung gerade der ärmeren Haushalte mit Ess- und Trinkgeräten war oft sehr karg und einfach; man verfügte nur gerade über das Allernötigste. Dass alle ihr eigenes Geschirr und Besteck hatten, war nicht üblich.

Essen und Trinken dienten jedoch nicht bloss der Ernährung, sondern auch symbolischen Zwecken. Viele Vereinbarungen und Geschäfte wie Ver-

knapp auf die benötigte Menge an bestimmten Vitaminen und Proteinen; in ihrer Ernährung dominierten mit dem Getreide die Kohlehydrate. In Krisenzeiten waren wohl weite Kreise in mehr oder weniger grossem Ausmass mangel- oder unterernährt. Arme und weniger Bemittelte standen in erhöhtem Masse in Gefahr, Opfer von Hungerkrisen und der damit verbundenen Krankheiten zu werden. Der Tisch der besser gestellten Haushalte dagegen war reichhaltig gedeckt. Mangelerscheinungen dürften die Ausnahme gewesen sein, im Gegenteil: Ein Teil dieser Bevölkerungsschicht dürfte an den bekannten Überflusskrankheiten gelitten haben, zum Beispiel an der Gicht infolge übermässigen Fleischgenusses. Nicht berücksichtigt sind bei diesen Schätzungen wie erwähnt die «Nebennahrungsmittel», wie zum Beispiel der Wein, der einen relativ hohen Kaloriengehalt aufweist, oder Hülsenfrüchte, die einen hohen Proteinanteil haben, so zum Beispiel der Samen der Ackerbohnen mit 20 bis 30 Prozent Roheiweiss. Insgesamt ist die Annahme gerechtfertigt, dass die Bevölkerung der Nordwestschweiz während normaler Jahre etwa ausreichend ernährt war, dass die Angehörigen der ländlichen und der städtischen Unterschicht aber in Krisenjahren unter selektiven Mangelerscheinungen gelitten haben.

lobung, Eheschliessung, Kauf und Verkauf, Tausch etc. wurden durch einen Trunk bestätigt. Besondere Gelegenheiten waren ferner Feste, Markt- und Gerichtstage, Ganten, Zehntversteigerungen, die Ablieferung von Abgaben, der Abschluss von Arbeiten, zum Beispiel von Frondiensten. Gefeiert wurde an kirchlichen Festen, vor allem in katholischen Gebieten, ferner an Hochzeiten und nach Begräbnissen, am Erntedankfest, an Metzgeten, beim Flurumgang, nicht zu vergessen Schützenfeste sowie militärische Übungen, die Einsetzung des Pfarrers, die Wahl des Gerichts oder der Berchtoldstag. An diesem Tag, dem 2. Januar, wurde in vielen Gemeinden die Gemeinderechnung «veröffentlicht», und nicht selten, zumindest im 16./17. Jahrhundert, wurden ein allfälliger Überschuss oder die Busseneinnahmen der Gemeinde anschliessend «vertrunken». Weitere Gelegenheiten waren: Hausbau, Dachdecken, Beendigung der Aussaat oder der Ernte, die so genannte Sichellöse, besondere Mahlzeiten für die Kindbetterin und ihre Helferinnen, der Gemeindetrunk nach dem Abschluss des Gemeinwerks und anderes mehr.

Prägend für die Ernährungsgewohnheiten der frühneuzeitlichen Menschen war also der Wechsel zwischen Alltag und Fest. Zum Fest gehörte der bisweilen überreichliche, gemeinschaftliche Konsum, nicht zuletzt von Fleisch und Wein, oder des «besseren», sprich weissen Brots aus fein gemahlenem Mehl. An Festen fand in frühneuzeitlichen ländlichen Gesellschaften in beschränktem Ausmass auch so etwas wie eine Umverteilung zwischen Reich und Arm statt. Wie die Feste gehörten in der frühen Neuzeit auch Krisenjahre zum Leben aller Menschen. Dann waren die Preise für Grundnahrungsmittel sehr hoch, man musste sich mit ungewohnten Essensrhythmen abfinden, je nachdem gab es wochenlang nur noch eine Hauptmahlzeit pro Tag, man ass weniger Getreide und wich auf teilweise ungewohnte Speisen aus. In gravierenden Fällen hatte man Zeiten des Hungers durchzustehen, es erkrankten mehr Leute als sonst üblich, oder es waren in den Gemeinden sogar überdurchschnittlich viele Todesfälle zu verzeichnen, wie zum Beispiel 1770/71.

Rebensaft

Reben wurden an viel mehr Orten in der Region gepflanzt als heute, weil der Wein neben dem Wasser das wichtigste Getränk war. Der Rebbau, der nicht so systematisch wie später im 19. und 20. Jahrhundert betrieben wurde, bot vielen Taunern und Taunerinnen Arbeitsmöglichkeiten. Die Abbildung veranschaulicht die Methoden der Verjüngung der Reben. Sie wurden im Allgemeinen, wie die Darstellung aus einem «Pflanzbuoch» von 1661 zeigt, mit der Methode des «Grubens», das heisst durch die Gewinnung von Ablegern, verjüngt.

Lesetipps

Einen informativen Einstieg ins Thema bietet Hauser (1973) anhand des Kantons Zürich.

Moderne, fachhistorische Fragen im Zusammenhang mit der Ernährung erörtern die Autorinnen und Autoren im Band, den Martin Schaffner (1992) herausgegeben hat.

Abbildungen

Historisches Museum Basel, Inv.Nr. 1878.31; Foto Maurice Babey, Peter Portner: S. 101.
Kantonsmuseum Basel-Landschaft, Inv.Nr. H 853: S. 102.
Leonhart Fuchs: New Kreüterbuch, Basel 1543, Tafel 103, aus Heinz Schneider, Beat Ernst: Natur und Landschaft der Region Basel, CD, Basel 1999: S. 103.
Herbarium Caspar Bauhin, 1560–1624, Botanisches Institut der Universität Basel (Karotte, Spinat); aus Heinz Schneider, Beat Ernst: Natur und Landschaft der Region Basel, CD, Basel 1999: S. 104.
StA BS, Bildersammlung, Falkeisen D 15,2: S. 105.
Öffentliche Kunstsammlung Basel, Kupferstichkabinett: «Benzler», KKB Inv. 1912.155b, 48r; Lederapfel, KKB Inv. 1912.155c,18r; «Eisenbirne», KKB, Inv. 1912.155c,25r; «Martin sec», KKB Inv. 1912.155b,50r. Aus Heinz Schneider, Beat Ernst: Natur und Landschaft der Region Basel, CD, Basel 1999: S. 107 [A].
Furter 1999; Foto Thomas Bitterli, Basel: S. 108.
Sam. Fabricius et al.: Horticultura (Pflanzbuoch) oder Garten Bouw ..., Handschrift von Jakob Bräm, 1659/64, Stadtbibliothek Winterthur, Ms 40129: S. 109.

[A]= Ausschnitt aus Originalvorlage.

Anmerkungen

1 Vgl. Abel 1977, S. 64ff. Zum Folgenden: HK Münchenstein 1995, Bd. 1, S. 148ff.; Epple/Schnyder 1996, S. 64ff.
2 Am besten erforscht ist für die Schweiz der Kanton Genf, vgl. Piuz 1970; ferner: Rippmann 1996b und 1996c.
3 Hauser 1973, S. 17 und 42. Hier auch zum Folgenden.
4 Vgl. Stöcklin 1973, S. 367. Danach hätte der Übergang vom Mager- zum Fettkäse erst im 18. Jahrhundert stattgefunden.
5 Nach Hauser 1973, S. 68. Für Liestal existiert ein Beleg, wonach 1750 nur zwei Hauptmahlzeiten üblich waren, um neun Uhr morgens das Frühstück und um drei Uhr nachmittags der so genannte Imbiss; vgl. Mattmüller 1978/79, S. 289f.
6 Hauser 1971, S. 170–189.

1 «Girgelen» heisst nach dem Id., Bd. 2, Sp. 417, die Zuckerwurzel, während gemäss Flora der Schweiz 1970, Bd. 2, S. 879, ein sellerieartiges Gewächs darunter zu verstehen ist. Was er genau unter Kartoffel verstand, wird nicht klar, auf alle Fälle hält er sie für unwichtig und unbeliebt.
2 Vgl. Schaffner 1992, S. 13–28. Hier auch weitere Aufsätze zur Ernährung aus historischer und medizinischer Sicht.
3 Mattmüller 1978/79, S. 295–299. Eine gegenteilige Äusserung in Mattmüller 1971; ferner Mayer 1987, S. 177, allerdings bezogen auf Anstaltsinsassen.

Thema: Arbeit und Musse

Hätten die ersten Menschen, die sich im Gebiet des heutigen Kantons Basel-Landschaft und seiner Umgebung aufhielten, im Schlaraffenland oder im Paradies gelebt, sie hätten sich die Arbeit sparen können. Doch die Erde ist kein Land, in dem Milch und Honig fliessen. Die ersten Menschen entwickelten denn auch nicht einen grossen, trichterförmigen Mund, mit dem sich im Märchenland ohne grosse Mühe Milch und Honig, gebratene Tauben und reife Früchte hätten auffangen lassen. Statt dessen lernten sie den aufrechten Gang, bildeten geschickte Hände, starke Arme und Beine sowie ein grosses Hirn aus. Mit dieser biologischen Ausstattung waren sie für das Überleben ausserhalb des paradiesischen Schlaraffenlands gewappnet. Sie erlaubte dem Menschen, Werkzeuge herzustellen und aus der Natur zu gewinnen, wessen er zum Leben bedurfte. Immer war es Arbeit, die den Austausch zwischen den Menschen und ihrer Umwelt ausmachte. Sie war bereits in der Urgeschichte eine unabdingbare Voraussetzung menschlichen Lebens. Durch Arbeit griff der Mensch gestaltend in seine Umwelt ein.[1] Doch so grundlegend Arbeit für menschliches Leben war, ihre Form wandelte sich und die Menschen verrichteten sie unter sich verändernden gesellschaftlichen Verhältnissen. Aber kaum je ging Leben in Arbeit auf. Immer fanden die Menschen Gelegenheiten zum Ruhen, zum süssen Nichtstun, zum Schlafen. So gehört Musse genauso zum menschlichen Leben wie Arbeit. An der Wende zum 3. Jahrtausend steht die Arbeitsgesellschaft in der Krise. Bis vor wenigen Jahrzehnten galten die Vollbeschäftigung für alle Männer, ein ausreichendes Einkommen für das Familienoberhaupt sowie die Arbeitsteilung zwischen den Geschlechtern, welche dem Mann die Erwerbs-, der Frau die Haus- und Erziehungsarbeit zuschrieb, als kaum hinterfragte Norm der modernen Gesellschaft. Auch das System der sozialen Sicherheit baut auf dieser Grundlage auf. Seine Leistungen bemessen sich an der Erwerbsarbeit und sollen die grundlegenden Risiken wie Arbeitslosigkeit, Krankheit, Invalidität und Alter abdecken. Im Idealfall gewährleistet es die Fortsetzung des gewohnten Lebensstandards. Schliesslich prägt Erwerbsarbeit auch die Mentalität der Menschen: Sie stiftet Identität, und Arbeitstugenden wie Fleiss, Pünktlichkeit, Zuverlässigkeit und Präzision stehen hoch im Kurs. Doch seit zwei Jahrzehnten wandelt sich die Arbeitsgesellschaft, wie sie sich mit der Industrialisierung und mit dem modernen Sozialstaat herausgebildet hat, grundlegend: Die dritte technologische Revolution erfasst die Informationsverarbeitung, treibt die Automatisierung voran, verändert Arbeitsplätze und Arbeitsmethoden und prägt in zunehmendem Masse den Alltag. Die nationalstaatlich verfassten und industriell geprägten Volkswirtschaften geraten in den Sog der Globalisierung, die einen neuen Schub erfährt. Sie lässt wirtschaftliche, technische, politische und kulturelle Aktivitäten zu grundsätzlich grenzüberschreitenden Phänomenen werden. Zwischen den Regionen, die den wirtschaftlichen Unternehmen als Standorte dienen, entbrennt ein globaler Wettbewerb. Gleichzeitig schreitet der säkulare Individualisierungsprozess voran und schränkt die prägende Kraft sozialer Bindungen und Normen weiter ein. Die Lebensform der Familie verliert ihre dominierende Stellung. Die Geschlechterrollen in Familie und Gesellschaft verändern sich. Schliesslich lässt die demographische Entwicklung die Bevölkerung altern, was im heutigen Sozialversicherungssystem ihren aktiven Teil zunehmend belastet. Und die Migration bewirkt eine stärkere multikulturelle Durchmischung der Wohnbevölkerung. Unter dem Einfluss von Globalisierung und Individualisierung gerät die herkömmliche Arbeitsgesellschaft unter Druck. Es steht in Frage, ob für alle, die ihre Existenz mit Arbeit sichern wollen, auch genügend Arbeit vorhanden ist. Vollbeschäftigung wird sich nicht länger mit Vollzeittätigkeit, mit einem ausreichenden Ernährereinkommen oder mit der bisher vorherrschenden Arbeitsteilung zwischen den Geschlechtern vereinbaren lassen. Das Erwerbseinkommen ist längst nicht mehr die einzige Quelle der Existenzsicherung. Ein wachsender Teil der Bevölkerung lebt von Transferzahlungen aus dem System der Sozialversicherungen. Und schliesslich bedarf der Sozialstaat, der auf einer durchschnittlichen Biografie des erwerbstätigen männlichen Familienoberhaupts beruht, neuer Grundlagen, weil eine zunehmende Zahl von Leuten nicht mehr nach diesem Modell lebt.[2]

Mit der Krise der Arbeitsgesellschaft stellen sich alte Fragen neu, die Fragen nach dem Verhältnis zwischen Arbeit und Musse. Ist, wer ohne Arbeit bleibt, zur Musse verdammt? Wird, wer Arbeit hat, deren Last nie mehr los? Wer darf arbeiten, wer muss Musse geniessen? Wenn heute sozialer Wandel Arbeit und Arbeitsgesellschaft verändert, tritt kein neues Phänomen auf. Schon in früheren historischen Epochen stellten sich die Menschen immer wieder auf neue gesellschaftliche Entwicklungen ein, passten Arbeit und Arbeitsverhältnisse neuen Gegebenheiten an und brachten Arbeit und arbeitsfreie Zeit in ein neues Gleichgewicht. Den unterschiedlichen Formen von Arbeit und ihrer Organisation, dem je unterschiedlichen Verhältnis von Arbeit und Musse versucht das vorliegende Kapitel durch die Jahrtausende zu folgen. Wo es sich anbietet, legt es Querschnitte, die über die Organisation der Arbeit und über die Bedeutung der Musse in jener Zeit Auskunft geben. Dabei geht es von einer weiten Definition von Arbeit aus, die das ganze Spektrum produktiver Tätigkeiten umfasst, sei es die Produktion zum Gebrauch oder zum Tausch. Es fallen somit die Herstellung materieller Güter, Dienstleistung, bezahlte und unbezahlte Arbeit, auf den Markt bezogene und der Selbstversorgung dienende Tätigkeiten darunter.[3] Musse ist demgegenüber die Zeit, die nicht von produktiver Tätigkeit in Beschlag genommen wird. Zeit, die für das Vergnügen, das Spiel, die Entspannung, die Besinnlichkeit, die Ruhe, die Spontaneität, den Schlaf zur Verfügung steht. Musse erlaubt dem Menschen, sich selbst zu sein, die Zeit zu vergessen, sich zu erholen und das zu tun, was ihm Spass macht.[4] Arbeit und Musse brauchen zeitlich nicht scharf getrennt zu sein. Dass sich heutzutage produktive Tätigkeiten auf die Arbeits-, Musse auf die Freizeit konzentrieren, ist ein vergleichsweise neues Phänomen. Vor der Industrialisierung überlagerten und durchdrangen einander Arbeit und Musse in starkem Masse. Die produktiven Tätigkeiten waren zeitlich porös und boten immer wieder Gelegenheit zu spontanen Unterbrüchen der Zerstreuung und Erholung.

Arbeit in der Alt- und Mittelsteinzeit

Wegen der grundlegenden Bedeutung von Arbeit ist es nicht verwunderlich, dass das bisher älteste Zeugnis von Menschen auf dem Gebiet des heutigen Baselbiets ein Arbeitsgerät oder Werkzeug war. Es handelt sich um einen Faustkeil, den man bei Pratteln fand und den die Wissenschaft auf ein Alter von mindestens 120 000 Jahren schätzt. Der Faustkeil ist aus Silex gearbeitet, wie er bei Lausen natürlich vorkommt. Die Bearbeiterin oder der Bearbeiter schlug den Silexknollen zunächst mit einem Schlagstein grob zu. Danach überarbeitete sie oder er das Rohstück mit einem Schlägel aus organischem Material und gab ihm seine bis heute erhaltene Form. Er diente zum Schlagen, Spalten oder Schneiden. Er war eines der steinernen Werkzeuge, die der damaligen Epoche ihren Namen gaben.[5]

Die Menschen, die sich während der Alt- und Mittelsteinzeit in der Region zwischen Jura und Rhein aufhielten, waren Wildbeuter und Nomaden. Die natürliche Umwelt brachte ohne ihr Zutun hervor, was sie zum Leben brauchten. Fauna und Flora boten Nahrung und Rohstoffe, aus denen sich Kleidung, mobile Behausungen, Waffen, Geräte und andere taugliche Dinge herstellen liessen. Der Boden barg spezielle Steine, aus denen man Werkzeuge wie Faustkeile, Klingen, Bohrer und Schaber anfertigen konnte. Doch standen die Angebote der Natur nicht ohne Aufwand zur Verfügung. Es bedurfte der Arbeit, um sie zu gewinnen: Das jagdbare Wild musste man verfolgen und zur Strecke bringen. Beeren, Früchte, Pilze, Wurzeln und Nüsse musste man suchen und sammeln. Rohstoffe wie Haut, Knochen, Holz und Stein musste man umformen, um sie in nützliche Gegenstände zu verwandeln. Die Frauen und Männer jener langen Epoche hielten sich nicht dauernd am gleichen Ort auf, sondern folgten den Herden der Jagdtiere. Da sie noch nicht gelernt hatten, in die Reproduktion von Flora und Fauna einzugreifen, sondern von natürlichen Ressourcen lebten, waren sie gezwungen, sich zeitweise aufzuteilen und sich räumlich zu verschieben.[6] Auch kurzfristige klimatische Änderungen wie die Jahreszeiten oder langfristige Klimaschwankungen wie die Eiszeiten setzten die Menschen in Bewegung. So zogen die vermutlich durch Verwandtschaft verbundenen Gruppen von vielleicht ein bis drei Dutzend Mitgliedern von Ort zu Ort. In Höhlen oder unter Felsvorsprüngen fanden sie Schutz. Oft aber liessen sie sich auch in Zelten in offenem Gelände für einige Tage oder Wochen nieder. Sie stellten dem Wild der Umgebung nach, sammelten Früchte und Pflanzen oder nutzten lokale Rohstofflager wie zum Beispiel die Silexvorkommen bei Lausen und Lampenberg. Waren die Jagdgründe erschöpft oder hatten sie sich wieder mit den nötigen Gerätschaften eingedeckt, zogen sie weiter.[7]

Zur Jagd benutzten die Menschen der älteren Altsteinzeit Lanzen und Speere aus Holz. Damit erlegten sie Grosssäuger wie das Mammut oder das Wollnashorn. Die Jagenden mussten sich dabei bis auf eine Distanz von wenigen Metern an ihre Beute heranpirschen. In der jüngeren und mittleren Steinzeit erlaubten Speerschleudern oder Pfeil und Bogen, das Wild aus grösserer Entfernung zu erlegen. Bevorzugte Beutetiere waren zu dieser Zeit Wildpferd, Rentier, Hirsch und Wildschwein. Wie frühen Felszeichnungen oder ethnographischen Vergleichen zu entnehmen ist, war die Jagd Teamarbeit. Es waren mehrere Personen, die zusammen auf die Pirsch gingen. Vermutlich gab es auch Treibjagden, bei denen ein Teil der Gruppe die Beute aufschreckte, während ein anderer Teil in einem Hinterhalt auf der Lauer lag. Ob es sich bei den Jägern um Männer, bei den Treibern um Frauen und Kindern handelte, lässt sich nicht sicher bestimmen.[8] Über die Arbeitsteilung zwischen den Geschlechtern in der Urzeit ist der Archäologie kaum etwas bekannt. Die wenigen Überbleibsel dieser Phase, die sie heute ausgräbt, lassen sich selten eindeutig dem weiblichen oder männlichen Geschlecht zuschreiben.

Die Schwierigkeit der Archäologie, zweifelsfreie Rückschlüsse auf die geschlechtsspezifische Arbeitsteilung in der Urgeschichte zu ziehen, führt dazu, dass man Wissenslücken rasch mit Bildern füllt, wie sie in der Gegenwart vorherrschen.[9] So ist es auch Ernst Grauwiller ergangen, dem Autor der Geschichte von «Ruhu, dem Höhlenbuben», die Generationen von Baselbieter Schülerinnen und Schülern lasen: Während sich die Männer nach erfolgreicher Jagd «faul und schläfrig [...] auf die sonnige Halde vor der Höhle» legten, war es an den Frauen, das Fell des erlegten Rentiers mit Steinschabern von Fleischresten zu säubern.[10] Grauwiller nimmt selbstverständlich an, dass die Jagd die Arbeit der Männer, das Sammeln und Verarbeiten von Fellen in erster Linie Aufgabe der Frauen war. Doch diese Interpretation der geschlechtsspezifischen Arbeitsteilung in der Urgeschichte sagt mehr über die heutigen Beziehungen zwischen Mann und Frau denn über die tatsächlichen Verhältnisse in jener Epoche aus. Moderne archäologische Ansätze, die auch mit ethnographischen Vergleichen arbeiten, zeigen, dass auch Frauen aktive und erfolgreiche Jägerinnen sein konnten. Die Einschränkungen, denen Frauen durch Schwangerschaft und Geburt unterworfen waren, schätzt die Forschung heute geringer ein als früher. Zudem nimmt man heute an, dass die Bedeutung der pflanzlichen Nahrung sehr viel grösser war als bisher vermutet. So stammten bei den Bewohnerinnen und Bewohnern subarktischer Regionen, deren Klima am ehesten mit demjenigen am Ende der Eiszeit vergleichbar ist, 50 bis 70 Prozent der Nahrungskalorien von Pflanzen, die Frauen sammelten und konservierten. Die Rolle, welche Frauen für das Überleben der ur- und frühgeschichtlichen Gesellschaften spielten, ist somit gewichtiger, als ein bisher männlich geprägter Blick wahrnehmen wollte.[11]

Bei einigen Fundstellen der jüngeren Altsteinzeit treffen die Forschenden auch auf Zeichnungen auf Felsen oder auf Kleinplastiken aus Knochen und anderen Materialien, die in ausgereifter Form Tiere und Menschen darstellen und als frühe Kunstformen bezeichnet werden können.[12] Aus dem Gebiet des heutigen Kantons sind keine einschlägigen Funde bekannt. Immerhin weisen auch die zahlreichen Anhänger und Perlen aus fossilem Holz, Tierzähnen und Muscheln auf Schmuck und frühe künstlerische Äusserungen hin. Im benachbarten Oensingen fand man 1973 in der Rislisberghöhle das Bruchstück eines Steinbock-Schulterblattes, auf dem der Kopf eines Steinbocks eingraviert ist. Bekannt sind beispielsweise auch die Gravuren und plastischen Verzierungen an den Widerhakenenden von Speerschleudern aus dem schaffhausischen Kesslerloch.[13] Welche Rolle diese Kleinkunstwerke damals für Menschen spielten, lässt sich schwer erschliessen. Vermutlich hatten sie mythisch-religiöse Bedeutung und halfen den Menschen, ihre Abhängigkeit von der Natur zu begreifen und zu bewältigen. Immerhin aber lässt sich folgern, dass die Zeit der Männer, Frauen und Kinder nicht allein von der Arbeit für das nackte Überleben in Beschlag genommen wurde. Neuere Forschungen führten sogar zum Ergebnis, dass die Lebensweise der nomadisierenden Wildbeuter und Sammlerinnen weniger arbeitsintensiv war als jene der folgenden Ackerbaugesellschaften.[14]

Arbeit in der Jungsteinzeit

Während hunderttausenden von Jahren erbeuteten und sammelten die Menschen, was ihnen die Umwelt an Ressourcen bot. Ihre Eingriffe in deren selbsttätige Reproduktion blieben begrenzt. Etwa 5500 Jahre vor Christi Geburt setzte aber auch in der Gegend des heutigen Kantons Basel-Landschaft die Jungsteinzeit ein: Die Menschen begannen, Pflanzen anzubauen und Tiere zu halten. Sie lernten den Boden zu bearbeiten und Nutztiere zu züchten. Aus Jägerinnen und Sammlern wurden Bäuerinnen und Bauern. Die Mehrheit der Bevölkerung blieb es bis ins 19. Jahrhundert hinein. Vermutlich sickerten die Kenntnisse über das Saatgut und die Nutztiere nach und nach ins Gebiet der heutigen Schweiz und des Kantons Basel-Landschaft ein. Im Vorderen Orient hatten die Menschen schon einige tausend Jahre früher erkannt, dass sich dicht wachsende Bestände wilder Gräser systematisch anbauen und kultivieren liessen. Wenn es vor allem die Frauen waren, die für die pflanzliche Nahrung sorgten, wären sie die Erfinderinnen des Ackerbaus.[15] Obwohl dieser Prozess oft als neolithische Revolution bezeichnet wird, vollzog sich der Übergang vom Sammeln und Jagen zur vorwiegend landwirtschaftlichen Tätigkeit nicht schlagartig. Er dauerte mehrere hundert, wenn nicht mehrere tausend Jahre. Die klimatischen Veränderungen am Ende der letzten Eiszeit hatten die Wildpferd- und Rentierherden nordwärts ziehen lassen. Zudem wuchsen die Wälder, was standorttreuen Tierarten Lebensraum bot. Auch die Menschen der Nacheiszeit passten sich den veränderten Bedingungen an. Sie entwickelten andere Jagdwerkzeuge und verweilten länger an bestimmten Orten. Möglicherweise bauten auch in unserer Gegend die Wildbeutergruppen schon gegen Ende der Mittelsteinzeit Getreide und andere Kulturpflanzen an und kehrten zur Ernte wieder an den Ort zurück, wo sie gesät hatten. Sesshaft aber wurden sie erst nach und nach. Sie errichteten dazu Häuser und trotzten der Natur durch Roden kultivierbare Ackerflächen ab. Zur Ergänzung oder nach Missernten blieben wildbeuterische Tätigkeiten aber noch lange wichtig. Als Bäuerinnen und Bauern griffen die Menschen direkt und aktiv in die Reproduktion der natürlichen Ressourcen ein. Sie bauten Getreide, Erbsen, Schlafmohn und Lein an. Als Nutztiere hielten sie Schafe, Ziegen, Rinder und Schweine. Ihre neue Tätigkeit verlangte nach neuen Werkzeugen und Gerätschaften. Um Wald zu roden, Wohnbauten zu errichten, Zäune und Wege anzulegen, Ackerflächen aufzubrechen, die Ernte einzubringen, Vorräte zu speichern und Acker- und Feldfrüchte zu verarbeiten, waren Steinbeile, Hacken, Sicheln, Mahlsteine, Keramikgefässe und Webstühle nötig. Vorerst stellten sie ihre Geräte weiterhin aus Stein her. Die Gefässe formten sie aus Ton. Mit der Zeit aber lernten sie, Metalle zu gewinnen und zu verarbeiten. Zunächst diente Kupfer, später die aus Kupfer und Zinn bestehende Bronze als Werkstoff. Noch später setzte sich das Eisen durch. Bronze war hart, aber wenig elastisch und deshalb brüchig. Das Eisen hatte den Vorteil, dass es sich zu harten und elastischen Geräten verformen liess. Zudem waren eisenhaltige Bohnerze auf dem Gebiet des heutigen Kantons Basel-Landschaft zu finden, während man Kupfer und Zinn von weit entfernten Abbaugebieten beziehen musste.[16]

Arbeitsteilung

Die Sesshaftigkeit und die systematischen Eingriffe in die Natur, die sich mit der Erfindung des Ackerbaus verbanden, erweiterten die Nahrungsbasis. Von den Früchten der Arbeit konnten nun mehr Menschen leben als zuvor. Die nomadisierende Lebensweise hatte die Population noch stark begrenzt. Der grössere Ertrag der vorwiegend landwirtschaftlichen Tätigkeit erlaubte ein Wachstum der Bevölkerung. Wo es guten Ackerboden und Frischwasser gab, liessen sich Menschen nieder. Die Grabungen in Allschwil-Vogelgärten, Gelterkinden-Rünenbergstrasse, Gelterkinden-Eifeld und Sissach-Zunzgerstrasse förderten beispielsweise unbefestigte Gehöftsiedlungen der älteren Eisen- und Hallstattzeit zu Tage, die aus mehreren Einzelhäusern bestanden. Mit der Zeit wurde der Siedlungsraum knapper, und die Menschen wichen auf höhere und schlechtere Böden aus. Die erweiterte Nahrungsbasis bot aber auch die Voraussetzung für eine ausgeprägtere gesellschaftliche Arbeitsteilung. Beigaben, wie sie beispielsweise in den spätbronzezeitlichen Kindergräbern in Reinach-Alte Brauerei zum Vorschein kamen, die Konzentration von gewerblichen Anlagen, wie man sie im Töpferdorf Sissach-Brühl vorfand, oder die Funde auf dem Burgenrain in Sissach sprechen für eine gewisse Arbeitsteilung zwischen Bauern und Handwerkern sowie zwischen einfachen Leuten und höher gestellten Personen. Auch die Sitte, die Toten nicht mehr im Sippenverband in Grabhügeln, sondern einzeln in Flachgräbern zu bestatten, zeugt von einer stärkeren Individualisierung. Vermutlich hatten sich in den Konflikten um knappe Güter wie Siedlungsraum und Metalle Abhängigkeits- und Machtverhältnisse herausgebildet, welche es gewissen Leuten erlaubten, sich einen Teil des landwirtschaftlichen Mehrertrags anzueignen. Sie liessen sich vorwiegend in befestigten Höhensiedlungen wie zum Beispiel auf dem Burgenrain in Sissach nieder, von wo sie das Ergolztal überschauen und kontrollieren konnten. Im Tausch gegen die landwirtschaftlichen und gewerblichen Produkte versorgten sie die Siedlungen im Tal mit militärischem Schutz und Metallen. Vermutlich bestand zwischen Sissach und Gelterkinden eine Siedlungskammer, welche in Bezug auf die Grundversorgung autark, trotzdem aber in weitläufige Handelsbeziehungen eingebunden war.[17]

Aufgrund der ausgeprägteren gesellschaftlichen Arbeitsteilung und Schichtung veränderte sich auch die geschlechtsspezifische Differenzierung der Arbeit. Vermutlich handelten sich die Erfinderinnen des Ackerbaus auch einen grossen Teil der Mehrbelastung ein, die mit der sesshaften und bäuerlichen Lebensweise verbunden war. Jedenfalls zeugen die weiblichen Skelette aus jener Zeit davon, dass Frauen ein grösseres Arbeitspensum zu bewältigen hatten als Männer. Ihre Lebenserwartung lag zwischen 30 und 40 Jahren, während jene der Männer rund zehn Jahre höher war. Da sich die Männer der Oberschicht in ihren Gräbern zugleich häufiger als Krieger darstellten, liegt die Vermutung nahe, dass sie repräsentierten, politisierten und Kriege führten, während die Frauen hart zu arbeiten hatten und körperlich überlastet waren.[18]

Arbeit und Nichtstun

Als in der zweiten Hälfte des 1. Jahrhunderts nach Christus die Wasserleitung von Liestal nach Augusta Raurica entstand, mussten zahlreiche Menschen Hand anlegen. Bauarbeiter brachen tausende von Kubikmetern Kalksteine aus der näheren Umgebung heraus und verarbeiteten sie zum Teil zu neun bis zehn Zentimeter hohen Handquadern. Zudem stellten sie rund 600 Kubikmeter gebrochene Ziegel und über 1200 Kubikmeter gebrannten Kalk her, welche Träger und Fuhrwerke zum 6,5 Kilometer langen Bauwerk heranschleppten. Aus den Kalksteinen errichteten die Maurer Fundament, Seitenwände und Gewölbe. Ziegel und gebrannter Kalk dienten als wasserdichte Kanalauskleidung, welche in mehreren Schichten aufgetragen wurden. Die Arbeiter, welche das Riesenwerk bauten, waren vermutlich in einzelne Trupps unterteilt, die an verschiedenen Abschnitten tätig waren. Jedenfalls weist die Leitung Knickpunkte auf, an denen sich geringfügige Unterschiede in der Bauweise erkennen lassen. Dennoch war die Wasserleitung eine Meisterleistung römischer Baukunst. Ingenieure hatten die Landschaft genau vermessen und das Bauwerk sorgfältig geplant. Ihre Pläne und Anweisungen sorgten dafür, dass sich die Leitung der Höhenkurve des rechten Ergolztal-Hanges anschmiegte und auf ihrer Gesamtlänge lediglich zehn Höhenmeter verlor. Das geringe Gefälle von nur 1,5 bis 2 Promille reichte aus, um dem Wasser die nötige Fliessgeschwindigkeit zu verschaffen. Im Durchschnitt dürften pro Sekunde gegen 300 Liter durch die Leitung geflossen sein, so dass den rund 20 000 Personen der Stadt Augusta Raurica in Bädern und an Brunnen täglich je rund 1200 Liter Wasser zur Verfügung standen.[19] Wann genau die römische Wasserleitung entstand und wer die Riesenarbeit bewältigte, ist unbekannt. In den Stammlanden des Römischen Reiches wären dafür vermutlich auch Sklaven zum Einsatz gekommen, denn in Italien und Griechenland war diese Form hochgradig abhängiger Arbeit weit verbreitet. Sklavinnen und Sklaven arbeiteten in der Landwirtschaft, in Haushalten, in der Verwaltung, im Handwerk und im Bergbau. Dafür, dass Sklaven auch beim Bau der Augster Wasserleitung mitgewirkt hätten, fehlen die Hinweise. Aufgrund von Inschriften nimmt die archäologische Forschung vielmehr an, dass an dem umfangreichen Bau in und um Augusta Raurica Soldaten der in der Stadt stationierten römischen Legionen beteiligt waren.[20]

Doch trotz der grossen Bedeutung, welche die Städte zur Römerzeit hatten, die Landwirtschaft blieb auch in dieser Epoche der wichtigste Erwerbszweig. Archäologinnen und Archäologen bezeichnen die römische Gesellschaft als Agrargesellschaft mit städtischen Elementen. Im Gebiet des heutigen Kantons Basel-Landschaft dürften 80 bis 90 Prozent der Bevölkerung landwirtschaftliche Tätigkeiten ausgeübt haben. Handel und Handwerk, die sich vor allem in der Stadt Augusta Raurica niedergelassen hatten, spielten im Vergleich dazu eine untergeordnete Rolle. Der Fernhandel beschränkte sich auf wenige Luxusgüter, für die sich der lange und aufwändige Transportweg lohnte. Das Handwerk produzierte für den regionalen Markt. So weiss man, dass es in Augusta Raurica Metzger, Gürtler, Bronzegiesser, Schmiede, Drechsler, Glaser, Schrotthändler, Weber, Tuchwalker, Mosaikleger, Maler, Beinschnitzer und Leimsieder gab. Sie stellten her, wofür es in der Stadt und ihrer Umgebung eine Nachfrage gab. Die landwirtschaftliche Produktion vollzog sich in den Villen, die im Umland der Stadt, in den Tälern von Rhein, Birs und Ergolz verstreut lagen. Diese gallorömischen Höfe waren gewöhnlich von einer Mauer umgeben und in die Pars urbana sowie in die Pars rustica unterteilt. Im «städtischen Teil» lag meistens leicht erhöht das Herrenhaus des Villenbesitzers, im «ländlichen Teil», der durch eine Mauer abgetrennt war, standen die Wohnungen seiner Untergebenen sowie die Ställe und Werkstätten. Eine Villa war die agrarische Produktionseinheit, welche das umgebende Land, die Äcker, Weiden und Wälder bewirtschaftete und die alltäglichen Bedarfsgüter wie Töpfe, Werkzeuge und Nahrungsmittel herstellte.

Arbeit trennt

Die äussere Gestalt einer Villa wie jener in Munzach spiegelt den sozialen Aufbau der gallorömischen Gesellschaft. Diese kannte scharf getrennte Klassen und Schichten, wobei das Verhältnis der Menschen zur Arbeit das zentrale Unterscheidungsmerkmal war.[21] Das Herrenhaus einer Villa war meistens gross und mit den Insignien römischen Luxus' wie Bädern und Heizungen ausgerüstet sowie mit Brunnen, Mosaiken und andern Kunstwerken geschmückt. Dem Haushalt stand die Frau des Villenbesitzers, die Domina, vor. Ein Villenbesitzer gehörte zur führenden Schicht der römischen Gesellschaft. Sein Ansehen beruhte auf dem Grundbesitz und der Möglichkeit, sein Leben ohne Arbeit zu fristen. Zur Zeit der Römer war nicht angesehen, wer Arbeit hatte, und ausgestossen, wer arbeitslos war, sondern es verhielt sich gewissermassen genau umgekehrt: Nur wer ausreichend Land oder Vermögen besass, um sich freiwillig den öffentlichen Aufgaben und der Musse hingeben zu können, genoss Ansehen. «Die einzige Tätigkeit, die eines freien Mannes würdig ist, ist bestenfalls die politische Tätigkeit, die Musse und die Trennung von der Handarbeit impliziert.»[22] Die freien und angesehenen Bürger genossen otium, Musse, während diejenigen, die arbeiten mussten, im negotium, Nicht-Musse, lebten.

Die Arbeit im Haushalt der Villa leistete das Gesinde. Auch die landwirtschaftlichen und handwerklichen Tätigkeiten, die im Villenbetrieb anstanden, verrichteten Untergebene. Deren soziale Stellung konnte sehr unterschiedliche Grade von Abhängigkeit haben. Diese konnte je nach Personengruppe, der man angehörte, von der freien Wahl des Herrn bis zur weitergehenden Rechtlosigkeit gehen. Da das Villenpersonal zur Arbeit gezwungen war und nicht ausschliesslich müssig gehen konnte, genoss es wie die Handwerker und Händler in der Stadt wenig Ansehen. Auf der untersten gesellschaftlichen Stufenleiter standen die Sklavinnen und Sklaven, welche man in den Villen oder in städtischen Haushalten hielt. Die Ausgrabungen in Munzach förderten beispielsweise eine Fussfessel zu Tage, die vermutlich zur Züchtigung von Untergebenen in sklavischen oder sklavenähnlichen Verhältnissen diente und eigentlich nur bedeuten kann, dass die Herren oder ihre Stellvertreter die Macht besassen, jemandem die körperliche Freiheit zu nehmen. Doch beruhte das Sklavendasein nicht allein und nicht ständig auf Gewalt. Es konnte auch verwandtschaftliche Bindungen zum Herrn enthalten und die Aussicht, eines Tages frei gelassen zu werden, bestand, so dass viele Abhängige mit ihrem Gebieter zusammenarbeiteten. In der Villa Munzach wurde zum Beispiel die Sklavin Prima frei. Eine Grabplatte, die dort zum Vorschein kam, ist ihr und ihrer Schwester Araurica gewidmet.[23] Auch in den Gegenden des Römischen Reiches, wo die Sklavenhaltung weiter verbreitet war als in und um Augusta Raurica, erfolgten häufig Freilassungen. Mit der Zeit bemerkten viele Grossgrundbesitzer, dass es einträglicher war, Sklaven freizulassen und als abhängige Bauern zu beschäftigen. Auch schloss die gesellschaftliche Stellung als Sklavin oder Sklave nicht aus, dass diese wichtige Aufgaben als Ärzte, Verwaltungsbeamte oder Berater übernahmen und damit zu Einfluss und Vermögen gelangten, was ihre Freilassung beschleunigte.[24]

Römische Musse

Im Mittelpunkt des Tagesablaufs eines römischen Aristokraten standen der Besuch der öffentlichen Thermen und die Cena, das Abendessen, zu dem auch Freunde, einflussreiche Persönlichkeiten und Geschäftspartner geladen waren. In der Regel badeten die römischen Frauen und Männer nachmittags. Zunächst legten sie sich im Hof der Therme in die Sonne oder trieben etwas Sport. Danach betraten sie mit Handtuch, Körperschaber und Ölflasche ausgerüstet den lauwarmen Badesaal, wo sie sich aufwärmten und salben liessen. Es folgten heisse Bäder oder Güsse oder der Besuch des Schwitzraums. Die Abkühlung erfolgte wieder im lauwarmen Badesaal und zum Abschluss im kalten Vollbad. Wie der Besuch der Thermen diente das Abendessen dem Austausch von Neuigkeiten, der Diskussion sowie dem Vergnügen. Es begann gewöhnlich zur neunten Stunde, das heisst im Sommer gegen 16, im Winter gegen 14 Uhr, und es erstreckte sich bis zum Zubettgehen. Die Sitze und Liegen im Esszimmer wurden von den Gastgebern und Gästen entsprechend ihrer gesellschaftlichen Stellung eingenommen. Für Frauen war es lange Zeit nicht schicklich, am Gastmahl teilzunehmen, und wenn, dann nur auf Stühlen sitzend. Während die Cena das eigentliche Freizeitvergnügen der römischen Oberschicht war, boten szenische Theater mit halbkreisförmigem Grundriss sowie die ovalen Amphitheater einem Massenpublikum Unterhaltung. In den Rängen sassen Angehörige sämtlicher Gesellschaftsschichten. Allerdings waren die Zuschauer nach ihrer sozialen Stellung unterteilt. Während die männlichen Angehörigen der Oberschicht auf den unteren und besten Rängen Platz nahmen, mussten sich Frauen und einfaches Volk mit den oberen und schlechteren Plätzen zufrieden geben. In Augusta Raurica gab es beide Theatertypen. Im szenischen Theater wurden Bühnenstücke aufgeführt. Neben klassischen Tragödien und Komödien im Stile der alten Griechen spielte man derbe Stücke, die das Publikum mit Klamauk, Witz und sexuellen Anspielungen erheiterten. In den geschlossenen Arenen der Amphitheater fanden dagegen blutige Tierhetzen und Kampfspiele statt. Von Musik begleitet, bekämpften sich schwer bewaffnete Gladiatoren unter Aufsicht von Schiedsrichtern auf Leben und Tod.[25]

Das ganze Haus

Augusta Raurica und sein Umland mit seiner für die römische Wirtschaft typischen Kombination von städtischen und ländlichen Elementen wies einen vergleichsweise hohen Grad an gesellschaftlicher Arbeitsteilung sowie eine abgestufte soziale Schichtung auf. In der Stadt gab es unterschiedlichste Handwerker, Händler, Legionäre, Verwaltungsbeamte und Bedienstete. Auf dem Land lebten die Grossgrundbesitzer und Kleinbauern sowie ihre Bediensteten und Sklaven beiderlei Geschlechts. Die Bauern waren teilweise freie Veteranen, teilweise abhängige Pächter, die einem Grossgrundbesitzer zins- und frondienstpflichtig waren. Als das Römische Reich zerfiel und sich sein Schwergewicht gegen Osten nach Byzanz verschob, zogen die römischen Legionen und Verwaltungsbeamten aus dem Gebiet des heutigen Kantons Basel-Landschaft ab. Die städtischen Elemente der gallorömischen Kultur verloren an Bedeutung. Der Grad gesellschaftlicher Arbeitsteilung ging drastisch zurück. Es blieb eine vorwiegend agrarische Bevölkerung, die sich vor allem aus Kleinbauern zusammensetzte. Gleichzeitig nahm die Bevölkerungsdichte in der Region Basel ab und die ehemalige Grenzregion des Römischen Reichs verarmte. Reste staatlicher Aufgaben wurden von kirchlichen Einrichtungen wie zum Beispiel dem Bischof von Kaiseraugst oder einzelnen Grundherren übernommen, die ihren abhängigen Bäuerinnen und Bauern im Tausch gegen Zins und Fron Schutz gewährten. Auch viele Freie begaben sich unter die Obhut solcher Herren. Die Germanen, die bisher im nahen Grenzraum gesiedelt hatten, sickerten nur nach und nach ins Baselbiet ein. Ihr Vordringen führte seit dem 7. Jahrhundert zu einem Bevölkerungswachstum, das sich in zahlreichen neuen Siedlungen niederschlug. Dörfer im heutigen Sinne gab es aber noch nicht. An die Stelle der ehemaligen römischen Villen traten zunächst kleinere Höfe und Weiler, die aus wenigen ebenerdigen Pfostenhäusern und kleineren Nebenbauten wie Ställen, Speichern, Web- und Vorratskellern bestanden. Höfe und Weiler, die im Besitz des gleichen Grundherren standen, gehörten zu einem so genannten Herren- oder Dinghof. Aktenkundig sind beispielsweise ein Dinghof bei Arlesheim und ein Herrenhof bei Onoldswil, den heutigen Gemeinden Nieder- und Oberdorf.[26] Ding- und Herrenhöfe waren in erster Linie landwirtschaftliche Betriebe, auf denen Bedienstete beiderlei Geschlechts arbeiteten. In Zeiten hohen Arbeitsanfalls wurden sie durch die vom Grundherrn abhängigen

Bäuerinnen und Bauern der Umgebung verstärkt, die ihre Frondienste dort leisteten. Sowohl die Ding- und Herrenhöfe wie die Bauernbetriebe der Umgebung kannten eine gewisse geschlechtsspezifische Arbeitsteilung. So gehörten zum Beispiel die Essenszubereitung, das Brauen, die Wäsche, das Spinnen oder Weben zu Pflichten, welche vor allem den Frauen oblagen. Doch waren die Arbeiten nicht deutlich in einen ausserhäuslichen Bereich der Männer und einen innerhäuslichen Bereich der Frauen unterteilt. Viele Tätigkeiten verrichteten Frauen wie Männer gemeinsam: beispielsweise die Arbeit beim Backen, bei der Schafschur, bei Aussaat und Ernte, bei der Weinlese, bei der Imkerei oder beim Fischen.[27] Mit der Arbeit ihrer Bediensteten sowie der Fron und den Abgaben der Bäuerinnen und Bauern der Umgebung eigneten sich die Grundherren einen Teil der agrarischen und handwerklichen Produktion ihrer Landleute an. Einzelne der Höfe dienten den Grundherren als sporadischer Aufenthaltsort. Während die ländliche Bevölkerung sesshaft und an Grund und Boden gebunden blieb, pflegte die Oberschicht der Grundherren einen mobilen Lebensstil, der sie und ihr Gefolge von Dinghof zu Dinghof führte. So war vermutlich die Siedlung Lausen-Bettenach ein Herrenhof, in dem sich hin und wieder hohe Adelige, vielleicht sogar Könige aufhielten.

Die Ding- und Herrenhöfe waren auf die Selbstversorgung ausgerichtet und produzierten als «ganzes Haus» weitgehend selbst, wessen ihre Bewohner und Nutzniesser zum Leben bedurften. Nur ein geringer Überschuss oder wenige Luxusprodukte wie zum Beispiel Olivenöl aus Italien oder Metalle gelangten noch in den Handel. Einfachere handwerkliche Arbeiten verrichteten Bedienstete, Bäuerinnen und Bauern neben ihrer landwirtschaftlichen Tätigkeit. So woben sie zum Beispiel Textilien oder erledigten Schmiede- und Bronzegussarbeiten. Spezialisierte Handwerker wie Waffen-, Gold- und Silberschmiede, Töpfer oder Glaser gab es vermutlich in erster Linie im Umfeld der grossen Herrenhöfe sowie der Klöster. Wo sich öfter auch Adelige aufhielten, waren unter den Bediensteten vereinzelt auch Schreiber und Buchmaler anzutreffen.

Im Weinberg

Wer im Spätmittelalter durch die Rebberge des Birsecks zog, konnte in den Weinbergen des Basler Fürstbischofs Frauen und Männer beobachten, die nicht aus der jeweiligen Gemeinde selbst, sondern aus der weiteren Umgebung stammten.[28] Der Fürstbischof war im Birseck der bedeutendste Grundherr und ihm gegenüber waren die Untertanen zins- und fronpflichtig. Standen in den Rebbergen wichtige Arbeiten an, erliess der fürstbischöfliche Vogt ein Aufgebot und die einzelnen Gemeinde stellten Arbeitstrupps zusammen, die so ihren Frondienst leisteten. Gewohnheitsrechtlich war die Fronpflicht der bischöflichen Untertanen auf zwei bis drei Tage festgelegt. Doch konnte sie in Zeiten erhöhten Arbeitsanfalls auch länger dauern. Die Fron bezog sich im Birseck auf den Unterhalt des Weinbergs, auf den Transport von Weinfässern und Baumaterial sowie auf das Holzen im Winter. Ausserordentliche Frondienste mutete die Herrschaft den Untertanen dann zu, wenn auf Schlössern und Amtssitzen oder an Strassen und Brücken Bauarbeiten zu erledigen waren. Je nach Arbeit setzten sich die Gruppen vorwiegend aus Frauen oder Männern zusammen. So galt zum Beispiel im Weinbau der Transport von Dünger, das Hacken oder das Einschlagen von Pfosten als Männerarbeit, während Frauen die Reben ausbrachen und aufbanden. Zur Weinlese im Herbst erging das Aufgebot an Frauen wie an Männer. Diese Arbeit erledigten sie gemeinsam. Bei Bauten bereiteten Frauen das Essen der Bauarbeiter zu oder leisteten Hilfs- und Zuträgerarbeit.

Der Frondienst war nicht unentgeltlich. Die Landleute hatten im 15. Jahrhundert Anspruch auf Verköstigung, im 16. Jahrhundert kam ein Taglohn hinzu. Die Kost umfasste für Frauen und Männer die gleichen Rationen. Sie war reichlich bemessen und oft blieb genug übrig, um auch jene Familienmitglieder zu nähren, die daheim geblieben waren. Der Taglohn aber war je nach Arbeit und Geschlecht verschieden. Fürs Schneiden, Hacken, Graben und Rebenabschlagen erhielten die Männer zu Beginn des 16. Jahrhunderts zwei Schillinge, während die Frauen für das Binden und Ausbrechen einen Schilling erhielten. In den folgenden Jahrzehnten stiegen die Taglohnansätze. Doch wegen der Teuerung, die im Verlauf des 16. Jahrhunderts anzog, mussten die Arbeiterinnen und Arbeiter einen Reallohnverlust hinnehmen. Auch war der Frondienst gegen Kost und Taglohn vielen Untertanen nicht nur Pflicht. Zwar fiel die Arbeit für den Grundherrn häufig dann an, wenn auch auf den eigenen Äckern oder in den eigenen Rebbergen wichtige Arbeiten zu erledigen waren. Doch im Spätmittelalter waren viele Kleinbauernfamilien dringend auf einen solchen Nebenverdienst angewiesen. Oft war ihr Grund und Boden zu knapp bemessen, um ein ausreichendes Auskommen zu garantieren. Einen Überschuss zu produzieren, der sich auf dem Markt versilbern liess, war nur ausnahmsweise oder nur grösseren Betrieben möglich. Bargeld aber wurde immer wichtiger, weil sich viele Grundherren nicht mehr mit Frondiensten oder Zehnten zufrieden gaben, die in Naturalien zu erbringen waren. In zunehmendem Masse forderten sie auch eine Geldrente. So blieb die Taglöhnerei für reiche Nachbarn oder Grundherren oft die einzige Möglichkeit von Kleinbauernfamilien, ein Zusatz- und Bareinkommen zu erzielen.

Wie der Frondienst im fürstbischöflichen Rebberg zeigt, waren die Untertanen der Grundherren auch im späten Mittelalter noch abgabe- und frondienstpflichtig. Noch immer eigneten sich diese auf solche Weise einen Teil des bäuerlichen und handwerklichen Mehrertrags an. Doch die Grundherren hatten sich aus der direkten Produktion auf ihre Burgen zurückgezogen. Die Ding- und Fronhöfe, welche im frühen und hohen Mittelalter die agrarische und handwerkliche Produktion organisiert hatten, waren im Zuge der Familiarisierung aufgelöst worden. Organisatorische Produktionseinheiten in Handwerk und Landwirtschaft waren nun die Kernfamilien, die aus einem Ehepaar und seinen direkten Nachkommen bestanden. Mireille Othenin-Girard stellte in ihrer Untersuchung zur spätmittelalterlichen Vogtei Farnsburg im oberen Baselbiet fest, dass es aus ökonomischen Gründen nur wenige unvollständige Familien gab: «Die Eheleute bildeten ein Arbeitspaar, bei welchem beide den jeweils eigenen Teil zum Auskommen und Überleben der Familie beitrugen. Beide waren gleichermassen abhängig von der Arbeitsleistung des andern. Das Auskommen des Haushalts, die Wirtschaftlichkeit des bäuerlichen Betriebs basierte auf dem Arbeitsertrag beider Eheleute, denn bei der im allgemeinen geringen Haushaltsgrösse war ihre Arbeitsleistung ausschlaggebend.»[29] Nur wenn ein Paar das Haushaltseinkommen erwirtschaftete, fand eine Familie im Spätmittelalter ein genügendes Auskommen. Zwischen den Geschlechtern gab es eine gewisse Arbeitsteilung, doch ging diese nicht so weit, dass sich zwei völlig getrennte Bereiche gegenüberstanden. Fiel ein Elternteil aus, litt die Familie Not, denn die Beziehung zu entfernteren Verwandten war locker und ihre Unterstützung gering. Auch konnten sich die wenigsten Familien Gesinde leisten. Eher noch spielten die ergänzenden Leistungen des Kollektivs, von Nachbarn, Freunden, kirchlichen und kommunalen Einrichtungen eine Rolle.

Arbeit und Musse hielten sich im Mittelalter an die natürlichen Zyklen der Jahreszeiten sowie von Tag und Nacht. Die Kontraste zwischen der Helligkeit des Tages und der Dunkelheit der Nacht, zwischen der winterlichen Kälte und der sommerlichen Wärme waren deutlicher als heute. Der bäuerliche Festkalender und die kirchlichen Festtage hielten sich an die Jahreszeiten. Die Frühlingsfeste leiteten das bäuerliche Arbeitsjahr ein. Die Erntebräuche im Herbst schlossen es ab. Der Winter war die arbeitsstille Zeit der Bauern. Besonders ausgelassen ging es unmittelbar vor der Fastenzeit, in den Fasnachtstagen, zu und her. Markttage, Kirchweihen, Wallfahrten, Hochzeiten, Taufen, Begräbnisse und Tage, an denen der Obrigkeit der Eid geleistet werden musste, lieferten weitere Anlässe zum geselligen Leben, zum Feiern, Essen und Trinken, zum Tanzen, Singen, Spielen, Würfeln, Kegeln, Schiessen und Trommeln. An grossen Märkten und Kirchweihen traten Spielleute, Tierbändiger und Gaukler auf. Zudem hatten die Leute Gelegenheit, sich an Lotterien, so genannten «Glückshäfen», zu beteiligen. Allein an kirchlichen Anlässen zählte man vor der Reformation zusätzlich zu den Sonntagen rund 50 weitere Feiertage, so dass sich übers Jahr nicht wesentlich mehr Arbeitstage ergaben als heute.

Industrialisierung: Erste Phase

Die Produktionseinheit des späten Mittelalters war die bäuerliche Familie, die in erster Linie für ihr eigenes Auskommen arbeitete und einen Teil ihres Mehrertrags an die Grundherren lieferte. Nicht alle Familien besassen aber ausreichend Ackerland, um ihren Eigenbedarf zu decken und darüber hinaus auch noch etwas Überschuss zu erwirtschaften, der sich auf dem Markt in Geld ummünzen liess. Nach Albert Schnyder, der die frühneuzeitlichen Verhältnisse in Bretzwil und im oberen Waldenburger Amt untersuchte, war die Selbstversorgung in normalen Jahren auf der Ebene des Dorfes, nicht aber auf der Ebene der meisten Haushalte gegeben: «Die Vorräte waren bei wenigen Haushalten konzentriert, die Versorgung des Dorfes mit dem Grundnahrungsmittel somit extrem abhängig von diesen.»[30] Die meisten Kleinbauernfamilien hingen demnach auch von den wohlhabenden Nachbarn im Dorf ab. Die grundherrlichen Rechte hatte die Stadt Basel im Verlauf ihrer Territorialbildung an sich gezogen. Das Regiment lag dort in den Händen der städtischen Oberschicht, welche den Grossen und Kleinen Rat dominierte und sich auf der Landschaft von Vögten und Pfarrern vertreten liess. Parallel dazu hatten sich in den Gemeinden wirtschaftliche Unterschiede zwischen Bauern und Taunern herausgebildet, welche sich in sozialen Abhängigkeiten niederschlugen. Familien, die genug Land besassen, um sich selbst zu ernähren, auf dem Markt etwas Geld zu erwirtschaften und ein ganzes Ochsen- oder Pferdegespann zu unterhalten, waren wohlhabend und gehörten meist der dörflichen Oberschicht an. Gut ging es auch gewissen Handwerkern, Müllern und Wirten, welche nicht nur vom Boden, sondern auch von speziellen Dienstleistungen lebten. Familien aber, die weniger Land ihr Eigen nannten, nur Kleinvieh zu halten vermochten und ausser ihrer Arbeitskraft keine speziellen Dienste anbieten konnten, gehörten der dörflichen Unterschicht an. Sie waren darauf angewiesen, dass ein Bauer mit seinem Zugvieh ihr kleines Stück Land pflügte und sie ihm umgekehrt in Zeiten grossen Arbeitsanfalls als Taglöhner aushelfen konnten. Ihr Familieneinkommen war schmal und setzte sich aus kleinen Mengen von Naturalien und zahlreichen Kleinstbeträgen zusammen. Die dörfliche Unterschicht fristete auch in Normaljahren ein kärgliches Dasein.

Auf die Angehörigen dieser Schicht stiessen die städtischen Verleger, welche den städtischen Zunftbestimmungen ausweichen wollten. Bereits in der zweiten Hälfte des 16. Jahrhunderts hatten hugenottische Flüchtlinge, die sich in Basel niedergelassen hatten, damit begonnen, Seidenbänder in verlagsmässig organisierten Betrieben herstellen zu lassen. Sie importierten die Rohstoffe, gaben sie an handwerkliche Weber weiter, zogen die fertigen Bänder wieder ein und vertrieben diese auf den überregionalen Märkten. Die in einer Zunft zusammengeschlossenen Weber hatten sich dieser neuen Produktionsweise widersetzt und 1604 die Höchstzahl von Bandstühlen und Hilfskräften festgelegt, welche ein handwerklicher Betrieb in der Stadt beschäftigen durfte. Die Zunft konnte aber nicht verhindern, dass die Verleger auf die Arbeitskräfte ausserhalb der Stadtmauern auswichen. 1670 standen bereits 359 Webstühle auf der Landschaft.[31] Die Taunerfamilien ergriffen die Gelegenheit, um durch die Arbeit für städtische Verleger ihre unsichere Existenzbasis mit einem zusätzlichen Bareinkommen zu verbreitern. Seit der Reformation standen die Untertanen auf der Landschaft unter dem Druck der protestantischen Arbeitsmoral, welche die Arbeit adelte und den Müssiggang verwarf. «Müssiggang ist aller Laster Anfang», hiess das Motto, welches die Reformatoren aufgriffen. Wer Arbeit hatte, betrieb diese intensiv. Denn das von Gott anvertraute Gut sollte vermehrt werden. Zudem hielt Arbeit von der Sünde ab. Wer keine Beschäftigung hatte oder unterbeschäftigt war, musste sich um Arbeit bemühen, denn andernfalls war seine Armut selbstverschuldet und nur unverschuldet Arme durften mit sozialer Unterstützung rechnen.[32]

Anfänglich woben die Posamenter der Landschaft auf einfachen Webstühlen. Um 1670 kamen die Kunststühle auf, welche es erlaubten, gleichzeitig bis zu 16 Bänder zu weben. Mit dieser technischen Neuerung errangen die Basler Verlage eine europäische Monopolstellung, welche ihnen einen raschen wirtschaftlichen Aufschwung verschaffte. Um 1800 unterhielten sie rund 3000 Bandstühle, wobei nicht alle auf der Basler Landschaft standen. Unter den 5273 Haushaltsvorständen, welche man 1815 im Baselbiet zählte, stellten die Fabrikarbeiter, wie man die Seidenbandweber damals nannte, mit über 28 Prozent bereits die stärkste Gruppe. Allerdings war die Trennung zwischen landwirtschaftlichen Tätigkeiten einerseits, Handwerk oder Heimarbeit andererseits nicht scharf. Die meisten Handwerker und Fabrikarbeiter waren nebenher immer auch Kleinbauern. Mit ihrer Arbeit für die Basler Seidenbandverlage verbreiterten die landarmen und landlosen Kleinbauernfamilien auf der Landschaft Basel ihre Existenzbasis. Hatten sie einen Auftrag erledigt, kamen sie in den Besitz von Bargeld. Dieses zusätzliche Bareinkommen wirkte auf die andern Erwerbszweige zurück. Viele Kleinbauern vernachlässigten nämlich ihre Felder zu Gunsten der Arbeit am Webstuhl oder sie stellten auf eine extensive Bewirtschaftung um. Dafür aber mussten sie die Produkte, die sie nun nicht mehr selber anbauten oder herstellten, vermehrt bei den Bauern und auf den Märkten kaufen. Sie verringerten den Subsistenz- und vergrösserten den Lohnanteil ihres Familieneinkommens und trugen so dazu bei, dass der Markt für landwirtschaftliche und handwerkliche Produkte wuchs, was Handwerk und Landwirtschaft erlaubte, sich vermehrt zu spezialisieren. Brachte der Bote den Lohn, trugen die Posamenterfamilien alte Schulden ab und deckten sich mit dem Lebensnotwendigen ein. Oft war rasch zerronnen, was eben gewonnen, denn auch mit ihrer neuen Arbeit lebten die ehemaligen Taunerfamilien von Tag zu Tag und von der Hand in den Mund. Sie vertrauten darauf, dass sich eine neue Rechnung, wie man Aufträge damals nannte, einstellen würde. Blieb diese länger aus, liessen sie wieder anschreiben, das heisst, sie kauften auf Kredit ein, oder halfen bei Nachbarn als Tagelöhner aus. Doch die Bedeutung landwirtschaftlicher Tätigkeit, sei es im eigenen Kleinstbetrieb oder bei Bauern, sank. Damit lockerte sich die Abhängigkeit der Posamenterfamilien vom Boden. Die jungen Erwachsenen, die einen Webstuhl bedienten, konnten nun früher und ohne eigenen Boden heiraten. Sie würden «auf einen Stuhl hin heiraten», bemerkten die Zeitgenossen zur neuen Heiratspraxis.

Der Arbeitsort der Posamenterfamilien verlagerte sich vom Freien ins Haus. Waren die Tauner vorwiegend unter freiem Himmel tätig, so arbeiteten die Posamenterinnen und Posamenter in der Stube, wo der Webstuhl stand. Produktionseinheit blieb auch unter diesen neuen Umständen die Familie. Die Erwachsenen lösten einander am Webstuhl ab und teilten die Arbeit in Haushalt und Feld. Die Kinder dienten hier zu und halfen dort mit. Sobald sie kräftig genug waren, stellte man ihnen einen eigenen Webstuhl in die Wohnung. Auch die innerdörfliche soziale Abhängigkeit zwischen Bauern und Taunern schwächte sich ab. Doch handelten sich die Posamenterfamilien neue Schwierigkeiten ein. Sie waren nun darauf angewiesen, dass sie der Verleger immer wieder mit Rechnungen versah. Diese neue Abhängigkeit sollte sich später zum Beispiel daran zeigen, dass die Posamenterdörfer im oberen Kantonsteil während und nach den Trennungswirren der 1830er Jahre zur Stadt hielten.

Die neue Arbeit veränderte den Tages- und Jahresablauf der ehemaligen Taunerfamilien.[33] Dieser wurde nun nicht mehr von den natürlichen Zyklen der Jahreszeiten bestimmt. Ihren zeitlichen Rhythmus unterteilten die Posamenterfamilien nach Rechnungen oder nach Ellen für die zu webende Bandlänge. Dabei liefen Arbeits- und Mussezeiten nach wie vor ineinander über. Eine klare Trennung beider Phasen gab es noch nicht. Auch Arbeit und Geselligkeit blieben verwoben. Besonders aktiv griffen die Knabenschaften, die Gruppen der unverheirateten männlichen Jugend, ins gesellige Leben ein. Sie besuchten Lichtstuben, deren Teilnehmerinnen und Teilnehmer Geselligkeit und Arbeit verbanden. Sie veranstalteten nächtliche und sonntägliche Spaziergänge, Tanz- und Singanlässe und heckten Streiche aus. Solche Anlässe dienten nie allein der Zerstreuung, sie hatten immer auch die Funktion, Ehen anzubahnen. Das Erotische durchzog denn auch alle Spiele und Geselligkeiten solcher Zusammenkünfte. Der sittenstrengen Obrigkeit, vertreten durch Pfarrer und Vogt, waren diese ein Dorn im Auge, denn es vertrug sich schlecht mit dem protestantischen Arbeitsethos, wo Musse rasch Müssiggang und damit Sünde war. Doch gewannen gesellige Anlässe unter dem Einfluss der Verlagsarbeit trotz behördlichen Gegenmassnahmen an Bedeutung. Erstens vergrösserte die zunehmende Heiratsfähigkeit die Nachfrage nach Gelegenheiten, seinen Ehepartner zu finden. Zweitens nahm das Bedürfnis nach geselliger Abwechslung unter jenen Leuten zu, die tagein, tagaus in der Stube am Webstuhl sassen. Die Posamenterei steigerte somit die einst bäuerliche Festfreude, aber sie löste diese gleichzeitig aus ihrem agrarischen Zusammenhang heraus. So wie die landwirtschaftliche Tätigkeit für die Heimposamenterfamilien an Bedeutung verlor, so liess auch die Bindung des geselligen Lebens an den jahreszeitlichen Rhythmus nach. Die Posamenterinnen und Posamenter feierten die Feste, wie sie fielen: häufig dann, wenn der Bote den Lohn für die letzte Rechnung brachte. Auf der Landschaft Basel hatte die Reformation eine deutliche

Reduktion der kirchlichen Feiertage zur Folge gehabt. Im Fürstbistum Basel aber beging man noch in der ersten Hälfte des 18. Jahrhunderts zusätzlich zu den 52 Sonntagen 44 kirchliche Feiertage. Der bischöfliche Versuch, ihre Zahl zu reduzieren, um dem Maskentreiben zur Fasnachtszeit, dem Tanzen und Spielen in Wirtshäusern und an Sonntagen Einhalt zu gebieten, stiess im Birseck und im Laufental jedoch auf wenig Gegenliebe und noch Mitte des 19. Jahrhunderts führte die Feiertagsfrage zu Spannungen zwischen dem katholischen Birseck und dem jungen Kanton Basel-Landschaft.[34]

Industrialisierung: Zweite Phase

Im Verlag, bei der Arbeit der Posamenterfamilien für den Seidenbandherrn in der Stadt, kam die Rechnung oder der Auftrag mit dem Boten aufs Land. In der zweiten Phase der Industrialisierung kehrte sich dieses Verhältnis um: Jetzt gingen die Frauen und Männer zur Arbeit in die Fabrik. Der Arbeitsprozess verlagerte sich aus dem Haus in ein speziell für diesen Zweck errichtetes Gebäude. Wohn- und Arbeitsort traten auseinander. Es waren technische und wirtschaftliche Gründe, welche die Seidenbandverleger bewogen, nicht mehr allen Posamenterinnen und Posamentern die Arbeit nachtragen zu lassen, sondern einen Teil von ihnen in Fabriken zu beschäftigen. 1805 hatte der Franzose Joseph Marie Jacquard einen Mechanismus erfunden, mit dem sich mit Hilfe von Lochkarten kunstvoll verzierte Bänder herstellen liessen. Mit diesem Verfahren konnten nun auch die Basler Verleger anspruchsvolle Bänder herstellen, wie sie bisher in Lyon und St-Etienne auf handwerklicher Basis gewoben worden waren. Allerdings passten diese neuen Webstühle wegen ihrer Ausmasse nicht mehr in die Wohnstuben der Heimarbeiterfamilien und diese waren auch nicht dazu ausgebildet, die neuen Stühle ohne Anleitung zu betreiben. Deshalb stellten die Verleger die neuen Stühle in Fabriken auf. Das bot zudem die Möglichkeit, sie mit Wasser oder Dampf anzutreiben und ihre Produktivität zu erhöhen sowie den Arbeitsprozess zu kontrollieren. Der Verleger musste sich nicht mehr damit abfinden, dass die Arbeit auf den Stühlen immer wieder wegen landwirtschaftlicher Tätigkeiten oder aus anderen Gründen unterbrochen wurde. Seine Vorarbeiter und Betriebsleiter konnten darauf achten, dass die Fabrikstühle ständig liefen und nur zu knapp bemessenen Pausen oder zur Nachtzeit abgestellt wurden. Bei guter Auftragslage konnten sie auch Überstunden oder Schichtarbeit anordnen, so dass die teuren Anlagen während 24 Stunden betrieben wurden.

Für die Posamenterinnen und Posamenter, welche in der Fabrik arbeiteten, hatte die neue Situation weitreichende Konsequenzen. Bei der Verlagsarbeit woben sie daheim in den eigenen oder gemieteten vier Wänden. Der Arbeitsprozess war eingebunden in den alltäglichen, teilweise noch immer agrarisch geprägten Tagesablauf ihrer Familien. Sie bestimmten selbst über Arbeitsbeginn, -ende und -tempo. Jetzt mussten sie, um zur Arbeit zu gelangen, lange Anmarschwege in Kauf nehmen und pendeln oder sie mussten ihren Wohnsitz in die Nähe der Fabrik verlegen. In der Fabrik gaben die Sirene und die Uhren den Ton an. Sie verbreiteten das Denken in Zeitabschnitten. Sie weckten die Angst, Zeit zu verlieren oder zu spät zu kommen, und sie riefen das Bestreben hervor, Zeit zu sparen oder zu gewinnen. Die Fabriksirenen, Uhren und Vorgesetzten bestimmten, wann die Arbeit aufzunehmen, zu unterbrechen und wann sie zu beenden war. Die Rücksicht auf landwirtschaftliche Tätigkeiten oder familiäre Bedürfnisse war nicht mehr möglich. Das Arbeitstempo gab der wasser- oder dampfbetriebene Webstuhl vor. Nur wenige Posamenterinnen und Posamenter, nur wenige Tagelöhnerinnen und Tagelöhner waren ohne Not bereit, ihre bisherigen Tätigkeiten gegen Fabrikarbeit zu tauschen. Die ersten Fabriken der Seidenbandindustrie entstanden denn auch in der Stadt und rekrutierten ihre Belegschaft in der städtischen Unterschicht, wo die Zahl der Frauen, Männer und Kinder, die weder Land noch Arbeitsgelegenheiten besassen, grösser war. Erst mit der Zeit, als mehr und mehr Fabriken auch auf der Landschaft entstanden und die Verlagsarbeit unter ihrer Konkurrenz immer weniger abwarf, wechselten Arbeitskräfte aus dem agrarischen Lebenszusammenhang in die Fabrik.

Doch problemlos verlief dieser Wechsel weder in der Stadt noch auf dem Land: Die Arbeiterinnen und Arbeiter brachten eingespielte soziale Verhaltensweisen mit in die Fabrik. Mütter oder Väter kleiner Kinder, die ihren Nachwuchs nicht in die Obhut von Verwandten oder Nachbarn geben konnten, nahmen diesen zur Arbeit mit. Frauen mit Haushaltspflichten kamen verspätet zur Arbeit, legten längere Mittagspausen ein oder gingen früher weg. Auch die geselligen Seiten der Arbeit, das Singen und Plaudern, das Scherzen und Festen kam aus den Lichtstuben in die Fabrikhallen. Viele Arbeiterinnen und Arbeiter nahmen für sich in Anspruch, am Montag frei oder wie man schon damals sagte «blau» zu machen, um sich von den Strapazen eines festlichen oder feuchtfröhlichen Sonntags zu erholen oder dringende Haus- oder Gartenarbeiten zu verrichten. Im 19. Jahrhundert wird eine lange und intensive Auseinandersetzung um die Fabrikdisziplin, um Fabrikordungen und Arbeitszeitkontrollen ausgetragen. Während die Unternehmer ihre Fabrikanlagen möglichst ohne Unterbrechungen auslasten wollten, verteidigten die Arbeiterinnen und Arbeiter ihr traditionelles soziales Verhalten, das auch Momente der Musse enthielt.[35] Einige Heimarbeiterfamilien dämpften die Veränderungen, welche sich mit dem Wechsel in die Fabrik ergaben, während einer Übergangsphase auch damit ab, dass die Männer als Rucksackbauern zwischen Wohn- und Arbeitsort pendelten, während der Rest der Familie daheim zu Land und Kleinvieh schaute. Andere Familien zogen es vor, ihren Wohnsitz in die Nähe der Fabrik zu verlegen.

Arbeitersiedlung

Wer das Einkaufszentrum Schöntal in Füllinsdorf aufsucht, fährt an mehreren älteren Gebäuden vorbei. Von der Rheinstrasse her kommend steht zum Beispiel rechter Hand ein altes Transformatorenhaus.[36] Kommt man aus Richtung Füllinsdorf und überquert die Ergolz, sieht man linker Hand das ehemalige Vereinshaus, das als Kirchgemeindehaus dient, und – etwas näher zur Strasse – das alte Konsumgeschäft, in dem die Gemeindebibliothek untergebracht ist. Die alten Gebäude auf dem Weg zum Einkaufszentrum sind Reste einer grossen Industriesiedlung, die mit der industriellen Revolution entstand und sich bis in die sechziger Jahre des 20. Jahrhunderts in der Talsohle zwischen Frenkendorf und Füllinsdorf ausbreitete. Die Industriesiedlung im Niederschöntal bei Füllinsdorf entwickelte sich 1822 an einem Ort, wo sich schon im 17. Jahrhundert Gewerbebetriebe befunden hatten, welche die Wasserkräfte der Ergolz nutzten. Markus Boelger, ein Basler Handelsherr, kaufte die dortige Kupferschmiede und baute noch im gleichen Jahr ein vierstöckiges Fabrikationsgebäude, in dem er Baumwolle verspinnen liess. Später gliederte er eine Baumwollweberei an und stellte 1845 seinen Betrieb auf die einträglichere Herstellung von Florettseide um. Seinem Beispiel folgend, stellten auch benachbarte Firmen zunächst auf Baumwolle, später auf Florettseide um. Boelgers Firma aber war die erfolgreichste. Sie baute aus und übernahm auch benachbarte Fabriken. 1891 wandelte sie sich zur Aktiengesellschaft unter dem Namen Florettspinnerei Ringwald AG um und schloss im Jahre 1906 den Konzentrationsprozess im Niederschöntal ab, indem sie die Spinnerei A. Iselin & Cie. übernahm.

In der «Floretti» Ringwald stellte man in einem aufwändigen und hoch arbeitsteiligen Prozess aus Seidenabfällen Fäden her. Zuerst mussten die gepressten Abfallballen weich geklopft und in einem Fäule- oder Hitzebad vom Seidenleim befreit werden. Anschliessend wurde die nasse Seide in Sälen mit speziellen Öfen getrocknet. In einem weiteren Arbeitsgang kämmte man die getrocknete Seide zu einem Kammzug liegender und etwa gleich langer Fasern. Die Kammzüge gelangten darauf in die Verleserei, wo man sie auf Glastischen, die von unten beleuchtet wurden, von Schmutzpartikeln befreite. Im Vorwerk vereinigte man die gereinigten Kammzüge und streckte sie zu schmalen Bändern, dem so genannten Vorgespinst. Dieses wurde auf Spindelbänken weiter verfeinert und durch eine Drehung zum Vorgarn gefestigt. In der Zwirnerei verdrehte man die Seidengarne miteinander, wodurch sie weitere Festigkeit gewannen. Um die vom Faden abstehenden Faserenden zu entfernen, liess man die Garne in der Finissage mit grosser Geschwindigkeit durch eine Gasflamme oder zwischen erhitzten Platten hindurchlaufen. Zudem wurden durch Reibung unerwünschte Knötchen entfernt. Nach einer abschliessenden Kontrolle, die jede Unregelmässigkeit feststellte, haspelte man das Garn auf Strangen.

Bei den Arbeitsschritten des Fäulens, Auskochens, Trocknens und Kämmens setzte sich das Personal vorwiegend aus Männern, bei den folgenden Arbeitsgängen in erster Linie aus Frauen zusammen. Die Florettspinnerei beschäftigte denn auch wesentlich mehr weibliche als männliche Arbeitskräfte. Einzelne Arbeitsschritte übernahmen auch Heimarbeiterinnen und Heimarbeiter, so beispielsweise das Weichklopfen der Abfallballen oder das Reinigen der Kammzüge auf Glastischen. Die Fabrikarbeit in der Florettspinnerei Ringwald war nicht sehr anspruchsvoll, sondern einfach und eintönig. Wo immer möglich kamen Maschinen zum Einsatz. Beim Fäulen breitete sich Gestank, beim Auskochen und Trocknen Hitze, beim Spinnen und Finissieren Staub aus. Es fiel dem Betrieb schwer, Arbeitskräfte zu rekrutieren und zu behalten. Um eine Stammarbeiterschaft zu gewinnen, erstellte das Unternehmen deshalb im letzten Drittel des 19. Jahrhunderts im Schöntal eine Reihe von Arbeiterwohnungen. Um die Jahrhundertwende kamen weitere Meisterwohnungen und zwei Wohnhäuser dazu und 1906 baute man das Vorwerk der zugekauften Spinnerei Iselin zu einem Kosthaus mit Küche, Kantine und Bädern um. Schliesslich standen 78 Fabrikwohnungen und in der näheren Umgebung Gärten zur Verfügung. Die Arbeiterinnen und Arbeiter konnten somit in der Ringwald AG nicht nur Arbeit, sondern auch Unterkunft finden. Der Schritt, den angestammten Wohnort oder die Verlagsarbeit aufzugeben und in der Fabrik die wenig attraktive Arbeit aufzunehmen, fiel dadurch leichter. Die Gärten erlaubten es sogar, Kleintiere zu halten und auch in der neuen Umgebung einen Teil der Lebensmittel selber anzubauen. Wer einmal ins Schöntal gezogen und sich dort niedergelassen hatte, blieb fortan lange dort. Viele Familien, die in der Siedlung lebten, standen während Generationen im Dienste der Ringwald AG. Das Leben in der Siedlung und die Arbeit in der Florettspinnerei prägten die Existenz nachhaltig. Trotz Garten und Nähe von Wohn- und Arbeitsort aber war es nun kein agrarisch geprägtes Dasein mehr. Den Rhythmus gab das Fabrikhorn an. Es rief zum Arbeitsbeginn und entliess in den Feierabend. Die Arbeitszeit dauerte zu Anfang der Fabrikindustrialisierung bis 18 Stunden täglich. 1910 betrug sie noch 10 Stunden pro Tag und 1920 noch 48 Stunden pro Woche. Doch auch nach Feierabend war die Arbeit nicht beendet. Für Frauen wie Männer folgte Haus- und Gartenarbeit oder die Familie machte sich noch an die Heimarbeit, welche die Firma tagsüber geliefert hatte.

ASINO
LEHRSTELLEN

Dreifache Trennung

Die industrielle Revolution setzte der Arbeit neue Rahmenbedingungen und veränderte die gesellschaftlichen Verhältnisse im Gebiet des Kantons Basel-Landschaft grundlegend.[37] Doch sie überfiel die Menschen nicht schlagartig, wie es der Begriff nahe legt, sondern allmählich über einen Zeitraum von rund 200 Jahren hinweg. In der ersten Phase der industriellen Revolution breitete sich die verlagsmässige hausindustrielle Herstellung von Seidenbändern von Basel ausgehend auf der alten Landschaft aus. In dieser Phase schied sich die Lebenssicherung eines Teils der ländlichen Unterschicht in zunehmendem Masse vom Boden als dem bisher wichtigsten Produktionsmittel. Aus Taunerfamilien, die vollständig in den agrarischen Lebenszusammenhang eingebunden waren, wurden Posamenterfamilien, die nur noch zum Teil in diesem Zusammenhang standen. Der hausindustrielle Produktionsprozess bot dem Verleger den Vorteil, dass die Webstühle in den Häusern und Wohnungen der Posamenterfamilien standen. Diese stellten ihm damit nicht nur ihre Antriebskraft, sondern mit den Gebäuden auch einen Teil der Produktionsmittel zur Verfügung. Für die Posamenterfamilien lag der Vorzug der heimindustriellen Produktion darin, dass sie in ihrer angestammten Umgebung bleiben, wenigstens einen Teil der Lebensmittel selbst produzieren und die Arbeit in eigener Regie ausführen konnten. Es waren die Familie und ihr Oberhaupt, die entschieden, wer wann und wie lange am Webstuhl wob, Spulen wickelte, Hausarbeiten erledigte oder draussen landwirtschaftlich tätig war. In der zweiten Phase der Industrialisierung folgte der Trennung vom Boden die Trennung zwischen Arbeits- und Wohnort. Die Verleger konzentrierten die Webstühle in den Fabriken, wo sie ausreichend Platz fanden, wo für den Antrieb Wasser, Dampf oder elektrischer Strom vorhanden war und wo die Arbeiterinnen und Arbeiter der direkten Kontrolle der Unternehmer unterstanden. Mit der Konzentration der Produktion in Fabriken, die mit mechanisch betriebenen Maschinen ausgerüstet waren, stellten die Unternehmer sämtliche Produktionsmittel und die Seidenbandweberinnen und -weber verloren ihren bisherigen Einfluss auf den Arbeitsprozess. Ihnen blieb allein die Arbeitskraft und ihr Körper hatte sich der arbeitsteiligen Organisation des Fabrikbetriebes und dem Arbeitsrhythmus der Maschinen anzupassen.

Mit der Arbeit in der Fabrik und mit der Trennung von Wohn- und Arbeitsort schieden sich in der zweiten Phase auch Arbeits- und Freizeit. Weil Anfang und Ende der Präsenz in der Fabrik genau bestimmt wurden, war auch die arbeitsfreie Zeit der Arbeiterinnen und Arbeiter, die Zeit ausserhalb der Fabrik, klar umgrenzt. Während unternehmerische Disziplin und Regeln die Arbeitszeit immer stärker in Beschlag nahmen, traten der Feierabend und das Wochenende immer deutlicher als Zeitspannen hervor, welche die Arbeitenden für sich selbst beanspruchen konnten. Zu Beginn der Fabrikindustrialisierung im 19. Jahrhundert, bei Arbeitszeiten bis zu 18 Stunden, benötigte man diese Zeit für den Arbeitsweg und einen kurzen Schlaf. Auch um die Wende vom 19. zum 20. Jahrhundert, als die Arbeitszeiten kürzer waren, stand die Zeit ausserhalb der Fabriken nur beschränkt als freie Zeit zur Verfügung: In der Arbeitersiedlung Schöntal besorgten die Frauen Haushalts- und Familienarbeit. Männer besorgten den Garten und das Kleinvieh. Im Familienverband erledigte man zusätzliche Heimarbeiten. Was an Freizeit blieb, war äusserst knapp bemessen und wurde schon bald von Ansprüchen an eine sinnvolle Freizeitgestaltung besetzt, wie sie bildungsbürgerliche Modelle und Vorstellungen definierten. So verlagerte sich die Freizeit mehr und mehr in den organisierten Rahmen der Vereine, in denen gesungen, geturnt, geschossen und musiziert wurde.

WCL
WCBU 090264 5
NL 2210
MGW.
TARE
PAYLOAD
CU.CAP.
SINOCON
SNCU 390264 0
USA 2210
SINOCON
SNCU 390210 4
USA 2210
WCL
WCKU

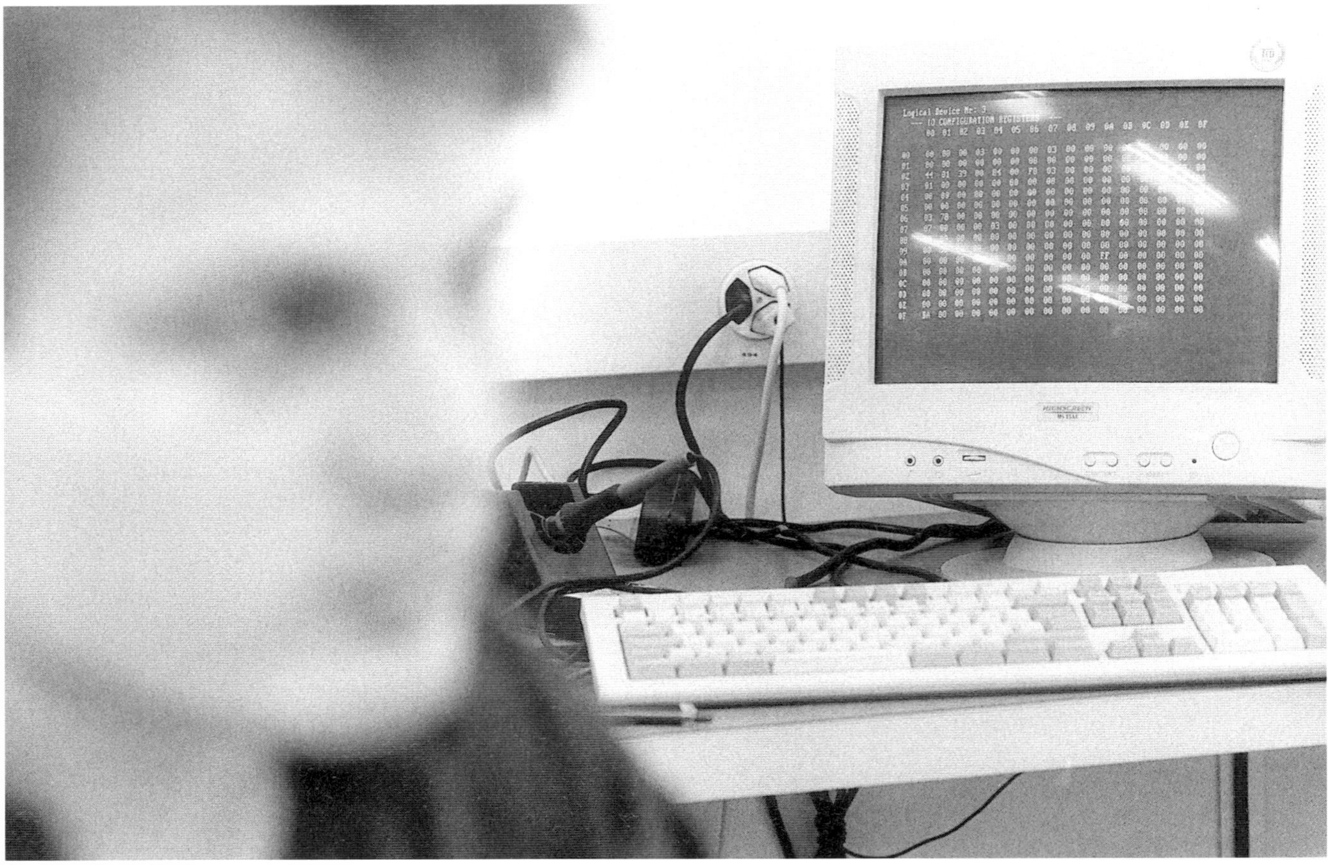

Augenschein

Die einzelnen Abteilungen der Firma Rauscher und Stöcklin in Sissach befinden sich 1999 nicht mehr dort, wo sie 1969 waren. Wo man damals die Schaltanlagen baute und verkabelte, befindet sich 30 Jahre später die mechanische Werkstatt. Und wo sich die mechanische Werkstatt befand, breitet sich 1999 die Wicklerei aus. Doch was gleich geblieben ist, sind die Gerüche der einzelnen Abteilungen. So verbreiten die öl- und kühlmittelgesättigten Holzböden noch immer ihren typisch schweren Duft. Und in der Sägerei riecht es noch wie damals nach angesengtem Isoliermaterial. Die Firma Rauscher und Stöcklin stellt Schaltanlagen, Transformatoren, Sicherungskästen, Stecker und zahlreiche weitere elektrotechnische Produkte her. Ende der neunziger Jahre beschäftigt sie rund 70 Personen, etwa 50 Personen weniger als zur Zeit ihres grössten Betriebsumfangs. Doch das Personal von 1999 produziert in kürzerer Zeit mehr als die 120 Personen damals. Für die höhere Produktivität sind mehrere Faktoren verantwortlich: Zunächst stehen im Produktionsbetrieb neben Bohr- und Stanzmaschinen, die schon vor 30 Jahren dort liefen, einige hochmoderne, computergestützte Produktionszentren, welche mit geringerem Personalaufwand einen grösseren Ausstoss liefern. Zweitens fertigt die Firma weniger Bestandteile, die sie zur Herstellung ihrer Produkte braucht, in den eigenen Werkstätten. Dafür bezieht sie mehr von Zulieferfirmen, die ihrerseits über hochproduktive Apparate verfügen und die Bestandteile günstiger herstellen können. Schliesslich kommt dazu, dass das Personal besser ausgebildet ist. Wer Ende der neunziger Jahre als Lehrling in den Betrieb einsteigt, bildet sich nicht mehr zum spezialisierten Elektro-, sondern zum vielseitigeren Polymechaniker aus. Seine Lehrzeit verbringt er nur noch zu einem kleinen Teil mit produktiver Arbeit im Betrieb. Kurse ausserhalb der Firma und Ausbildungsarbeiten im Betrieb selbst nehmen einen guten Teil der Lehrzeit in Anspruch.

Männer- und Frauenarbeit

Bei der Montage elektrotechnischer Geräte und in der Wicklerei beschäftigt die Firma Rauscher und Stöcklin einige Frauen, doch ist die Mehrzahl der Angestellten in den Werkstätten männlichen Geschlechts. Da die Fabriken des Kantons Basel-Landschaft vor 100 Jahren noch zur Hauptsache der Textilindustrie angehörten, stellten die Frauen damals die Mehrheit der Arbeiterinnen und Arbeiter in den Fabriken. Mit der Diversifikation der Baselbieter Industrie zu Beginn des 20. Jahrhunderts kehrten sich diese Mehrheitsverhältnisse um. In den Fabriken der Textilindustrie blieben weiterhin die Frauen in der Mehrzahl, doch in den Betrieben der Metall- und Maschinenindustrie sowie der Chemie überwogen die männlichen Arbeitskräfte. Dieser Prozess setzte sich nach dem Zweiten Weltkrieg fort, als mit dem steigenden Wohlstand mehr und mehr Männer einen Lohn verdienten, der sie in die Lage versetzte, eine Familie allein zu ernähren. Das bürgerliche Familienmodell, das die innerhäuslichen Tätigkeiten den Frauen, die ausserhäuslichen den Männern zuschrieb, konnte sich damit auch in weniger wohlhabenden Schichten durchsetzen. Vorausgegangen war dieser Entwicklung eine intensive Auseinandersetzung um das so genannte «Doppelverdienertum», das die berufliche Tätigkeit von Frauen in Misskredit brachte. Auch im Baselbieter Landrat waren während der Weltwirtschaftskrise der 1930er Jahre Stimmen zu vernehmen, die von Frauen verlangten, sie sollten zu Gunsten arbeitsloser Männer auf ihre Arbeitsstelle verzichten. Für mehr und mehr Frauen trat damit an die Stelle der Verdienstarbeit ausserhalb des Hauses die Arbeit in Haushalt und Familie, wo die Frau als unbezahlte Allrounderin einen privaten Dienstleistungsbetrieb aufrechterhielt.

Rationalisierung

Die Firma Rauscher und Stöcklin trug mit ihrer Produktionspalette nicht nur dazu bei, dass in Industrie und Haushalten in den letzten 100 Jahren immer mehr elektrische Apparate und Maschinen eingesetzt wurden, sie verfügt auch selbst über einen grossen strombetriebenen Maschinenpark. Die Fabrikherren des 19. Jahrhunderts gaben sich nicht damit zufrieden, die Poren des Arbeitstages, welche die Arbeiterinnen und Arbeiter mit ihrer herkömmlichen sozialen Praxis für sich in Anspruch genommen hatten, durch Disziplinierungsmassnahmen und Arbeitszeitkontrollen zu schliessen. Darüber hinaus wurden sie von der Konkurrenz anderer Anbieter gezwungen, die Arbeit ihrer Belegschaften durch Rationalisierung und Automatisierung zu intensivieren. Zu Beginn des 20. Jahrhunderts legten Frederick Taylor und Henri Ford die Grundlagen des Scientific Managements, das die Arbeitsprozesse in kleinste Schritte unterteilte und möglichst effizient organisierte. Ziel war es, die Handgriffe der Arbeiterinnen und Arbeiter zu routinisieren und zu perfektionieren sowie – wo möglich – durch Maschinen zu ersetzen. Das Akkordlohnsystem, das der Entlöhnung nicht die Arbeitszeit, sondern die Zahl der fertig gestellten Zwischenprodukte zu Grunde legte, unterstützte diesen Prozess. Wurde in der Rationalisierung die Arbeitspsychologie und -physiologie angewandt, so waren die technischen Wissenschaften Grundlage des Maschinenbaus und der Entwicklung neuer Produkte und Verfahren. In der Arbeitswelt gewann Wissen, das sich ausserhalb der Produktionshallen entwickelte, an Bedeutung. Die Fabrikorganisation spiegelte diese Veränderung, indem sie neue Abteilungen wie zum Beispiel Konstruktionsbüro und Arbeitsvorbereitung ausbildete. Die kaufmännischen Abteilungen ihrerseits setzten das Wissen der Betriebswirtschaft und des Marketings um. Wie der Augenschein bei Rauscher und Stöcklin zeigt, sind diese Abteilungen selbst einem Rationalisierungsprozess unterworfen. So sind Bildschirme Ende des 20. Jahrhunderts in den kaufmännischen und technischen Abteilungen weit zahlreicher als in den Werkstätten. Weil diese in erster Linie Kleinserien fertigen, lohnen sich automatisierte Anlagen oder Roboter nur im Einzelfall. Nur die Maschinen, die bei Rauscher und Stöcklin die Kernbleche der Transformatoren schneiden und schichten, sind weitgehend automatisiert. In diesem Fall aber zeigte sich an der Betriebsbesichtigung auch die Anfälligkeit hoch technisierter Apparate. Weil ein zentrales Steuerungselement defekt war und ersetzt werden musste, stand die Anlage während mehrerer Tage still.

Indem den Werkstätten nach 1900 nach und nach kaufmännische und technische Abteilungen angegliedert wurden, traten den Arbeiterinnen und Arbeitern, die Arbeitsschürzen und Überkleider trugen, in den Unternehmen mehr und mehr kaufmännische und technische Angestellte in weissen Berufsschürzen oder mit weissen Kragen gegenüber. Dies spiegelt auf der Ebene des einzelnen Betriebes einen Vorgang der gesamten gesellschaftlichen Entwicklung: Die zunehmende Spezialisierung und Professionalisierung vertiefte die gesellschaftliche Arbeitsteilung. Je mehr Geld eine Familie verdiente und je geringer der Anteil an Nahrungs- und Gebrauchsgütern wurde, den sie sich selbst erwirtschaftete, desto stärker wuchs jener Anteil an Produkten, die eine Arbeiterfamilie über den Markt besorgte. Das vermehrte die Absatzmöglichkeiten für Anbieter von Lebensmitteln, Gebrauchsgütern und Dienstleistungen. Neben der Industrie, die selber Konsumgüter herstellte, profitierten davon auch Gewerbe- und Dienstleistungsbetriebe. Nach und nach entstanden auch in diesen Branchen Grossfirmen. Auf gesamtgesellschaftlicher Ebene gewann der Tertiärsektor an Bedeutung. Im Kanton Basel-Landschaft war es in den 1970er Jahren so weit, dass die Dienstleistungsbranchen den Industriesektor in der Zahl der Beschäftigten überflügelten.

Freizeitgesellschaft

Die Mitarbeiterinnen und Mitarbeiter der Firma Rauscher und Stöcklin arbeiteten im Jahre 2000 42 Stunden pro Woche. Ihre Präsenzzeit registriert eine computergestützte Zeiterfassungsanlage, die der Betriebsleitung jederzeit einen Überblick darüber erlaubt, wer zur Zeit im Betrieb ist und an welchem Auftrag er gerade arbeitet. In einem gewissen Rahmen sind die Leute frei, ihre Arbeitszeit selbst und flexibel festzulegen. Je kürzer die Arbeitszeit, desto länger aber auch die Freizeit, die zum Ausgleich der grösseren Arbeitsbelastung nötig wurde und zur Verfügung stand. Die 48-Stunden-Woche, der arbeitsfreie Samstag und der vertraglich oder gesetzlich verbriefte Anspruch auf bezahlte Ferien waren wichtige Schritte in dieser Entwicklung.

Zu Beginn des 20. Jahrhunderts verbrachten die meisten Leute ihre Freizeit noch weitgehend in den Vereinen, die sich im 19. Jahrhundert herausgebildet hatten. Dort sang und musizierte man, dort strickten und engagierten sich die Frauen, dort turnten und schossen die Männer. Später vervielfältigte sich das Angebot der Vereine. Es entstanden schichtspezifische Zusammenschlüsse wie zum Beispiel die Arbeitersport- und -turnvereine und jede neue Freizeitbeschäftigung führte früher oder später zur Gründung eines weiteren Vereins oder Clubs. Ferien waren zunächst ein Privileg der Begüterten.[38] Sie verfügten über die Zeit und über das Geld, um sich zur Erholung und zum Vergnügen an die Küste, in die Berge oder auf Reisen zu begeben. Davon profitierte auch der Kanton Basel-Landschaft, wie der Aufstieg Langenbrucks zum Kur- und Ferienort zeigt. Den Wohlhabenden folgten die besser gestellten Beamten und kaufmännischen Angestellten. Mit wachsendem Ferienanspruch und Einkommen konnten sich schliesslich auch die unteren gesellschaftlichen Schichten Ferien leisten. Nach dem Zweiten Weltkrieg setzte der Massentourismus ein, der immer mehr Menschen an immer fernere Feriendestinationen bewegte. Die Art und Weise, wie Ferien gestaltet wurden, war dabei stark von den Vorstellungen über die sinnvolle Nutzung der Freizeit beeinflusst, wie sie zunächst Vertreter des Bildungsbürgertums, später Agenturen der Tourismusindustrie verbreiteten. Mit dem Wohlstand stieg jener Anteil des Haushaltsbudgets, der für die Freizeit zur Verfügung stand. Zu den Vereinen kamen zunächst Kinos, Taschenbücher, Groschenromane und Zeitschriften, später Radio- und TV-Apparate sowie Discos, schliesslich Personalcomputer, Hobby-Märkte, Freizeitparks und Fitness-Clubs hinzu: Ein Markt für Freizeitangebote entstand, den eine wachsende Freizeitindustrie belieferte. Auch der Warenkonsum und die Mobilität entwickelten sich zu wichtigen Freizeitbeschäftigungen. So spielen Wochenendeinkäufe eine wichtige Rolle und Einkaufszentren wie die Autobahnraststätte bei Pratteln sind ein beliebtes Ziel von Ausflügen.

Am Anfang des 21. Jahrhunderts stellt sich das Verhältnis von Arbeit und Musse in zweifacher Weise als widersprüchlich dar. Einmal kontrastiert die Krise der Arbeitsgesellschaft, die sich in einer vergleichsweise hohen Erwerbslosigkeit niederschlägt, mit dem Leiden sehr vieler Menschen an zu viel und zu intensiver Arbeit. Ihr Stress ist eine Folge der Überregulierung und Rationalisierung, welche die Arbeitswelt seit Beginn der Industrialisierung immer stärker bestimmt haben. In der Erhöhung der Geschwindigkeiten, welche die modernen Verkehrsmittel erreichen, hat die Beschleunigung der Arbeitsrhythmen eine symbolische Entsprechung gefunden. Zum andern dominiert das Zeitverhalten der Arbeitswelt inzwischen auch die Freizeit: Wer sich in der Freizeit nicht beschäftigt, hat Angst, sich in Leere oder Langeweile zu verlieren, oder er befürchtet, sich dem Vorwurf des Müssiggangs oder der Faulheit auszusetzen. Das lineare zeitliche Denken, das Arbeit hinter Freizeit und Freizeit hinter Arbeit stellt, steht Vorstellungen im Wege, die Arbeit und Musse zusammen denken. Und der Zwang, keine Zeit zu verlieren, sondern im Gegenteil zu sparen, sorgt auch ausserhalb der Arbeitswelt für Druck. Auf der Strecke bleibt dabei oft die Musse, die Zeit für sich, die Spontaneität, die Sinnlichkeit, die Ruhe, die Erholung, die Entspannung, die Flucht, das Spiel und das Vergnügen. In den Vorstellungen vom Abenteuer auf einer paradiesischen Insel jenseits des Alltags, wie sie uns in der Tourismuswerbung oder in Fernseh-Robinsonaden begegnen, drängen Wünsche an die Oberfläche, die in der modernen Arbeits- und Freizeitgesellschaft nur unzureichend Raum erhalten.[39]

Budweiser
BUDWEISER

Lesetipps

Zum Thema Arbeit und Musse in den unterschiedlichen Zeiten ist für die frühen Epochen das informative und sehr schön illustrierte Werk Tatort Vergangenheit (Ewald/Tauber 1998) zu empfehlen.

Wertvolle Ergänzungen liefern zwei umfangreiche Ausstellungskataloge: Frauen–Zeiten–Spuren (Auffermann 1998) trägt Ergebnisse der Frauen- und Genderforschung für die Ur- und Frühgeschichte zusammen. Out of Rome (1997) gibt Einblicke in die konkrete Arbeits- und Lebenswelt zur Römerzeit.

Was die Arbeit betrifft, so sind für die späteren Epochen die Beiträge im Sammelband von Pfister u.a. (1996) sowie die Arbeiten von Braun (1960 und 1965) wichtig.

Ergänzungen zur Situation im Baselbiet liefern Meier (1997), Grieder (1985) und die unveröffentlichte Lizentiatsarbeit von Schaltenbrand (1989).

Über Musse, Freizeit und Ferien und ihre Geschichte gibt es nur wenige Arbeiten, die sich mit dem Baselbiet oder der Schweiz befassen. Empfehlenswerte Ausnahmen sind die beiden Studien von Schumacher (1992 und 1999).

Künstlerischer Beitrag

Thomas Kneubühler, geboren 1963 in Solothurn, lebt und fotografiert meistens in Basel. Mitglied der Genossenschaft VIA AudioVideoFotoKunst.

Anmerkungen

1 Godelier 1990, S. 11–33; Schmid 1996.
2 Knöpfel 1999.
3 Pfister et al. (Hg.) 1996, S. 9–10.
4 Corbin 1995, S. 10–17.
5 Tauber 1998a, S. 94–95.
6 Godelier 1990, S. 113.
7 Sedlmeier 1998a, S. 286–348.
8 Stodiek/Paulsen 1996; Stodiek 1993.
9 Kobbe 1999; Sedlmeier 1998b; Wolf 1996.
10 Grauwiller 1961, S. 9–10.
11 Kästner 1998; Müller-Beck 1998; Owen 1998, S. 167.
12 Du. Die Zeitschrift der Kultur, 8/1996; Hahn 1986.
13 Sedlmeier 1998a, S. 313; Bosinski 1982, S. 27–31.
14 Röder 1998, S. 242–244.
15 Godelier 1990, S. 71; Röder 1998, S. 249.
16 Sedlmeier 1998c; Fischer 1998a, b, c.
17 Fischer 1998c, S. 407–410.
18 Röder 1998, S. 244–260; Scherzler 1998, S. 313.
19 Ewald et al. 1997, S. 14.
20 Eggebrecht et al. 1980, S. 95–154; Berger 1998, S. 15.
21 Zum Folgenden: Hecht 1997 und 1998.
22 Godelier 1990, S. 140.
23 Hecht 1998, S. 66.
24 Eggebrecht et al. 1980, S. 95–154; van der Ven 1972, S. 36–108.
25 Out of Rome, S. 123, 165.
26 Marti 1998, S. 478; Tauber 1998b, S. 489–491.
27 Wolf-Graaf 1983, S. 15–49.
28 Zum Folgenden: Rippmann 1996a und 1996b.
29 Othenin-Girard 1994, S. 89.
30 Schnyder 1992, S. 146.
31 Zum Folgenden: Meier 1997, S. 87–94.
32 Meyer 1998, S. 210.
33 Zum Folgenden: Braun 1960, S. 90–126.
34 Kurmann 1991.
35 Braun 1965, S. 185–254; Dubois 1996.
36 Zum Folgenden: Schaltenbrand 1989.
37 Zum Folgenden: Braun 1965, S. 297–361.
38 Zum Folgenden: Schumacher 1992 und 1999.
39 Maase 1997; Corbin 1995, S. 10–17.

Bekanthnus vnsers hey-
ligen Christenlichen gloubens/
wie es die kylch zů Basel
haldt.

Corde creditur ad iusticiam, ore au-
tem fit confessio ad salutem.
Rom. 10.

28.

Bild zum Kapitelanfang
Das Basler Bekenntnis von 1534
Das Titelblatt zeigt mit dem Basler Stab ein weltliches, obrigkeitliches Emblem. Sichtbar wird in diesem Bild die enge Verflechtung von Staat und Kirche. Das Basler Bekenntnis bildete zusammen mit der Reformationsordnung von 1529 gewissermassen die neue Verfassung Basels, in der sich die Stadt als christliches Gemeinwesen zu erneuern suchte: Darin legte die Obrigkeit nicht nur die Grundsätze des neuen Glaubens fest, sondern sie reglementierte auch das Verhalten des Einzelnen und das Zusammenleben der Menschen in Stadt und Land.

Bauernaufstand und Reformation

Im Zuge des Bauernaufstandes, der in den Gemeinden des Baselbietes und des Fürstbistums Ende April/Anfang Mai 1525 ausbrach, stellten die Bauern in verschiedenen Beschwerdebriefen reformatorische Forderungen; rein quantitativ gesehen spielten die religiös-kirchlichen Klagen jedoch nicht die Hauptrolle. Ebenfalls nur schwach vertreten ist die göttlich-rechtliche Legitimation, die ein zentrales Argument in den Zwölf Artikeln der deutschen Bauern war, jenem Forderungskatalog, der insbesondere in Süddeutschland grosse Akzeptanz fand. Im Birseck lehnte sich einzig Pfeffingen eng an die Zwölf Artikel an. Im Baselbiet argumentierte vor allem der Liestaler Leutpriester Stephan Stör religiös, ohne allerdings konkrete Anliegen göttlich-rechtlich abzustützen.[1]

Von den acht Gemeinden im fürstbischöflichen Gebiet, aus denen Beschwerdebriefe überliefert sind, begehrten nur drei, Arlesheim, Oberwil und Laufen, eine bessere kirchliche Versorgung. Im Einzelnen wurde die Verwendung des grossen Zehnten für den Unterhalt des Pfarrers, die Residenzpflicht für Geistliche, das häufigere Lesen der Messe sowie das Einsetzen des Pfarrers nach dem Gefallen der Gemeinde gefordert. Die Stadt Laufen, welche die umfangreichsten Beschwerden formulierte, wollte zudem das geistliche Gericht aufheben. Arlesheim und Oberwil verlangten die Abschaffung des kleinen Zehnten, Laufen die des Kreuzgeldes, einer Abgabe von zwei Pfennig pro Haushalt an das Domstift, und des Christhabers, einer Abgabe an den Pfarrer.[2]

In der alten Landschaft Basel wurden die Beschwerden von obrigkeitlichen Schreibern niedergeschrieben, hauptsächlich im Zuge der Verhandlungen mit der Basler Herrschaft. Die Untertanen wurden ämterweise angehört und nützten die Gelegenheit, ihre Anliegen – dem Verhandlungsverlauf angepasst – zu differenzieren und zu ergänzen. Ihre religiös-kirchlichen Forderungen betrafen schwerpunktmässig die Verwendung des grossen Zehnten und die seelsorgerische Betreuung. Die Zehnteinnahmen soll-

Kirche und Staat
Bereits vor der Reformation war die Obrigkeit in der Kirche präsent, wie diese Basler Standesscheibe aus der Liestaler Stadtkirche belegt. Wie in anderen Bereichen auch zeigt sich in der Verknüpfung von Kirche und Obrigkeit nach der Reformation kein Bruch in der Entwicklung. Auf ein Bittgesuch der Stadt Liestal stifteten 1507 nicht nur Basel, sondern auch Solothurn, Luzern, Zürich und Bern Standesscheiben für den neu erbauten Chor.

Laienfrömmigkeit und Kirchenkritik
In vorreformatorischer Zeit war die formale Einheit der Christenheit das für weite Teile Europas selbstverständliche Merkmal, in ihr verbanden sich Kirche und Welt, Religion, Gesellschaft und Politik. Die Reformation kann insofern als Zäsur gesehen werden, als sie bewirkte, dass nicht mehr nur ein christliches Bekenntnis Normen setzte und das Leben eines Grossteils der Bevölkerung gestaltete. Die Entstehung des Protestantismus führte zur Herausbildung einer neuen Kultur.[1] Disparate Strömungen hatte es bereits im alten Glauben gegeben, doch nun konstituierten sich Städte und fürstliche Territorien als reformgesinnte Gemeinwesen auf neuen religiösen Grundlagen und grenzten sich zunehmend gegen die Altgläubigen ab. Anstelle der christlich-abendländischen Einheit trat eine Vielheit: Sie schlug sich nieder in den unterschiedlichen reformierten Bekenntnissen, aber auch in der bewussten Ausprägung einer altgläubig gebliebenen Kultur.
Die Ideen der Reformatoren waren jedoch nicht absolut neu, sondern sie reihten sich in eine Tradition der Kirchenkritik und der Bemühungen um die Kirchen- und Ordensreform seit dem Spätmittelalter ein. Die intensive Laienfrömmigkeit des 15. Jahrhunderts stellte einen weiteren Wegbereiter

Blick in den Chor
Die Reformation veränderte nicht nur das Aussehen der sakralen Landschaft – durch die Entfernung von Wegkapellen und -kreuzen –, sondern auch das Innere der nun reformierten Kirchen: In der Liestaler Stadtkirche verschwanden nicht nur die Bilder, sondern vermutlich bereits in den ersten Jahren nach der Reformation auch der Lettner. Die räumliche Abtrennung des Chors verlor seine Funktion, denn Geistliche und Laien wurden zu Teilen einer christlichen Gemeinde. Dass sich die Umgestaltung der Kirche von Liestal nachweisen lässt, überrascht nicht. Zum einen hatte sich die Gemeinde früh für die Reformation eingesetzt und wirkte nun initiativ und selbstbewusst auf den baulichen Vollzug der kirchlichen Neuerung hin. Auch der Basler Obrigkeit könnte es besonders wichtig gewesen sein, dass die Kirche des städtischen Zentrums, das in die Umgebung ausstrahlte, die Reformation sichtbar umsetzte. Zum andern verfügte Liestal in seiner Eigenschaft als zentraler Ort mit stärker ausgebauter Verwaltung über eine bessere Überlieferung schriftlicher Belege.

ten nicht mehr der Bereicherung des Klerus dienen, sondern wieder ihrer biblischen Bestimmung gemäss grundsätzlich nur den Gemeinden, dem Pfarrer und den Armen zukommen. In unterschiedlicher Weise äusserten sich die Ämter über die Erhebungs- und Verteilungsmodalitäten: Während Liestal den Zehnten der Herrschaft überliess, die den Leutpriester daraus ausreichend besolden sollte, beanspruchten die Untertanen aus dem Amt Farnsburg diese Funktion für sich. Die Legitimität des grossen Zehnten

der Reformation dar. Reformatio hiess zunächst, die aus dem Lot geratene Ordnung wieder herzustellen und Missstände zu beseitigen; insofern war sie anfänglich systemkonform. Getragen wurde die vielfältige Erneuerung von der geistlichen und von der weltlichen Herrschaft, von den Gläubigen in der Stadt und auf dem Land, aber auch von den monastischen Gemeinschaften, die sich selbst von innen heraus reformierten und bemüht waren, zu ihren ursprünglichen Ordensregeln zurückzukehren. 1423 vollzog das Steinenkloster als erstes in Basel die Klosterreform. Der Kritik am Klerus versuchte die Kirche zu begegnen, indem sie den Zugang zum geistlichen Stand und dessen Ausbildung regelte: Das Priesteramt sollte wieder der Seelsorge dienen und nicht mehr als Versorgungsinstitution missbraucht werden. Die Religion stellte die Grundlage für Staat und Gesellschaft dar, deshalb war die kirchliche Erneuerung auch der weltlichen Herrschaft ein Anliegen. Seit Beginn des 15. Jahrhunderts war der Basler Rat Träger einer klerikal beeinflussten städtischen Reformpolitik, die die Lebensführung der Bevölkerung in zentralen Bereichen zu steuern und den Gehorsam der Bürger gegenüber dem Stadtregiment zu verstärken suchte. Mit dem Erlass der Reformationsordnung von 1498 erreichte die städtische

wurde also nicht in Frage gestellt – anders als beim kleinen Zehnten, der auf grundsätzliche Ablehnung stiess. Einzig Liestal verlangte nicht die Aufhebung desselben, sondern lediglich eine Senkung. Gefordert wurde ausserdem die Abschaffung des geistlichen Gerichtes in Schuldsachen. Die wirtschaftlich-fiskalischen Forderungen, die quantitativ die Hauptgruppe ausmachten, richteten sich vereinzelt auch gegen Klöster.[3]

Zur Predigt äusserten sich die Liestaler und die Leute der Herrschaft Münchenstein-Muttenz: Sie forderten, dass das «mandat des gotlichen worts»[4] gelten solle. Sofern diese Formulierung tatsächlich die Meinung der Untertanen unmittelbar wiedergibt und nicht bereits durch die obrigkeitliche Niederschrift verfälscht ist, so wünschten sie nicht direkt die Predigt des reinen Evangeliums, sondern lediglich, dass sich die Herrschaft an das eigene Predigtmandat aus dem Jahr 1523 halten solle, das einen Kompromiss zwischen Alt- und Neugläubigen darstellte und die Predigt nach beiden Glaubensrichtungen zuliess. Das Anliegen richtete sich gegen die Haltung von Kirche und Obrigkeit, die trotz des Mandats reformgesinnte Pfarrer entlassen hatte. Von der Absetzung betroffen war beispielsweise der Pfarrer von Rothenfluh, der bereits im Januar 1525 die Bilder seiner Kirche zerstört hatte und darauf von der Obrigkeit verhaftet und gegen Urfehde wieder entlassen worden war.[5] Wenn die Untertanen also verlangten, das Mandat zu respektieren und alle reformierten Pfarrer auf der Landschaft predigen zu lassen, so forderten sie damit die Predigt nach dem neuen Glauben. Dass einzig die Untertanen im Farnsburger Amt die freie Pfarrwahl verlangten, macht deutlich, dass – im Gegensatz zu anderen Aufstandsgebieten – nicht primär die Ausweitung kommunaler Kompetenzen, sondern die Verbesserung der seelsorgerischen Betreuung im Zentrum der religiös motivierten Anliegen stand. Die Vergrösserung der gemeindlichen Autonomie wurde zwar nicht ausgeschlossen, auffallend ist jedoch, dass die Untertanen auch auf die Verantwortung der städtischen Herrschaft pochten, votierten sie doch für eine verstärkte herrschaftliche Kontrolle der Kirche.

Sittlichkeitspolitik des 15. Jahrhunderts ihren Höhepunkt. Ihre reformatorische Fortsetzung fand diese Politik in der Reformationsordnung von 1529 und in der Ehegerichtsordnung von 1533.[2]

Das Reformbedürfnis der Bevölkerung auf dem Land und in der Stadt setzte fort, was sich bereits in der spätmittelalterlichen Frömmigkeit geäussert hatte:[3] Die intensive Laienfrömmigkeit zeigte sich nicht nur in der individuellen oder innerfamiliären Heilsvorsorge, die etwa in Jahrzeitstiftungen ihren Ausdruck fand, sondern auch die Gemeinden wurden im religiösen Bereich aktiv. Darin manifestierte sich ein neues kollektives Gemeindebewusstsein, das die Sorge um das Seelenheil des Einzelnen und der Gemeinschaft einschloss. Die Gemeinden bemühten sich auch um kommunale Autonomie in der Verwaltung des Kirchengutes. Gemeinden ohne Kirche wünschten sich zudem einen eigenen Priester. Die Stiftung einer Pfründe legte den Grundstein für seinen Unterhalt und damit die Errichtung einer eigenen Kirchgemeinde. Im Wunsch nach einem eigenen Pfarrer, einer eigenen Kirche kam die Kritik an der schlechten seelsorgerischen Betreuung in grossen Kirchgemeinden zum Ausdruck. Im Notfall oder bei schlechtem Wetter, so die immer wiederkehrende Begründung, sei der Empfang der Sakramen-

Während sich der Widerstand der Untertanen gegen die Obrigkeit nicht in Angriffen auf Landvogteischlösser und andere obrigkeitliche Gebäude Luft machte, fand ihre kritische Haltung im religiös-kirchlichen Bereich ihren Ausdruck in verschiedenen Aktionen gegen kirchliche Institutionen und Klöster: So suchten Aufständische aus den fürstbischöflichen Herrschaften das Kloster Lützel heim, auch das Kloster Bellelay schien bedroht. Baselbieter Bauern plünderten die Klöster Olsberg und Schöntal und den Keller des Domstifts in Liestal. Auf dem Weg vor die Tore der Stadt Basel zogen die Aufständischen essend und trinkend durch die Frauenkonvente zum Roten Haus und im Engental in Muttenz. Die Überfälle gegen die Klöster spielten sich in Form einer rituellen Heimsuchung ab: Die Bauern hielten sich vor allem an Nahrungsmitteln und am Wein schadlos, kirchliches Gerät oder Bücher waren nicht betroffen. Diese brauchtümlichen Strafaktionen dienten nicht der Verwüstung der Klöster, auch ihre materielle Grundlage sollte nicht völlig zerstört werden: Offenbar sahen die Bauern in den Klöstern nach wie vor legitime Institutionen.[6]

Der Aufstand fand durch eidgenössische Vermittlung und Verhandlungen zwischen Obrigkeit und Untertanen im Fürstbistum und in der Basler Landschaft bald ein Ende. Im Baselbiet erhielten die Bauern in den letzten Maitagen und Anfang Juni 1525 von der Obrigkeit Vertragsurkunden, die so genannten Freiheitsbriefe. Im Fürstbistum dauerte es – bedingt durch die Schwäche der fürstbischöflichen Herrschaft und die politische wie militärische Isolation des Fürstbischofs – bis zur vertraglichen Beendigung der Erhebung bedeutend länger, sie erfolgte zwischen 1528 und 1532. Die Basler Herrschaft war bestrebt, einen bewaffneten Konflikt mit ihren Untertanen zu vermeiden und zu einer Verhandlungslösung zu kommen, und verhielt sich daher entgegenkommend. Nach anfänglicher Schwäche gelang es der Stadt, ihre Position durch eine Beruhigung der innerstädtischen Unruhen und durch ihre erfolgreiche Vermittlertätigkeit in den benachbarten Gebieten zu stärken, wodurch die Gefahr einer überregionalen Verbindung der

te nicht gewährleistet. Ausserdem beschwerten sich die Gemeinden darüber, dass sie die kirchlichen Dienstleistungen erkaufen mussten. Mit einer gemeindlichen Pfründenstiftung verband sich die Forderung nicht nur nach einer im Dorf präsenten, sondern auch nach einer wohlfeilen Kirche, die die Sakramente zu erschwinglichen Preisen spendete. Einen Höhepunkt des gemeindlichen Einsatzes für das Seelenheil stellte die selbständige Durchsetzung der Reformation in einigen Gemeinden des Baselbietes und des Fürstbistums dar. Die Bevölkerung kritisierte auch die Praxis des geistlichen Gerichtes, das zur Einforderung von Geldschulden den Bann erliess und so das Seelenheil wegen ganz weltlicher, oftmals geringfügiger Anlässe aufs Spiel setzte.

Mit der Ausbreitung reformatorischen Gedankengutes akzentuierte sich die Kritik an der Sonderstellung des Klerus, an seiner Befreiung von Steuern und anderen bürgerlichen Pflichten wie den Wachdiensten. Kirchen und Klöster gerieten wegen der religiösen Lehre sowie aufgrund ihrer sozioökonomischen Stellung zunehmend unter Druck. In Basel verschärfte die konfessionelle Frage die Spannungen zwischen Handwerks- und Herrenzünften, da der neue Glaube bei den Handwerkern starken Anklang fand. Seit Beginn des

Bauern gebannt war. Die geschickte eidgenössische Vermittlung und die anfänglichen Zugeständnisse der Obrigkeit, die nicht mehr rückgängig zu machen waren, brachten auch die Untertanen dazu, auf friedliche Konfliktformen einzuschwenken. In den Freiheitsbriefen fanden die Untertanen einen Teil ihrer Forderungen – nicht zuletzt im materiellen Bereich – erfüllt, so wurde das geistliche Gericht in Schuldsachen und der kleine Zehnt aufgehoben. In Bezug auf die reformatorischen Anliegen wurde lediglich der Status quo bestätigt: Die Leutpriester sollten das göttliche Wort gemäss dem bereits erlassenen Mandat predigen, der grosse Zehnt wurde von der Obrigkeit für den Unterhalt des Priesters verwendet.[7]

Dem Basler Rat gelang es nach dem Bauernaufstand, seine Machtposition zu stärken. Die Territorialherrschaft war gefestigt. Die innerstädtischen Spannungen konnten durch die Gewerbeordnung von 1526 entschärft werden. Dem Klerus hatte er bereits in den ersten Tagen des Aufstandes, Anfang Mai 1525, unter dem Eindruck der Proteste in Stadt und Land und in der Hoffnung, die Gemüter zu besänftigen, wichtige Privilegien entzogen: In weltlichen Angelegenheiten wurden die Geistlichen dem Schultheissengericht unterstellt und hatten Gebote und Verbote des Rats zu befolgen. Ausserdem mussten sie das Bürgerrecht annehmen und waren zur Zahlung von Steuern und zur Leistung von Wachdiensten verpflichtet. Nach den Ereignissen von 1525 intensivierte der Rat den Zugriff auf die Klöster; er förderte die Tendenz, die Aufnahme von Nachwuchs zu verhindern. Damit erfüllte er eine Forderung der Untertanen.[8]

Reformation im Birseck und im Laufental

Während der Bauernaufstand im Baselbiet die kirchlichen Verhältnisse 1525 nicht umwälzte, verhalf er der Reformation in einigen Gemeinden des Birsecks und des Laufentals zum Durchbruch: Möglich wurde dies einerseits durch die Schwäche der fürstbischöflichen Herrschaft. Zum andern konnten die Gemeinden ihren Handlungsspielraum durch das Burgrecht, das einige

16. Jahrhunderts vollzog sich in der ländlichen und der städtischen Gesellschaft Basels ein politischer und religiöser Umbruch, der in den 1520er Jahren einen Höhepunkt erreichte. In dieser Konfliktkonstellation erhoben sich die Bauern nicht nur im Baselbiet und im Fürstbistum, sondern in vielen Teilen des Reichs und der Eidgenossenschaft zum Aufstand.[4]

Sichtbare Zeichen der Reformation

Das Innere der Kirchen veränderte sich nach der Reformation sichtbar. Mit der Aufhebung der Trennung zwischen Geistlichen und Laien, die den alten Glauben geprägt hatte, fiel auch die räumliche Abtrennung des sakralen Raumes im Chor, der nur von den Geistlichen betreten werden durfte, dahin. Reformierte Geistliche und Gläubige waren gleichwertige Teile einer Kirche, das zeigte sich auch in der Öffnung des ganzen Kirchenraumes. Anstelle des Altars trat der Taufstein, die Nebenaltäre sowie viele Kultgegenstände, wie etwa Monstranzen, vor allem aber die Heiligenbilder und -statuen hatten keine Funktion mehr. Die Annahme des neuen Glaubens und die Beseitigung der Bilder fielen, wie die Beispiele aus dem Birseck und Laufental belegen, zeitlich nicht immer zusammen, was die Prozesshaftigkeit der Reformation verdeutlicht.

von ihnen im September 1525 mit der Stadt Basel geschlossen hatten, erheblich vergrössern.[9] Es war jedoch nicht der Basler Rat, der die Reformation durchsetzte, vielmehr spielte sich ein Prozess ab, der sich – anders als auf der Basler Landschaft – als bäuerliche Reformation begreifen lässt: Die Gemeinden nahmen die evangelische Predigt selbst – ohne obrigkeitliche Verordnung – an und bestimmten teilweise auch die neuen Pfarrer. Zum Teil wurden sie von den altgläubigen Kollatoren eingesetzt und gegebenenfalls von den Gemeinden verteidigt, wenn der Fürstbischof diese Geistlichen entfernen wollte. Hier wurde faktisch verwirklicht, was in den Beschwerdebriefen gefordert worden war: Die Gemeinden entschieden selbst, wer die Pfarrstelle versehen sollte.

Der Konflikt zwischen Fürstbischof und Untertanen blieb ungelöst in der Schwebe, bis sich der Basler Rat von 1528 an verstärkt um einen Ausgleich zwischen den beiden Parteien bemühte, denn instabile Herrschaftsverhältnisse in der unmittelbaren Nachbarschaft lagen trotz Differenzen zum Fürstbischof nicht im Interesse der Stadt. Unter Basler Vermittlung wurden in den Jahren 1529 bis 1532 Verträge zwischen den beiden Streitparteien abgeschlossen, die neben den herrschaftlichen auch die kirchlichen Verhältnisse regelten: Die Pfarrwahl wurde den Gemeinden nicht zugestanden; die reformatorische Predigt allerdings, die sich an zahlreichen Orten seit 1525 durchgesetzt hatte, wurde geschützt. Die Forderung einzelner Gemeinden nach der Verwendung des grossen Zehnten für den Unterhalt des Pfarrers liess sich nicht verwirklichen. Der Fürstbischof verwies auf seine mangelnde Kompetenz in dieser Frage, da die Zehntherren direkt angesprochen werden müssten. Gegen die Abschaffung der kleinen Zehnten wehrte sich der Fürstbischof ebenfalls mit dem Hinweis, dass diese Forderung nicht ihn allein, sondern sämtliche Zehntherren betreffe. Gegenüber einzelnen Gemeinden verzichtete der Fürstbischof immerhin auf seinen Anteil am kleinen Zehnten und er befreite sie von dessen Nachzahlung für die Jahre 1525 bis 1532. Zieht man Bilanz, so ist für die reformatorischen

Auf der Basler Landschaft wurden die Bilder an einigen Orten vor der Annahme der Reformation durch den Rat 1529 entfernt. Besonders früh, im Januar 1525, also noch vor dem Bauernaufstand, zerstörte der Rothenfluher Pfarrer die Bilder, an verschiedenen Orten erfolgte der Bildersturm 1528. Die Taten sind als Höhepunkte der reformatorischen Auseinandersetzung zu interpretieren oder gar als Versuche, die Reformation autonom durchzuführen. Nach 1529 wurden Statuen und Wandgemälde wohl an den meisten Orten beseitigt oder übermalt. Der genaue Zeitpunkt lässt sich jedoch oft nicht nachweisen. Trotz der grossen symbolischen Bedeutung wurde die Innenausstattung nicht überall sofort vom vorreformatorischen Schmuck befreit. In Sissach und Tenniken beispielsweise blieben die Holzdecken trotz der Marienverehrung in den Spruchbändern erhalten.[5] Obwohl sich die Reformationsordnung gegen die Bilder aussprach,[6] blieben auf der Basler Landschaft Zeichen der Heiligenverehrung erhalten. Das legt nahe, dass die Obrigkeit die Entfernung der Bilder nicht verordnete oder dass sie sich nicht durchsetzen konnte.
In der Liestaler Stadtkirche wurde 1529 neben den Altären, den Figuren und Wandbildern möglicherweise auch der Chorlettner entfernt, der in der Rechnung fortan

Bäuerin und Bauer
In der reformierten Ehelehre erhielt die Ehe als einziger Ort legitimer Sexualität eine besondere Wertschätzung. Die Basler Ehegerichtsordnung galt zwar für Stadt und Land, doch noch im 18. Jahrhundert richtete sich die Landbevölkerung nach Normen, die von der Ehegerichtsordnung abwichen.
So duldete die ländliche Gesellschaft vor- und aussereheliche Sexualität unter gewissen Bedingungen. Wurden die ländlichen Normen übertreten, so schalteten die Dorfgemeinden die Obrigkeit ein, wenn sie den Konflikt nicht selbst lösen konnten.
Die Kupferstiche aus der Zeit um 1700 stammen aus einer Serie von Trachtenbildern von Barbara Wentz und Anna Magdalena de Beyerin von Basel.

Wandgemälde der Heiligen Barbara und des Heiligen Jakob
Die Reformationsordnung lehnte Bilder ab, dennoch wurden sie nicht überall sofort übertüncht oder zerstört. Ein Beispiel für vorübergehend erhaltene Heiligendarstellungen sind die abgebildeten aus der St. Niklauskirche in Lausen, die erst 1564 übermalt wurden. Die Wandgemälde im Chor wurden 1874 entdeckt, damals teilweise und anlässlich der Innenrenovation der Kirche in den Jahren 1971/72 vollständig freigelegt. Die erste Restauration 1874 ist deshalb bemerkenswert, weil sie den Wert des Bildes erkannte und die Freilegung weder bei den Behörden noch bei den Gläubigen auf Widerstand stiess.

Forderungen Ähnliches festzustellen wie für die Beschwerden insgesamt: Die Vertragsbestimmungen stützten sich mehrheitlich auf die herkömmliche Praxis ab und bestätigten den Status quo von 1525. Keine Seite musste eine markante Verschlechterung ihres Rechtsstandes hinnehmen. Die gemeindlichen Wünsche blieben zwar mehrheitlich unerfüllt, einige Erfolge konnten die Untertanen jedoch verbuchen und sie mussten keine neuen Verpflichtungen gegenüber ihrem fürstbischöflichen Herrn in Kauf nehmen.

Besondere Bedeutung kam dem Burgrecht der fürstbischöflichen Gemeinden mit Basel zu: Im Konflikt mit ihrer Obrigkeit konnten die Birsecker und Laufentaler, ob als Gemeinde oder als Einzelperson, beim Basler Rat Hilfe suchen. Das eröffnete den Untertanen Handlungsmöglichkeiten, obwohl Basel die Interessen der Verburgrechteten nicht durchwegs unterstützte, ging es der Stadt doch vor allem um stabile herrschaftliche Verhältnisse in ihrer Nachbarschaft. Eine Erosion der fürstbischöflichen Herrschaft war unerwünscht.[10]

In den Dörfern des Birsecks und in Laufen fand die reformatorische Predigt zu einem Zeitpunkt Gehör, als sich in Basel die Reformation noch nicht durchgesetzt hatte und der Rat sich ihr gegenüber zurückhaltend zeigte. Nachdem die reformgesinnten Kräfte 1529 auch in Basel die Oberhand erhalten hatten, eröffnete sich dem Rat eine neue, auf die Stärkung der Reformation im fürstbischöflichen Gebiet abzielende Politik; sie beeinflusste die Basler Vermittlung zur Beilegung des Aufstandes von 1525: In den Verträgen, die der Fürstbischof 1529, 1530 und 1532 mit den Untertanen im Birseck und Laufental schloss, musste er den evangelischen Predigern Bewegungsfreiheit im Fürstbistum zugestehen. Anfänglich zeichnete sich der Einbezug der reformierten Kirchen im Fürstbistum in die entstehende Basler Kirchenorganisation ab – eine Entwicklung, an der die dortigen Pfarrer interessiert waren. Bereits wenige Jahre später zeigten sich aber im Basler Rat deutliche Vorbehalte gegen eine sichtbare Vereinigung der reformierten fürstbischöflichen Kirchgemeinden mit der Basler Kirche. Um das Verhältnis

nicht mehr erwähnt wird. 1534 liess man den Predigtstuhl verbessern. Die Entfernung des Chorgestühls aus dem Chor und dessen Aufstellung im Schiff weisen auf die vorgängige Entfernung des Chorlettners hin. Zwei Jahre später erfolgte die Anschaffung eines Pultes, einer Anzahl Stühle, der Kanzelstiege und des Kanzelgatters. 1539 kaufte man Abendmahlstische und einen Almosenstock an. Nicht näher umschriebene Veränderungen fanden 1534 auch in der Kirche von Bubendorf statt, zwei Jahre später wurde ein Schemel zu einem Abendmahlstisch abgeändert.[7]
1525 wurde in Sissach die alte Kirche bis auf den Turm abgebrochen. Obwohl sich die kirchliche Erneuerung bei Baubeginn bereits abzeichnete, sah die Anlage einen Hauptaltar und mehrere Nebenaltäre vor, die der bei den Gläubigen tief verwurzelten Heiligenverehrung dienten. Nach der Reformation wurde der Hochaltar abgetragen, die Innenausstattung war noch unvollendet. Erhalten blieben die erwähnte spätgotische Holzdecke und zwei neu gestiftete Scheiben des Sisgauer Kapitels, die die Apostel Peter und Paul darstellten.[8]
Im Baselbiet wurde die Veränderung der Innenausstattung nach der Reformation bisher nicht systematisch erforscht. Eine Ausnahme stellt die Kirche von Lausen dar. Hier blieben die Wandgemälde bis 1564 er-

mit dem Fürstbischof nicht unnötig zu belasten, wollte der Rat dem Anschein entgegenwirken, dass die Stadt Teile des Fürstbistums in religiösen Dingen an sich ziehe. Die Stärkung der Reformation war dem Rat eine Störung der gutnachbarschaftlichen Beziehung mit dem Fürstbischof nicht wert.

Wie eng die Verflechtungen mit der Basler Kirche dennoch waren, zeigt sich besonders auch bei den Inhabern der Pfarrstellen im Fürstbistum. Von den 49 Geistlichen, die sich zwischen 1529 und 1581 in den Kirchgemeinden Laufen, Pfeffingen, Oberwil, Reinach, Therwil/Ettingen, Allschwil und Arlesheim nachweisen lassen, hatten zehn bereits im Basler Kirchen- und Schuldienst gestanden, zwei Geistliche hatten vorher in der ab 1556 von Basel kirchlich beeinflussten Markgrafschaft gewirkt, drei im Gebiet der Eidgenossenschaft, weitere drei im süddeutschen Raum. Betrachtet man die weitere Laufbahn der 49 Pfarrer, so findet man 22 gleichzeitig oder später im Dienst der Basler Kirche. Die Tendenz, dass Geistliche aus dem fürstbischöflichen Gebiet anschliessend in Basler Pfarreien wechselten, nahm zu: Zwischen 1529 und 1550 lassen sich im Fürstbistum fünf Pfarrer zählen, die gleichzeitig oder anschliessend in Basler Diensten standen, zwischen 1551 und 1570 waren es 14.

Die reformierten Kirchgemeinden im fürstbischöflichen Gebiet dürften weniger attraktiv gewesen sein. Nicht nur hatten die Geistlichen bei der Obrigkeit weniger Rückhalt zu erwarten, sondern auch bei Anpassung der Besoldung oder beim Unterhalt von Kirche und Pfarrhaus waren immer wieder altgläubige Zehnt- und Kirchherren beizuziehen, die begreiflicherweise kein Interesse daran hatten, reformgesinnte Prediger grosszügig auszustatten.[11]

Reformation in Stadt und Landschaft Basel

Der Annahme der Reformation durch den Basler Rat 1529 gingen rund zehn Jahre reformatorische Auseinandersetzungen in der Stadt voraus. Luthers Schriften gelangten bereits rund ein halbes Jahr nach der ersten Veröffentlichung via Strassburg nach Basel und wurden hier verschiedene Male

halten und wurden erst dann übertüncht.[9] Eine neuere Untersuchung konnte nachweisen, dass Teile des Wandgemäldes zerstört worden sind: Die Attribute der Heiligen Barbara wurden abgeschlagen, das Gesicht des Heiligen Jakob sowie der Kopf der Stifterfigur wurden zerstört. Diese bewusste Beschädigung von Gesichtern und Heiligenattributen könnte auf eine Tat der Reformationszeit hindeuten, ein genauer Zeitpunkt lässt sich jedoch nicht nachweisen.[10] Weitere sichtbare Veränderungen nach der Reformation bestanden darin, dass Beinhäuser abgebrochen oder anders genutzt wurden und dass man die Wegkreuze entfernte.

Stephan Stör

Seit den frühen 1520er Jahren gab es auf der Basler Landschaft Geistliche, die im reformatorischen Sinn das Evangelium verkündeten. Einer von ihnen war der Liestaler Leutpriester Stephan Stör, der seit 1521 Anhänger der Reformation war. Seine Biographie ist charakteristisch für das Leben von Geistlichen während der Reformation. Stör wurde um 1485 geboren. 1503 studierte er in Tübingen, später in Basel. In Liestal ist er 1517 erstmals schriftlich erwähnt, seine Berufung als Leutpriester war jedoch bereits 1512 erfolgt. Er wandte sich früh dem reformierten Glauben zu, predigte zunächst eher versteckt, ab 1523,

Altgläubig bauen in neuer Zeit
Obwohl sich die Reformation beim Neubau der Sissacher Kirche 1525 bereits abzeichnete, wurde diese noch ganz im Zeichen des alten Glaubens gebaut. Das zeigt sich besonders in der Innenausstattung, die nach der Reformation erhalten blieb. Die Glasgemälde von Petrus und Paulus stiftete das Sisgauer Kapitel für die neue Kirche. Vor der Reformation war Sissach Versammlungsort des Priesterkapitels im Sisgau. Diese Versammlung wurde bereits im Baujahr Schauplatz reformatorischer Auseinandersetzung, indem der Rümlinger Pfarrer Jerg Stähelin die alte Lehre heftig angriff.

Reformator in Basel
Johannes Oekolampad wurde 1482 als Johann Husschin im schwäbischen Weinsberg geboren. Seine Mutter Anna Pfister war Baslerin. Diese verwandtschaftlichen Beziehungen, aber auch Basels Ruhm als Zentrum des Buchdruckes erklären, weshalb er die Stadt zwischen 1515 und 1518 dreimal aufsuchte, bevor er sich im November 1522 hier niederliess. Seine Ausbildung hatte ihn in die Lateinschule von Heilbronn und ab 1499 an die Universität von Heidelberg geführt, die er 1503 mit dem Magister abschloss. Zunächst arbeitete er als Privatlehrer, von 1510 an erstmals als Prediger in Weinsberg. Seither führte er die griechische Übersetzung seines deutschen Namens. 1518 wurde er an den Dom von Augsburg berufen. Bereits in Weinsberg fiel er durch seine an Reformgedanken orientierten Predigten auf, in Augsburg wendete er sich immer stärker vom alten Glauben ab. 1520 trat er ins Kloster Altomünster ein, wo er reformatorische Gedanken über Abendmahl und Beichte entwickelte. Nach deren Veröffentlichung floh er und fand vorübergehend eine Stelle, an der er reformiert predigen konnte. In Basel eingetroffen, wurde Oekolampad zu einem Protagonisten der Reformation in der Stadt. Er intensivierte seine Kontakte zu Zwingli, hielt Vorlesungen an der Universität und wurde 1525 zum Prediger von St. Martin berufen. Im Spätherbst 1528 wandte er sich in einem Hirtenbrief an die reform-

gedruckt. Basel war nach 1518 für einige Jahre eines der wichtigsten Verteilzentren für Luthers Werke in ganz Westeuropa. Auch Zwinglis Schriften wurden rezipiert. Die Verbreitung refomatorischen Gedankengutes unter der Basler Bevölkerung lässt sich nicht vor 1520 beobachten, aber von diesem Jahr an intensivierte sie sich zusehends. In mehreren Kirchen und auch im Münster wurden evangelische Predigten gehalten, und in einigen Klöstern, besonders bei den Franziskanern, regte sich Unruhe. Von 1522 an artikulierte sich gezielte Opposition gegen die traditionelle Kirche, Fastengebote wurden gebrochen und Prozessionen gestört. Auch auf der Landschaft predigten seit den frühen zwanziger Jahren reformgesinnte Prediger, so Johannes Stucky von Zürich in Oltingen, Fridolin Brombach von Rheinfelden in Maisprach, Georg Stähelin von Memmingen in Rümlingen sowie Stephan Stör in Liestal.[12]

Ende 1522 liess sich Johannes Oekolampad in Basel nieder und entwickelte sich rasch zum Anführer der reformatorischen Bewegung. 1523 hielt er erste Vorlesungen an der Universität und übernahm die Predigerstelle zu St. Martin. Die Zustimmung zur Reformation war jedoch nicht ungeteilt. Zu den Gegnern gehörte neben mehreren Professoren der Universität eine politisch einflussreiche Gruppe wohlhabender Kaufleute und Ratsherren. Widerstand leistete auch das Domkapitel, der Rat duldete die reformierte Predigt nur halbherzig.[13] Im April/Mai 1523 ermöglichte das erste Predigtmandat die freie Predigt des Evangeliums. Der neue Glaube, von dem sich viele niedrige Geistliche und eine grosse Mehrheit der städtischen Handwerker angesprochen fühlten, konnte sich dadurch freier entfalten, der Konflikt mit dem Domkapitel blieb jedoch ungelöst im Raum stehen.

Angesichts der unentschiedenen Haltung des Rates und der Interessen des mächtigen Domkapitels trug die verbreitete Zustimmung der Landschaft zum neuen Glauben zu einer Verschärfung der Spannungen bei. Diese mündeten in den bereits erwähnten Bauernaufstand. Am Ende des Jahres 1525 wurde auch in fünf der sechs städtischen Pfarrkirchen evangelisch

als Basel mit dem ersten Reformationsmandat die neue Lehre zuliess, offen und ungehindert im neuen Sinn. Überzeugt, dass die Priesterehe nicht im Widerspruch zur Bibel stehe, bat er gegen Ende des Jahres 1523 Schultheiss und Rat von Liestal, heiraten zu dürfen. Stör und seine Haushälterin lebten schon lange im Konkubinat und hatten mehrere gemeinsame Kinder. Die Gemeinde billigte Störs Ehe, das Domkapitel setzte ihn jedoch als Priester ab. Vorübergehend scheint er im Amt verblieben zu sein. Im Februar 1524 legte Stör seine Ansichten über die Priesterehe an einer Disputation in Basel erfolgreich dar, trotzdem bekräftigte der Rat Störs Absetzung und verbot ihm, Liestal künftig zu betreten. Die Leutpriesterstelle wurde gegen den Widerstand der Gemeinde mit einem Altgläubigen besetzt, wenig später übernahm aber wieder ein Anhänger der Reformation das Amt. Ähnliches geschah mit der Katharinenpfründe, für die Liestal das Präsentationsrecht inne hatte: Das Städtchen übertrug sie 1523 dem reformgesinnten Luzerner Heinrich Sinckentaler. Nachdem er gegen den anstelle von Stör berufenen altgläubigen Leutpriester agitiert und in verschiedenen Häusern Privatversammlungen abgehalten hatte, wurde er abgesetzt. In Liestal löste dies heftigen Widerspruch aus.[11]

gepredigt, trotzdem blieb der Rat unentschlossen. 1527 und 1528 erliess er neue Mandate, die die individuelle Entscheidungsfreiheit in religiösen Fragen proklamierten. Darin äusserte sich weniger ein allgemein akzeptiertes Verständnis von Toleranz als die ratlose Hoffnung, der Konflikt werde mit der Zeit von selbst verschwinden. Der Obrigkeit ging es vor allem darum, die Ruhe in der Stadt zu bewahren und deren wirtschaftliche Prosperität nicht zu gefährden.

Nach dem Bauernaufstand setzten sich die reformatorischen Auseinandersetzungen auch auf der Landschaft fort – allerdings nicht ungehindert.[14] Der Rat drohte dem Priester von Kilchberg mit der Absetzung, wenn er nicht von Neuerung absähe und die Messe und Jahrzeiten, die er bereits abgeschafft hatte, wieder halte. In Liestal, wo die Reformation früh Unterstützung gefunden hatte, erwirkte ein Stifter beim Basler Rat, dass seine Jahrzeit nach vier Jahren Unterbrechung wieder gehalten wurde. In Pratteln und Munzach wurden reformgesinnte Pfarrer vorübergehend von altgläubigen abgelöst. Um 1527/28 bildeten sich vor allem in Liestal und Lausen Täufergemeinschaften, zu denen auch einige ehemalige Führer des Bauernaufstandes gehörten.[15] Die reformatorische Bewegung wies schon früh verschiedene Strömungen auf; die Täufer wollten die Reformation schneller und radikaler vollziehen und gingen deshalb zunehmend auf Distanz zu den prominenten Wortführern der Reformation. Die Klostergemeinschaften auf dem Land lösten sich durch den Weggang der Mönche und Nonnen allmählich auf. Schöntal war bereits vor der Verwüstung von 1525 kein blühendes Kloster mehr; es wurde nach dem Bauernaufstand aufgehoben und vom Basler Spital in einen landwirtschaftlichen Betrieb umgewandelt. Die Landschaft setzte sich jedoch nicht geschlossen für den neuen Glauben ein, so war beispielsweise Münchenstein altgesinnt, auch in Bubendorf, Bennwil und Langenbruck blieben die altgläubigen Priester unangefochten.

Im Jahr 1528 erreichte der reformatorische Prozess mit Bilderstürmen in verschiedenen Gemeinden einen Höhepunkt, so ist die Entfernung der Bil-

Die Frage der Priesterehe war für die Reformatoren zentral. Stör äusserte sich anlässlich der Disputation jedoch weniger programmatisch; sein Auftritt diente dazu, seine eigene, erst kürzlich geschlossene Ehe zu legitimieren. Stör argumentierte, die Ehe sei keinem Stand in der Bibel verboten, die Unkeuschheit hingegen sei jedem Gesetz zuwider. Da Sexualität in der reformierten Lehre als menschliches Grundbedürfnis gelte, sei die Ehe allen Ständen zur Vermeidung der Unkeuschheit geboten. Besonders schändlich sei es, wenn ein Priester in Unkeuschheit lebe. Er müsse mit dem Bann belegt werden und sei deshalb zum Priesteramt untauglich. Die Verheiratung sei für das Ansehen des Priesters und damit auch für die erfolgreiche Verkündigung des Evangeliums wichtig. Mit der Eheschliessung wurde für Stör die Ordnung wiederhergestellt, die durch Unkeuschheit entstandene Unordnung aufgehoben.[12]

Nach seiner Absetzung scheint Stör in der Gegend geblieben zu sein. Offenbar fiel er nicht gänzlich in Ungnade, denn der Rat berief ihn im Februar 1525 zum Beichtvater und Prediger im Frauenkloster Gnadental in der Spalenvorstadt. Anfang Mai 1525, als der Bauernaufstand in vollem Gang war, befand sich Stör in Liestal. Am 2. Mai nahm er an einer von den Liestalern sehr

gesinnten Pfarrer der Landschaft und des fürstbischöflichen Gebietes und bestärkte sie in ihrer Lehre, mahnte sie jedoch gleichzeitig zur Geduld und grenzte sich – wie bereits zuvor in der Stadt – gegen die Täufer ab. Johannes Oekolampad wurde der erste Antistes der reformierten Kirche Basels; theologisch folgte er weitgehend Zwingli, entwickelte aber seine eigene Position in der Frage der Kirchenzucht. Oekolampad war seit 1528 mit der damals 24-jährigen Witwe Wibrandis Rosenblatt verheiratet; er starb 1531 und wurde im Kreuzgang des Münsters bestattet. Das Gemälde aus dem Jahr 1550 stammt von Hans Asper.

Wibrandis Rosenblatt
Wibrandis Rosenblatt gilt als eine der zentralen Frauenfiguren der Reformation am Oberrhein. 1504 in Säckingen geboren, heiratete sie als 20-Jährige den Basler Lehrer Ludwig Keller. Früh verwitwet, verheiratete sie sich nacheinander mit den drei Reformatoren Johannes Oekolampad, Wolfgang Capito aus Strassburg und Martin Butzer ebenfalls aus Strassburg. Sie brachte elf Kinder zur Welt, sieben Töchter und vier Söhne. In allen Ehen führte sie einen grossen Haushalt, dem nicht nur Kinder aus verschiedenen Ehen und betagte Eltern angehörten, sondern in dem sie auch immer wieder Gäste beherbergte. Nach Butzers Tod 1551 im englischen Asyl – er war in Strassburg auf Druck von katholisch gesinnten Ratsherren abgesetzt worden – kehrte Wibrandis nach Basel zurück. Sie starb 1564 an der Pest.

der aus den Kirchen Waldenburg und Pratteln belegt. Im Leimental zeigt sich, dass sich die Gemeinden über die Herrschaftsgrenzen hinweg beeinflussten: Im fürstbischöflichen Therwil hatte sich die Reformation im Zuge des Bauernaufstandes durchgesetzt, die Bilder zerstörte die Gemeinde erst im Frühjahr 1528. Das baslerische Benken gelangte zu Beginn des Jahres 1528 an den Rat und wünschte, zu «hushalten wie die von Terwiler». Im Laufe des Jahres stürmte auch diese Gemeinde die Bilder. Der altgesinnte Priester blieb jedoch im Amt.

Die Ereignisse in Therwil, Ettingen und Laufen verdeutlichen die Prozesshaftigkeit der Reformation: Obwohl bereits seit einigen Jahren reformiert gepredigt wurde, entfernten die Gemeinden die Bilder erst 1528. Diese Handlungen lassen sich als Höhepunkte des noch nicht durch einen Vertragsabschluss gelösten Konfliktes zwischen Gemeinden und Landesherrn interpretieren. Der Bildersturm war eine von der Gemeinde getragene Aktion. Der Pfarrer, so die Aussage eines Verhörten aus Laufen, habe gepredigt, man dürfe keine Bilder haben. Darauf stimmte die Gemeinde – ohne Mittun des Meiers, der die Unterstützung verweigerte – an einer formell einberufenen Gemeindeversammlung ab und beschloss mit deutlichem Mehr, die «getzen herusz ze thund». Der Bildersturm stellte also keine regellose Handlung dar, sondern das Vorgehen deckte sich mit anderen gemeindlichen Widerstandsaktionen. Die Gemeinde versprach sich, die Folgen der Handlung gemeinsam zu tragen. Das stärkte nach aussen und band die Gemeinde im Innern zusammen. Die Minderheit, die den Bildersturm ablehnte, wurde zum Verstummen gebracht. Wer nicht als Verräter gelten und Repressalien ausgesetzt sein wollte, hatte sich dem Mehrheitsbeschluss zu unterwerfen.[16]

Im Laufe des Jahres 1528 zeichnete sich in Basel die Entscheidung für die Reformation immer stärker ab. Eine entsprechende Petition wurde am 2. Dezember durch eine informelle Versammlung von Zunftmitgliedern gutgeheissen und dem Rat vorgelegt. Von da an war der kirchliche Umschwung ganz zu einer Angelegenheit der Zünfte geworden. Als sich die Verhandlun-

gut besuchten Landsgemeinde der oberen Ämter teil und wandte sich in einer Rede an die Anwesenden: Er beschwor die göttliche Gerechtigkeit, die der Unterdrückung ein Ende machen werde, mahnte die Versammelten aber gleichzeitig zu geregelten Konfliktformen. Ähnlich wie viele Bauern im Reich legitimierte Stör den Widerstand gegen die Obrigkeit mit dem göttlichen Recht. Den Rückhalt in der Bevölkerung verlor Stör, weil er sich mit zwei anderen Liestalern, aber ohne formellen Beschluss der Landsgemeinde, in einem Brief an die Basler Zünfte wandte und sie zu einem gemeinsamen Vorgehen aufforderte. Stör war – wohl nicht einmal zu Unrecht – davon ausgegangen, dass er den Basler Handwerkern einen konsensfähigen Vorschlag unterbreitet hatte. Da ihm sowohl von Seiten der Obrigkeit als auch der Untertanen Sanktionen drohten, musste er am 7. Mai fliehen. Störs Schicksal belegt, wie wichtig den Landleuten autonomes Handeln war: Sie liessen Stör fallen, obwohl er für die gemeinsamen Interessen eintrat, sich jedoch nicht an die kollektiven Entscheidungsfindungsprozesse hielt. Das formal korrekte Vorgehen war den Landschäftlern wichtiger als Störs inhaltliches Engagement.

Stör beteiligte sich nur sehr punktuell am Bauernaufstand: Er war nicht der Anführer

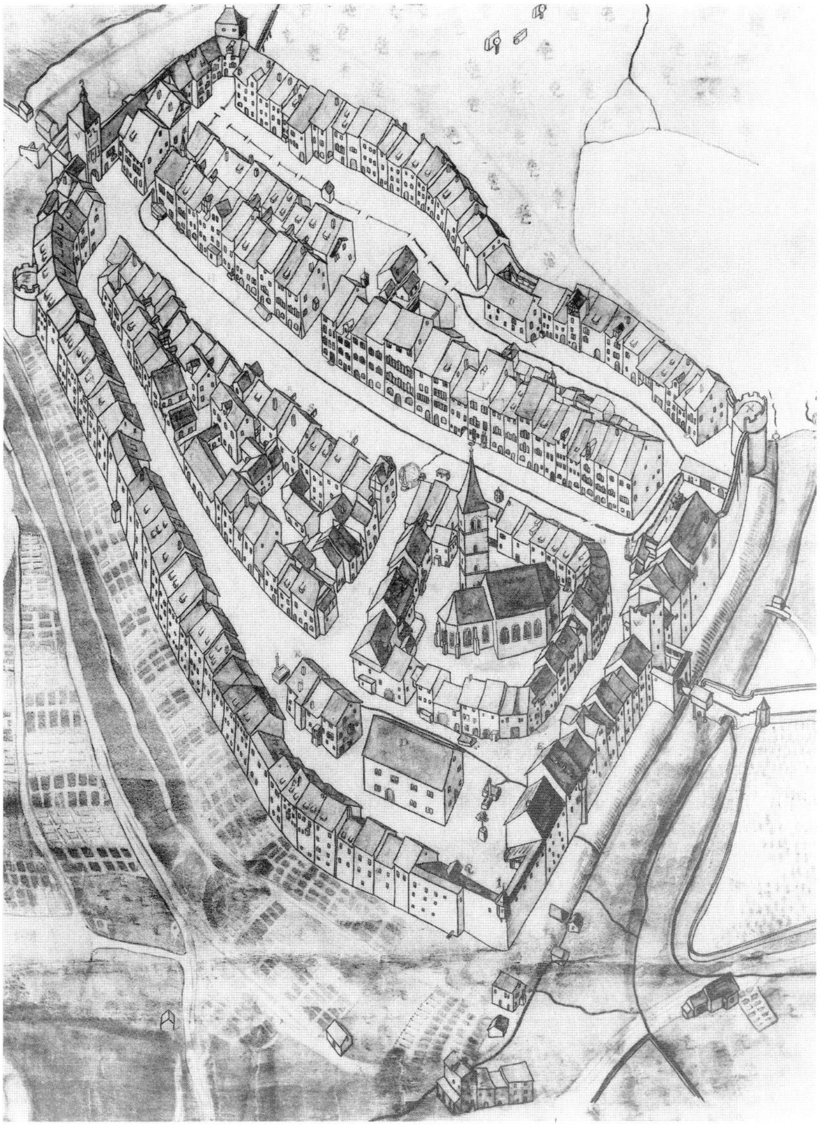

Liestal – Zentrum der Reformation auf der Landschaft

In den 1520er Jahren äusserten die Menschen auf dem Land im Zuge der reformatorischen Auseinandersetzung eigene Vorstellungen über die kirchliche Reform; so war es ihnen ein Anliegen, den Pfarrer selbst zu wählen, die kirchliche Versorgung zu verbessern und das Kirchengut selbst zu verwalten. Nach der obrigkeitlichen Durchsetzung der Reformation 1529 war die Landbevölkerung enttäuscht über die Umsetzung der Neuerungen durch den Rat. Ihre eigenen Reformideen konnten die Landleute nur beschränkt verwirklichen.

der Bauern, als den ihn die ältere Forschung – wohl aufgrund der Verfolgung durch die Obrigkeit – gesehen hat. Stör floh nach Strassburg, wo ihn Basel festnehmen und zu Beginn des Jahres 1526 mehrmals verhören liess. Nach seiner Entlassung, die auf Fürsprache Zwinglis und des Strassburger Reformators Wolfgang Fabricius Capito erfolgte, liess er sich in Hessen nieder, wo er 1529 starb. Sein Vermögen wurde von der Basler Herrschaft konfisziert. Vergebens hatte er versucht, seine Rückkehr nach Liestal zu erwirken. Neben Stör hatte auch Hans Felix zum Stall als Pfarrer auf der Seite der Untertanen am Bauernaufstand teilgenommen. Gemeinde und Pfarramt waren zur Zeit des Bauernkriegs besonders stark verbunden. Die Bevölkerung begehrte nicht nur die Predigt gemäss den biblischen Schriften in der Umgangssprache, sondern sie suchte auch Einfluss auf die Besetzung der Pfarrstellen und auf die Verwaltung der Kirchenvermögen zu gewinnen. Besonders für Prediger, die sich dem neuen Glauben verpflichtet hatten, stellte die Verbindung mit ihrer Gemeinde eine starke Legitimation ihres Amtes dar. Das Beispiel Stephan Stör macht deutlich, wie sehr die Gemeinden die Reformation als kommunale Angelegenheit wahrnahmen.[13]

gen mit dem Rat und eidgenössischen Vermittlern weiter hinzogen, ohne dass sich Beschlüsse abzeichneten, organisierten die Zünfte am 8. Februar 1529 eine Massenversammlung und setzten den Rat mit einem Ultimatum unter Druck. Während der Rat noch debattierte, brach der Bildersturm los. Bewaffnete vor dem Basler Rathaus erzwangen eine Entscheidung. Der Rat gab nach, entliess die zwölf altgläubigen Ratsherren und stellte Neuwahlen in Aussicht. Am 1. April 1529 wurde die Reformationsordnung publiziert.

Basels Zögern gegenüber der Reformation hing sowohl mit ökonomischen als auch mit politischen Rücksichten zusammen: Die Stadt war von altgläubigen Herrschaften umgeben und mit diesen wirtschaftlich eng verflochten. Ein konsequenter Bruch mit der alten kirchlichen Rechts- und Eigentumsordnung hätte die Stadt in kaum tragbarer Weise isoliert und die Einkünfte der Basler Gotteshäuser aus diesen Gebieten gefährdet. Basel wünschte sich ungestörte Beziehungen zu den Eidgenossen und zum Reich und tat sich deshalb schwer mit der Entscheidung – nach der Annahme der Reformation aber auch mit der wachsenden Polarisierung innerhalb des Protestantismus.[17]

Mit dem Durchbruch der Reformation gelang es dem Rat, die Zügel wieder in die Hand zu nehmen und den herrschaftlichen Machtausbau entscheidend voranzutreiben: Er stellte Kirchen und Klöster nun endgültig unter weltliche Aufsicht. Die Herrschaft erfuhr dadurch einen bedeutenden materiellen und ideellen Machtzuwachs. Die Opposition der Altgläubigen in den Entscheidungsgremien wurde ausgeschaltet, was ein entschiedeneres Auftreten begünstigte. Dies bekam letztlich auch die Landschaft zu spüren, die ihre reformatorischen Hoffnungen, die im Bauernaufstand noch angeklungen waren, weitgehend begraben musste. Die Gemeindeautonomie in geistlichen Dingen liess sich nicht durchsetzen: Die Pfarrer in den Gemeinden wurden nun allein von der Obrigkeit bestimmt. Zudem waren die Pfarrer vorrangig städtische Bürger, die neben ihren seelsorgerischen nun auch obrigkeitliche Funktionen zu erfüllen hatten und quasi zum verlängerten

Zur reformierten Ehelehre

Während vor der Reformation geistliche Gemeinschaften und Klöster hoch bewertete Lebensformen waren, wurde mit der Reformation die Ehe zu *der* Lebensform: Der Ehestand wurde als die erste von Gott gestiftete Ordnung dargestellt, die auch die Ordnung der Gesellschaft garantieren sollte. Dadurch erfuhr die eheliche Sexualität eine Aufwertung. Die Reformatoren verstanden Sexualität als unabdingbaren Teil des Menschseins, Enthaltsamkeit war dadurch ausgeschlossen. Damit stellte sich die Frage des Zwangszölibates und der Priesterehe neu. Nach Zwingli verstiess das Verbot der Priesterehe gegen ein Grundmoment der göttlichen Schöpfung selbst, gegen die menschliche Natur, zu der Sexualität wesensmässig gehöre. Die Ehe wurde zum Heilmittel gegen die Unentrinnbarkeit des Geschlechtstriebes erklärt. Ausserdem führe das Eheverbot zu sozialer Unordnung, da der Priester als Mensch genauso wenig keusch leben könne wie alle anderen. Die reformatorische Lehre machte die Ehe zum konkurrenzlosen Lebensmodell, das jedoch aus sozialen und ökonomischen Gründen lange nicht von allen Menschen realisiert werden konnte.

Die eheliche Sexualität wurde letztlich höher bewertet als die Keuschheit. Gleich-

Arm der Herrschaft auf dem Dorf wurden. Reibungslos liessen sich diese Neuerungen jedoch nicht umsetzen: Mit der Durchführung der Reformation intensivierten sich die Proteste der Landbevölkerung vorübergehend. Ins Schussfeld der Kritik gerieten verschiedene Aspekte der neuen Ordnungen, die eine verstärkte Einflussnahme auf das private Leben und die Religionspraxis bezweckten. Neben kollektiven Zins- und Zehntverweigerungen griff die Landbevölkerung nicht zuletzt auch zu brauchtümlichen Formen von Gewalt gegen Pfarrer. In den Aktionen äusserte sich wohl vor allem die Enttäuschung der Landbevölkerung über die Art, wie die kirchlichen und religiösen Reformen umgesetzt wurden, über die Einführung des Bannes und der strengen Kirchenzucht, über die Haltung der Dorfgeistlichen und über die Beibehaltung der Abgaben ohne grundsätzliche Änderung des Verwendungszwecks. Der latente Widerstand der Untertanen beschäftigte auch die Synoden, die zur Kontrolle der Pfarrer und Bannbrüder sowie der Kirchenzucht in den Dörfern seit der Reformation durchgeführt wurden: Geistliche und Vögte berichteten Anfang der 1530er Jahre mehrmals von unregelmässigem Kirchenbesuch, von Verachtung der Sakramente und des Abendmahls, von Wiedertäuferei und Zehntverweigerungen und davon, dass die Untertanen den Bann eine Verräterei nannten. Bestimmungen und Urteile des Bannes würden nicht eingehalten. Offenen Protest unterliess die Landbevölkerung angesichts der immer stärkeren obrigkeitlichen Disziplinierung; das belegt beispielsweise der widerstandslose Einzug der Freiheitsbriefe durch den Rat zwischen Februar und April 1532.[18]

Zusammenfassend lässt sich sagen, dass sich die Bauern im Fürstbistum wie in der Basler Landschaft seit den 1520er Jahren für die Reformation aussprachen. Den Bauern im Birseck und im Laufental gelang es, diese Forderung im Anschluss an den Bauernaufstand durchzusetzen und sich dadurch einen Bereich gemeindlicher Autonomie im geistlichen Gebiet zu schaffen. Auf der Basler Landschaft waren die Bestrebungen, die Reformation kommunal durchzuführen, nicht weniger stark ausgeprägt. Die im Ver-

zeitig erklärten die Reformatoren jedoch alle anderen Formen von Sexualität zur Unzucht. Die reformierte Ehelehre wirkte also gleichzeitig integrierend (in Bezug auf die eheliche Sexualität) und ausgrenzend (in Bezug auf alle andern Formen von Sexualität). Wenn aber die Ehe die Grenzen zwischen Reinheit und Unzucht darstellte, dann musste die Kirche ein besonderes Augenmerk auf die Eheschliessung haben. Anders als im kanonischen Recht stellte nicht mehr die Verlobung, und damit eine Regelung zwischen den beteiligten Familien, den Beginn der Ehe dar, sondern eine kirchlich-obrigkeitliche Zeremonie: der öffentliche Kirchgang. In der Praxis konnten sich dieser Traditionsbruch und die neue reformierte Auffassung vom Ehebeginn nur sehr langsam durchsetzen. Das protestantische Eherecht und die Praxis der Ehegerichte sind Beispiele dafür, dass die Reformation als Prozess zu verstehen ist, der sich nicht nur in Schriften, sondern zunehmend im Leben sicht- und spürbar niederschlug.[14]

Das Basler Ehegericht

Die Reformation brachte in Basel mit dem Ehegericht eine neue, äusserst langlebige Institution hervor; sie bestand von 1529 bis 1875. Zusammengesetzt war es aus zwei geistlichen und fünf weltlichen Rich-

Siegel des Deputatenamtes, 1564
Bereits zwei Jahre vor der Reformation war das Kirchengut – es wurde als Fonds des Deputatenamtes bezeichnet – in eine Stiftung verwandelt worden. Nach der Reformation scheiterte die Unterstellung des Kirchengutes unter die Kontrolle des Rates nicht nur am Widerstand Oekolampads, sondern auch an der Angst, die Gefälle der Basler Klöster im katholischen Gebiet zu verlieren. Deshalb blieb der alte zivilrechtliche Status der Klöster erhalten; statt dem Klosterschaffner verwalteten nun Beamte der entsprechenden städtischen Schaffneien, die von dem Rat unterstellten Pflegern beaufsichtigt wurden, die Klostergüter.

gleich mit dem Fürstbischof mächtigere städtische Obrigkeit verhinderte die bäuerliche Reformation und schob den Entscheid für den neuen Glauben auf. 1529 kam es zur Entscheidung für die Reformation «von oben» – allerdings auf Druck der städtischen Zünfte. Den Baselbieter Untertanen gelang es nicht, ihr zentrales mit der Reformation verbundenes Anliegen – die Gemeindeautonomie in der Besetzung der Pfarrstelle und der Verwaltung der Kirchengüter – zu verwirklichen.

Rekatholisierung im Birseck und Laufental

Die Reformation im Birseck und Laufental hatte zur Folge, dass während sechs Jahrzehnten ein konfessioneller Gegensatz zwischen dem Landesherrn und seinen Untertanen bestand. Die kirchliche Organisation war nach 1530 bestimmt durch ein stillschweigendes Arrangement zwischen altkirchlichen Besitzverhältnissen und reformierter kirchlicher Praxis. Nach einer Phase der Verwirrung zwischen 1525 und etwa 1530 kamen die bisherigen Zehntherren wieder zu ihren Einnahmen, aus denen sie die Pfarrer besoldeten. Als Kollatoren verzichteten sie darauf, altgläubige Geistliche zu ernennen, und akzeptierten, dass Basel zwischen etwa 1535 und 1580 faktisch die Pfarrerstellen besetzte, obwohl ausser in Laufen keine Basler Kollaturrechte im Bistum bestanden. Die Bestätigung durch die altgläubigen Kollatoren wurde zur reinen Formsache. In diesem Zeitraum versuchte der Fürstbischof nur zweimal nachweisbar, in reformierten Gemeinden altgläubige Geistliche zu ernennen. In beiden Fällen drang er nicht durch, es brach nicht einmal eine offene Kontroverse aus.

Mit dem Amtsantritt von Fürstbischof Jakob Christoph Blarer von Wartensee 1575 begann sich die Ausgangslage grundlegend zu ändern. Der neue Landesherr, der bis 1608 regierte, war ein höchst machtbewusster Mann; er war nicht bereit, die bestehenden Herrschaftsverhältnisse unverändert zu akzeptieren. Die reformierten Kirchen im Birseck und im Laufental waren die sichtbarsten Zeichen für die Begrenzung seiner Macht. Gelang es

tern; drei von Letzteren waren Klein-, zwei Grossräte. In der Regel verfügten die Richter, die normalerweise drei Jahre im Amt waren, über kein juristisches Studium. Rechtliche Grundlagen stellten die Reformationsordnung von 1529 und die Ehegerichtsordung dar. Die Ehegerichtsordnung, 1533 erlassen, 1717 erneuert und erstmals revidiert, regelte die Eheschliessung und die Ehescheidung und erliess Strafbestimmungen für Unzucht, Ehebruch und Konkubinat.
Das bürgerlich-städtische Bemühen um die Rechtsprechung im Bereich Ehe und Sittlichkeit setzte jedoch bereits vor der Reformation ein. Spätestens seit Mitte des 15. Jahrhunderts gab es das Gremium der «Drei über den Ehebruch», die für Vergehen gegen die Sittlichkeit und für Ehefragen zuständig waren.[15]
Ziel der Reformationsordnung war es, das Gemeinwesen zu erneuern und ein christliches Leben zu ermöglichen. Diese Ordnung versuchte, Unzucht durch die Schaffung geordneter ehelicher Verhältnisse zu verhindern. Eheschliessungen wurden erleichert, indem nur noch die in der Bibel festgeschriebenen Verwandtschaftsgrade eine Ehe verunmöglichten. Das Anliegen, durch Ehen sexuelle Ordnung zu schaffen, wurde gestärkt, indem in der Ehegerichtsordnung von 1533 das Ehemündigkeitsalter

Stiftung für das Oltinger Pfarrhaus
Das Deputatenamt war das nach der Reformation eingeführte Aufsichtsamt der Obrigkeit über Kirchenwesen und Geistlichkeit, das Kirchen- und Schulgut sowie das Armenwesen auf der Landschaft. Das Gremium, stets mit Kleinräten besetzt, war äusserst einflussreich. Durch dieses Gremium wirkte der Rat stark auf die Kirche ein. Dieses Glasfenster – es zeigt eine Umsetzung des salomonischen Urteils – wurde von vier Deputatenherren 1600 für das neu gebaute Oltinger Pfarrhaus gestiftet.

für Frauen und Männer gegenüber der Reformationsordnung von 1529 um einige Jahre gesenkt wurde. Mit der Stärkung der Elternrechte wurde gleichzeitig die Aufrechterhaltung der sozialen Ordnung betont: Wurde in der Reformationsordnung noch versucht, die unterschiedlichen Interessen von Eltern und Kindern möglichst ausgewogen zu berücksichtigen, baute die Ehegerichtsordnung die Elternrechte wieder aus, indem sie den Eltern die Möglichkeit in die Hand gab, eine gegen ihren Willen von Unmündigen geschlossene Ehe für ungültig erklären zu lassen.

Auch das Gleichgewicht zwischen Männern und Frauen begann sich bereits nach vier Jahren zu verschieben: Hatte die Reformationsordnung die Verantwortung für die Einhaltung der Grenzen erlaubter Sexualität noch beiden Geschlechtern übertragen, wurde sie in der Ehegerichtsordnung allein den Frauen aufgebürdet. Der Tatbestand männlicher Verführung wurde gestrichen – ein Verführer konnte nicht mehr dazu gezwungen werden, die Frau zu heiraten. Die Bestimmungen über die Verführung von Männern durch Frauen blieben jedoch bestehen, wurde Verführung doch als Möglichkeit für Frauen gesehen, sozial unerwünschte Eheverbindungen herzustellen.[16]

Jakob Christoph Blarer von Wartensee
Die Familie der Blarer stammte ursprünglich aus der Stadt St. Gallen. Mit Jakob Christoph Blarer von Wartensees Wahl zum Fürstbischof kam die Familie ins fürstbistumbaslerische Gebiet. Sie stellte zahlreiche Landvögte und Räte und war auch im Domkapitel immer gut vertreten. Die Vogtei Pfeffingen blieb, nachdem Fürstbischof Blarer sie seinem Bruder Wolf Dietrich verliehen hatte, bis zum Ende des Fürstbistums immer in der Hand dieser Familie. 1542 im Rheintal geboren, wurde Jakob Christoph 1575 zum Fürstbischof gewählt. Unmittelbar nach seiner Wahl führte er die Verhandlungen mit den katholischen Orten der Eidgenossenschaft, die sein Vorgänger begonnen hatte, weiter und konnte dadurch die Ausgangslage für die Rekatholisierung schaffen.

dem Fürstbischof, die Rekatholisierung durchzusetzen, so verbesserten sich seine Chancen, langfristig auch in anderen Bereichen die Kontrolle über die Gemeinden zu verstärken. Aus der Sicht der Gemeinden stellte der konfessionelle Status einen Aspekt gemeindlicher Autonomie dar, den es ebenso zu verteidigen galt wie andere Rechte. Der Widerstand gegen die Wiedereinführung der Messe unterschied sich daher nicht grundsätzlich von anderen Auseinandersetzungen um kommunale Freiräume.

Schiedsgericht oder Disziplinierungsinstanz?

Das Ehegericht war Klageinstanz bei Auseinandersetzungen um die Rechtmässigkeit von Eheversprechen, bei Anträgen auf Trennung von Tisch und Bett sowie auf Scheidung und bei Begehren auf Wiederverheiratung Geschiedener. Daneben hatte das Ehegericht mit der Bestrafung von Unzucht auch die Kontrolle über die Sexualität Unverheirateter als Sittengericht inne, eine Funktion, die erst in der zweiten Hälfte des 16. Jahrhunderts quantitativ an Bedeutung gewann. Die Verfahren vor dem Ehegericht konnten zwei verschiedene Funktionen erfüllen: die obrigkeitliche Sittenaufsicht im Interesse des christlichen Gemeinwesens und damit die Disziplinierung der Bevölkerung einerseits und andererseits die Lösung von Konflikten im Bereich von Ehe und Eheschliessung, die von Klägerinnen und Klägern vor dieses Gericht gebracht wurden, wobei auch hier der Bestand der Ehe von vorrangigem Interesse war. Während die Politik des Ehegerichtes anfänglich auf die Integration von Sexualität in die Ehe abzielte, wurden die scharfe Abgrenzung von erlaubter Sexualität gegenüber der Unzucht und das Aufzeigen der Grenze durch Bestrafung seit der zweiten Hälfte des 16. Jahrhunderts immer wichtiger. Eine lineare Verschärfung

Zu einem wichtigen Wendepunkt wurde das Bündnis, das der Fürstbischof 1579 mit den katholischen Eidgenossen schliessen konnte, weil es ihm die nötige Rückendeckung gegenüber Basel gab. Der Bündnistext sah ausdrücklich vor, dass die sieben katholischen Orte dem Fürstbischof bei Rekatholisierungsversuchen beistehen würden.

Nicht von ungefähr unternahm der Fürstbischof im Herbst des Jahres 1581 zuerst in Arlesheim den Versuch, die Messe wieder einzuführen. Die Ausgangslage war günstig, weil hier kein Burgrecht mit der Stadt Basel bestand und weil es eine katholische Minderheit gab, die in Dornach die Messe besuchte. Der Fürstbischof ging sehr geschickt vor: Kraft seiner Autorität als weltlicher Herr konnte er die Untertanen dazu zwingen, in der Kirche zu erscheinen und sich seine Rede anzuhören. In Arlesheim bezeichnete er die katholische Lehre vor der versammelten Gemeinde als die einzig wahre und forderte die Untertanen zur Konversion auf. Danach läutete der Sigrist die Glocken und die Gemeinde hörte den reformierten Gottesdienst. Das Auftreten des Fürstbischofs hatte noch niemanden eingeschüchtert.

Der Fürstbischof ging nicht so weit, die reformierte Predigt zu verbieten und die Gemeinde zum katholischen Gottesdienst zu zwingen. Er wählte subtilere Wege, indem er durch Drohungen, Versprechungen, aber auch durch die Ermunterung der katholischen Minderheit versuchte, die Geschlossenheit der Gemeinde aufzubrechen. Der reformierte Glaube sollte unattraktiv gemacht werden, dem Pfarrer wurden immer mehr Steine in den Weg gelegt. Die Kirche wurde ihm, der ja auch in Pfeffingen zu predigen hatte, nur noch zu ungünstigen Zeiten zur Verfügung gestellt, bis es ihm nicht mehr sinnvoll erschien, überhaupt noch nach Arlesheim zu kommen. Diese Taktik führte relativ rasch zum Erfolg: In Arlesheim regte sich mit der Zeit keine namhafte Opposition gegen die Wiedereinführung der Messe.

Langlebiger war der Widerstand in Laufen, Pfeffingen und Therwil. Der Versuch des Fürstbischofs, im Februar 1582 die Messe in Laufen wieder einzuführen, forderte Basel als Schutzmacht direkt heraus: Gelang es Basel

Eine Basler Braut
Die Reformations- und Kirchenordnungen regelten nicht nur das kirchliche Leben im engeren Sinn, sondern versuchten auch das Zusammenleben zu reformieren. So richteten sich die Verordnungen gegen das Spielen sowie das Tanzen an Hochzeiten und sie schrieben auch die Bekleidung fest, um allzu grosse Verschwendung oder Prachtentfaltung zu beseitigen. Die Bestimmungen wurden regelmässig wiederholt und revidiert, verfehlten ihre Wirkung jedoch insofern, als sie sich der Realität anpassen mussten. Das Verbot des Tanzens an Hochzeiten beispielsweise wurde in der Kirchenordnung von 1660 nicht mehr aufgeführt.

der obrigkeitlichen Politik ist aber nicht festzustellen; so nahmen die von Amtes wegen verfolgten Fälle langfristig nicht mehr zu als die Klagen aus der Bevölkerung.
Die Verschiebung innerhalb der obrigkeitlich-gerichtlichen Ehepolitik von einer Konzeption, in deren Zentrum die Integration von Sexualität stand, zu einem Konzept, das auf Abgrenzung gerichtet war, lässt sich am Beispiel zweier Paare verfolgen, die im Abstand von etwa 100 Jahren vor dem Basler Ehegericht standen. Am 29. Januar 1538 klagte Barbel Tölin gegen Jacob Lapp auf Kirchgang, denn er habe ihr wenige Tage zuvor auf einer Hochzeit im Haus des Papierers Welsch Peter in der Küche feierlich die Ehe versprochen und ihr für den nächsten Tag «Haftgeld» als Ehepfand in Aussicht gestellt. Jacob allerdings behauptete, er habe Barbel nur ein bedingtes Eheversprechen gegeben für den Fall, dass sie mit ihm schlafe, was sie aber verweigert habe. Daher beantragte er, von der Klage auf Kirchgang freigesprochen zu werden. Nachdem ein vom Gericht angeordneter Einigungsversuch gescheitert war, ging das Verfahren im März weiter. Am 29. Mai erging trotz der Einwände von Jacobs Vater, sein Sohn sei noch minderjährig und dessen Eheversprechen daher ungültig, das Schlussurteil. Danach

nicht, die Laufner zu schützen, war das Burgrecht kraftlos. Die Stadt rief die Eidgenossen als Schiedsgericht an, musste jedoch eine Niederlage einstecken. Der Vertrag von Baden 1585 stellte eine wichtige Voraussetzung dafür dar, dass der Fürstbischof die Rekatholisierung aktiv an die Hand nehmen konnte: Zum einen stärkte ihn der Vertrag politisch, in dem das Burgrecht zwar nicht formell aufgehoben, der Stadt jedoch verboten wurde, die Verburgrechteten zu beraten. Zum anderen konnte der Fürstbischof finanziell profitieren, denn er verzichtete gegen eine hohe Summe auf das Basler Landgebiet, das die Stadt bisher nur pfandweise besessen hatte. Für die Gemeinden im Birseck und Laufental bedeutete die Aushöhlung des Burgrechts, dass sie dem Fürstbischof und den eidgenössischen Vermittlern allein gegenüberstanden. Eine Ursache für das schnelle Nachgeben der fürstbischöflichen Untertanen nach 1588 könnte darin zu suchen sein, dass weiterer offener Widerstand für sie zu aufwändig war; dies umso mehr als sich ihre ökonomische Situation am Ende des 16. Jahrhunderts merklich verschlechtert hatte. Auch in dieser Beziehung nützte der Fürstbischof seine gestärkte Position gezielt aus, indem er wirtschaftlichen Druck ausübte. Er begünstigte Katholiken bei Unterstützungen aus dem obrigkeitlichen Kornspeicher und bei der Rückforderung von Schulden.

Der Fürstbischof versuchte nicht, die Rekatholisierung überall gleichzeitig durchzusetzen. Vielmehr ging er gemeindeweise vor: Er setzte reformierte Geistliche ab und trug die Seelsorge dem Pfarrer einer weit entfernten Gemeinde auf oder er setzte, wie in Laufen und Allschwil, einen Lutheraner ein und stichelte dadurch gleichzeitig gegen Basel, das sich vom im Reich weit verbreiteten lutheranischen Kurs abgewandt hatte und nun entschieden den eidgenössisch-reformierten Weg einschlug. Die Ausübung des reformierten Glaubens wurde schrittweise verunmöglicht. Der Fürstbischof bewies dabei Gespür für das Bedürfnis der Untertanen, gewisse kirchliche Dienstleistungen in Anspruch nehmen zu können. Insbesondere bei Taufe und Beerdigung bildeten die Anwesenheit eines Geistlichen und der

war das Eheversprechen gültig, die Eheschliessung sollte also stattfinden. Nach Meinung des Gerichts sprachen die Zeugenaussagen trotz Minderjährigkeit des Beklagten und Einspruch seines Vaters zu Gunsten der Klägerin, die mit Hilfe von Zeuginnen und Zeugen sowohl das Eheversprechen beweisen konnte als auch die Tatsache, dass Jakob mit ihr geschlafen habe, was dieser selbst eingestehen musste. Bei seinem Urteil, das den praktizierten Geschlechtsverkehr stark gewichtete, griff das Ehegericht nicht auf die reformierte Ehegerichtsordnung, sondern auf das kanonische Recht zurück. Die nachträgliche Legitimation der vollzogenen Sexualität durch den Eheschluss überwog in diesem Fall sowohl Minderjährigkeit als auch elterliche Rechte. Das Beispiel belegt, dass die Durchsetzung des reformierten Eherechtes in der Praxis zunächst nicht nur zu moralischem Rigorismus und scharfem Patriarchalismus führte, sondern dass in der Reformation auch ein integratives Potential angelegt war, das es nicht zuletzt Frauen erlaubte, ihre Eheansprüche durchzusetzen. Gut 100 Jahre später hatte sich die Gewichtung in Richtung Unzucht und deren Bestrafung verschoben. Das mussten Hanns Müesch aus Titterten und Elsbeth Ruoden aus Arboldswil erfahren, die sich 1649 vor dem Ehegericht zu rechtfertigen hatten.

Vollzug bestimmter Riten, etwa die Bestattung in geweihter Erde, nicht einfach kirchliche Konvention, sondern entsprachen existentiellen Bedürfnissen. Fehlte ein reformierter Pfarrer, so hatte ein katholischer Priester, der bei der Einführung neuer Glaubensformen subtil vorging, grosse Chancen, akzeptiert zu werden, wenn er nur Taufe und christliches Begräbnis garantieren konnte. Für Gesunde und Kräftige war es mit einiger Ausdauer möglich, auch über weitere Distanzen die reformierte Predigt zu besuchen. Für Kranke und Sterbende gab es keine Alternative zum katholischen Geistlichen, wenn der reformierte Prädikant im Dorf fehlte. Blarer setzte rücksichtslos, aber wirkungsvoll genau an diesem Punkt an, wenn er den Reformierten in Laufen die Benützung eines kirchlichen Friedhofs verunmöglichte. Unterschiede der Riten mussten zweitrangig werden angesichts der Furcht, in ungeweihter Erde bestattet zu werden.

Mit dieser Politik der kleinen Schritte gelang es dem Fürstbischof, ausser in Allschwil und Schönenbuch, die Rekatholisierung in den 1580er und 1590er Jahren durchzusetzen. Die evangelische Konfession verschwand dabei nicht einfach, sondern existierte vorübergehend neben der katholischen, doch sie verlor immer mehr Gläubige. Die Anpassung bedeutete nicht zwangsläufig eine echte Konversion, sondern eher die Einstellung des aktiven Widerstandes. Dass ein gewisser Spielraum für abweichende religiöse Praxis bestehen blieb, belegt die Tatsache, dass es dem Fürstbischof nie gelang, die Täufergemeinschaften in den Vogteien Birseck und Pfeffingen zu bekämpfen.

In Allschwil kam es erst viel später zur Rekatholisierung, wohl deshalb, weil der Fürstbischof politische Rücksichten nahm: Basel sollte durch diese Geste milde gestimmt werden. Als 1611 die Pfarrstelle neu besetzt werden musste, wollte Fürstbischof Wilhelm Rinck von Baldenstein, Blarer von Wartensees Nachfolger, einen Katholiken berufen, stiess beim Domkapitel, dem die fehlende Bereitschaft der Gemeinde zum Religionswechsel bekannt war, jedoch auf Ablehnung. Ob von diesen Bedenken oder von anderen Über-

Müesch brachte am 7. Juni vor, er habe an der Fasnacht dem minderjährigen Mädchen die Ehe versprochen und mit ihr geschlafen, nun habe es einem anderen die Ehe versprochen. Er forderte von ihr den Kirchgang, weil sein Eheversprechen das erste gewesen sei. Elsbeth Ruoden leugnete das Eheversprechen und verwies auf ihre Minderjährigkeit und die fehlende Zustimmung ihres Vaters. In der Untersuchungshaft, in der beide nochmals befragt wurden, gestand sie schliesslich Eheversprechen und Beischlaf. Das Ehegericht wies die beiden zusammen mit dem Vater des Mädchens vor den Bann, wo sie sich verglichen und den Kirchgang vereinbarten. Das Ehegericht allerdings verfügte eine Wiedergutmachung, die Elsbeth an Michel Ruedin zahlen musste, dem sie ebenfalls die Ehe versprochen hatte, und verurteilte die junge Frau zu zwei Mark Busse wegen Eheschimpf, das Paar zum selben Betrag wegen frühem Beischlaf. Dieses Delikt war in Basel erst kurz zuvor, in der revidierten Reformationsordnung von 1637, eingeführt worden. Im Vergleich mit anderen reformierten Orten war das spät, in Zürich wurde der frühe Beischlaf bereits 1534 zum Delikt erklärt.
Meist verweigerte das Gericht in Fällen, in denen das Eheversprechen umstritten war, eine Anerkennung des Eheversprechens

Vollender der Rekatholisierung
Der ursprünglich aus dem rätischen Adel stammende Wilhelm Rinck von Baldenstein wurde 1608 zum Nachfolger seines Onkels Blarer von Wartensee auf den Basler Bischofsstuhl gewählt. Auch er förderte die Rekatholisierung nach Kräften, besonders auch durch die Unterstützung der Jesuiten und Kapuziner im Fürstbistum. In seine Amtzeit fällt die Rekatholisierung Allschwils, das als letzte Gemeinde nördlich des Juras reformiert geblieben war. Rinck von Baldenstein starb 1628 und wurde in der Jesuitenkirche in Pruntrut neben Blarer von Wartensee bestattet. Das abgebildete Wappen geht auf Wilhelm Jakob Rinck von Baldenstein, 1624 bis 1705, zurück.

Konfessionelle Grenzen
Basel und die Basler Landschaft waren fast vollständig von katholisch gebliebenen Gebieten umgeben. Obwohl sich beide Glaubensbekenntnisse zunehmend voneinander abgrenzten, gab es im Alltag der Bevölkerung zahlreiche Beziehungen, die an der Konfessionsgrenze nicht halt machten: Man traf sich auf dem Markt oder an der Kirchweihe, man suchte im anders konfessionellen Gebiet nach Arbeit oder einen Ausbildungsplatz, seltener wurde über die Konfessionsgrenzen hinweg geheiratet. Der Plan von Melchior Heinrich Graber aus dem Jahr 1602/04 zeigt die Grenzregion zwischen dem baslerischen Amt Farnsburg und dem vorderösterreichischen Fricktal.

legungen bestimmt, der Fürstbischof verzichtete zunächst auf seinen Plan. Während des Dreissigjährigen Krieges sah er die Zeit für gekommen, die Messe wieder einzuführen. Er sprach sich dabei mit seinen eidgenössischen Bündnispartnern ab und versicherte sich insbesondere der militärischen Hilfe der vorderösterreichischen Regierung: 200 österreichische Bewaffnete standen in Blotzheim bereit, als Allschwil und Schönenbuch im Mai 1627 vom Vogt von Birseck aufgefordert wurden, zum katholischen Glauben zurückzukehren. Der Meier begehrte Bedenkzeit, die der Gemeinde jedoch nicht gewährt wurde. Vielmehr wurden die Untertanen für den nächsten Tag zum Kirchgang aufgeboten. Manifester Widerstand regte sich in Allschwil nicht. Angesichts der militärischen Macht, welche die Wiedereinführung der Messe deckte, wäre er auch wenig aussichtsreich gewesen.

Überblickt man den Verlauf der Rekatholisierung als Ganzes, so ist festzustellen, dass sich die Gemeinden praktisch überall gegen die Wiedereinführung der Messe stellten, dass der Widerstand aber unterschiedlich ausfiel. Vor allem in Pfeffingen und in Laufen, aber auch in Therwil und in Oberwil dauerte es mehrere Jahre, bis die offene Opposition gegen die Rekatholisierung aufgegeben wurde. Vergleichsweise schnell liess sie sich einzig in Arlesheim durchsetzen, wohl nicht zuletzt, weil es dort bereits früh eine konversionswillige Minderheit gab, zu der auch der Meier gehörte. Die späte Rekatholisierung Allschwils stellt einen Sonderfall dar. Trägerin der Opposition waren vor allem die Gemeinden, die in Versammlungen per Abstimmung Beschlüsse über das Vorgehen fassten. Führungsfunktionen übernahmen, ausser in Arlesheim, die lokalen Meier beziehungsweise Untervögte. Mit der Rekatholisierung stand nicht die Glaubensfreiheit im Birseck und Laufental auf dem Spiel, denn diese gewährten auch die Reformierten nicht, sondern die Gemeinden verloren in diesem Prozess ein Stück ihrer Autonomie.[19]

und verurteilte das Paar wegen vorehelicher Sexualität. Fast immer wurde nun zusätzlich zur Nichtanerkennung des Eheversprechens eine Busse wegen Nichtigkeit und/oder Unzucht verhängt. In den ersten Jahren nach der Reformation war Eheschliessung ein Mittel im Kampf gegen Unzucht, denn die Anerkennung von Eheversprechen, mit der die Eheschliessung in eins fiel, konnte unzüchtige Sexualität in erlaubte, eheliche verwandeln. Dagegen wurde seit der zweiten Hälfte des 16. Jahrhunderts und vermehrt im 17. Jahrhundert der Kampf gegen Unzucht als Bestrafung von Unzucht geführt. Immer eindeutiger wurde der Beginn der Ehe nicht mehr im Eheversprechen der Brautleute, allenfalls gefolgt vom Beischlaf, gesehen, sondern im Kirchgang, der von der Kirche kontrolliert und bestätigt wurde. Damit verlagerte sich die Kompetenz zur gültigen Eheschliessung von den potentiellen Eheleuten und ihren Familien in die Hand von Obrigkeit und Kirche. Diese Form der Unzuchtsbekämpfung führte durch Ausgrenzung und Bestrafung zu einer Vermehrung der Unzucht, indem das Delikt des frühen Beischlafs erfunden wurde. Selbst eine gültig geschlossene Ehe konnte, wenn es zu vorehelichem Geschlechtsverkehr gekommen war, mit dem Unzuchtverdikt belegt werden.[17]

Lesetipps

Konzise Überblicksdarstellungen zur Reformation und ihrer Vorgeschichte, die auch auf die Ereignisse in Basel beziehungsweise der Eidgenossenschaft eingehen, bieten Blickle (1985) und Schorn-Schütte (1996).

Über die Reformation und Rekatholisierung im Birseck und Laufental informiert Hans Berner (1989, 1994, 1995).

Eine neuere umfassende Studie zur Reformation in der alten Landschaft Basel gibt es nicht; den Zusammenhang zwischen Reformation und Bauernaufstand von 1525 beleuchtet Landolt (1996). Jecker (1998) geht in seiner Dissertation über die Täufer nur kurz auf die Reformationszeit ein, den Schwerpunkt legt er auf die Zeit von 1580 bis 1700, über die Vor- und Frühgeschichte des Basler Täufertums informiert seine Lizentiatsarbeit (Jecker 1980).

Mit der Institution des reformierten Ehegerichtes und mit Aspekten der reformierten Ehelehre beschäftigt sich Burghartz (1999) in ihrer Habilitationsschrift .

Mit den Klagen gegen das geistliche Gericht und deren Einfluss auf die Rezeption der Reformation befasst sich Albert (1998).

Auf die Bedeutung der Bilder und des Bilderstreits sowie auf bauliche Anpassungen von Kirchen nach der Reformation an Zürcher Beispielen geht das Buch von Altendorf/Jezler (1984) ein.

Abbildungen

Universitätsbibliothek Basel, Handschriftensammlung: S. 139.
Schweizerisches Landesmuseum, Zürich, Foto Nr. 16196: S. 140.
Mikrofilmstelle Kanton Basel-Landschaft; Foto Felix Gysin: S. 141.
Historisches Museum Basel, Inv.Nr. 1917.271; Foto Maurice Babey, Peter Portner: S. 145.
Mikrofilmstelle Kanton Basel-Landschaft; Foto Felix Gysin: S. 146.
Mikrofilmstelle Basel-Landschaft; Foto Hans Hinz, Allschwil: S. 147.
Mikrofilmstelle Kanton Basel-Landschaft: S. 151 [A].
Öffentliche Kunstsammlung Basel, Kunstmuseum, Inv. 12: S. 152.
Privatbesitz; Reproduktion Universitätsbibliothek Basel: S. 153.
Historisches Museum Basel, Inv.Nr. 1936.128; Foto Peter Portner: S. 154.
Pfarrhaus Oltingen; Mikrofilmstelle Kanton Basel-Landschaft; Foto Felix Gysin: S. 155.
Office du patrimoine historique, Porrentruy: S. 156.
Historisches Museum Basel, Inv.Nr. 1978.298 f; Foto Maurice Babey, Peter Portner: S. 157.
Historisches Museum Basel, Inv.Nr. 1872.97; Foto Maurice Babey, Peter Portner: S. 159.
StA BL, Planarchiv A 4; Mikrofilmstelle Kanton Basel-Landschaft; Foto Felix Gysin: S. 161.

[A]= Ausschnitt aus Originalvorlage.

Anmerkungen

1 Vgl. Landolt 1996, S. 214ff. Zu Legitimation, Verlaufsformen und Zielen des Bauernkriegs vgl. Buszello 1984, S. 281ff.
2 Berner 1994, S. 79ff.
3 Landolt 1996, S. 172ff.
4 ABR 1, S. 242, 251, zitiert bei Landolt 1996, S. 209.
5 Gauss et al. 1932, Bd. 1, S. 373.
6 Berner 1994, S. 74; Landolt 1996, S. 156ff., 235ff.
7 Landolt 1996, S. 265ff.; ABR 1, S. 385ff.
8 Landolt 1996, S. 274f.
9 Berner 1989, S. 18f.; vgl. auch Kap. 8.
10 Berner 1989, S. 13ff. und 1994, S. 91ff.
11 Berner 1989, S. 143ff.
12 Gauss et al. 1932, Bd. 1, S. 347f., 352f. Zu Stör, vgl. unten.
13 Berner et al. 1993; Blickle 1985, S. 85ff.; Gauss et al. 1932, Bd. 1, S. 344ff.
14 Gauss et al. 1932, Bd. 1, S. 405–433.
15 Jecker 1980, S. 92ff. Vgl. auch Jecker 1998; Bd. 4, Kap. 9.
16 Berner 1994, S. 89f.; ders. 1995, S. 123f.
17 Berner 1989; ders. et al. 1993.
18 Landolt 1996, S. 274–281 und Kap. 10.
19 Berner 1994, S. 128–156. Vgl. auch ders. 1989, S. 153ff. und 1995.

1 Blickle 1982, S. 9; vgl. auch Schorn-Schütte 1996.
2 Burghartz 1999, S. 12f.
3 Vgl. dazu Bd. 2, Kap. 9.
4 Landolt 1996, S. 152f. Zum Bauernaufstand von 1525 vgl. Kap. 10.
5 KDM BL, Bd. 3, S. 294, 355.
6 ABR 3, S. 399.
7 KDM BL, Bd. 2, S. 202, 49.
8 KDM BL, Bd. 3, S. 293f.
9 KDM BL, Bd. 2, S. 147.
10 Mündliche Aussage von Brigitte Frei-Heitz, kantonale Denkmalpflegerin.
11 Burghartz 1999, S. 46ff.; Landolt 1996, S. 155ff.
12 Burghartz 1999, S. 46ff.
13 Landolt 1996, S. 248–251.
14 Burghartz 1999, S. 37ff.
15 Burghartz 1999, S. 107ff.
16 Burghartz 1999, S. 77.
17 Burghartz 1999, S. 120–122.

SEPTENTRIO
MERIDIES
OCCIDENS
ORIENS
FARNSBURG
HOMBURG
RAMSTEIN
MUNCHENSTEIN
RIECHEN
KLEINHUNINGEN
LIECHSTAL
BASEL
RHEIN
DER FLUS
WALLENBURG

Bild zum Kapitelanfang

Die Landschaft als Territorium

Diese aus dem Jahr 1729 stammende Karte zeigt das Herrschaftsgebiet der Stadt Basel samt den umliegenden Nachbarterritorien und den farblich voneinander abgehobenen Ämtern des alten Basel. Das Dokument kombiniert Karte und Ansicht, indem in elf Bildern in einem umlaufenden Rahmen Orte aus dem Basler Territorium dargestellt sind, nämlich von rechts oben nach links oben: Münchenstein, Riehen, Kleinhüningen, Waldenburg, Basel, Liestal, Ramstein, Homburg, Farnsburg und eine eher fantastische Wiedergabe der Ruinen von Augst. Diese erste nordorientierte Karte des Basler Gebiets wurde von Christoph Brunner, der von 1696 bis 1733 lebte, hergestellt. Mit diversen Beigaben wie der Gestaltung des Basler Wappens oder einer Widmung an den Rat rechts oben und mit symbolisch-ornamentalen Darstellungen am unteren Rand bekommt die Karte eine gewisse Prominenz und Repräsentativität.

Territorien, Grenzen und politische Zugehörigkeiten

Die Gemeinden des heutigen Kantons Basel-Landschaft gehörten die ganze frühe Neuzeit über zu zwei verschiedenen politischen Einheiten. Die Untertanen der Stadt Basel lebten auf der Basler Landschaft, ihre Obrigkeit war der städtische Rat. Dieser bestand aus Mitgliedern der Zunftvorstände und repräsentierte bis zu einem gewissen Grad die Mehrheit der städtischen Bevölkerung, nämlich die zünftigen Bürger. Die Besetzung des Kleinen Rates und der für die Führung der Amtsgeschäfte wichtigen Kommissionen lag jedoch seit dem 17. Jahrhundert immer mehr in den Händen einiger Familien der städtischen Oberschicht.

Die Menschen im katholischen Fürstbistum waren Untertanen des Fürstbischofs. Unter seiner Herrschaft lebte eine Bevölkerung, die konfessionell, sprachlich, politisch und wirtschaftlich keine Einheit bildete.[1] Die Mehrheit der fürstbischöflichen Untertanen sprach französisch, der deutschsprachige Teil umfasste neben Biel und dem fürstbischöflichen Hof die Ämter Zwingen, Pfeffingen, Birseck und Schliengen, das nördlich von Basel lag und aus den Dörfern Schliengen, Steinenstadt, Huttingen, Istein, Mauchen und Binzen bestand. Mit der Reformation war das Fürstbistum in einen reformierten Süden und einen zahlenmässig stärkeren katholischen Norden aufgeteilt. Das Domkapitel residierte bis 1678 in Freiburg im Breisgau, danach in Arlesheim, der Fürstbischof seit 1529 in Pruntrut, wo sich auch die zentrale Verwaltung befand. Dem Fürstbischof standen im heute basellandschaftlichen Teil seines Territoriums im Übrigen die weltlichen und die geistlichen Hoheitsrechte zu.

Der Stand Basel gehörte zur Eidgenossenschaft, die nördlichen Gebiete des Fürstbistums dagegen waren trotz Bündnisbeziehungen zu den katholischen Orten formell in das Deutsche Reich eingebunden. Einzelne Teile des Fürstbistums standen in einem mehr oder weniger engen Verhältnis zur Eidgenossenschaft: Biel war zugewandter Ort und hatte Sitz und Stimme an der Tagsatzung. La Neuveville und die Probstei Moutier-Grandval

1501: Basel zur Eidgenossenschaft

Basel unterhielt schon vor 1501 vielfältige Beziehungen zur Eidgenossenschaft: Mit Luzern bestanden seit 1251 vertragliche Beziehungen.[1] Bern erwarb einen grossen Teil seines Gebiets mit Basler Geld und war auch ohne Vertrag bereit, im Ernstfall seinen Geldgeber zu schützen. Im 15. Jahrhundert schloss Basel mit Bern und Solothurn mehrmals befristete Bündnisse. Vor den Burgunderkriegen von 1474 bis 1477 verbanden sich Basel und Strassburg samt ihren Bischöfen sowie Colmar und Schlettstadt, alle Mitglieder der so genannten Niederen Vereinigung, mit der gesamten Eidgenossenschaft auf zehn Jahre und erneuerten dieses Bündnis 1493. Deshalb waren auch Basler an den Schlachten gegen Herzog Karl den Kühnen von Burgund beteiligt. Durch ihren Handel war die Stadt stark gegen Norden, auf das Rheintal und die elsässischen Städte, ausgerichtet. Daher musste Basel immer auch Rücksicht nehmen auf die Ansprüche der vorderösterreichischen und anderer Landesherren in seiner nördlichen Umgebung, da diese die Verkehrswege im Norden der Stadt beherrschten.

Im Schwabenkrieg von 1499, den die Eidgenossen gegen Kaiser Maximilian und den süddeutschen Adel führten, blieb Basel offiziell neutral, weil es um seine Ver-

Farnsburger Fahne

Diese Darstellung der Farnsburg findet sich auf der Mannschaftsfahne des gleichnamigen Amtes. Die Fahne wird, mit Fragezeichen allerdings, auf die Zeit um 1540 datiert. In solchen Feldzeichen manifestiert sich das Bewusstsein eines gemeindeübergreifenden Zusammenhangs, der nicht nur im Militär, sondern auch auf anderen Ebenen zu Ausdruck kam, so bei der Organisation des bäuerlichen Widerstands 1525 oder 1591 bis 1594.

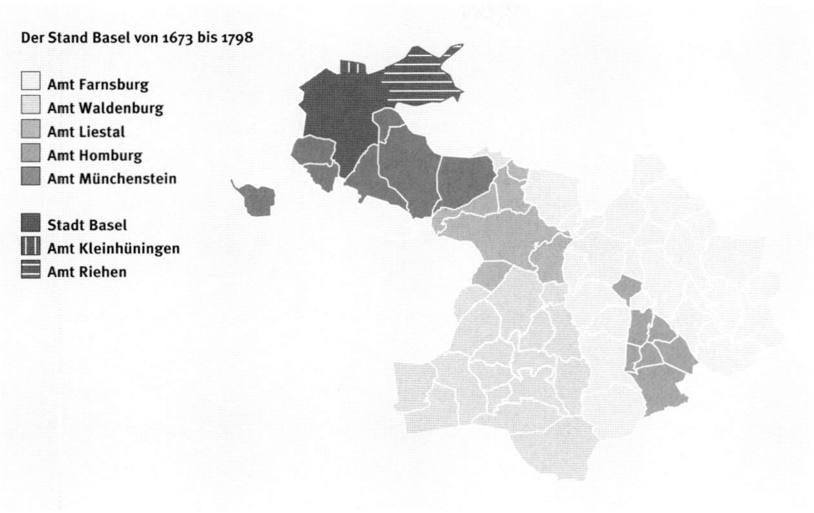

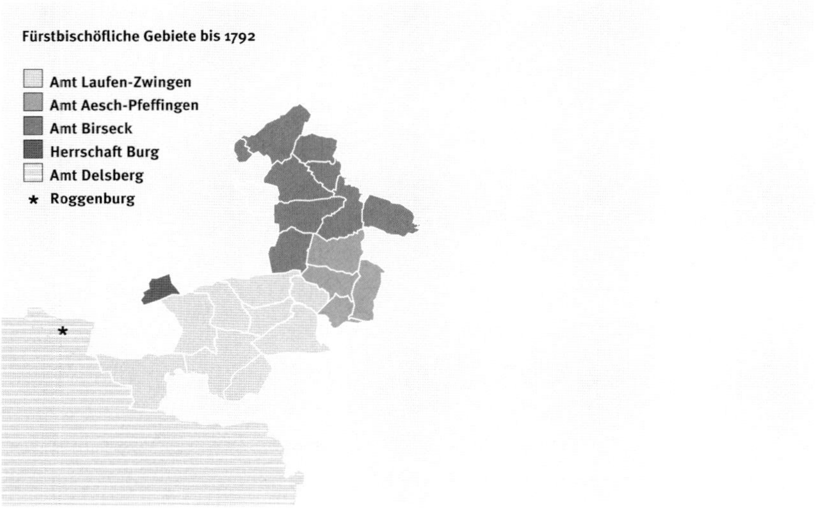

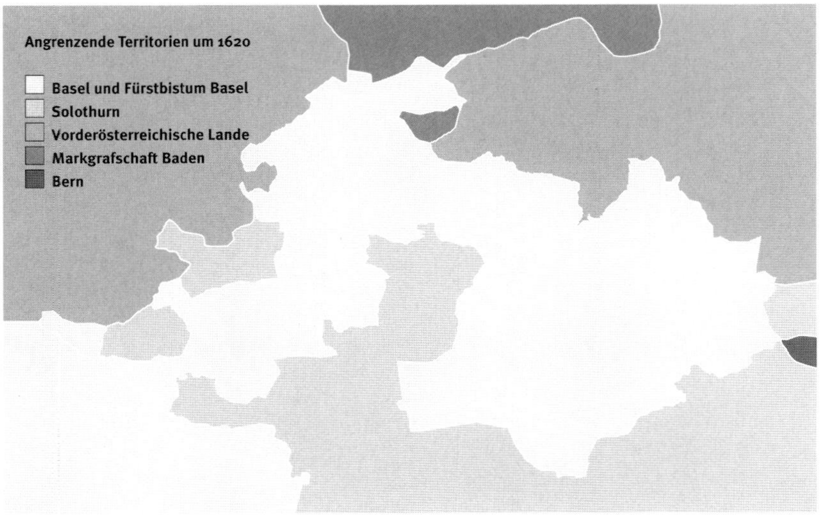

Territorien und Grenzen

Die territorialen Verhältnisse in der Nordwestschweiz sind bis heute kompliziert. Um die Situation während der frühen Neuzeit darzustellen, wurde die Information hier in drei Teile gegliedert. Die erste Karte zeigt das reformierte Basel samt Vogteien und die zweite das Fürstbistum mit seinen Ämtern. Die dritte rückt die Nachbarn ins Zentrum. Deren Hoheitszeichen sind auch in der Karte am Kapitelanfang verzeichnet. Die Grenzen waren erst im Lauf des 16. Jahrhunderts fix, letzte Grenzbereinigungen fielen sogar ins 17. Jahrhundert. So erwarb Basel Kleinhüningen erst 1640, oder die Vogtei Ramstein wurde 1668 aufgehoben und 1673 definitiv zum Amt Waldenburg geschlagen. Frankreich erreichte die Grenze im Westen und Norden der Basler Region erst 1648. Vorher gehörten diese Gebiete zu Vorderösterreich.
Der Ausschnitt umfasst das Gebiet der heutigen Kantone Basel-Stadt und Basel-Landschaft sowie angrenzende Regionen.

waren mit Bern verburgrechtet, die Abtei Bellelay mit Solothurn. Seit 1579 war der Fürstbischof zum Schutz der katholischen Konfession im Fürstbistum mit den sieben katholischen Orten der Eidgenossenschaft verbündet. Dank ihren Bindungen an die Eidgenossenschaft konnten sich die südlichen Teile des Fürstbistums den Forderungen des Deutschen Reiches mit Erfolg entziehen; sie galten deshalb vielen als eidgenössisch, während der Norden zum Reich gerechnet wurde.

Beide Basler Territorien waren während der frühen Neuzeit in Landvogteien oder Ämter aufgeteilt, die im Fürstbistum auch Oberämter genannt wurden. Zum Hoheitsgebiet der Stadt, der Basler Landschaft, gehörten die rechtsrheinischen Ämter Riehen und Kleinhüningen, die zusammen mit Münchenstein die «Unteren Ämter» bildeten; die linksrheinischen Ämter umfassten die Ämter Münchenstein sowie die «Oberen Ämter» Liestal, Farnsburg, Homburg und Waldenburg. Zu Beginn der frühen Neuzeit gab es noch eine weitere Landvogtei, das Amt Ramstein. Dieses umfasste nur Bretzwil, wurde von 1668 an vom Schultheissen von Liestal verwaltet und 1673 zur Landvogtei Waldenburg geschlagen.[2]

Im Fürstbistum lagen die Landvogteien Birseck, Pfeffingen und Laufen-Zwingen. Roggenburg war Teil der Landvogtei Delsberg, während Burg im Leimental ein eigenes Amt bildete. Über besondere Rechte der Selbstverwaltung verfügten die Kleinstädte Laufen und Liestal. Beide hatten zum Beispiel einen eigenen Rat. Die Stadtbürger von Laufen unterstanden dem vom Fürstbischof eingesetzten Stadtmeier, während die Vorstadt dem in Zwingen residierenden Landvogt zugewiesen war. Der Liestaler Schultheiss war immer auch Landvogt des gleichnamigen Amtes. Bis 1653 waren die Amtsinhaber Liestaler, 1653 bis 1673 waren es als Folge der Strafmassnahmen im Bauernkrieg Basler Bürger, danach wechselten sich Basler und Liestaler jährlich ab. 1654 wurde der frühere Rat durch acht Beisitzer abgelöst, die eigentliche Verwaltung besorgten drei Stubenmeister, je einer aus den Beisitzern, aus dem Gericht und aus der Gemeinde.

Der Beitritt Basels zur Eidgenossenschaft

Der Beitritt von Basel zum Bund wurde am 13. Juli 1501 auf dem Marktplatz unter Anwesenheit von prominenten Vertretern der anderen eidgenössischen Orte feierlich beschworen. Nach einem Hochamt im Münster fand sich die gesamte über 14 Jahre alte männliche Bevölkerung vor dem Ratshaus ein. Der Bundesbrief wurde verlesen, und Bürgermeister Röist von Zürich sprach den Räten und dem Volk den Eid vor. Danach las der Repräsentant von Basel, Peter Offenburg, den Eidgenossen den Eid vor und auch diese schworen ihn. Es folgte ein grosses Fest, an dem dann wohl die ganze Bevölkerung teilnahm, also auch die Frau am Spinnrad, die in der nach Silberisens Schweizerchronik von 1576 gestalteten Abbildung links unter dem Stadttor gezeigt wird.
Der 13. Juli ist der Tag von Kaiser Heinrich, der von 1002 bis 1024 herrschte, Basel zum Reich brachte, das Münster stiftete und später heilig gesprochen wurde. Die Basler feierten seinen Todestag jedes Jahr im Juli. Die Wahl dieses Tages für die Beschwörung des Bundes mit den Eidgenossen war vielleicht auch als Signal der Beruhigung in Richtung des Deutschen Reiches gedacht, denn mit dem Beitritt zur Eidgenossenschaft wandte sich Basel stärker vom Reich ab.

sorgung und die einträglichen Besitzungen seiner Bürger in der habsburgischen Nachbarschaft bangte. Innerhalb der städtischen Bevölkerung hielten die einen zum Kaiser, die anderen zu den Eidgenossen, andere wollten weder Reichsangehörige noch Schweizer, sondern nur Basler sein. Auf der Landschaft dagegen war die Sympathie für die Eidgenossen offenkundig.
Der Krieg wurde mit dem Sieg der Eidgenossen bei Dornach entschieden. Der Friede von Basel sicherte den Eidgenossen den Fortbestand ihrer Sonderrechte und ihre weitgehende Selbständigkeit innerhalb des Reiches.[2] Basel war in der Folge trotz seiner Haltung Vergeltungsaktionen durch die Besiegten preisgegeben, als ob es eidgenössisch sei. Ohne Rückhalt bei seinen traditionellen oberrheinischen Verbündeten und beim Reich, die alle unter Habsburgs Einfluss standen, musste Basel endgültig Farbe bekennen. Nicht zuletzt weil die eidgenössische Partei innerhalb des Rates sich nach dem Krieg besser durchsetzen konnte, gab man dem Werben der Eidgenossenschaft nach und trat diesem Bund bei. Basel sollte fortan als vollberechtigtes Mitglied den Schutz der Eidgenossen geniessen, dafür musste es seine Aussenpolitik auf sie abstimmen und sich bei inneren Auseinandersetzungen zwischen den Orten neutral verhalten

Basler Territorium um 1680
Die nach Süden orientierte Karte wurde vom Basler Geometer G. F. Meyer entworfen und von einem gewissen «E. Ull.» wohl nach 1680 abgezeichnet. Die Karte ist eine lebhafte, topographisch oft etwas verzerrte Wiedergabe der Grenzen und der Nachbarn des Basler Herrschaftsgebiets. Sie stellt, verglichen mit frühen Darstellungen wie jenen von Stumpf (vgl. Kapitel 10) einen kartographischen Fortschritt dar und ist damit ein wichtiger Vorläufer späterer Karten wie zum Beispiel jener am Anfang des Kapitels von Christoph Brunner von 1729.

Wappenscheibe von Johann Konrad von Roggenbach
Die auf 1660 datierte Wappenscheibe erinnert an den Fürstbischof Johann Konrad von Roggenbach, 1656 bis 1693 im Amt. Er weihte 1681 den Arlesheimer Dom ein und strebte vielfältige administrative und politische Reformen an. Die Scheibe bringt die enge Verbindung von weltlicher und geistlicher Macht im Fürstbistum zum Ausdruck. Links steht die eine von Roggenbachs Identifikationsfiguren, Kaiser Heinrich II., Stifter des Basler Münsters, rechts der Heilige Pantalus, der legendäre Bischof und Bistumspatron von Basel. Über dem Wappenschild thront die Strahlenmadonna, die Stadtpatronin von Basel. Der geistliche Machtbereich des Fürstbischofs, die Diözese, war im Übrigen nicht mit seinem weltlichen Herrschaftsgebiet identisch, sie erstreckte sich weiter nach Norden und Westen.

Die Herrschaftsrechte der Fürstbischöfe

Dem Fürstbischof stand in seinem Territorium zu Beginn der frühen Neuzeit die hohe Gerichtsbarkeit zu, die zusammen mit den ihm verliehenen kaiserlichen Regalien die Grundlage für die Entwicklung der Landeshoheit bot.[3] Die Macht des Fürstbischofs in diesem Territorium war jedoch keineswegs gleichmässig ausgebildet, indem geistliche Institutionen und Lehensleute über Grundbesitz und niedere Herrschaftsrechte verfügten. Einige Städte und Teilgebiete hatten sich, wie erwähnt, eigene Freiheiten und besondere Rechte zu verschaffen gewusst. Die Möglichkeiten der Fürstbischöfe, in den südlichen Gebieten tatsächlich Macht auszuüben und ihre Herrschaftsrechte zu einer wirklichen und nicht nur formellen Landeshoheit auszubauen, waren daher begrenzt. Im nördlichen Teil des Fürstbistums waren die Voraussetzungen etwas besser. Die Städte und Marktflecken Pruntrut, St-Ursanne, Delsberg und Laufen vermochten sich nicht im selben Mass wie Biel vom Fürstbischof zu emanzipieren, ebenso waren hier keine Gemeinden auf Dauer mit auswärtigen Partnern verbündet. Dass es den Fürstbischöfen bis ins 16. Jahrhundert hinein auch im Norden nicht gelang, ihre Herrschaft zu konsolidieren, lag in erster Linie daran, dass ihnen eine sichere finanzielle Basis fehlte. Die Macht der Fürstbischöfe war auch insofern eingeschränkt, als das Domkapitel spätestens seit 1499 Finanz- und Steuerkompetenzen erlangt hatte. Ein gewichtiges Wort mitzureden hatten in dieser Materie im Übrigen auch die Landstände, die seit 1566 in unregelmässigen Abständen zu Versammlungen einberufen wurden. Sie vertraten in erster Linie Geistliche sowie die Städte und Landvogteien. Tatsächlich rekrutierten sich diese Ständevertreter vor allem aus dem Kreis der Adligen und der obrigkeitlichen Beamten, die Landbevölkerung war nicht vertreten.

Leibeigene werden Untertanen der Stadt

Im 15. und im beginnenden 16. Jahrhundert war die Stadt Basel darauf aus, ihr Herrschaftsgebiet abzurunden und zu vereinheitlichen, die erworbenen

und vermitteln. Am Heinrichs-Tag, dem 13. Juli 1501, wurde der Bund mit den Eidgenossen auf dem städtischen Kornmarkt feierlich beschworen.

Viele Landleute hatten trotz der offiziellen Neutralität der Stadt während des Schwabenkriegs kein Hehl aus ihrer Zuneigung zu den Eidgenossen gemacht.[3] Im Gefolge der Kriegsereignisse, besonders im Frühjahr 1499, waren immer wieder eidgenössische Truppen durch die Basler Landschaft gezogen. Vor allem die Orte an den Passstrassen und Liestal waren mit der Frage der Neutralität konfrontiert, wenn grössere eidgenössische Truppenkontingente auf ihrem Zug in Richtung Sundgau und Elsass freien Durchmarsch verlangten. Entgegen den Weisungen aus Basel stellten sich die Landleute den zahlreichen eidgenössischen Truppen im Allgemeinen nicht in den Weg, entweder aus freiem Willen oder gezwungenermassen, um Schaden abzuwenden. Im Gegenzug kam es immer wieder zu kleineren Konfrontationen mit habsburgisch-vorderösterreichischen Leuten oder Truppenteilen. Liestal war im Übrigen auch der Ausgangspunkt für den Angriff der Eidgenossen auf das österreichische Heer bei Dornach.

Mit ihrer Sympathie für die Eidgenossen standen die Landleute in einem Gegensatz zu ihrer Obrigkeit, die ziemlich erfolglos

Die Birs, das Rückgrat des Fürstbistums

Die Birs bildete das Rückgrat eines grossen Teils des Fürstbistums. Sie verband die französischsprachigen mit den deutschsprachigen Teilen dieses Herrschaftsgebiets. Ihr folgten die wichtigen überregionalen Verkehrsrouten von Basel nach Biel und in den Jura. An der Birs oder in unmittelbarer Nähe lagen auch einige der zentralen Orte des Fürstbistums wie Delsberg, Laufen oder Arlesheim. Im 15. und im frühen 16. Jahrhundert entwickelten sich auch die machtpolitischen Auseinandersetzungen zwischen Solothurn, dem Fürstbistum und Basel entlang der Linie dieses Flusses.
Die Darstellung von Emanuel Büchel aus dem Jahr 1756 gibt eine Übersicht über den ganzen Flusslauf und damit über einen grossen Teil des Fürstbistums, besonders über das Laufental und das Birseck. Büchel hat sich seine Kenntnisse über die Topographie bei einer Wanderung zur Birsquelle erarbeitet. Sein Reisebericht ist in Daniel Bruckners Merkwürdigkeiten nachzulesen.

Herrschaftsrechte intensiver zu nutzen und die herrschaftliche Verwaltung auf- und auszubauen. Für die Herausbildung dieser Landesherrschaft über eine homogene ländliche Untertanenschicht spielte die Leibeigenschaft zu Beginn der frühen Neuzeit eine zentrale Rolle, da sie der Obrigkeit einen direkten Zugriff auf die Landleute ermöglichte. Leibeigene standen in einer ohne Einwilligung des Herrn unauflösbaren und vererblichen Abhängigkeit von ihrem Leibherrn. Die Leibeigenschaft umfasste das Verbot der Ungenosssamenehe, das heisst der Ehe zwischen Leibeigenen unterschiedlicher Leibherren, ferner die Entrichtung der Jahrsteuer sowie das Nachjagerecht des Leibherrn. Zudem waren alle inner- und ausserhalb des eigenen Gebiets wohnenden Leibeigenen verpflichtet, für den Landesherrn, zum Beispiel die Stadt Basel, in den Krieg zu ziehen. Im Prinzip war Freizügigkeit auch um 1500 durchaus gegeben, die Verpflichtungen gegenüber dem Leibherrn blieben jedoch bei einem Wegzug bestehen. Daraus resultierten Doppelbelastungen für die Leibeigenen, denn in der Regel hatten sie der neuen Herrschaft dieselben Leistungen zu entrichten. So mussten zum Beispiel leibeigene Solothurner Männer, die in Basler Gebiet lebten, für Basel wie Solothurn Fronen oder Kriegsdienst leisten. Die doppelte Leibeigenschaft erwies sich darum im 16. Jahrhundert bald einmal als Hindernis auf dem Weg zu einem abgerundeten Herrschaftsgebiet. Zunächst hatten die expansionswilligen Leibherren noch danach getrachtet, mittels einer schärferen Handhabung der Leibherrschaft ihre Einflusssphäre zu vergrössern und mit Hilfe von Leibeigenen in fremden Gebieten Präsenz zu markieren. Gleichzeitig versuchten die Obrigkeiten, die Abwanderung von Leibeigenen aus ihrem Gebiet mit Bussen zu verhindern. Dieser kontraproduktiven politischen Konkurrenz mit Hilfe von Leibeigenen wurde schliesslich mit Verträgen unter benachbarten Herrschaften ein Ende gesetzt: Die jeweils fremden Leibeigenen wurden ausgetauscht oder gegeneinander «verrechnet» und zu eigenen Leibeigenen gemacht.[4] Mit Solothurn einigte sich Basel 1527, mit Habsburg, wegen des Fricktals und Rheinfelden, 1534. Damit war die Leibherrschaft

versucht hatte, ihre Neutralität auch auf der Landschaft durchzusetzen. Insofern kam den Landleuten eine gewisse Bedeutung für die Entscheidung der Stadt zu Gunsten der Eidgenossenschaft zu. Das war auch der eidgenössischen Verhandlungsdelegation bewusst: In der gemeinsamen Erklärung der Eidgenossen und Basels vom 21. März 1501 wurde hervorgehoben, «dass ihre Schlösser und Hintersassen zu Liestal und an andern Enden sich nicht allein nachbarlich, sondern brüderlich gehalten haben, viel mit uns und von unserwegen gelitten, etliche erstochen, viele beraubt und misshandelt, das alles sie geduldig ertragen haben».

Mächtepoker zwischen Aare und Rhein
Die Zugehörigkeit zur Eidgenossenschaft ermutigte die Stadt Basel, sich vollends aus der Abhängigkeit vom Bischof zu lösen. 1521 tat der Basler Rat den letzten Schritt und beschloss, künftig die formelle Eidesleistung an den Fürstbischof zu unterlassen und die Wahl von Bürgermeister und Rat in alleiniger Kompetenz vorzunehmen. Dem Fürstbischof wurde damit der letzte Rest seiner einstigen Stadtherrschaft einseitig aberkannt. Konsequenterweise unterblieb ab 1524 auch die Bezahlung des jährlichen Bodenzinses, den der Fürstbischof bis anhin von jeder Hofstatt hatte einziehen lassen. Klagen des Fürst-

territorialisiert, das heisst, es galt: «Des Bann, des Mann». Die Leibeigenschaft ging in einem allgemeinen Status der Untertanenschaft auf. Im Gebiet der Stadt Basel lebten nur noch Basler Leibeigene, im Solothurner Territorium nur noch Solothurner. Wer den Landesherrn wechselte, musste gegen entsprechende, zum Teil hohe Gebühren aus der alten Leibeigenschaft entlassen werden und wurde Leibeigene beziehungsweise Leibeigener der neuen Obrigkeit.

Basler Landvogt
Das Porträt von 1650 zeigt den damals 20 Jahre alten Daniel Burckhardt-Falkeysen, der von 1630 bis 1702 lebte. Zu den Stationen einer politischen Karriere im alten Basel gehörte meistens eine Landvogteistelle. Burckhardt war von 1694 bis 1702 Landvogt auf Waldenburg, zuvor war er auch Mitglied des Kleinen Rates, nachher Schultheiss des Stadtgerichts von Grossbasel.

Herrschaft, Obrigkeit und Verwaltung

Es waren in erster Linie die Landvögte und die Pfarrer, die Obrigkeit und Kirche in den Untertanengebieten vertraten.[5] Im Allgemeinen hatten die Landvögte auf den Schlössern Wohnsitz zu nehmen, die den Namen ihres Amtes trugen, obwohl diese mittelalterlichen Adelsburgen meistens wenig Komfort boten. Als Vertreter von Rat und Fürstbischof hatten die Landvögte ein breites Spektrum von Aufgaben zu erfüllen. Sie übten sowohl administrative als auch richterliche Funktionen aus, wobei letztere auf strafrechtliche Fälle der so genannten niederen Gerichtsbarkeit beschränkt waren. Darunter fielen geringfügige Übertretungen obrigkeitlicher Verordnungen, niedrige Summen strittigen Geldes, kleinere Diebstähle, Beleidigungen oder Tätlichkeiten. Bei Urteilen hatten sich die Landvögte an die von Rat und Fürstbischof erlassenen Gesetze und Bussentaxen zu halten. Über die Bussengelder, an deren Ertrag sie beteiligt waren, mussten die Landvögte der Obrigkeit detailliert Rechenschaft ablegen.

Als Verwaltungsbeamte vor Ort beaufsichtigten die Landvögte das Erbschaftswesen, Konkurse und Versteigerungen sowie die Kaufverträge. Sie stellten Urkunden aller Art aus, ebenso hatten sie die kommunalen Instanzen wie Gemeindevorsteher und -gerichte zu überwachen. Die Landvögte gewährleisteten den Einzug der obrigkeitlichen und eines Teils der kirchlichen Einkünfte, vor allem der Zehnten und der Bodenzinse. Des Weitern hatten die Landvögte, zusammen mit den Pfarrern, die Verbreitung und

Der Pfarrer im Dorf
Die in den Gemeinden lebenden Pfarrer waren die einzigen Vertreter der Kirche und der Herrschaft, die den direkten Kontakt zu den ländlichen Untertanen hatten. Sie nahmen eine wichtige Scharnierfunktion ein und kanalisierten die Informationen zwischen Landschaft und Herrschaftszentrale, aber auch umgekehrt. Das Ölgemälde von unbekannter Hand aus dem 18. Jahrhundert zeigt das Pfarrhaus von Diegten.

Wappen des Landvogts Handmann
Familienbewusstsein, genealogische Interessen und die entsprechenden Dokumente, seien es Wappen oder Stammbäume, waren auch in Basel verbreitet, um eine städtisch-bürgerliche Identität auszudrücken und das Bedürfnis nach Tradition und Repräsentation zu befriedigen. Hans Jakob Handmann, der von 1677 bis 1740 lebte, gehörte zum zünftigen Basler Handwerk. Seine Vorfahren waren Anfang des 17. Jahrhunderts von Bregenz eingewandert, er war Bäcker und seit 1712 Zunftmeister zu Brodbecken. Von 1724 bis 1732 bekleidete er das Amt des Landvogts auf Waldenburg. Als Angehöriger des ehrbaren städtischen Handwerks kam eine weitere politische Karriere in höheren Ämtern für ihn nicht in Frage, da das Regiment in Basel sehr stark in den Händen einiger weniger Familien von reichen Handels- und Kaufleuten konzentriert war. Die Besetzung bestimmter Landvogteistellen mit Vertretern des Handwerks war ein politischer Kompromiss, der dazu diente, die Ansprüche des Zunfthandwerks zu befriedigen, ohne die Interessen des Handelsbürgertums zu tangieren.

Einhaltung obrigkeitlicher Erlasse zu gewährleisten sowie generell alle wichtigen Informationen aus der Landschaft in die Zentrale zu melden. Die Landvögte waren im Prinzip ausführende Beamte, welche die «Befehle» des Rates und des Fürstbischofs umsetzen mussten.

Die Landvogtstellen waren den Familien aus den politischen Eliten, meist aus den Herrschaftszentren vorbehalten. Im Fürstbistum waren dies Familien aus dem Umfeld des Fürstbischofs, die oft auch mit dem Fürstbischof verwandt waren.[6] Das Amt Pfeffingen zum Beispiel lag auf Grund eines fürstbischöflichen Privilegs seit 1604 in den Händen der Familie von Blarer. Die Landvogtstellen wurden hier auf Lebenszeit vergeben.

Die Landvögte der Stadt wurden aus den Räten gewählt. Die Besetzung dieser Stellen gab immer wieder Anlass zu innerstädtischen Auseinandersetzungen. Die vorwiegend zum Handwerk zählenden einfachen Zunftmitglieder und der Grosse Rat wehrten sich gegen die zunehmende Monopolisierung des Regiments durch die reichen Kauf- und Handelsleute, welche die Zunftvorstände und den Kleinen Rat dominierten. Im Zug der städtischen Unruhen von 1691 wurde schliesslich ein Kompromiss erzielt: Die grossen Ämter Waldenburg und Farnsburg wurden weiterhin von Kleinräten verwaltet, aber nicht mehr zehn, sondern acht Jahre lang. Die kleineren Ämter Homburg und Münchenstein standen nur noch Grossräten aus dem Handwerk zu, ebenfalls für acht Jahre. Diese Konflikte verweisen auf die wirtschaftlichen Hintergründe der Ämterbesetzung. Die Landvögte erfüllten nicht nur einen Amtsauftrag, sondern sie waren ebenso damit beschäftigt, ihre eigenen Einnahmen zu sichern und ihr Amt so einträglich wie möglich zu gestalten. Neben einer Besoldung und speziellen Abgaben standen ihnen Gebühren für administrative Leistungen zu, ferner Anteile an den Bussgeldern und an den Einkünften der Obrigkeit.

Die obrigkeitliche Verwaltung der frühneuzeitlichen Territorien war vergleichsweise wenig entwickelt. Neben den Landvögten, den Schlossschreibern und den Pfarrern gab es auf der Basler Landschaft nur noch

bischofs gegen diese Verletzung seiner Rechte blieben ohne Erfolg.
Kompromissbereiter zeigte sich die Stadt, wenn es um das benachbarte fürstbischöfliche Umland ging, wo sich die Interessen der beiden konkurrierenden Städte Basel und Solothurn überkreuzten. Dem Bemühen Solothurns, auf Kosten des Fürstbistums über den Jura hinweg eine territoriale Verbindung zum Rhein und zum Elsass herzustellen, setzte Basel Widerstand entgegen. Die Stadt am Rheinknie, die um 1500 ihrerseits noch keine sichere Landbrücke zum eigenen Hinterland und zu den Hauensteinpässen hatte aufbauen können, musste es als bedrohlich empfinden, bis vor die Tore der Stadt von fremdem Herrschaftsgebiet umgeben zu sein. Das Eindringen der Rivalin Solothurn ins Birstal, in eben den Raum, den die Stadt glaubte mit mehr Recht als Einflusszone beanspruchen zu dürfen, wurde von Basel darum bekämpft. Diese Mächtekonstellation war im Prinzip nicht ungünstig für den Fürstbischof, konnte er doch versuchen, als lachender Dritter in diesem umstrittenen Gebiet eine eigene, wenn auch kleine Landesherrschaft aufzubauen.[4] Das Birstal war dem Fürstbischof wichtig, weil er damit sein jurassisches Herrschaftsgebiet mit der Stadt Basel verbinden und zu einem Flächenstaat ausbauen konnte. Was

Landschreibereien.[7] Die Stadtschreiberei Liestal war lange für alle oberen Ämter zuständig, erst 1738 erhielten die Ämter Farnsburg und Homburg eine eigene Landschreiberei in Sissach. Das Amt Münchenstein wurde von der Stadt aus betreut. Die Landschreiber waren die zentralen Urkundspersonen. Ihr Kompetenzbereich erstreckte sich auf das Erbschafts- und das Vormundschaftswesen sowie auf Versteigerungen, Betreibungen, Testamente, Eheverträge, Schuldverschreibungen und Obligationen, Kaufverträge, Handänderungen und Urteilsausfertigungen. Trotz vielfach wiederholter Verordnungen der Obrigkeit wandten sich die Landleute aber immer wieder an billigere Schreibkräfte in ihrer Nähe wie Dorfvorsteher, Geistliche oder Schulmeister. Ausserdem betätigten sich die kommunalen Fertigungsgerichte teilweise im gleichen Bereich wie die Landschreiber.

Im Fürstbistum stand dem Landvogt jeweils ein Amtsschreiber zur Seite. Obwohl er, im Gegensatz zur städtischen Verwaltung, den Landvogt vertreten konnte, musste der Landschreiber nicht dem Adel angehören. Er hatte sich jedoch über eine ausreichende Ausbildung und Erfahrung auszuweisen, die er vor allem in der zentralen Verwaltung in Pruntrut erwarb. Er war für den Schriftverkehr mit der Zentrale verantwortlich und führte die Aufsicht über die gleichen Wirtschafts- und Rechtsbereiche wie seine stadtbaslerischen Kollegen. Insgesamt war die zentralstaatliche Verwaltung im Fürstbistum etwas stärker ausgebaut.[8] Denn es gab in jedem Amt noch die Schaffneien, die direkt dem fürstbischöflichen Hofkammerrat, dem Finanzministerium des Fürstbischofs, unterstanden. Die Schaffner, manchmal der Landvogt oder sein Statthalter, oft aber ein eigener Beamter, verwalteten als Vorsteher dieser fürstlichen Zahlstellen unter anderem die fürstbischöflichen Einkünfte oder die Auszahlungen für den Bedarf der Landvogteiverwaltung. Da diese Transaktionen meistens in natura erfolgten, war die Schaffnei häufig als «Kornschütte» in einem grossen, zur Lagerhaltung geeigneten Gebäude untergebracht. Für die Ämter Birseck und Pfeffingen wurde die Schaffnei im 18. Jahrhundert in Reinach konzentriert.

Die Herrschaftszentrale am Rand
Die Reformation hatte den Basler Bischof aus seinem angestammten Bischofssitz in Basel vertrieben, ebenso das Domkapitel, das von 1529 bis 1678 in Freiburg im Breisgau residierte. Der Fürstbischof liess sich 1529 in Pruntrut nieder, das damit zu einer kleinen Residenzstadt wurde. Hier war auch die zentrale Verwaltung angesiedelt. Diese bestand aus dem geheimen Rat, dem Konsistorium, dem Hof- oder Justizrat und dem Hofkammerrat, der für Finanzen und Rechnung zuständig war. Diese Instanzen, die zum Teil mit Weltlichen und Geistlichen besetzt waren, wurden vom Fürstbischof mit Fachleuten seiner Wahl versehen. Für die Erledigung der Geschäfte bildeten sie, wie in der frühen Neuzeit üblich, zahlreiche Spezialkommissionen.

Die Kathedrale auf dem Land

Der Fürstbischof regierte weder im weltlichen noch im geistlichen Bereich alleine. Neben den Landständen, die Adel, Klerus und die Vogteien vertraten und vor allem in finanziellen Dingen mitzureden hatten, gab es wie in jeder Diözese das Domkapitel, das die Geistlichkeit gegenüber dem Bischof repräsentierte und dem insbesondere das Recht zustand, den Bischof zu wählen. Da es mit eigenen Einkünften ausgestattet war, befasste sich dieses Kollegium auch mit weltlichen Geschäften. Das kam auch darin zum Ausdruck, dass es bei einer Sedisvakanz, das heisst in der Zeit «zwischen zwei Bischöfen», sämtliche Geschäfte im geistlichen wie im weltlichen Bereich wahrnahm. Beim Amtsantritt eines neuen Bischofs hielt das Domkapitel in einer Wahlkapitulation die «Regierungsleitlinien» für den neuen Amtsinhaber fest.
Das Domkapitel verliess seinen bisherigen Sitz in Freiburg im Breisgau im Jahr 1678 und übersiedelte nach Arlesheim. Dieser Ort auf dem Land eignete sich gut als neue Residenz der Domherren, weil sie sich hier nahe bei Basel und nahe bei ihren Einkünften aus dem Elsass befanden. Andererseits bedurfte Arlesheim einer Aufwertung, damit das Domkapitel standesgemäss untergebracht war. Zu diesem Zweck wurde umgehend mit dem Bau einer Kathedrale, eines Kapitelhauses und der Wohnungen für die Domherren begonnen. Der Dom wurde 1681 eingeweiht.
Dieses prominente Gebäude vor den Toren Basels fand natürlich auch die Aufmerksamkeit von Emanuel Büchel, der den Dom zwischen 1754 und 1756 mehrmals zeichnete.

1726 wurde im Zuge einer Verwaltungsreform im Fürstbistum ein neues Amt geschaffen: Der Fiskal kontrollierte als unmittelbar der Fiskalkommission in Pruntrut verpflichteter Beamter sowohl Gemeinden als auch die Vogteiverwaltung. In dieser Funktion hatte er das Steuer-, Finanz- und Vormundschaftswesen zu beobachten, ebenso die Rechtsprechung, Ganten, Erbteilungen und Käufe. Er war bei allen oberamtlichen Verhören und Gerichtssitzungen dabei und stellte als eine Art öffentlicher Ankläger die Strafanträge. Die Fiskale verkörperten sozusagen das wachsame Auge des Fürstbischofs über den Untertanen, aber auch über der Verwaltung. Daher überschnitten sich ihre Kompetenzen stark mit denen anderer Beamter, so dass Konflikte unausweichlich waren. Den Dorfvorstehern der Vogteien Birseck und Pfeffingen gelang es 1759, den Fürstbischof dazu zu bewegen, den verstorbenen Fiskal nicht zu ersetzen, sondern die Fiskalbefugnisse ihnen zu übertragen. Der Versuch, die Territorialverwaltung nach französisch-absolutistischem Vorbild auszubauen, war also im Fürstbistum zumindest vom Anspruch her weiter fortgeschritten als im alten Basel.

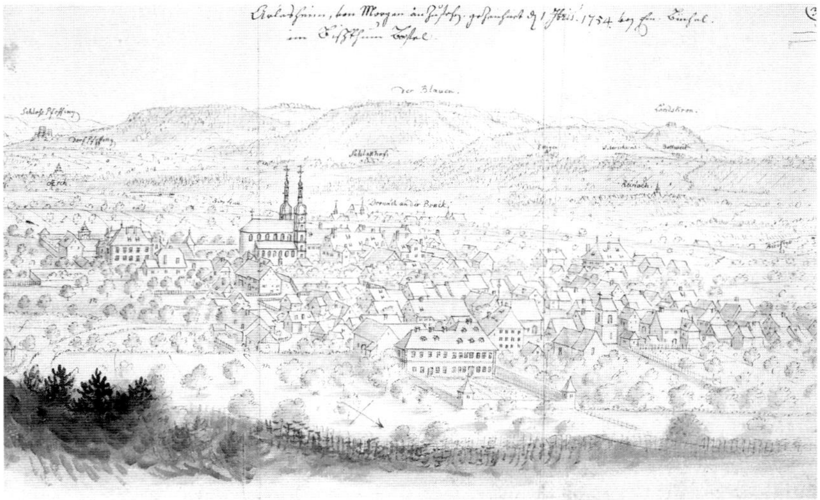

nicht hierzu gehörte, war entbehrlich, so veräusserte er umstrittene Gebiete, wie jenes an den Hauenstein-Passstrassen, an die Stadt Basel, die damit zum Kern ihres Untertanengebietes im Sisgau kam.

Beispielhaft lässt sich die indirekte Zusammenarbeit von Stadt und Fürstbischof an der Auflösung der thiersteinischen Herrschaft zeigen: Der Kampf zwischen Basel und Solothurn um die Erbschaft des letzten Grafen von Thierstein, vornehmlich um die Herrschaften Pfeffingen und Thierstein, war schon zu Lebzeiten des Grafen im Gang. Basel griff schliesslich zu einem schon früher angewandten Mittel, um Solothurn aus dem Feld zu schlagen: Dem Fürstbischof wurden die nötigen Geldsummen zur Verfügung gestellt, damit er seinerseits, als Lehensherr dieser Herrschaften und mit den besseren rechtlichen Ansprüchen ausgestattet, die bereits an Solothurn verpfändeten Herrschaften zurücklösen konnte. Solothurn erhob nach dem Tod des Grafen gleichwohl Ansprüche auf das thiersteinische Erbe und brachte die Sache vor die Eidgenossen. Basel seinerseits sah sich in der Hoffnung getäuscht, vom Fürstbischof ein Vorkaufsrecht auf die Herrschaft Pfeffingen zu erhalten, und besetzte das Schloss Pfeffingen im Herbst 1520. Solothurn schaltete wiederum die Eidgenossen ein, deren

Eigenständig und Teil der Verwaltung: Die Gemeinden

Die Gemeinde war in der frühen Neuzeit ein rechtsfähiger Verband mit spezifischen Handlungsmöglichkeiten, sie war neben den einzelnen Untertanen das wichtigste Gegenüber der Obrigkeit auf der Landschaft. Die Gemeinden verfügten über reiche Erfahrung im Umgang mit der Herrschaft, ein politisches Bewusstsein und eigene Organisationsformen. Die Handlungsweisen und Verhaltensmuster der Gemeinden waren für die Beziehungen zwischen Landesherrn und Untertanen ebenso wichtig wie die obrigkeitlich-staatlichen Instrumente. Die Gemeinde war aber nicht nur Teil des Herrschaftssystems, ihr oblagen auch zahlreiche Aufgaben in der Selbstverwaltung: die kollektiven Absprachen im Rahmen der Dreizelgenwirtschaft und der Allmendnutzung, die Sicherung der Gemeindegrenzen, der Unterhalt von Wegen, Strassen, Brücken, Bächen und Brunnen, die Wasserversorgung, der Brandschutz, die Haltung eines Zuchtstiers, ein Teil des Gerichtswesens, die Besetzung bestimmter Dorfämter, die Verwaltung von Gütern und Einkünften, soziale Aufgaben wie die Armen- und Mündelversorgung, der Unterhalt von Gemeindeschulen sowie Friedenswahrung und Wachtdienst. Die Gemeinden standen zwar unter der Aufsicht der Obrigkeit, da sich diese jedoch vor Ort nicht auf eigene Organe für die erwähnten Aufgaben stützen konnte, war die gemeindliche Selbstverwaltung unverzichtbar und verfügte über einen erheblichen Handlungsspielraum.

Wie in vielen Gebieten der Eidgenossenschaft standen auch in den beiden Basler Territorien Untervögte oder Meier an der Spitze der grösseren Gemeinden, in kleineren übernahmen die Geschworenen diese Funktion.[9] Für die frühe Neuzeit ist der Unterschied zwischen Meier und Untervogt nicht mehr von Belang. In den ehemaligen mittelalterlichen Dinghöfen mit geschlossener Grundherrschaft erhielt sich die Bezeichnung «Meier», während in Gemeinden mit ehemals zersplitterten Grundherrschaftsverhältnissen die Untervögte als Vertreter des Niedergerichtsherrn zu den entscheidenden Beamten wurden. Untervogt und Meier waren auf der

Druck sich Basel schliesslich beugen musste. In einem Vertrag vom Jahr 1522 erhielt der Fürstbischof Pfeffingen zurück, musste aber zusagen, die Herrschaft niemals zu veräussern und sie keiner Macht zu öffnen, die Basel feindlich gesinnt war. Künftig hatte jeder Vogt von Pfeffingen nicht nur dem Fürstbischof, sondern auch dem Basler Rat zu schwören. Als Entschädigung für Basels Entgegenkommen verkaufte der Fürstbischof der Stadt das Dorf Riehen. Im Zuge der Regelung dieses «Pfeffingerhandels» vermochte Solothurn wenigstens einen Teil seiner Ansprüche geltend zu machen und erhielt die Herrschaft Thierstein zugesprochen. An Österreich fielen die im Elsass gelegenen Teile des thiersteinischen Erbes.

Der Fürstbischof verfügte lange Zeit über kein geschlossenes Territorium und musste andere Herrschaftsträger neben sich dulden. Im Birseck konnnte er aber schliesslich eine einigermassen gefestigte Landesherrschaft errichten, die vor allem auf der Hochgerichtsbarkeit und den Twing- und Bannrechten in den Dörfern beruhte. Für die Expansionspolitik der Fürstbischöfe spielten daher grundherrschaftliche Ansprüche eine geringere Rolle, ebenso die Leibherrschaft, die im Fürstbistum nicht als Instrument zum Auf- und Ausbau der Landesherrschaft genutzt wurde.[5]

einen Seite Vertreter der Obrigkeit und besetzten als solche die höchsten für Untertanen zugänglichen Ämter der staatlichen Verwaltung, auf der anderen Seite standen sie der dörflichen Selbstverwaltung vor. Sie befanden sich damit in einer doppelten Loyalität gegenüber ihren Gemeindegenossen und gegenüber der Obrigkeit. In einer vergleichbaren Position befanden sich im alten Basel nur noch die so genannten Amtspfleger, die in ihren Bezirken im Auftrag des Rates die Aufsicht über Steg und Weg, Wässerungen und Weiher führten, Fronen organisierten, bei amtlichen Schatzungen zugegen waren, in diesen Bereichen aber auch die Anliegen der Landleute zu Gehör bringen mussten. Untervögte oder Meier wurden meistens Angehörige der wirtschaftlich-sozialen Elite eines Dorfes, seit dem 17. Jahrhundert waren sie im Allgemeinen auf Lebenszeit gewählt. Die Ausübung dieses Amtes erforderte nicht nur Zeit für die vielen Gänge und Besorgungen, sondern auch ein gewisses Vermögen, um Vorschüsse leisten oder, wie auf der Basler Landschaft häufig, als Zehntbeständer fungieren zu können. In Ämtern mit starkem Bevölkerungswachstum wie jenem von Waldenburg waren im 18. Jahrhundert zunehmend auch ärmere Dorfgenossen als dörfliche Unterbeamte tätig.

Im Fürstbistum wurde der Meier vom Fürstbischof eingesetzt, im reformierten Basel bestimmte der Rat den Amtsinhaber per Los aufgrund einer vom Landvogt vorgelegten Liste von drei bis sechs Kandidaten. Im 16. und im frühen 17. Jahrhundert waren Untervögte des jeweiligen Amtes, Amtspfleger und manchmal auch Gerichtsleute am Wahlverfahren beteiligt. Im Vorfeld des landvögtlichen Entscheids hatte zunächst auch die Gemeindebevölkerung ein gewisses Mitspracherecht; dieses wurde aber später immer mehr zurückgedrängt.

Unterstützt wurden die Meier von den Geschworenen, zwei bis vier je nach Grösse der Gemeinde. Sie waren die ausführenden Organe der Gemeindeversammlung und repräsentierten die Gemeinde gegen aussen. Sie waren nicht direkt in den obrigkeitlichen Verwaltungsapparat einbezogen,

Fürstbischöfliche Gemeinden verbinden sich mit Basel

Der Abschluss von Burgrechtsverträgen, das sind Schutz- und Treuevereinbarungen, zwischen Basel und Laufen, Wahlen, Röschenz, Liesberg und Bärschwil sowie Reinach, Oberwil, Therwil, Ettingen und Allschwil am 9. September 1525 ist ebenfalls im Zusammenhang mit den Rivalitäten zwischen Basel und Solothurn zu sehen.[6] Es handelte sich eigentlich nicht um eine Burgrechtsaufnahme im strengen Sinn, sondern eher um Schirmbriefe. Ein Original fehlt, es sind lediglich Entwürfe und Abschriften erhalten. Das Fürstbistum und die weitere Umgebung nahmen jedoch die Vereinbarungen als Burgrechtsverträge wahr.

Als Basel im Zuge von Verhandlungen mit Solothurn über den Abtausch von Leibeigenen im Herbst 1525 seine Interessen im Birstal gefährdet sah, versuchte es, mit möglichst vielen Gemeinden solche Schirmverträge zu schliessen. Pfeffingen, Aesch, Duggingen und Grellingen, Arlesheim, Zwingen, Brislach, Blauen und Nenzlingen machten allerdings nicht mit.

In der Eidgenossenschaft, im Reich und beim Fürstbischof wurde Basels Vorprellen missbilligt. Auf Druck der Tagsatzung hin trat die Stadt in Verhandlungen mit dem Fürstbistum ein, ohne aber in der Frage der

hatten allerdings bei Bedarf auch obrigkeitliche Funktionen auszuüben, etwa die Aufsicht über die Wälder oder Mithilfe beim Einzug der Abgaben. Dazu kamen innergemeindliche Aufgaben, zum Beispiel im Bereich der kollektiven Flurnutzung oder die Kontrolle über das Gemeindevermögen. Das Amt des Geschworenen war nicht sonderlich beliebt und darum auf der Basler Landschaft bis gegen Ende des 16. Jahrhunderts auf wenige Jahre befristet. Im 18. Jahrhundert dagegen dauerte die Amtszeit länger, im Durchschnitt etwas mehr als acht Jahre. Eine Ausnahme bildete das Amt Waldenburg, wo bis 1783 alle zwei Jahre gewechselt wurde. Landvogt und Rat tendierten dazu, die Geschworenen für längere Zeit und damit stärker in die Pflicht zu nehmen, während die Untertanen sich als Geschworene allgemein gehütet haben dürften, allzu lang auf ihren Posten zu bleiben oder gar die herrschaftlichen Verordnungen streng durchzusetzen, standen sie doch bald wieder auf der Seite der Dorfbevölkerung. Im 16. und 17. Jahrhundert wurde das Amt im alten Basel darum oft Taunern überlassen, erst im 18. Jahrhundert überwogen Angehörige der dörflichen Ober- und Mittelschicht. Neue Geschworene wurden von ihren zukünftigen Kollegen oder dem Untervogt vorgeschlagen, und der Landvogt wählte aus einer Liste von Namen einen aus oder liess das Los entscheiden. Im Birseck war es gemäss der Gerichts- und Dorfordnung von 1627 üblich, dass die Untertanen eines jeden Dorfes dem Vogt jährlich etliche Geschworene zur Ernennung vorschlugen, wobei der Vogt diese nach Gefallen annehmen oder ablehnen konnte.

Im kirchlichen Bereich war der Kirchmeier die zentrale Figur. Er verwaltete das Kirchengut und war im reformierten Basel zusammen mit den «Bannbrüdern» Mitglied des dörflichen Sittengerichts, des so genannten Banns.[10] Je nach Grösse der Gemeinde wählten die Bürger weitere Dorfbeamte wie den Bannwart, der die Wälder, Wässerungen sowie Weg und Steg überwachte, einen Wachtmeister für die Dorfwacht, einen Brunnenmeister, einen oder mehrere Hirten, den Gemeindeschaffner, der das Gemeindegut verwaltete, den Armenschaffner, der sich um das Armengut kümmerte, fer-

Burgrechtsverträge Konzessionen zu machen. Immerhin einigten sich der Fürstbischof, Basel und Solothurn 1527 über den Tausch von Leibeigenen.
Die solothurnischen Eigenleute im Herrschaftsbereich des Fürstbischofs wurden diesem zugesprochen, Solothurn erhielt die fürstbischöflichen Eigenleute, die in seinem Herrschaftsbereich lebten. Für die grössere Zahl an Eigenleuten, die Solothurn aufgab, empfing es vom Fürstbischof die Dörfer Kleinlützel und Bärschwil, dazu Einkünfte des Fürstbischofs in den solothurnischen Besitzungen Dornach, Breitenbach, Erschwil und Grindel. Im gleichen Zug tauschten auch die Stände Basel und Solothurn ihre Leibeigenen aus. Territoriale Entschädigungen unterblieben hier. Basel zahlte Solothurn für die überzähligen Leibeigenen 600 Kronen. Basel und der Fürstbischof tauschten ihre Leibeigenen nicht aus.

Der Galgenkrieg von 1531 zwischen Solothurn und Basel
Im Nachgang zu diesen Auseinandersetzungen in der Nordwestschweiz stritten sich Basel und Solothurn um die landgräflichen Hochgerichtsbarkeitsrechte.[7] Der Konflikt sollte unter Vermittlung Berns geschlichtet werden, als Solothurn 1531 in Gempen, hart an der Grenze zu basleri-

ner einen Trottmeister, einen Weinschätzer oder einen Schatzungsmeister. In einem zentralen Ort wie Liestal amteten unter anderen: ein Weibel, ein Einigsmeister für die Waldaufsicht, das Bauamt, die Feuerschau, die Umgelter für den Einzug der indirekten Konsumsteuern, Zollverwalter, Torwarte, Waagmeister, Bettelvogt, Siechen- und Spitalpfleger, Korn- und Salzmeister usw. Der einzige Frauen vorbehaltene Bereich der Selbstverwaltung war die Wahl der Hebamme. Sie wurde im Anschluss an den Kirchgang von der Gesamtheit der verheirateten Bürgerinnen einer Gemeinde auf Lebenszeit gewählt.[11] Meistens kandidierten ärmere Ehefrauen oder Witwen, die von den Vorgängerinnen angelernt worden waren. Im 18. Jahrhundert griff die obrigkeitliche Kontrolle auch hier: Mit der Hebammenordnung von 1770 wurden die gewählten Frauen im alten Basel verpflichtet, sich durch den Stadtarzt unterrichten und prüfen zu lassen.

Wenn grössere Geschäfte anstanden, beriefen der Meier und die Geschworenen eine Gemeindeversammlung ein.[12] Was sich an dieser Zusammenkunft der erwachsenen männlichen Bürger mit eigenem Hausstand gewöhnlich abspielte, bleibt uns mangels schriftlicher Überlieferung weitgehend unbekannt. Im Allgemeinen wurden Angelegenheiten besprochen, welche die Gemeinde in einem engeren Sinn betrafen: Einbürgerungen, die Aufnahme von Hintersässen, Einschlagsbewilligungen, die Wahl von Gemeindebeamten, die Organisation der Zelgenwirtschaft oder der Allmendnutzung, Fragen des Zins- und Zehnteinzugs oder der Waldnutzung, Gemeindefronen, der Wachtdienst und die Gemeinderechnung. Die Gemeindeversammlung war nicht einfach ein Organ der freien, demokratischen Meinungsäusserung. Immer wieder ging es darum, die herrschende Auffassung zur allgemeinen zu machen. Wie sich bei Rückfragen der Landvögte in den Gemeinden bisweilen zeigte, spurte die soziale Elite des Dorfes manche Diskussionen vor und führte sie zum vorbestimmten Resultat.

schem Gebiet, einen Galgen aufstellen liess. Damit masste sich der solothurnische Nachbar landgräfliche Rechte an, die Basel als seine betrachtete. Basel, das seinerseits unbefugterweise Anspruch auf die gleichen Rechte in Dornach erhoben hatte, empfand das Vorgehen Solothurns als «lesterliche Schmach». Der offene Konflikt, als Galgenkrieg bekannt geworden, war unvermeidlich. Nach langer Beratung befahl der Rat dem Schultheissen Burkhart Hug von Liestal, den Galgen in Gempen umzuhauen. In der Frühe des 29. Juni 1531 eilte Hug mit 40 Knechten und acht Büchsenschützen nach Gempen, nahm zwölf Knechte und drei Schützen mit sich, während die Übrigen Wache hielten, und liess den Galgen zerhauen, so dass kein Stück «über drei Schuh lang blieb». Hierauf liess er die drei Schützen ihre Gewehre abfeuern, «damit man höre, das der Galgen nicht heimlich oder nachts, sondern heiter tags umgeworfen und zerhauen worden sei». Solothurn reagierte mit einem mehrhundertköpfigen Aufgebot, das einen Zimmermann schützen sollte, der den Galgen umgehend wieder instand zu stellen hatte. Eine militärische Konfrontation zwischen den beiden Orten konnte nur mit Mühe und nach langwierigen Verhandlungen unter eidgenössischer Vermittlung abgewendet werden.

Die Gerichte

Im Gerichtswesen waren Obrigkeit und Gemeinden ebenfalls stark aufeinander angewiesen.[13] Kraft ihrer gerichtsherrlichen Rechte gewährleistete die Obrigkeit den allgemeinen Frieden, die richterliche Gewalt bildete aber zugleich einen wichtigen Pfeiler der Herrschaftssicherung. Die hohe oder «Malefizgerichtsbarkeit» lag bei der Obrigkeit und befasste sich, so weit sie todeswürdig waren, mit Verbrechen gegen das Eigentum, das heisst mit Raub und Diebstahl, sowie mit Delikten gegen Leib und Leben wie Mord, Totschlag und Notzucht. Neben der Todesstrafe standen der Obrigkeit körperliche Züchtigung, Ehrenstrafen und Bussen zu Gebot, ferner Freiheitsstrafen in Form von Landesverweisung und Schellenwerk, das heisst Zwangsarbeit. Die Untertanen der Stadt Basel waren an der hohen Gerichtsbarkeit insofern beteiligt, als sie noch bis 1622 die so genannten Landtage besuchen mussten. An diesen Gerichtstagen der Landgrafschaft Sisgau war die hohe Gerichtsbarkeit ursprünglich ausgeübt worden.[14] Alle Landleute hatten sich an bestimmten Gerichtsorten, den so genannten Dingstätten, einzufinden. Wichtigster Gerichtsort war bis ins 17. Jahrhundert Sissach. Das Landgericht wurde jeweils neu bestellt und bestand in der frühen Neuzeit vor allem aus ländlichen Unteramtsleuten. Diese Landtage kamen im frühen 17. Jahrhundert ausser Übung, weil sie für die Untertanen mit vergleichsweise hohem Aufwand verbunden waren und weil der Rat die hohe Gerichtsbarkeit ganz an sich ziehen wollte.

In den Bereich der niederen Gerichtsbarkeit fielen alle Vergehen, die nicht als «malefizisch» galten, wobei die Unterschiede nicht exakt festgelegt waren. Der strafrechtliche Bereich, «Friedbruch und Frevel» genannt, umfasste unter anderem Tätlichkeiten, Beleidigungen, Diebstähle und fiel in die Zuständigkeit des Landvogtes. Der zivilrechtliche Bereich, der als «Eigen und Erbe» bezeichnet wurde und ursprünglich zur grundherrlichen Gerichtsbarkeit gehörte, lag in der frühen Neuzeit in den Händen der Untertanen. Dabei handelte es sich um zivilrechtliche Angelegenheiten wie etwa Hand-

Herr und Frau Landvogt
Dieses Basler Ehepaarbildnis aus dem frühen 17. Jahrhundert steht ganz in der Tradition dieser Bildgattung und zeigt Mann und Frau, einander zugewandt in Dreiviertelfigur. Dabei ist die in solchen Darstellungen bevorzugte linke Seite dem Mann vorbehalten. Bernhard II. Brand, 1588–1650, war ein ausgebildeter Jurist und ein typischer Vertreter des damaligen Basler Grossbürgertums. Nach seiner Heirat mit Dorothea Müller, 1584–1638, der Tochter eines Gewürz- und Pulverkrämers, führte ihn seine weitere Laufbahn als Obervogt zu Waldenburg, 1625–1635, und zu Kleinhüningen, seit 1641, im Jahr 1644 schliesslich zum Amt des Oberstzunftmeisters, des zweiten Hauptes der Stadt. Der wichtige Part der Frau im Rahmen einer solchen Männerkarriere ist im Lauftext beschrieben.

Die Frau des Landvogts

Das Amt des Landvogts war oft ein Schritt innerhalb einer politischen Karriere, es erhöhte das soziale Renommee, es vermittelte Macht über andere Menschen und anderes mehr. Immer aber war es eine Geldanlage, die als Investition privater Mittel innerhalb der Amtszeit amortisiert werden und eine angemessene Rendite ergeben musste. Der Landvogt versuchte daher, aus den vielfältigen Einnahmen einen Saldo zu seinen Gunsten zu erwirtschaften. Kostspielig war zum Beispiel der Umstand, dass die Amtsträger ihr Ratsmandat aufzugeben hatten, Handwerker konnten ihr Gewerbe nicht mehr ausüben, und schliesslich war ein standesgemässer Lebenswandel zu finanzieren. So verursachten die Beeinflussung der Miträte vor der Wahl und die Festlichkeiten anlässlich des Amtsantritts beträchtliche Kosten. In einem gewissen Sinn handelte es sich hier um ein gekauftes, oder besser, um ein verpachtetes Amt, das dem Inhaber zur Nutzniessung überlassen wurde.

Sichtbar werden diese wirtschaftlichen Hintergründe eines politischen Amtes im Fall jener Landvögte der Stadt Basel, die während der Amtszeit starben.[8] Die Witwen und ihre Kinder bemühten sich in der Folge um eine Verlängerung der Beamtung möglichst bis zum vorgesehenen Ende.

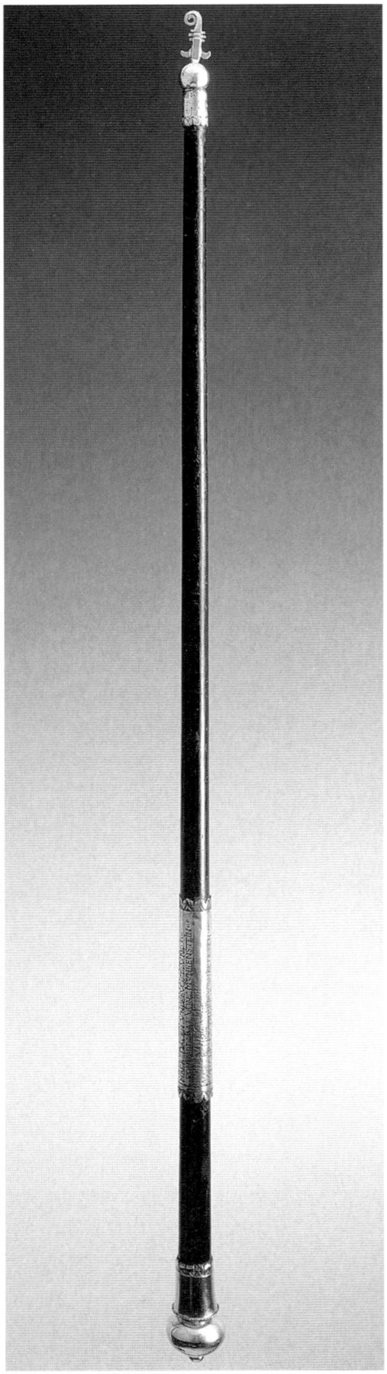

Gerichtsstab von Münchenstein
Der Gerichtsstab des Landvogts von Münchenstein von 1702 verweist auf das Zusammenwirken von Obrigkeit und Gemeinden im Bereich der «niederen» und der Fertigungsgerichte. Auf dem Knauf ist der Name des von 1695 bis 1703 amtierenden Landvogts von Münchenstein eingraviert. Es handelt sich um Johann Bernhard

änderungen, Käufe oder Obligationen. Die Niedergerichtsbezirke umfassten meistens mehrere Gemeinden, so etwa Maisprach, Buus, Wintersingen, Nusshof und Hersberg im Bezirk Maisprach. Gerichtsherr war der Landvogt, der sich durch die Untervögte oder Meier vertreten liess. Diese führten als «Stabhalter» den Vorsitz, ihnen zur Seite standen sieben bis zwölf Gerichtssässen aus den Gemeinden des Gerichtsbezirks. Eingesetzt wurden die Richter vom Landvogt, wobei die Untertanen ein gewisses Mitspracherecht genossen. Der Einfluss des Landvogtes und der Obrigkeit verstärkte sich allerdings auch hier: Im Birseck legte die Gerichts- und Dorfordnung von 1627 fest, dass der Vogt die auf Lebenszeit ernannten Richter berief, auf der Basler Landschaft scheint die Mitwirkung der Landvögte erst Ende des 18. Jahrhunderts bestimmend geworden zu sein. Die Gerichte tagten je nach Bedarf und je nach Arbeitsanfall in der Landwirtschaft alle zwei bis vier Wochen. Daneben gab es auf Ersuchen hin ausserordentliche Kaufgerichte, für die eine besondere Gebühr zu entrichten war. Die Appellation gegen die Entscheide dieses Gerichts ging im Fürstbistum gegen eine nicht geringe Gebühr an das Hofgericht, im städtischen Hoheitsgebiet über den Landvogt an den Kleinen Rat und an das Appellationskollegium bei Streitsummen über 50 Pfund. Nicht mit diesen Fertigungsgerichten zu verwechseln sind die so genannten Gescheide oder Gescheidgerichte, die meistens ebenfalls vom Meier oder Untervogt präsidiert wurden. Diese Gerichte befassten sich mit Baufragen und mit der Festlegung der Grenzen. Die Männer des Gescheids setzten die Grenz- und Wegsteine, was bis ins 19. Jahrhundert nicht ohne rituelle, teilweise geheim gehaltene Vorkehrungen vonstatten ging.[15] Das Gescheid wurde von den Gemeinden in eigener Regie besetzt, unterstand allerdings der formellen obrigkeitlichen Aufsicht.

Eine Besonderheit des Fürstbistums waren die Freveltage, an denen die Untertanen vor der ganzen Gemeinde strafwürdige Handlungen angeben mussten.[16] Bis 1627 fanden sie zweimal pro Jahr statt, danach nur noch einmal. Bisweilen befragte der Landvogt die Untertanen unter Beizug des

Dafür boten sie meistens an, auf eigene Kosten einen Verwalter oder Verweser zu beschäftigen, oft den Schlossschreiber. Bisweilen wurde aber sofort oder nach Ablauf einer bestimmten Frist ein neuer Landvogt eingesetzt. Dieser war zwar länger im Amt, hatte jedoch die Witwe des Vorgängers mit einer bestimmten Summe zu entschädigen.
Trotz mehrmaliger Diskussion im Rat wurden die so genannte Gnadenzeit und das Verwesertum nie ganz abgeschafft. Aus den entsprechenden Abmachungen geht hervor, wie viel eine Landvogtstelle wert war. 1740 wurden sechs Jahre Landvogtei Waldenburg oder Farnsburg auf 1800, vier Jahre auf 600 Pfund angeschlagen, dieselbe Zeit in Münchenstein auf 400 und auf Homburg auf 300 Pfund. Die Zahlenreihe gibt im Grunde genommen an, wie das Landvogteiamt abzuschreiben war. Ebenso wird deutlich, dass in der Landvogtei meistens Kapital steckte, das die Ehefrau eingebracht hatte. Dieses konnte zum Beispiel vor der Wahl für die Finanzierung von Geschenken an die Miträte eingesetzt werden. Dafür war oft auch das Beziehungsnetz der Ehefrauen von hoher Bedeutung. Die Ehefrauen waren darum ebenfalls an einer angemessenen Rendite auf ihrem Kapital interessiert. Ausserdem war das Amt des Landvogts auch aus praktischen Grün-

Meiers und zweier Urteilssprecher einzeln, denn bei den «Vollversammlungen» wurden nachbarliche und freundschaftliche Beziehungen offensichtlich mehr beachtet als Untertanenpflichten. An den Freveltagen ging es um Vergehen wie Gotteslästerung, Fluchen, Verleumdung, Unmässigkeit in Essen und Trinken, Aufenthalt an nicht-katholischen Orten, Würfel- und Kartenspiel, Wucher, Holz- und Jagdfrevel, Grenzverletzungen und anderes mehr. Die städtische Obrigkeit war darauf angewiesen, dass Dorfvorgesetzte oder Gemeindegenossen Fehlbare anzeigten. Diese waren dazu im Prinzip aufgrund des Huldigungseides verpflichtet, jene von Amtes wegen. Ob Freveltag oder allgemeine Pflicht, diese Instrumente dürften nicht allzu wirkungsvoll gewesen sein. – Einen besonderen Gerichtsbereich bildeten in der frühen Neuzeit die «Ehesachen». Darunter fielen Fragen wie die Einhaltung von strittigen Eheversprechen, Scheidungen, Ehebruch, «Unzucht und Hurerei», Alimentation von unehelichen Kindern oder «böswilliges Verlassen». Diese Fälle wurden im reformierten Gebiet in kleinerem Umfang vom Pfarrer und dem Bann, sonst jedoch vom städtischen Ehegericht behandelt, im Fürstbistum vom dafür zuständigen geistlichen Gericht, dem Offizialat.

Polizei und öffentliche Sicherheit

«Policey» meinte im 17. und 18. Jahrhundert die Reglementierung wichtiger öffentlicher Bereiche.[17] Ziel war aus der Sicht zeitgenössischer Staatstheorien der «wohlpolicirte Staat». So dachte die Obrigkeit etwa daran, als Mittel gegen die viel beklagte «Verschwendung» auf dem Land das Backen weisser Brotsorten zu verbieten oder die Zahl der Wirte und Krämer einzuschränken. Als Folge der Reformation und der Gegenreformation sowie unter dem wachsenden Einfluss der Aufklärung war die Moralpolitik den Herrschaftsträgern ein besonderes Anliegen. Ihrer Auffassung nach hatten sie sich als gute «Landesväter» aktiv um die Wohlfahrt und um das sittliche Wohlverhalten ihrer «Landeskinder» zu kümmern. Im reformierten Basel zum Beispiel wurde der Bereich von Ehe und Sexualität durch Obrigkeit und

Burckhardt-Schmidtmann, der von 1645 bis 1740 lebte. Auf dem Mittelband sind die Namen der 13 Gerichtsbeisitzer aus dem Amt Münchenstein festgehalten. Normalerweise liess sich der Landvogt bei Gerichtssitzungen von einem Untervogt vertreten. Zum Münchensteiner Gericht gehörten folgende Landleute: Imber Degen, Untervogt, und Leonhard Bai, beide von Münchenstein, Simon Kündig, Meier, Jakob Schmid und Rudolf Lützler, alle drei von Benken, Mathis Jundt, Meier von Bottmingen, Anton Rapp von Binningen, Jacob Schwab, Untervogt, Hans Mohler und Fridli Nebiker, alle drei von Pratteln, Heinrich Brüderlin, Untervogt, Claus Dietler und Niclaus Gisin, alle drei von Muttenz. Die Liste zeigt, dass vor allem die Dorfnotabeln, besonders die so genannten Unterbeamten viel mit der Obrigkeit zu tun hatten und damit eine wichtige Scharnierfunktion zwischen der Ebene der Herrschaft und den Untertanen einnahmen.

Stadtsoldaten
Für die Bewachung der Stadtmauer und der Tore wurden in Basel in normalen Zeiten bezahlte Soldaten, die Stadtgarnison, eingesetzt. Darunter fanden sich nicht wenige Landleute, oft junge Männer, die während einer bestimmten Zeit ihr Leben auf diese Art und Weise verdienten. In Krisenzeiten wie zum Beispiel während des Dreissigjährigen Krieges wurden die Männer der Landschaft als Verstärkung für die Bewachung der Stadt, der Schlösser und der Grenzen im Milizdienst hinzugezogen. Diese Dienstleistungen waren nicht beliebt, da sie länger dauern konnten und die Landleute von Arbeit und Verdienst fernhielten. Die Zeichnung hat Emanuel Büchel 1745 angefertigt; sie lässt uns von der Elisabethenschanze in Richtung Steinentor und weiter in Richtung Fröschenbollwerk und Schützenmatte blicken.

Wachtmeister Fuhrer von Anwil
Franz Feyerabend, ein bekannter Basler Zeichner und Karikaturist, 1755–1800, fertigte 1792 eine Serie mit Abbildungen von Soldaten an. Die Darstellung zeigt Wachtmeister Heinrich Fuhrer von Anwil, 1746 bis nach 1803. Von 1768 bis 1777 stand Fuhrer in französischem Solddienst. Er versuchte mehr als einmal, sich in Anwil einzubürgern, was ihm aber, da unehelich geboren, nicht gelang. In der Zeit der Grenzbesetzungen in den 1790er Jahren wurde Fuhrer mehrmals zum Militär aufgeboten. Er gehörte zum Basler Kontingent der so genannten Zuzüger, das waren die gesamteidgenössischen Wachttruppen, die an der Grenze Dienst taten. Auf dem Blatt von Feyerabend präsentiert sich Fuhrer in der blau-roten Milizuniform von 1775. Als Wachtmeister machen ihn die silbernen Halbzoll-Borten an den Aufschlägen kenntlich. Der Dreispitz weist eine 1,7 Zentimeter breite Borte und eine «Cocard mit schwarzem Röslein» auf. Fuhrer trägt den Säbel am Bandelier, das mit dem Patronentaschenriemen kreuzweise über die Schultern getragen wird. In der rechten Hand hält Fuhrer ein dreibänderiges, messinggarniertes Steinschlossgewehr mit eisernem Ladestock. Das dreikantige Bajonett wurde beim Aufpflanzen über einen Bajonettdorn gestossen.

Kirche zunehmend reglementiert, etwa die kirchliche Heirat als Beginn erlaubter Sexualität durchgesetzt. Zur guten «Policey» gehörte auch das Interesse der Obrigkeit an einer wachsenden Bevölkerung und einer Verbesserung von Schule und Kindererziehung. Zahlreich waren die Erlasse, die sich gegen Luxus, «Tanzsucht», «Kleiderpracht», verbotene Spiele, opulente Gastmähler, Hochzeiten und vieles andere mehr richteten. Im Alltag blieben viele dieser Vorschriften in Stadt und Land toter Buchstabe. Man zollte ihnen formal Respekt, indem man zum Beispiel bei der Planung von festlichen Gastmählern die Busse gleich in die Unkosten miteinbezog.

Die innere Sicherheit und die Verteidigung gegen aussen waren auch in der frühen Neuzeit wichtige staatliche Aufgaben, die Konzentration der legitimen Gewalt bei staatlichen Instanzen setzte bekanntlich gerade in dieser Zeit ein. Sowohl Fürstbischöfe als auch städtischer Rat waren aber in diesem Bereich auf die Untertanen angewiesen. Die staatlichen Mittel waren viel zu gering, um Polizei- und Militärtruppen von grösserem Umfang zu unterhalten. Die öffentliche Sicherheit gewährleisteten auf der Landschaft fast ausschliesslich die so genannten Dorfwachten, die von den Gemeinden zu organisieren waren und für die, wenn es ging, meistens junge Knaben oder alte Männer eingesetzt wurden. Diese sassen in der Regel mit weiteren Männern aus Nah und Fern in der Wacht- oder Wirtsstube zusammen, um zu spielen, zu trinken und zu diskutieren.[18]

Im alten Basel wurde erst 1763 eine kleines Korps von «Harschierern», das heisst Polizisten, zusammengestellt: insgesamt zwölf Mann und ein in Basel wohnender Unteroffizier. Diese Männer, vier für Farnsburg, einer für Homburg, drei für Waldenburg, je zwei für Liestal und Münchenstein, wurden aus dem nach Bevölkerung auf die Ämter umgelegten Harschiergeld bezahlt. Sie hatten sich jeden Tag beim Landvogt zu melden, auf ihren Patrouillen eine bestimmte Route einzuschlagen und nebenbei auch Botengänge für den Landvogt zu erledigen. Ihre Hauptaufgabe bestand darin, nicht aufenthaltsberechtigte Fremde wegzuweisen. Zu diesem Zweck wurden wenn immer möglich mit Ehefrau zu führen. Nicht zuletzt bei repräsentativen Anlässen, bei der Führung des Schlosshaushalts und bei Abwesenheit des Landvogts spielte die Ehefrau eine wichtige Rolle. Das Beispiel des Landvogthaushalts führt uns also das für die Ober- und Mittelschichten typische Ehepaar der frühen Neuzeit vor Augen: Das von den Partnern eingebrachte Gut und das gemeinsame Wirtschaften von Ehemann und Ehefrau bildeten die Grundlage für den Erfolg des Haushalts, auch in einem politischen Amt.[9]

Die Landesordnungen im alten Basel
Um die Herrschaft zu konsolidieren und in die gewünschte Richtung weiterzuentwickeln, aber auch um ihrer Rolle als Schiedsrichterin in Konflikten zwischen den Untertanen gerecht zu werden, kümmerte sich die städtische Obrigkeit um die rechtlichen Grundlagen des Zusammenlebens.[10] Zum einen tat sie dies mit zahlreichen Mandaten, Erlassen und Verordnungen, zum anderen unternahm sie in unregelmässigen Abständen den Versuch, die vielen Bestimmungen in Landesordnungen zusammenzufassen. In einer für heutige Begriffe wenig geordneten Reihenfolge behandeln diese Gesetzessamm-

den von Zeit zu Zeit mit Unterstützung der Gemeinden Betteljagden veranstaltet, bei denen alle aufgefundenen Fremden ohne Aufenthaltserlaubnis über die Grenze gestellt wurden. Im Fürstbistum wurden 1744, nach den so genannten Troublen, in Ergänzung der Dorfwachten drei Brigaden «Garde-Police» oder «Ordonnanzreiter» aufgestellt, wovon eine mit zehn Reitern und einem Kommandanten für die deutschsprachigen Ämter.[19] Sie mussten die Grenzen, Hauptstrassen und Pässe abreiten und die Dörfer überwachen. 1776 wurden zusätzlich «Harschierer» oder Amtspolizisten eingeführt, und zwar einer pro Amt. Auch sie hatten eine allgemeine Kontrolle vor allem im Hinblick auf unberechtigt anwesende Fremde durchzuführen, zu Ruhe und Ordnung beizutragen und Beobachtungen an den Landvogt zu melden. Die Ordonnanzreiter wurden vom Fürstbischof finanziert, der Aufwand für die «Harschierer» musste zum Teil von den Untertanen beglichen werden.

Das Militär

Laut den Huldigungseiden gehörte es zu den ersten Pflichten der erwachsenen männlichen Untertanen, für die Obrigkeit in den Krieg zu ziehen und Militärdienst zu leisten.[20] Im alten Basel wurden die Landleute insbesondere in Krisenzeiten für längere Zeit zur Verteidigung der Landvogteischlösser und der Stadt beigezogen. Männer der Landschaft dienten auch als bezahlte Soldaten in der Stadtgarnison. Im Allgemeinen wurden die Untertanen vor allem im 16. Jahrhundert nicht nur stärker beansprucht als die städtischen Bürger, sondern sie entbehrten auch der Möglichkeit, durch die Teilnahme an Kriegszügen, wie die städtischen Hintersassen, das Bürgerrecht zu erlangen. Baselbieter Soldaten leisteten im Übrigen auch Solddienst für ausländische Mächte, so etwa für Frankreich. Das Basler Kontingent in französischen Diensten bestand Mitte des 17. Jahrhunderts aus viereinhalb Kompanien mit 540 Mann und 23 Offizieren. Der fremde Kriegsdienst sowie einige Schiessübungen und Musterungen, zum Ärger der Geistlichkeit nicht selten an Sonntagen, waren die einzigen Gelegenheiten, eine gewisse

lungen Erbschaftsangelegenheiten, den Liegenschaftshandel, das Schuld- und Betreibungswesen, die Fronen, einzelne Unterämter, Appellationen, Eheverträge, Bussen für geringfügigere Delikte und Tätlichkeiten, Versteigerungen, Vormundschaft, zum Teil das Gerichtswesen sowie die Eide von Unterbeamten und Untertanen. Nachdem 1556 die Rechtsgepflogenheiten des Amtes Farnsburg schriftlich fixiert worden waren und die Ämter Homburg und Farnsburg 1603 ein verbessertes Erbrecht erhalten hatten, wurden 1611 alle Rechtsordnungen der oberen Ämter Farnsburg, Waldenburg, Homburg und Ramstein in einer Landesordnung vereinigt. Dabei handelte es sich nicht um einseitige herrschaftliche Akte, denn die mit der Aufzeichnung des Landrechts beauftragte städtische Ratskommission bezog auch die Landvögte und die ländlichen Unteramtsleute in die Vorbereitungen mit ein. Ziel war es, die verschiedenen Ordnungen zu vereinheitlichen; zudem verstand der Rat seine eigenen, bisher erlassenen Mandate als integralen Bestandteil des neuen Landrechts und behielt sich vor, die Landesordnung nach seinem Gefallen zu ändern oder sogar aufzuheben.
Der nächste Schritt in der Rechtsvereinheitlichung und der Intensivierung des obrigkeitlichen Einflusses kam 1654 mit der

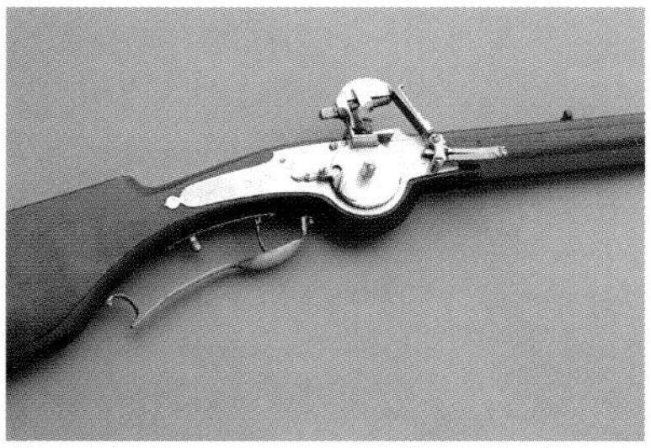

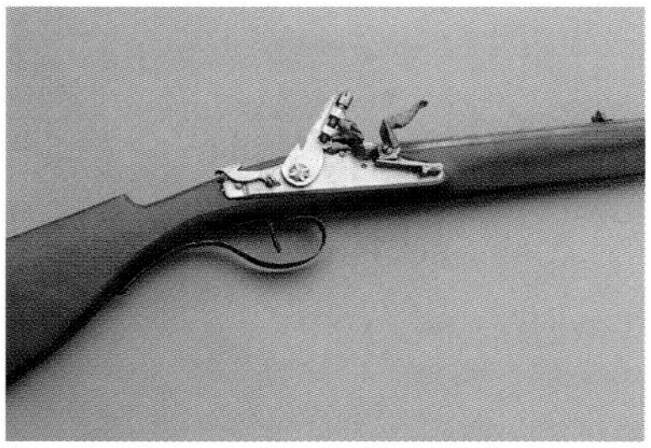

Radschloss und Steinschloss
Zur Technik schreibt Franz Egger (in: Wettstein 1998, S. 210): Der Zündmechanismus des Radschlosses (oben) war im 16. Jahrhundert entwickelt worden. Ein Stück Schwefelkies wird auf ein sich drehendes Rad gedrückt. Die Funken entzünden das auf der Pfanne liegende Pulver. Das Rad wird mit einer Feder gespannt; dazu benötigt der Schütze einen Schlüssel. Dieser Mechanismus war in der Herstellung aufwändig, teuer und reparaturanfällig. Zudem verloren die Schützen oft den Schlüssel. Das Steinschloss ist eine jüngere Erfindung. Der in einen Hahn eingeklemmte Feuerstein schlägt gegen eine Platte und erzeugt dabei Funken. Die anfällige Federmechanik ist in den Gewehrschaft eingebaut. Die Entwicklung des Steinschlosses war eine wichtige Verbesserung der Feuerwaffen. Das System garantierte eine sichere und rasche Entladung. Bedienung und Herstellung waren einfach, dennoch begegnete das Steinschloss in Militärkreisen lange Zeit grossem Misstrauen. Die beiden Gewehrtypen sind leicht zu unterscheiden. Beim Radschloss ist das Rad gut sichtbar, beim Steinschloss fehlt dieses Rad, man erkennt sofort den grossen Hahn. Die Gewehrläufe der hier gezeigten Exemplare waren aus geschwärztem Eisen und weisen das Kaliber 16 Millimeter auf. Der Schaft besteht aus Ulmenholz.

Die Basler Landmiliz

Das Aquarell von B. Ryhiner von 1775 zeigt Grenadiere mit Federbusch, Füsiliere, Jäger (Pikett) und Dragoner (oben). Die baslerische Miliz rekrutierte sich aus den Bewohnern der Landschaft. Die Stadtbürger waren vom Wehrdienst befreit. Die Dienstpflicht der Landleute erstreckte sich vom 16. bis zum 60. Altersjahr. Die vorgeschriebene, einheitliche Kleidung der Soldaten ist eine relativ späte Entwicklung des 18. Jahrhunderts. Bis weit ins 19. Jahrhundert hinein erfüllte die Uniform mehr repräsentative und ästhetische Aufgaben als praktischen Nutzen. Das Aussehen der Uniformen muss über schriftliche Quellen oder bildliche Darstellungen erschlossen werden, da sich, vor allem aus der Zeit vor 1800, nur wenige Uniformen erhalten haben. Die Uniform der Landmiliz wies die Grundfarbe blau auf. Aufschläge und Überschläge waren zum Teil in rot gehalten. Kennzeichen der baslerischen Grenadiere waren unbordierte mit weissen Federbüschen versehene Hüte und messingene auf den Taschenriemen befestigte Luntenbehälter. Die Dreispitzhüte der Füsiliere und Jäger waren mit weissen Wollborten ausgestattet. Für Grenadiere waren 1775 schwarze, für Füsiliere schwarzweisse und für Jäger weisse Kokarden üblich. Seit 1763 waren Röcke von blaugrauem Tuch mit blauen Auf- und Überschlägen für das erste, mit roten für das zweite Regiment der Landmiliz Vorschrift. Für die Farbe der «Camisöler und Hosen» hatte man sich an die Farbe der Aufschläge zu halten. Die Uniformen wurden 1775 vereinheitlicht: Rock, Camisol und Hosen sollten dunkelblau sein, Auf- und Überschläge sowie Futter scharlachrot und die Knöpfe weiss. Gegenstand von Erörterungen und Erlassen waren auch Material und Farbe der Überstrümpfe, der Patronentaschen, der Schulterriemen und der Leibgurte. Als Bewaffnung dienten bajonettierte, mit weissem Tragriemen versehene Steinschlossgewehre.

militärische Ausbildung zu erhalten. Montur und Waffe hatten die Männer selber zu beschaffen. Erst im späten 17. Jahrhundert nahm der Rat die Verbesserung der militärischen Ausbildung an die Hand. Die diensttaugliche Mannschaft der oberen Ämter umfasste damals sechs Kompanien zu je 200 Mann in drei Auszügen, die regelmässig gedrillt und gemustert wurden. Die Offiziersstellen waren Städtern vorbehalten. 1708 wurden zwei Kompanien der unteren Ämter zusammengestellt. Seit 1712 war die Landmiliz in zwei Regimenter, das Blaue und das Rote, aufgeteilt, 1781 wurde ein Artilleriekorps, 1795 eine Jägerkompanie formiert.

Auch im Fürstbistum galt eine allgemeine Wehrpflicht, damit Bedrohungen von aussen abgewehrt und Bündnisverpflichtungen gegenüber dem Reich erfüllt werden konnten.[21] Ausbildung in rudimentärer Form fand an den unregelmässigen, vor allem bei unsicheren Lagen angeordneten Musterungen und bei Schiessübungen statt. Die Fürstbischöfe unterhielten keine ständige Söldnertruppe, einzig die Schlosswache, je drei Soldaten aus jedem katholischen Ort der Eidgenossenschaft und fünfzig Einheimische, war besoldet. Erst mit dem 1780 erneuerten Bündnisvertrag mit Frankreich war der Fürstbischof gezwungen, seine Landmiliz straffer zu organisieren. Die Ausbildung sollte verbessert werden mit regelmässigen herbstlichen Musterungen, mit anschliessenden Waffenübungen, mit Exerzieren in den Gemeinden den Sommer über und mit einer neuen Einteilung der Truppen. Deshalb wurde auch das Schützenwesen mit fürstbischöflichen Gaben vermehrt gefördert. Die Landmiliz stand im Übrigen seit jeher in Konkurrenz zu den von den Fürstbischöfen geduldeten Anwerbungen für die fremden Kriegsdienste. Für die französische Hilfe bei der Unterdrückung der Troublen im Jahr 1740 beteiligte sich der Fürstbischof an der Aufstockung der schweizerischen Söldnertruppen in französischen Diensten mit einer «Kompagnie des Fürstbistums Basel». Daraus wurde bald ein Regiment mit zwölf Kompanien, für die 60 Offiziere sowie 1380 Unteroffiziere und Soldaten zu engagieren waren.

Revision des Liestaler Stadtrechts und der Landesordnung: Nicht zuletzt als Konsequenz aus dem Bauernkrieg wurden politische und administrative Sonderrechte einzelner Orte beseitigt, was Liestal in besonderem Mass zu spüren bekam. Die letzte Revision der Landesordnung datiert vom Jahr 1757 und war in erster Linie der Versuch, Ordnung in das Dickicht der zahlreichen neuen Bestimmungen zu bringen. Darin manifestiert sich auch der neue, umfassendere Begriff von Herrschaft: Der Rat verstand sich als Landesvater, der sich in fürsorglich-paternalistischer Manier möglichst um alle Ebenen menschlichen Lebens zu kümmern hatte. Eine besondere Rolle spielten dabei die Moral- und die Sittenpolitik, so zum Beispiel in Ehe und Sexualität. Die entsprechenden Regelungen waren in den so genannten Reformationsordnungen von 1529 und 1637 und in der Ehegerichtsordnung von 1717 zusammengefasst. Der obrigkeitliche Herrschaftsanspruch blieb jedoch im Bereich von Sitte und Moral weit hinter der Wirklichkeit zurück, die Landleute, wie auch die Leute aus der Stadt, hielten zäh an ihren Gewohnheiten fest, so etwa im Bereich der Eheanbahnung oder bei den brauchtümlichen Aktionen der jungen unverheirateten Männer.

Das Amt Liestal 1679/80

Die mit Informationen dicht bepackte, als kolorierte Tuschzeichnung geschaffene Karte von G. F. Meyer vereinigt Grund- und Aufriss. Den Grenzen und Tallinien liegt eine genaue Vermessung zugrunde, während die Siedlungen und Bodenformen perspektivisch dargestellt werden. Im Bild dominiert der Wald, dazwischen aber dehnen sich die Ackerzelgen sowie Matten und Rebareale aus. Die Karte ist ein beredtes Zeugnis dafür, dass die Basler Obrigkeit ihren Herrschaftsanspruch im 17. und 18. Jahrhundert immer wieder auch bildlich festhalten liess.

Lesetipps

Eine schnelle Information bieten Roth (1922) und Alioth et al. (1981) für das Untertanengebiet der Stadt Basel. Aufschlussreich und in vielen Fragen erschöpfend sind weiter Manz (1991) und Landolt (1996).

Für das Fürstbistum ist dafür nach wie vor auf das HBLS zurückzugreifen. Detaillierter und moderner, wenn auch nicht immer primär auf dieses Thema hin ausgerichtet, sind Weissen (1994), Jorio (1981/82), Berner (1989 und 1994) sowie Suter, Andreas (1985 und 1997).

Für den eidgenössischen Zusammenhang sei auf die Geschichte der Schweiz und der Schweizer (1982/83) verwiesen.

Abbildungen

Historisches Museum Basel, Inv.Nr. 1928.787; Foto Peter Portner: S. 163.
Kantonsmuseum Basel-Landschaft; Foto Peter Portner, Historisches Museum Basel: S. 164.
Anne Hoffmann Graphic Design, nach Franz Egger, in Wettstein 1999, S. 30ff.: S. 165.
Kantonsbibliothek Aargau, Aarau: S. 166 [A].
Universitätsbibliothek Basel, Kartensammlung Cl. 7a: S. 167.
Historisches Museum Basel, Inv.Nr. 1877.9; Foto Maurice Babey: S. 168.
Universitätsbibliothek Basel, Kartensammlung, Schweiz. H. 80: S. 169.
Bezirksschreiberei Waldenburg; Foto Kantonsmuseum Basel-Landschaft, Andreas Zimmermann: S. 171, 172.
Kantonsmuseum Basel-Landschaft, Inv.Nr. 1986.1; Mikrofilmstelle Basel-Landschaft; Foto Felix Gysin: S. 171 unten.
Musée de l'Hôtel-Dieu, Porrentruy, Inv.Nr. G1–1492: S. 173.
Öffentliche Kunstsammlung Basel, Kupferstichkabinett, Skizzenbuch Emanuel Büchel, A 48b, Folio 32: S. 174 [A].
Historisches Museum Basel, Inv.Nr. 1987.988 und 1887.103; Foto Maurice Babey, Peter Portner: S. 178, 179.
Historisches Museum Basel, Inv.Nr. 1876.14; Foto Maurice Babey, Peter Portner: S. 180.
StA BS, Bildersammlung, Falk. Fa 3,6: S. 181 [A].
Schweizerisches Landesmuseum, Zürich, Inv.Nr. 40799; Mikrofilmstelle Basel-Landschaft; Foto Felix Gysin: S. 182.
Historisches Museum Basel, Inv.Nr. 1951.754 (Gewehr mit Radschloss), 1951.750 (Gewehr mit Steinschloss); Foto Peter Portner: S. 183 [A].
Historisches Museum Basel, Inv.Nr. 1928.786; Foto Maurice Babey, Peter Portner: S. 184 [A].
StA BL, Planarchiv B 79; Mikrofilmstelle Basel-Landschaft; Foto Felix Gysin: S. 185.

[A]= Ausschnitt aus Originalvorlage.

Anmerkungen

1 Jorio 1981/82, S. 5ff.; Berner 1999; Weissen 1994, S. 13ff.; Bd. 2, Kap. 6.
2 HK Bretzwil 1980, S. 13; Roth 1922.
3 Berner 1989, S. 9ff.; Weissen 1994, S. 221–246; Suter, A. 1985, S. 49f., 318ff.
4 Ulbrich 1979, S. 167ff.; Bd. 2, Kap. 7.
5 Simon 1981, S. 201ff.; Landolt 1996, S. 98–106; Berner 1994, S. 54ff.
6 Gauss et al. 1932, Bd. 2, S. 122ff.
7 Landolt 1996, S. 103f.
8 Vgl. Berner 1994, S. 228–234 und Gauss et al. 1932, Bd. 2, S. 129ff.
9 Landolt 1996, S. 108–132; Simon 1981, S. 183–200; Berner 1994, S. 11–29, 46ff.; Huggel 1979, S. 450ff.; Roth 1922, S. 51ff.
10 Vgl. Bd. 4, Kap. 8.
11 Vgl. Simon 1981, S. 196 und Gauss et al. 1932, Bd. 2, S. 21.
12 Landolt 1996, S. 111f., Berner 1994, S. 20ff; Simon 1981, S. 196f.; Bd. 4, Kap. 5.
13 Berner 1994, S. 47ff.; Landolt 1996, S. 126–132; Roth 1922, S. 75–90; Gauss et al. 1932, Bd. 2, S. 54ff., 133f., 210ff.
14 Vgl. Band 2, Kap. 6 und 11.
15 Simon 1981, S. 194; Gauss et al. 1932, Bd. 2, S. 55; Berner 1994, S. 49; Oeri-Sarasin 1917; Graf 1975, S. 526–533. Die Gescheide umfassten oft mehrere Gemeinden.
16 Berner 1994, S. 49f.; Gauss et al. 1932, Bd. 2, S. 212f.
17 Simon 1981, S. 87, 143 und Berner 1994, S. 54–69.
18 Gauss et al. 1932, Bd. 2, S. 224ff.
19 Zu den Troublen Bd. 4, Kap. 2.
20 Gauss et al. 1932, Bd. 2, S. 5ff.
21 Gauss et al. 1932, Bd. 2, S. 226–234.

1 Alioth et al. 1981, S. 46ff.; Geschichte der Schweiz 1982/83, Bd. 1, S. 321f.
2 Vgl. dazu «an sant maria ...» 1999.
3 Gauss et al. 1932, Bd. 1, S. 256–269.
4 Weissen 1994, S. 81f.
5 Weissen 1994, S. 74ff., 132, 246ff., 302.
6 Berner 1989, S. 17ff., 28f.
7 Rippmann 1990, S. 152; Gauss et al. 1932, Bd. 1, S. 448ff.
8 Schnyder 1998.
9 Wunder 1992.
10 Landolt 1996, S. 94ff.

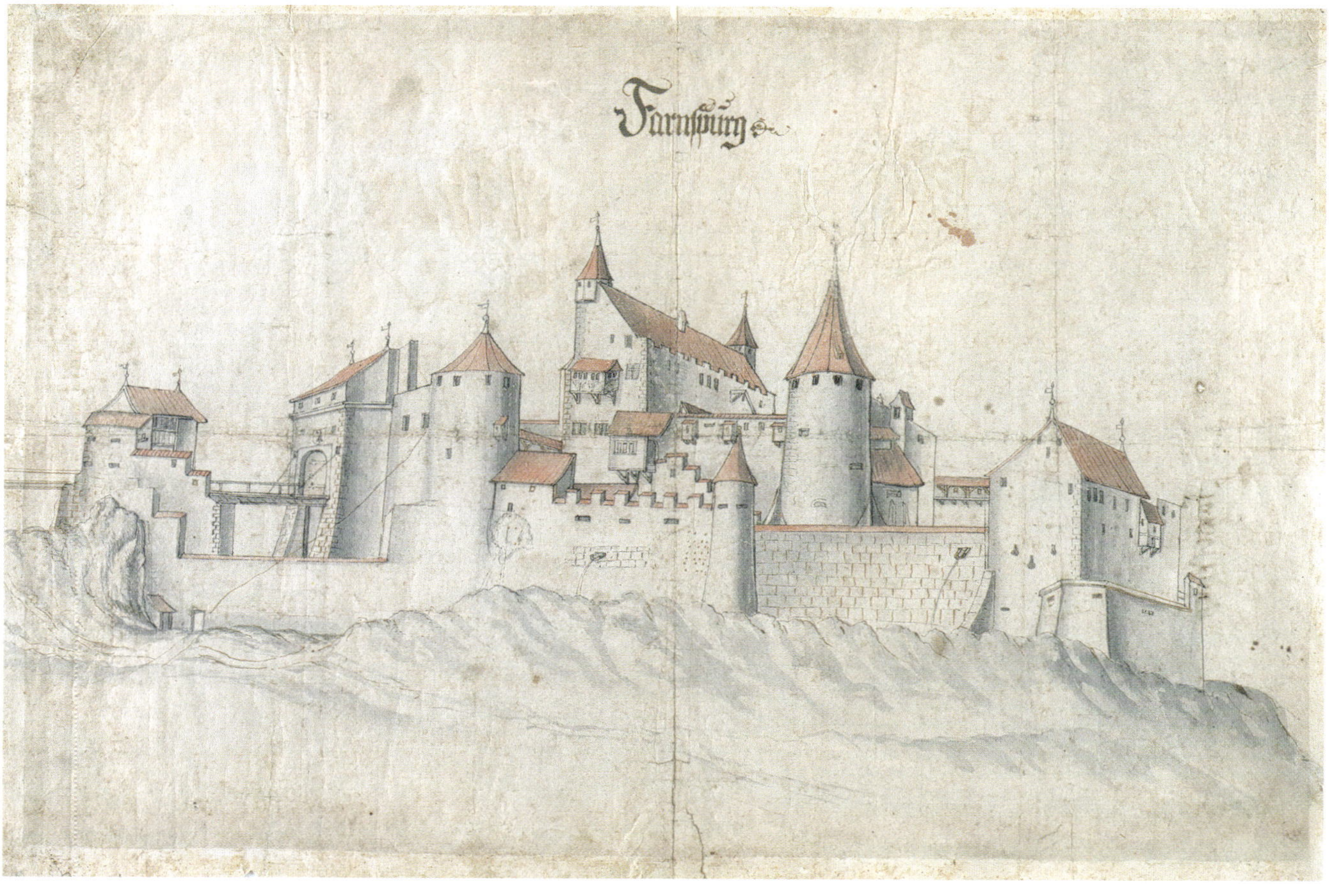
Farnsburg

Der Sitz des Landvogts

Die lavierte Federzeichnung eines unbekannten Künstlers aus der Mitte des 17. Jahrhunderts zeigt das Schloss Farnsburg in seiner ganzen Pracht. Die Sicht von unten her ist suggestiv und lässt einen sofort an Macht und Herrschaft denken. Das ist insofern berechtigt, als die Landvögte als Vertreter der Obrigkeit, das heisst des Rates oder des Fürstbischofs auf diesen Schlössern residierten – residieren mussten, denn nicht immer waren diese zum Teil schon damals feuchten und baufälligen Gemäuer ein angenehmer Aufenthalt. Wer in irgendeiner Form mit der Obrigkeit zu tun hatte, musste aufs Schloss gehen, was gerade in einer grossen Vogtei wie Farnsburg je nachdem beträchtliche Fussmärsche erforderte. Bewilligungen für Hausbauten oder Einschläge, Anzeigen oder Aufgebote für Befragungen oder Verhöre, die Erstellung von Urkunden, die Bezahlung von Gebühren und vieles andere mehr konnten Gänge zum Landvogt nötig machen. Andererseits musste sich auch der Landvogt immer wieder vor Ort begeben, so etwa wenn er einen Augenschein vornahm, bevor er eine Bewilligung erteilte, zum Beispiel zum Roden eines grösseren Stücks Wald, oder wenn er einen Grenzstreit zwischen zwei Gemeinden zu entscheiden hatte. Die Herrschaft war somit nicht einfach nur eine Macht, die von oben auf die Untertanen einwirkte, sie stand in der Person des Landvogts oder auch des Pfarrers als Sanktions- und Vermittlungsinstanz immer auch mitten in den Gemeinden und war als solche von den Landleuten durchaus akzeptiert.

Herrschaft und Tradition garantieren Sicherheit und Stabilität

Politische und gesellschaftliche Ungleichheit, Herrschaft von Menschen über Menschen, konkret einer Obrigkeit über Untertanen, hatte in der frühen Neuzeit nichts Anrüchiges an sich, im Gegenteil: Die Herrschaftsverhältnisse, die sich im Lauf des Spätmittelalters und der frühen Neuzeit herausgebildet hatten, erschienen den Menschen in den Grundzügen als natürlich, das hiess für sie: als von Gott gegeben. Obrigkeit und Herrschaft grundsätzlich in Frage zu stellen, lag jenseits des Denkbaren. Umsturz und Revolution waren letztlich Sünde, eine Bedrohung für das gesellschaftliche Zusammenleben und die Zukunft der Menschen. Obrigkeit und Untertanen waren überzeugt, dass Herrschaft Regeln zu folgen hatte, die in erster Linie durch das Herkommen und die Tradition bestimmt waren. Neuerungen wurden ungern gesehen, Willkür und Unstetigkeit waren verpönt.

Die konkrete Ausübung von Herrschaft stand jedoch auch während der frühen Neuzeit nicht ein für alle Mal fest, sie wurde je nach Situation und Epoche unterschiedlich wahrgenommen und war Gegenstand von Auseinandersetzungen und Verhandlungen. Herrschaft war stets mit Kommunikationsprozessen verbunden, die, wie das Beispiel des Rappenkriegs von 1591 bis 1594 zeigt, auch in der frühen Neuzeit nicht durchwegs nach vorgegebenem Schema verliefen. Zumindest im Konfliktfall waren die obrigkeitlichen Herrschaftsrechte oft ebenso interpretationsbedürftig wie die von den Gemeinden hochgehaltenen alten Gewohnheiten, die keineswegs immer auf unvordenkliche Zeiten zurückgingen. Gerade wenn die Beziehungen zwischen Untertanen und Obrigkeit in eine Krise geraten waren, wurde offenkundig, dass Herrschaft auch in der frühen Neuzeit der Rechtfertigung bedurfte. Wichtigste Begründung war auf beiden Seiten die Berufung auf Traditionen; so bemühten sich die Widerstand leistenden Untertanen immer darum, die Verankerung ihres Handelns in alten Gewohnheiten und Rechten zu betonen. Umgekehrt entstanden konfliktträchtige Situationen vorzugsweise dann, wenn der Gehalt von Traditionen strittig war, wenn Veränderun-

Die Herrschaftsbeziehungen während der frühen Neuzeit

Seit dem späten 14. und vor allem seit dem 15. Jahrhundert entwickelten sich auch in der Nordwestschweiz vormoderne Staaten mit eigenem Territorium. Bestehende Herrschaftsrechte wurden neu geordnet, traditionelle Rechts- und Herrschaftsträger verschwanden und ihre Herrschaftsrechte wurden in einer Hand zusammengefasst. Dabei etablierten sich mit der Zeit neue Herrschaftsträger, unter anderen die Städte beziehungsweise deren Räte; im Fürstbistum konnte der Fürstbischof seine weltliche Macht festigen. Zu den Gewinnern dieser spätmittelalterlichen Entwicklung gehörten aber auch die Gemeinden, die sich erhebliche Handlungsräume erkämpften und Routine im Umgang mit Herrschaftsträgern erwarben.

Einen Höhepunkt der Entwicklung markierten die Bauernunruhen von 1525, die sich in eine auf das 15. Jahrhundert zurückgehende Tradition ländlichen Widerstands einreihen lassen.[1] Mit dieser ersten grossen Herrschaftskrise wurde der Obrigkeit, den Untertanen und den Gemeinden die grundlegende Veränderung der politischen Verhältnisse bewusst: Beide Seiten vergewisserten sich bei dieser Gelegenheit der Möglichkeiten und Grenzen ihrer Handlungsspielräume. Die Obrigkeit ging

gen Hergebrachtes bedrohten oder wenn sich eine Seite neu orientierte und neuartige Prinzipien durchsetzen wollte, so etwa als die Fürstbischöfe nach 1700 den Wandel zum absolutistischen Fürstenstaat nach französischem Vorbild anstrebten. Dieser Traditionsbruch von oben provozierte in den Jahren 1730 bis 1740 eine schwere Herrschaftskrise, die «Troublen». Im grossen Ganzen jedoch blieben die Herrschaftsverhältnisse während der frühen Neuzeit, dem so genannten Ancien Régime, über Jahrhunderte hinweg stabil.

Die Dauerhaftigkeit der Herrschaftsverhältnisse beruhte weder auf reinem Zwang noch allein auf erfolgreicher Indoktrination, weder nur auf materiellen Anreizen für die Untertanen etwa in Form einträglicher Ämter noch auf schierer Überlegenheit der Obrigkeit.[1] Von entscheidender Bedeutung für den Bestand der Herrschaft war ihre Funktion, die Rechtsordnung und den allgemeinen Frieden zu garantieren. Im Alltag der Menschen, für das Zusammenleben in den Gemeinden und für die Beziehungen nach aussen bot frühneuzeitliche Herrschaft nämlich zunächst und vor allem die Gewähr für Sicherheit und Ordnung. Diese konnten die dörflichen Gemeinden nicht vollständig selber gewährleisten. Ebenso fehlte ihnen die Macht, alle Streitigkeiten zu schlichten und jegliches regelwidrige Verhalten erfolgreich zu sanktionieren. Die Gemeinden waren darauf angewiesen, dafür bei Bedarf die Obrigkeit oder ihre Vertreter beizuziehen. Diese standen ausserhalb des dörflichen Beziehungsgeflechts und verfügten über die nötigen Mittel, einem Entscheid Nachachtung zu verschaffen. Für die Gemeinden bedeutete Herrschaft demnach nicht nur ein gegnerisches Prinzip, denn Herrschaft war oft eng mit dem dörflichen Alltag verknüpft. Die Obrigkeit ihrerseits konnte so ihre eigenen Interessen ins Spiel bringen, wenn auch im Allgemeinen mit einer gewissen Zurückhaltung.

Das grundlegende Einverständnis der Untertanen mit den bestehenden Herrschaftsverhältnissen war nicht immer gleich intensiv und auch nicht über alle Schichten der ländlichen Bevölkerung gleich verteilt. Zusammenarbeit ergab sich vor allem zwischen der Obrigkeit und der dörflichen Ober-

Das Blarer-Schloss in Aesch
Zum Amt Pfeffingen gehörten die Gemeinden Aesch, Pfeffingen, Duggingen und Grellingen. Die Landvogteistelle war aufgrund eines Freiheitsbriefs von Fürstbischof Jakob Christoph Blarer von Wartensee seit 1604 den Nachkommen seines Bruders Wolf Dietrich, damals Landvogt zu Pfeffingen, vorbehalten. Während der erste der Blarervögte noch auf dem Schloss Pfeffingen wohnte und dort auch ab und zu seinen Bruder, den Fürstbischof, zu Gast hatte, verlegten die Nachfolger ihren Wohnsitz nach Aesch, wo die Familie eine Herberge kaufte und zu einem standesgemässen Sitz, dem Blarer-Schloss, ausbaute. Die Fürstbischöfe billigten diese Verlegung des Amtssitzes in der Folge, verlangten allerdings, dass der Amtsschreiber auf dem Schloss Pfeffingen wohne und dass der Landvogt dieses Schloss zu unterhalten und in Kriegszeiten auch dort anwesend zu sein habe.

Basler Ratsherr
Die oberste Regierungsgewalt lag in Basel beim Kleinen Rat, der zugleich auch höchste Gerichtsinstanz war. Ratsherren waren Respektspersonen. Die Kleidung der Basler Ratsherren in der Mitte des 17. Jahrhunderts bestand aus einem schwarzen, reich gefältelten und knapp knielangen Rock mit stark gebauschten Ärmeln. Weite Ärmel mit ihrem hohen Stoffverbrauch waren ein Kennzeichen vermögender Personen. Die Hose war ebenfalls weit gebauscht und knielang, den Oberkörper bedeckte ein mit zahlreichen Knöpfen geschlossenes Wams. Wie es sich für Notabeln gehörte und wie es ihnen in zahlreichen Erlassen vorbehalten wurde, war ihre Kleidung aus besten Stoffen wie etwa Seidendamast gefertigt. Auffallend ist der so genannte Basler Hut, den die Magistratspersonen trugen. Es handelt sich dabei um eine extrem hohe, kegelförmige Kopfbedeckung mit an den Seiten hoch umgeschlagener Krempe. Der hohe Hut war keine Basler Besonderheit und nicht auf Männer beschränkt, auch Frauen aller Schichten trugen solche Hüte.
Die Darstellung stammt aus der ersten Ausgabe der Kostümfolge von Hans Heinrich Glaser von 1624.

schicht, die daraus materielle Vorteile, Einfluss und Prestige zog und in der Regel ein gewisses Interesse an der Erhaltung der bestehenden Rechts- und Herrschaftsverhältnisse hatte. Besonders die höheren dörflichen Unterbeamten standen in einer doppelten Loyalität gegenüber ihren Dorfgenossen und gegenüber der Obrigkeit, ein Umstand, der Widerstand und Protest hemmen konnte.

Insgesamt jedoch bot eine Vielfalt von Konflikten und Kooperationsfeldern zahlreiche Anknüpfungspunkte für einen Dialog zwischen Oben und Unten. Die Landleute waren weder apathische Untertanen noch verkappte Revolutionäre, sondern sie erwarteten von ihrer Obrigkeit in erster Linie die Gewährleistung von Ruhe und Ordnung, und im Übrigen wussten sie ihre Handlungsspielräume sowie die allgemeinen Machtverhältnisse klug einzuschätzen und zu nutzen. Gleichwohl bleibt aus heutiger Sicht festzuhalten: Die Beziehungen zwischen Obrigkeit und Untertanen waren in den vergleichsweise starren Rahmen grundlegender politischer Ungleichheit eingespannt. Formen der demokratischen Kontrolle und Teilhabe an Politik und Herrschaft, Gewaltentrennung sowie freie, öffentliche Meinungsbildung kannte diese Gesellschaft nicht. Die mächtigere Seite, die Obrigkeit, war mit mehr Rechten ausgestattet als die Beherrschten, sie genoss Vorrechte, insbesondere jenes, Abgaben auf den Erträgen der Untertanen zu erheben. Ausserdem verfügte sie über Gewaltmittel, die ihr auch und gerade im schlimmsten Fall der totalen Herrschaftskrise erlaubten, die Oberhand zu behalten.

Untermauert wurde die grundlegende Ungleichheit zwischen Obrigkeit und Untertanen durch die katholische und die protestantisch-reformierte Kirche und ihre Theologie. Kirchenlehre und Geistlichkeit begründeten zum einen das Gottesgnadentum, das heisst die feste Überzeugung, dass diese Form der Herrschaft von Gott gegeben war und dass Kritik und Infragestellung dieser als «natürlich» bezeichneten Herrschaft Gotteslästerung waren. Zum anderen waren Kirche und Obrigkeit eng miteinander ver-

zwar gestärkt aus dieser Krise hervor, war jedoch durch Verträge und traditionelle Rechte von Gemeinden und Untertanen in gewisse Schranken gewiesen. Langfristig schwand dieser vertragsähnliche Charakter der Herrschaftsbeziehungen allerdings im Lauf des 16. und vor allem im 17. Jahrhundert dahin: weg von einer «Herrschaft mit Bauern» hin zu einer «Herrschaft über Bauern».[2] Das späte 17. und das 18. Jahrhundert sind gekennzeichnet durch die Herausbildung eines absolutistischen Staates «à la suisse»: Die Herrschaft wurde intensiviert, zumindest dem Anspruch nach, weniger wohl in der Wirklichkeit. Immerhin gelang es vor allem den Fürstbischöfen, den Steuerdruck zu erhöhen sowie die Bussenerhebung zu verschärfen. Stehende Heere, eine grössere Beamtenschaft und eine zentralisierte Verwaltung gab es aber in der Eidgenossenschaft nicht oder nur in unterentwickelter Form. Der Bauernkrieg von 1653 und die Troublen von 1730 bis 1740 waren für die alte Eidgenossenschaft aussergewöhnliche Widerstandsereignisse, beinahe gelungene bäuerliche Revolutionen. Die Bauern verbündeten sich überregional und erhoben systemsprengende Forderungen. Diese äusserste Herausforderung der Herrschaft konnte schliesslich nur mit militärischen Mitteln unterdrückt werden.

flochten, denn der geistliche Arm stellte sich dem weltlichen, zum Beispiel bei der Durchsetzung und Kontrolle von Verordnungen, zur Verfügung und ebenso umgekehrt.

Aufs Ganze gesehen waren die Herrschaftsbeziehungen zwischen Gemeinden, Untertanen und Obrigkeit von doppelter, um nicht zu sagen paradoxer Natur: Einerseits waren die Landleute prinzipiell, gewissermassen auf «Verfassungsebene», von der Teilhabe an der Herrschaft weitgehend ausgeschlossen. Andererseits jedoch gab es im Alltag viele Möglichkeiten, diese Herrschaft von Seiten der Untertanen mitzugestalten, durch die Übernahme von Funktionen in der Verwaltung vor Ort sowie vor allem dadurch, dass die Gemeinden die Informationskanäle zur Herrschaftszentrale in erheblichem Ausmass kontrollierten.

Der Landvogt malt sein Schloss
Dieses Aquarell stammt von Peter Rosenburger, dem Landvogt auf Homburg, der «sein» Schloss im Jahr 1779 mit dem Pinsel selber festgehalten hat. Die Landvogtei Homburg war ein kleines, nicht sehr einträgliches Amt, das im Allgemeinen von Landvögten aus dem zünftischen Handwerk der Stadt Basel verwaltet wurde.

Die Gemeinden kamen im Übrigen auch infolge des Bevölkerungswachstums seit dem 17. Jahrhundert, der Klimaverschlechterung seit dem späten 16. Jahrhundert und der zunehmenden Nahrungsknappheit im 18. Jahrhundert unter Druck. Von Bedeutung für die Herrschaftsbeziehungen waren auch aussenpolitische Faktoren, im Fall des Fürstbistums das Verhältnis zwischen Reich und Frankreich, oder innereidgenössische Konstellationen, vor allem die konfessionelle Frage, welche die Obrigkeiten bisweilen stark absorbierte. Eine gewisse Rolle könnte auch die Appellation im Gerichtswesen gespielt haben: Vom Fürstbistum aus konnte man an Reichsinstanzen gelangen, in der Eidgenossenschaft gab es diese Möglichkeit nicht.

Die Huldigung der Untertanen

Die prinzipielle Vorrangstellung der Obrigkeit ist in den Untertaneneiden gut zu fassen:[3] Zu Beginn wurde umschrieben, wer die Herren waren. Es folgte der Befehl, diesen Herren «treüw hold unnd gewertig» zu sein, ihnen also die Treue zu halten, ihnen freundlich zu begegnen und in allem zu dienen. Die Untertanen hatten die obrigkeitlichen Ge- und Verbote zu befolgen, Steuern und Abgaben zu entrichten und das Salzmonopol der Obrigkeit zu respektieren. Ebenso selbstverständlich hatten

Landvogteien auf Basler Münze
Münzen dienten nicht selten auch der Repräsentation obrigkeitlicher Macht. 1638 hatte die Stadt die Prägetätigkeit wieder aufgenommen und eine Reihe von Gold- und Silbermünzen herstellen lassen. Der vorliegende, vermutlich um 1640 geprägte Doppeltaler zeigt die Wappen der Landvogteien auf einer Basler Münze, und zwar im Uhrzeigersinn von oben her: Farnsburg, Homburg, Münchenstein, Pratteln, Riehen, Ramstein, Liestal und Waldenburg. Pratteln kann als eine Art historisches Relikt verstanden werden, denn es war zu jener Zeit keine eigene Landvogtei, hatte aber im Hoch- und Spätmittelalter als Herrschaft der Eptinger eine wichtige Rolle gespielt.
Die Vorderseite zeigt den Text «Moneta Nova Urbis Basiliensis», auf Deutsch: Neue Münze der Stadt Basel. Der doppelköpfige Reichsadler auf der Rückseite ist ein Indiz dafür, dass das Stück vor 1648 anzusetzen ist, da der Westfälische Frieden die Trennung der Eidgenossenschaft vom Reich brachte.

Schwächen auf beiden Seiten als Stabilitätsgarantie

Die Beziehungen zwischen Obrigkeit und Untertanen in der frühneuzeitlichen Eidgenossenschaft überdauerten die Jahrhunderte, nicht zuletzt weil beide Seiten spezifische Schwächen aufwiesen.
Die Obrigkeit war schwach, weil:
• ihr die materiellen Mittel für den weiteren Ausbau ihrer Herrschaft fehlten,
• ihr Verwaltungsapparat unterentwickelt war oder sie einen Ausbau desselben nicht für nötig hielt, wie der städtische Rat,
• Gegensätze innerhalb der Herrschaftselite bestanden: in der Stadt zwischen den Handwerkern und den Handels- und Kaufleuten, im Fürstbistum bis ins 17. Jahrhundert zwischen dem Fürstbischof und den Landständen,
• die Untertanen bewaffnet waren,
• keine starke, übergeordnete, zentralisierende Macht als Bündnispartner die regionalen Autoritäten beim Herrschaftsausbau und der politischen Modernisierung hätte unterstützen können. Eine Ausnahme bildet hier das Eingreifen Frankreichs im Fürstbistum im 18. Jahrhundert.
Die Untertanen waren schwach, weil:
• sie die Obrigkeit letztlich nicht grundsätzlich in Frage stellen wollten,
• sie im Allgemeinen nicht fähig waren, dauerhafte überregionale Handlungs- und Organisationsstrukturen zu errichten,
• die Gemeinden auf die schiedsrichterliche und sanktionierende Funktion der aussenstehenden Obrigkeit angewiesen waren,
• die sozialen Gegensätze innerhalb der Gemeinden nicht immer überbrückt werden konnten,
• die anderen eidgenössischen Orte einen politischen Umsturz wohl nicht zugelassen hätten,
• die Obrigkeit im äussersten Fall, wie im Bauernkrieg von 1653 oder den «Troublen» von 1730 bis 1740, militärisch gesehen am längeren Hebel sass, denn sie konnte machtvolle Bündnispartner zu ihren Gunsten mobilisieren: die eidgenössischen Orte oder den französischen König,

die erwachsenen Männer mit ihrer Obrigkeit in den Krieg zu ziehen und Militärdienst zu leisten. Die Bündnisse, welche die Obrigkeit einging, waren auch für die Untertanen verbindlich, heimliche Verabredungen und Versammlungen der Untertanen waren strikt untersagt. Abgeschlossen wurde der Eid mit einer allgemeinen Verpflichtung, sich in allem zu Gunsten der Obrigkeit zu verhalten.
Die Huldigung der Untertanen war jeweils mit dem feierlichen «Aufzug» eines neuen Landvogts verbunden.[4] Als Franz Karl von Neuveu am 7. Februar 1748 vom Vertreter des Fürstbischofs, Hofkammerratspräsident Konrad Friedrich von Ligerz, «installiert» wurde, zogen unter Führung der Gemeindevorsteher alle erwachsenen Männer der Vogtei Birseck, geordnet nach Gemeinden, von Dornachbrugg nach Arlesheim und paradierten dort mit der Vogteifahne vor dem Haus des Domherrn Rink von Baldenstein, wo der fürstbischöfliche Abgesandte logierte. Unterhalb der Schlossreben fand die Amtsübergabe statt. Im Beisein aller Domherren wurde das Ernennungsdekret verlesen, und der Installator sowie der neue Landvogt hielten eine Rede. Es folgte die allgemeine Vereidigung, wobei die Dorfvorsteher dem Vertreter des Fürstbischofs und dem Landvogt die so genannte Handtreu ablegen mussten. Den

• sie wirtschaftlich unterlegen waren und zum Beispiel im Konfliktfall keine Unterstützung von aussen, etwa in Form von Söldnertruppen, kaufen konnten.

Ausserdem dürfen die gesamteuropäischen politischen Konstellationen und ihre Verschiebungen nicht ausser Acht gelassen werden. Grundlegende politische Veränderungen innerhalb der Eidgenossenschaft hätten wohl die europäischen Mächte auf den Plan gerufen. Besonders deutlich wurde dies bei den «Troublen» im Fürstbistum und am Ende des Ancien Régime. Dieses System sich gegenseitig stützender Schwächen brach erst zusammen, als die ihm eigenen inneren Widersprüche gesellschaftlicher, wirtschaftlicher und politischer Art unter dem Druck von aussen, das heisst der Französischen Revolution und der französischen Truppen, eine kritische Schwelle überschritten hatten.

Schluss bildeten ein Festessen der geladenen weltlichen und geistlichen Würdenträger auf dem Schloss und das Abfeuern der dortigen Geschütze, während die Untertanen sich in die Wirtshäuser von Arlesheim verzogen.

Im Herrschaftsgebiet der Stadt entliess der abtretende Landvogt die Untertanen aus dem Eid, den sie ihm geschworen hatten, worauf sie der neue Amtsinhaber wiederum schwören liess. Das Herrschaftsverhältnis zwischen Obrigkeit und Untertanen beruhte nicht zuletzt auf einer besonderen persönlichen Beziehung zwischen Landvogt und Untertanen. Der Eid hatte für beide Seiten einen hohen Stellenwert und wurde gegebenenfalls als verfassungsartige Grundlage in Erinnerung gerufen. So verwies zum Beispiel die städtische Obrigkeit in Zeiten innerer Krisen wie dem Rappenkrieg 1594 oder dem Bauernkrieg 1653 auf den Eid und interpretierte Widerstand als Eidbruch. Das Ritual der Huldigung dagegen war während der frühen Neuzeit eine Formsache geworden, die manchmal jahrelang aufgeschoben wurde, weil die beteiligten Räte und Notabeln keine Zeit dafür fanden. Die Huldigungen überlebten im Übrigen die Revolution. Noch 1832 und 1833 hatten sämtliche Aktivbürger des neuen Kantons Basel-Landschaft die neuen Verfassungen zu beschwören. Erst mit

Konflikte um die Herrschaft in der Stadt

Die Herrschaft des Kleinen Rates, stark dominiert von den Vertretern der reichen Handels- und Kaufleute, war auch in der Stadt selber nicht unumstritten. Insbesondere die Tendenz zu einem oligarchischen Regiment einiger weniger Familien stiess in den Zünften beziehungsweise bei den Handwerkern auf Widerstand. 1691 wollten diese die bestehenden Zu- oder besser Missstände nicht mehr hinnehmen und lehnten sich offen dagegen auf. Diese innerstädtische Revolte war die einzige, wenigstens teilweise erfolgreiche politische Umwälzung innerhalb eines eidgenössischen Stadtstaates in der frühen Neuzeit. Die Korruption und Familienwirtschaft auf der obersten Ebene der Herrschaft wurde in der Folge eingeschränkt. Die Machtbefugnis des Kleinen Rates wurde gemindert, jene des Grossen Rates so erweitert, dass die letzte Kontrolle über den Staat fortan bei ihm lag. Schon 1688 war ein kompliziertes Wahlverfahren eingeführt worden, das 1718 und 1740 noch verschärft wurde. Die abgebildeten Wahlinstrumente spielten bei den Wahlen für die Besetzung der Basler Staats-, Universitäts- und Zunftämter eine zentrale Rolle. Die Stimmen wurden nämlich mittels Kugeln geheim abgegeben. Damit wollte man Bestechungen einen Riegel schieben. Da die ersten Regelungen von 1688 jedoch eher noch mehr Wahlbeeinflussung zur Folge hatten, führte man 1718 die Losordnung ein, wonach man über drei Vorgeschlagene in einem komplizierten Verfahren per Los entscheiden lassen musste. 1740 erweiterte man die Zahl der Vorschläge auf sechs Personen. Die verschiedenen Methoden zielten darauf ab, die Wahlprozesse offener zu gestalten, so dass die Vertreter aus dem reichen Bürgertum nicht mehr so leicht und quasi automatisch in die Ämter kamen.

Richtschwert aus dem 17. Jahrhundert
Stock und Galgen sowie das Richtschwert waren die äusseren Symbole der Hohen oder Malefiz-Gerichtsbarkeit, die im alten Basel der Kleine Rat innehatte. Das abgebildete Schwert stammt aus der ersten Hälfte des 17. Jahrhunderts. Wann und warum es in Basler Besitz gekommen ist, ist unklar. Es ist darum auch unsicher, ob es zum Beispiel bei der Hinrichtung der Anführer des Bauernkriegs von 1653 verwendet wurde. Für ein Richtschwert ist es etwas kurz. Die Einätzungen weisen aber darauf hin, dass das Schwert aus der Rechtssphäre stammt.

Was tat die Obrigkeit für die Untertanen?

Im Zuge der Schaffung von einheitlichen Landesherrschaften innerhalb fest umrissener staatlicher Territorien im Lauf des 15. und 16. Jahrhunderts sahen sich die fürstbischöflichen und die städtischen Untertanen immer mehr nur noch einem Herrn gegenüber, dem Fürstbischof oder dem Rat. Diese wurden langfristig zur entscheidenden Instanz oder, um es mit einem Begriff aus der Zeit zu sagen, zur «Obrigkeit». Im Unterschied zum Mittelalter war diese Herrschaft nicht mehr so ausgeprägt an parallele Formen der Macht von Grund-, Leib- und Gerichtsherren gebunden, sondern schon viel stärker an eine einzige staatliche Zentralmacht. Die Obrigkeit konnte jedoch nicht ohne irgendwelche Rücksichten schalten und walten. Die reine Willkür war diesem Herrschaftssystem fremd, die Obrigkeit hatte den Untertanen gegenüber Verpflichtungen zu erfüllen. Diese waren allerdings allgemein gehalten und nirgends im Detail festgelegt.[2] An erster Stelle stand die Aufgabe, den Untertanen «Schutz und Schirm» zu gewähren, das heisst, sie vor Krieg und seinen Folgen zu bewahren. Dazu gehörte aber auch der Schutz vor Hunger, Armut und Krankheit mit einer entsprechenden Versorgungs- und Gesundheitspolitik. Sowohl der Fürstbischof als auch der Rat wurden diesen Verpflichtungen nicht immer gerecht, besonders während des Dreissigjährigen Kriegs versagten sie. Ausserdem kümmerte sich der Basler Rat mehrheitlich um die städtische Zunftwirtschaft und die Versorgung der Stadtbevölkerung. Die Obrigkeit war ferner gehalten, die alten Rechte, das Herkommen ganz allgemein, zu beachten, und besonders die gemeindliche Selbstverwaltung zu respektieren. Alle Landesherrschaften in der Nordwestschweiz verfügten über einen verglichen mit heute schmalbrüstigen Verwaltungs- und Gerichtsapparat, der ein Minimum an Rechtssicherheit und allgemeiner Ordnung garantierte. Es kamen hinzu die Armenfürsorge, unter starkem Einbezug der gemeindlichen Selbstverwaltung, die Aufsicht im Bereich Sitten, Religion und Kirche und der Unterhalt der Infrastruktur, ebenfalls unter Rückgriff auf die Frondienste der Untertanen.

der Verfassung von 1838 wurde dieses Ritual abgeschafft. Das Volk gebe sich, so der Regierungsrat, die Verfassung ja selber, womit Vaterlandsliebe und Erfüllung der Bürgerpflichten als gegeben betrachtet werden könnten.[5]

Die frühe Neuzeit als Übergangszeit

Die frühe Neuzeit war, was die Entstehung des modernen Staates anbelangt, eine Übergangsepoche.[6] Zentrale Figuren in diesem Prozess waren neue Herrschaftsträger, die so genannte Obrigkeit, konkret der städtische Rat und der Fürstbischof. Diese «neuen Herren» trachteten danach, Herrschaftsrechte, die bisher auf unterschiedliche Eigentümer, nämlich die Grund-, Leib- und Gerichtsherren, verteilt waren, in ihrer Hand zu vereinigen. Dabei war ihnen allerdings kein durchschlagender Erfolg beschieden, so dass zahlreiche auf das Mittelalter zurückgehende Besonderheiten, seien es Abgaben und deren Empfänger oder bestimmte Freiheiten, bis zum Ende des Ancien Régime erhalten blieben.

Sehr schön lässt sich der Übergangscharakter der frühen Neuzeit an Begriff und Gehalt des Staates selber zeigen. Das Wort kam überhaupt erst in dieser Zeit auf und bedeutete zunächst den Hofstaat, etwa jenen des Fürstbischofs. Gemäss allgemei-

Abgaben und Leistungen der Untertanen im alten Basel

Zu den Herrschaftsrechten, die der Stadt Basel beim Erwerb ihrer Landschaft zugefallen waren, gehörte eine ganze Reihe von Abgaben, Dienstleistungen, Regalien und Zöllen.[3] Basel war so am Ende des 15. Jahrhunderts die wichtigste, wenn auch nicht einzige Grundherrin auf der Landschaft. Ausserdem übte die Stadt die gerichtsherrlichen Rechte aus und waltete als Leibherrin über die auf der Landschaft lebenden leibeigenen Untertanen.

Auch im alten Basel waren Bodenzins und Zehnt die wichtigsten Feudalabgaben, wobei neben der Stadt noch andere Bezüger zu erwähnen sind wie Spitäler, Bürger und Bürgerinnen sowie herrschaftsnahe, staatsähnliche Institutionen wie die Schaffneien, die nach der Reformation die Einkünfte der aufgehobenen Klöster und der eingezogenen fürstbischöflichen Besitzungen verwalteten.[4] Der Bodenzins war eine in ihrer Höhe fixierte Abgabe und wurde fast ausschliesslich in Naturalien, vorzugsweise in Dinkel und

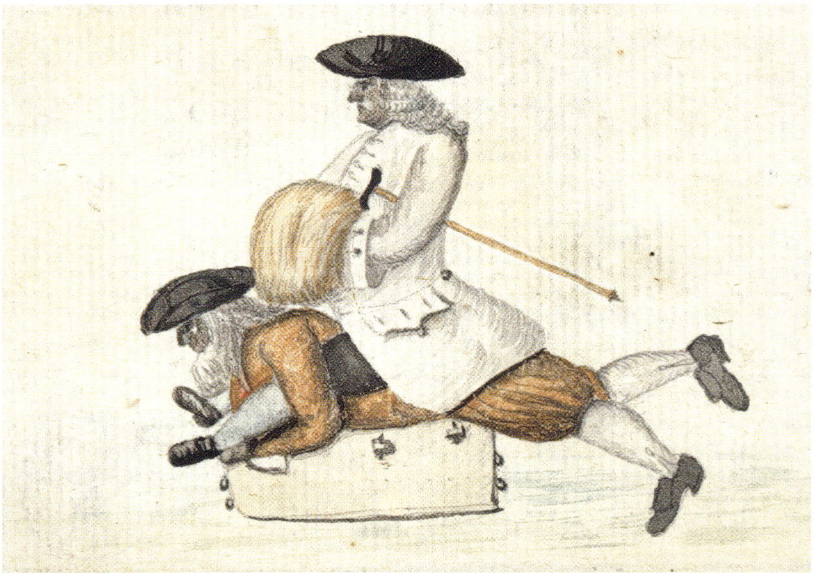

ner Auffassung war dieser «Staat» Privatangelegenheit des Fürsten. So gingen die Untertanen und die Landstände des Fürstbistums noch lange davon aus, dass der Fürstbischof die Ausgaben für den Hof-Staat aus dem so genannten Kameralgut und nicht aus Steuern zu bestreiten hatte. Das heisst, er hatte dafür jene Einnahmen zu verwenden, die ihm aufgrund seiner persönlichen Rechte als Grund-, Leib- oder Gerichtsherr zuflossen. Steuern waren für ausserordentliche Ausgaben reserviert. Mit der Zeit jedoch wandelte sich der Hof-Staat zu einem vormodernen Staat mit Verwaltungs- und Beamtenapparat, mit Militär und Diplomatie, mit eigenem Zeremoniell und spezifischen Repräsentationsbedürfnissen. Parallel dazu wurde auch auf theoretischer Ebene eine neue, absolutistische Staatsauffassung entwickelt, so unter anderem von Bodin in Frankreich. In der zweiten Hälfte des 17. Jahrhunderts etablierte sich dieses veränderte Staatsverständnis auch in der fürstbischöflichen Zentrale. Für die Finanzierung dieses erweiterten Staates, der nun nicht mehr nur als ihr persönliches Eigentum zu betrachten war, griffen die Fürstbischöfe darum seit dem Ende des 17. Jahrhunderts vermehrt auf allgemeine Steuern zurück.[7] Das wiederum provozierte den Widerstand der Untertanen und der Landstände, was in

Die Karikatur: Landvogt reitet auf Untertan

Die Herrschaftsbeziehungen liefen die ganze frühe Neuzeit über nicht durchwegs darauf hinaus, einseitig die Herrschaftsträger zu Lasten der Untertanen zu begünstigen. Bei aller Asymmetrie und Ungleichheit im Grundsätzlichen bestand frühneuzeitliche Herrschaft besonders im Alltag aus einer mehr oder weniger konstanten, in ihrem Ergebnis gar nicht immer eindeutigen Auseinandersetzung zwischen Herrschenden und Beherrschten. Dies verhinderte allerdings nicht, dass Landvögte bisweilen zu sehr auf den eigenen Vorteil bedacht waren und zum Beispiel hohe Bussen aussprachen oder die Landleute aus anderen Gründen drangsalierten. Wenn es zu schlimm wurde, konnten sich die Untertanen an die Obrigkeit wenden, was ab und zu auch geschah. Diese ging der Sache im Allgemeinen nach und ordnete mitunter sogar Verbesserungen an. Ausserdem kontrollierte sie die Landvögte, die einmal jährlich Rechnung abzulegen hatten. Das Aquarell von unbekannter Hand soll einen Landvogt zeigen, der auf dem Rücken eines Untertanen auf einem Schlitten zu Tal fährt. Es ist wohl nicht nur Zufall, dass die Karikatur um die Mitte des 18. Jahrhunderts entstanden ist. Denn damals begannen sich auch in den gebildeten Kreisen der Basler Region die ersten Auswirkungen der Aufklärung und ihrer Herrschaftskritik bemerkbar zu machen. Eine grundsätzliche Infragestellung des Bestehenden, auch nur in einzelnen Punkten, war aber bis Ende des Jahrhunderts äusserst selten.

Hafer bezogen, hinzu kamen Hühner und Eier. In Geld wurden hauptsächlich Häuser-, Reben- und Holzzinsen, die Zinsen für Gewerbebetriebe wie Schmieden, Sägereien, Badstuben, Bleichen, Ziegeleien oder der Rütizins für gerodetes Land entrichtet.[5] Auf Handänderungen wurde als ursprünglich ebenfalls grundherrliche Abgabe der so genannte Ehrschatz erhoben. Diese geringfügige Abgabe kam im Lauf der frühen Neuzeit vielerorts ausser Übung und wurde durch feste Taxen zuhanden der Obrigkeit ersetzt. Die Belastung der Produzenten durch den Bodenzins betrug gemessen am Ertrag zwei bis maximal fünf Prozent, zusammen mit dem Zehnten zwölf bis fünfzehn Prozent.

Als Leibherrin bezog die Basler Obrigkeit auf der Landschaft das Fasnachtshuhn, die Jahrsteuer, eine vergleichweise geringe, mit der Zeit in ihrer Höhe ämterweise fixierte Abgabe, die entweder als Ehesteuer oder als Grund- und Gütersteuer erhoben wurde, sowie vereinzelt und immer seltener den Todfall, das heisst eine Abgabe beim Tod eines Leibeigenen. Bei Entlassung aus der Leibeigenschaft hatten die Leibeigenen eine besondere Gebühr, die «Manumission», und bei Wegzug den Abzug, eine Prozentuale auf dem Vermögen, zu entrichten.[6]

Aufgrund der Gerichtsherrschaft nahm die Obrigkeit Bussen und weitere Abgaben ein, welche die Bevölkerung nur wenig belasteten. Die Erträge blieben zu einem erheblichen Teil auf der Landschaft, die Bussen wurden unter Gemeinden, Landvogt und Obrigkeit aufgeteilt, andere Abgaben wie die manchenorts bezogene «Vogtgarbe» gingen an die Unteramtsleute für ihre herrschaftlichen Verrichtungen.

In den landesherrlichen Steuern verfügte die Obrigkeit über ein im Gegensatz zu den fixen Abgaben flexibleres und flächendeckendes Instrument zur fiskalischen Abschöpfung. Die rechtliche Grundlage dafür bildeten unter anderem die Kaufurkunden für die Herrschaften Liestal, Homburg und Waldenburg von 1400 und die kaiserlichen Steuer-, Regal- und Zollrechte. 1376 hatte die Stadt zudem vom Fürstbischof das Münzrecht erworben. Bald

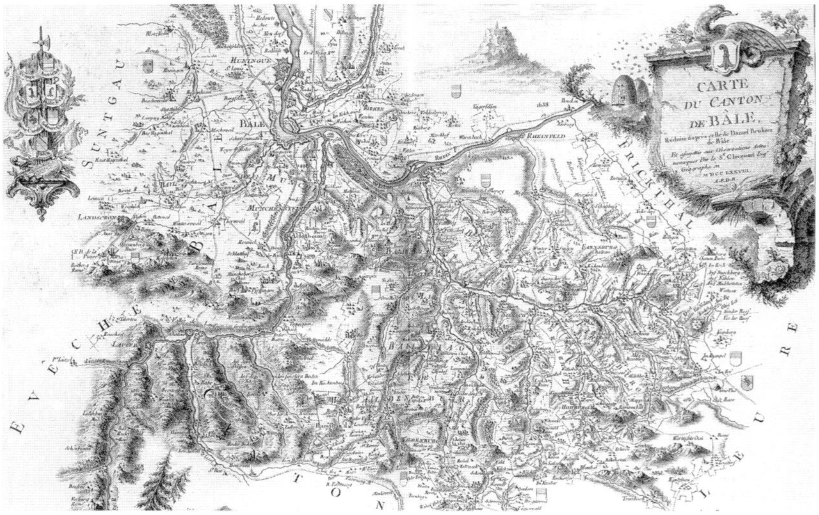

Basler Territorium im 18. Jahrhundert
Diese «Carte du Canton de Bâle. Réduite d'après celle de Daniel Brukner de Bâle. Et assujettie aux Observations Astronomiques par le Sr. Clermont Ingr. Géographe en MDCCLXXVIII» ist Teil der Tableaux Topographiques de la Suisse, herausgegeben von Baron Beat Fidel Zurlauben 1780 bis 1788 in Paris. Sie geht zurück auf einen Kupferstich von Emanuel Büchel von 1766 und zeigt die kartographische Wahrnehmung eines Territoriums am Ende der frühen Neuzeit. Zurlauben, 1720 bis 1799, stammte aus einem bekannten Zuger Geschlecht und avancierte in französischen Diensten. Neben seiner militärischen Karriere betrieb er historische Studien, zu den erwähnten «Tableaux» schrieb er den historischen und geographischen Text. Von 1780 an führte er in Zug das Leben eines Gelehrten. – Büchels Karten wurden auch in anderen, damals beliebten topographischen Werken verwendet, so in der «Topographia Helvetiae» des Zürchers David Herrliberger.

nach der Übernahme der neuen Herrschaftsgebiete im 15. Jahrhundert führte der Rat das Weinumgeld, eine Umsatzsteuer auf allem öffentlich ausgeschenkten Wein, sowie das Metzgerumgeld auf dem Schlachtvieh ein.[7] Weitere landesherrliche Abgaben und Steuern waren andere Umsatzsteuern, zum Beispiel auf Mehl und Salz, Schlaggebühren für Bauholz aus den obrigkeitlichen Hochwäldern etc.

Bei den Dienstleistungen der Untertanen rangierten an erster Stelle die Fronen. Ob sie im Einzelnen grund- oder leibherrlichen Ursprungs waren, ist oft nicht eindeutig auszumachen. Frondienste umfassten Arbeitseinsätze auf herrschaftlichem Land, den Unterhalt von obrigkeitlichen Anlagen wie Gebäuden und Weihern, von Strassen, Brücken und Wegen oder Fuhrdienste. Grundsätzlich hatten jene Bauern, die Wagen und Zugtiere besassen, Fuhrfronen zu leisten, während Kleinbauern ohne eigenen Zug Handdienste verrichteten. Fronen konnten aber auch durch Geld abgegolten werden, was vor allem für abgelegene Höfe und Orte sinnvoll war. Der Umfang der Frondienste auf der Basler Landschaft ist nicht bekannt; fest steht, dass die Belastung eher gering war und weniger als eine Woche pro Jahr betragen haben dürfte. Zu beachten ist allerdings, dass die Landleute auch für die Gemeinde fronweise zu arbeiten hatten und zu ausserordentlichen Fronen für die Obrigkeit verpflichtet werden konnten.

Abgaben und Leistungen der Untertanen im Fürstbistum

1529/30 schlossen die Gemeinden des Laufentals, des Birsecks und der Fürstbischof Verträge ab, die uns über die Abgaben und Dienste der Untertanen während der frühen Neuzeit orientieren.[8] Die Jahressteuer zahlten die Gemeinden dem Fürstbischof als einzige direkte Steuer. Sie überstieg den Betrag von 18 Pfund für eine Gemeinde nie und belief sich zum Beispiel für Allschwil auf fünf Pfund. Diese Steuer war vom Vogt und von den Geschworenen nach dem Vermögen eines jeden anzulegen. Ein so genanntes Fasnachtshuhn hatte jeder Haushalt dem Vogt zu liefern, und wer Getreide

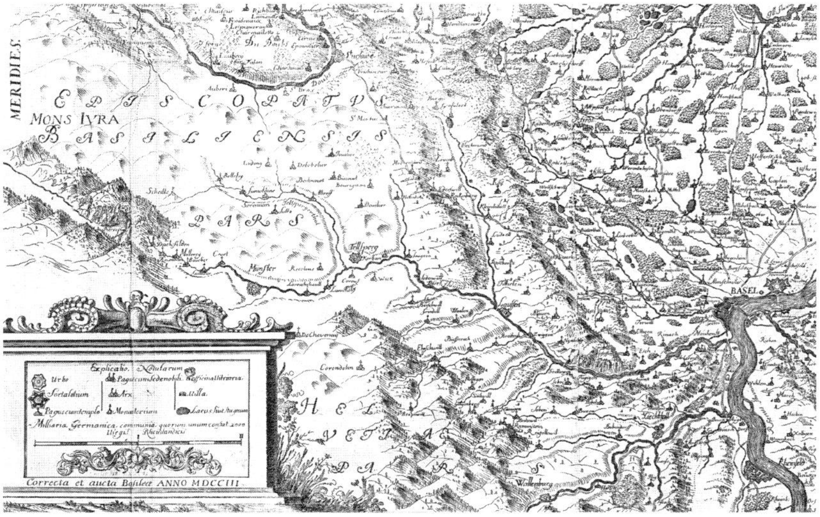

Das Fürstbistum vom Elsass aus gesehen
Der abgebildete Ausschnitt aus der grossen so genannten Alsatia-Karte des bekannten Basler Geometers Georg Friedrich Meyer von 1677 zeigt einen Grossteil des Fürstbistums, das sich vom Bielersee über die Ketten des Juras in die Ajoie und entlang der Birs bis vor die Tore Basels erstreckte und auch Besitzungen nördlich der Stadt im Amt Schliengen mit den Dörfern Schliengen, Steinenstadt, Huttingen, Istein, Mauchen und Binzen umfasste.

Symbolik der Macht im Volkskalender
Eines der verbreitetsten Medien der frühen Neuzeit waren Kalender oder Almanache, und zwar in reformierten wie in katholischen Gebieten. Während die Kalender im protestantischen Basel nüchterner daherkamen, zeichneten sich ihre Pendants im Fürstbistum durch eine vergleichsweise grosse Bildhaftigkeit und Ornamentierung aus. Der Umstand, dass diese Kalender durch vieler Leute Hände gingen, wurde hier genutzt, um von der Herrschaft der Fürstbischöfe auf einer symbolischen Ebene einen möglichst nachhaltigen Eindruck zu vermitteln. Ob diese Darstellungen beim Zielpublikum, den Untertanen, die erhoffte Wirkung erzielten, darf füglich angezweifelt werden. Auch die Fürstbischöfe verfügten nicht über die materiellen und personellen Mittel, in ihrem verzettelten und heterogenen Territorium einen Herrschaftsanspruch nach französisch-absolutistischem Vorbild in die Wirklichkeit umzusetzen. Dies galt für das Laufental und das Birseck um so mehr, als sie von der Zentrale relativ weit entfernt waren.
Vom Aufbau her zeigt das Blatt einen Architekturprospekt mit Sockel, Säulen und Giebelzone. In den unteren beiden Ecken befinden sich zwei Flussgötter, die vermutlich Birs und Doubs versinnbildlichen. Neben anderen Attributen sind ihnen weitere Symbole zugeordnet: für die Eisenindustrie Tiegel, Blasbalg und Hacke, für die Landwirtschaft Schaf und Kürbisse. Zwischen den beiden Flussgöttern sind zwei so genannte Kartuschen angebracht, die den Arlesheimer Dombezirk und eine Ansicht von Pruntrut zeigen.
Zwischen den beiden Säulen ist das Kalenderblatt eingesetzt, über dem steht: «Des Hoch=Fürstlichen Reichs Thumbstiffts zu Basel Wappen Kalender». Darüber ist ein Symbol der Zeit beziehungsweise der Vergänglichkeit zu erkennen, ein Mann mit Sense und Stundenglas. Links und rechts von den Säulen sind die Wappen und Namen der Domherren angeordnet.

anbaute, musste die Vogtgarbe entrichten. Weinumgelder zog der Vogt direkt bei den Wirten ein, die den Verbrauch korrekt deklarieren mussten. Dies bot mannigfache Möglichkeiten der Hinterziehung, trotzdem machte das Umgeld, zusammen mit den Bussen, im 16. Jahrhundert den Hauptanteil der Geldeinnahmen aus der Vogtei Birseck aus.

Über die Abgaben hinaus, die der Fürstbischof aufgrund seiner spezifischen Herrschaftsrechte bezog, standen ihm auch Bodenzinsen und einige wenige Zehnten zu. Neben dem Fürstbischof gab es eine ganze Reihe weiterer Zehnt- und Bodenzinsempfänger, unter anderem auch städtische Institutionen. Im Unterschied zum Fürstbischof besassen diese Grund- und Zehntherren aber keine herrschaftlichen Rechte. Wenn die Leistungen ausblieben, hatten sie sich darum an die gerichtlichen Instanzen zu wenden, um das ihnen Geschuldete einzutreiben.

Die Leibeigenschaft bestand auch im Fürstbistum weiter. Das Abzugsgeld, das der Fürstbischof von den Untertanen beim Wegzug in eine andere Herrschaft verlangte, kann als Überrest leibherrlicher Bindung betrachtet werden. Ebenso der Erbgulden, vermutlich eine Abgeltung für Erbansprüche des Leibherrn auf die Hinterlassenschaft von verstorbenen Leibeigenen. Die Ungenossame, eine Gebühr für die Heirat mit auswärtigen Leibeigenen, wurde 1529/30 aufgehoben.

Die Frondienste wurden 1529/30 auf zwei Tagewerke pro Jahr festgelegt und konnten durch Geldzahlungen abgelöst werden. Die Belastung durch reguläre Fronen war also gering. Für aussergewöhnliche Aufgaben, so den Unterhalt der Schlösser, den Strassenbau, die Errichtung der Aescher Ziegelscheune oder der Domherrenresidenz, wurden die Untertanen jedoch zu zusätzlicher, zum Teil zeitaufwändiger Fronarbeit herangezogen. Insgesamt hielt sich die Belastung der Untertanen durch Abgaben im Fürstbistum wie im alten Basel in Grenzen. Das hinderte die Landleute nicht daran, sich gegen Änderungen wenn nötig zu wehren, es waren ja noch Zölle, Gebühren und, wenn auch unregelmässig, Steuern zu bezahlen.

der Folge die bekannten Konflikte wie die «Troublen» nach sich zog.
Ein vergleichbares, für eine Übergangsepoche typisches Nebeneinander ungleicher alter und neuer Zustände weist auch das reformierte Basel auf. Auf der einen Seite waren Staat und Wirtschaft in gewissem Ausmass getrennte Sphären, der Kampf um Ressourcen und Macht hatte in den Zünften, im Rat und auf dem Markt seine eigenen Schauplätze. Die Einkünfte und das Vermögen des Standes Basel waren auch nicht Eigentum der Räte. Ebenso wurden die Klöster nach der Reformation nicht einfach dem Staatsvermögen einverleibt, sondern existierten als eigene Rechtspersönlichkeiten, als so genannte Schaffneien, weiter.[8] Auf der anderen Seite nahm der Rat auf die Besetzung der Schaffneien grossen Einfluss, ausserdem wurden deren Mittel für die Verwaltung der Landschaft verwendet und die Schaffneistellen dienten immer wieder auch der persönlichen Bereicherung ihrer Inhaber. Dass die Grenzen zwischen Staat, öffentlicher und privater Sphäre anders verliefen, zeigt auch der Umstand, dass die Landvögte ihr Amt an sich pachteten. Die Überlagerung von Zunft- und Ratsverfassung gewährleistete darüber hinaus eine Wirtschafts- und Einbürgerungspolitik zu Gunsten der eingesessenen Zunftbürgerhaushalte.

Darüber folgt eine abgetrennte zweite Zone, in deren Zentrum ein Bild des Fürstbischofs Joseph Wilhelm Rinck von Baldenstein, «von Gottes Gnaden Bischof von Basel und Fürst des Heiligen Römischen Reichs aus der hochangesehenen Familie Rinck von Baldenstein», steht. Dieser Fürstbischof amtierte von 1744 bis 1762. Seitlich davon befinden sich die Wappen der Inhaber der höchsten Ehrenämter im Fürstbistum.
In der himmlischen Zone sind in abgestufter Rangfolge die Hauptheiligen des Bistums angeordnet. An erster Stelle, direkt über dem Bild des Fürstbischofs, steht über der Mondsichel und dem Globus mit der Schlange Maria mit dem Kind, flankiert von wichtigen Heiligen des Bistums wie Pantalus, Heinrich oder Ursicinus.
Die Platten für diesen Kalender waren 1737/38 in Augsburg hergestellt worden, sie wurden bis in die 1750er Jahre verwendet. Gedruckt wurde in Pruntrut, wo jeweils auch die separaten Teile, das heisst die Wappen der Domherren, das Bischofsbild und der Kalender produziert wurden.

Lesetipps

Grundsätzliche Behandlung finden die Herrschaftsbeziehungen während des Ancien Régime bei Simon (1981), bei Landolt (1996) und bei Suter, Andreas (1997). Aus der Sicht der Gemeinden im fürstbischöflichen Birseck wird das Thema bei Berner (1994) angegangen.

Vom Ende, von der Revolutionszeit her blickt Manz (1991) auf diese Fragen.

Im Weitern ist auf die Arbeit von Ulbrich (1979) hinzuweisen. Sie behandelt nicht nur die Leibeigenschaft, sondern sie bietet einen umfassenden Einstieg in die Geschichte der Region zwischen Schwarzwald und Aare um 1500.

Von grundsätzlicher Bedeutung für die Frage des ländlichen Widerstands im deutschsprachigen Raum während der frühen Neuzeit sind die Arbeiten von Schulze, Schilling und Blickle.

Für den gesamteidgenössischen Zusammenhang sei auf das 5. und 6. Kapitel bei Braun (1984) verwiesen.

Abbildungen

Burgenfreunde beider Basel; Foto Historisches Museum Basel, Peter Portner: S. 187.
Öffentliche Kunstsammlung Basel, Kupferstichkabinett, Emanuel Büchel, Inv.Nr. 1886.7.3 SKB. A 48 b p.34 (A 202): S. 189 [A].
Historisches Museum Basel, Inv.Nr. 1983.641; Foto Peter Portner: S. 190.
StA BS, Bildersammlung, 9,85: S. 191.
Historisches Museum Basel, Inv.Nr. 1903.440: S. 192.
Historisches Museum Basel, Inv.Nr. 1880.103; Foto Maurice Babey: S. 193.
Historisches Museum Basel, Inv.Nr. 1906.2933; Foto Peter Portner: S. 194.
StA BS, Bildersammlung, 13,136.: S. 195.
Kantonsbibliothek Aargau, Aarau: S. 196.
Universitätsbibliothek Basel, Kartensammlung, Mappe 246, Nr. 4 und 4a: S. 197 [A].
Öffentliche Kunstsammlung Basel, Kupferstichkabinett, Jacob Andreas Fridrich: Kalender des Fürstbistums Basel 1747 (ohne Inv.Nr.); Foto Martin Bühler: S. 199.

[A] = Ausschnitt aus Originalvorlage.

Anmerkungen

1 Vgl. zum Folgenden Berner 1994, S. 320ff. und Simon 1981.
2 Peyer 1980, S. 107–133 und S. 145.
3 Vgl. Landolt 1996, S. 76–82 und Freivogel 1924, 1925, 1927, 1929; zur Leibeigenschaft Ulbrich 1979.
4 Vgl. zu Bodenzins und Zehnt Kap. 3.
5 Vgl. zu den so genannten Bannrechten oder ehaften Gewerben, Kap. 2.
6 Die Manumissionsgebühr betrug zehn Pfund pro Person, der Abzug zehn Prozent vom Vermögen, fünf Prozent für Liestal und Dienstleute. Vgl. Freivogel 1927, S. 132–144. Endgültig aufgehoben wurde die Leibeigenschaft erst 1790; vgl. Bd. 4, Kap. 2.
7 1405 im Amt Liestal, 1406 in den Ämtern Homburg und Waldenburg sowie 1461 im Amt Farnsburg; vgl. Landolt 1996, S. 80.
8 Vgl. dazu auch Kap. 8 und 10 sowie Berner 1994.

1 Vgl. Bd. 2, Kap. 11.
2 Wunder 1986.
3 Vgl. Schnyder 1998; Berner 1994, S. 40ff. für das Fürstbistum; Landolt 1996, S. 76ff. für das alte Basel; Roth 1922; Freivogel 1924–1929 und Kap. 8.
4 Vgl. Hans Berner 1994 und Gauss et al. 1932, Bd. 2, S. 124.
5 Vgl. StA BL, NA, Verfassung C 1, A 1.
6 Vgl. Schulze 1982 und 1983; Schilling 1981, 1992 und 1999; Blickle 1982, 1985 und 1998.
7 Suter, Andreas 1985, S. 276ff., schätzt die Steigerung zwischen den Vergleichsperioden 1571 bis 1650 und 1651 bis 1730 auf über 600 Prozent, wobei hier auch vermehrte Steuern ans Reich einbezogen sind.
8 Vgl. Schnyder 1994 und Körner 1980.

1525

Bild zum Kapitelanfang

Bauern am Beginn einer neuen Zeit

Ein tanzendes Bauernpaar, 1525, im Jahr der Bauernunruhen, vom bekannten Zeichner Urs Graf festgehalten, eröffnet das Kapitel über das Jahrhundert am Anfang der Moderne. Um 1500 war auch in der Region zwischen Jura und Rhein vieles im Fluss: Seit dem Spätmittelalter hatte sich bei den Herrschaftsverhältnissen, im sozialen Bereich und nicht zuletzt in Kirche und Religion vieles verändert. Alle Schichten der Gesellschaft wurden von diesem Wandel erfasst. Gerade die Bauern, das heisst die Mehrheit der Bevölkerung, die auf dem Land lebte, spielten dabei eine aktive Rolle. Die wachsende Bedeutung der Gemeinden, aber auch das Selbstbewusstsein der Männer und Frauen dieser ländlichen Gesellschaft trugen, wie in vielen Teilen Europas, dazu bei, dass sich die Gesamtsituation in den 1520er Jahren zuspitzte und unausweichlich auf grundlegende Entscheidungen hinauslief. Die Bauernunruhen von 1525 und die Reformation waren darum eng miteinander verflochten. Auch im Gebiet der heutigen Nordwestschweiz endete diese stürmische Phase der Geschichte um 1530 mit einer je nach Herrschaftsgebiet unterschiedlich ausgeprägten Konsolidierung der Herrschafts- und Religionsverhältnisse.

Das 16. Jahrhundert im Überblick

Kirchenkritik, innerkirchliche Reformbewegung sowie die Herausbildung neuer Formen und Träger von Herrschaft prägten in grossen Teilen Europas die Zeit des Spätmittelalters. Auch im Gebiet der heutigen Nordwestschweiz bahnte sich im 14. und 15. Jahrhundert an, was mit der Reformation sowohl im geistlichen als auch im weltlichen Bereich einen Höhe- und Wendepunkt erreichte. Dabei spielten die ländlich-bäuerlichen Gemeinden und die Städte eine zentrale Rolle.[1] Am Beginn des 16. Jahrhunderts standen die Auseinandersetzungen zwischen Fürstbischof und Stadt, die innere Konsolidierung der Landesherrschaft im Fürstbistum und im städtischen Herrschaftsgebiet sowie die Reformation. Die verschiedenen Entwicklungen gipfelten in beiden Territorien in den Bauernunruhen von 1525.

Bis 1580 folgten ruhigere Jahrzehnte. Im Fürstbistum waren die Landesherren mit starken Gemeinden konfrontiert. Philipp von Gundelsheim und Melchior von Lichtenfels, die als Fürstbischöfe von 1527 bis 1553 beziehungsweise von 1554 bis 1575 im Amt waren, hatten als Folge der Reformation im Birseck und im Laufental unter anderem hinzunehmen, dass die Pfarrer in den Gemeinden des mittleren und unteren Birstals von Basel aus eingesetzt wurden. Ausserdem standen einige Gemeinden der deutschsprachigen Vogteien in einem Schutzverhältnis zur Stadt, was ihre Konfliktbereitschaft erhöhte.[2]

Erst unter Jakob Christoph Blarer von Wartensee, einem initiativen und zielstrebigen, von 1575 bis 1608 regierenden Fürstbischof, veränderte sich die Situation zu Gunsten des Landesherrn. Es dauerte allerdings nicht lange, bis sich Gemeinden der Herrschaft offen widersetzten, so etwa als es 1581 bis 1583 um die Besetzung der Ettinger Meierstelle ging oder als 1574 bis 1576 die Amtsführung des Birsecker Landvogts Jost Loriti Glarean, insbesondere seine scharfe Bussenpraxis, beanstandet wurde. Damit von Blarer seine Pläne umsetzen konnte, musste er die äusseren Bedingungen verändern. Es gelang ihm 1579, ein Bündnis mit den katholischen Eidgenossen

Kloster Iglingen

Iglingen war eng mit dem Kloster Olsberg verbunden und wurde von einer Schwesterngemeinschaft bewohnt, die nach den Regeln des Heiligen Franziskus lebte.

Der offene Widerstand beginnt

Nach ersten Anzeichen von Unruhe auf der Landschaft ordnet der Kleine Rat am 29. April 1525 für den 3. Mai eine Untertanenbefragung in Sissach an. Der Einsatz militärischer Gewalt kommt wegen fehlender Mittel nicht in Frage. Die Situation ist kritisch: In der Nachbarschaft sind die Aufstände bereits ausgebrochen, ferner sind Koalitionen zwischen den Untertanen und einigen unzufriedenen Handwerkerzünften zu befürchten. Die Obrigkeit kommt jedoch zu spät, die ersten Aktionen der Landleute folgen unmittelbar. Zwischen dem 30. April und dem 6. Mai plündern Landleute der ganzen Region die Klöster Olsberg, Schöntal bei Langenbruck, zum Roten Haus und Engental nahe der Stadt sowie das Deutschordenshaus Beuggen, das Klösterchen Iglingen im Magdenertal und den Pfrundkeller des Domstifts in Liestal. – Gleiches geschieht im Fürstbistum, wo am 2. Mai Landleute und Laufener Bürger ins Delsberger Tal ziehen und das Kloster Lützel heimsuchen.[1] Bedroht ist auch das Kloster Bellelay. Die Bauern der Ajoie schliessen Pruntrut ein.

Die Überfälle treffen vor allem kirchliche Institutionen, meist solche mit erheblichem Grundbesitz, während herrschaftliche Einrichtungen wie etwa Schlösser geschont werden. Die Plünderer beschrän-

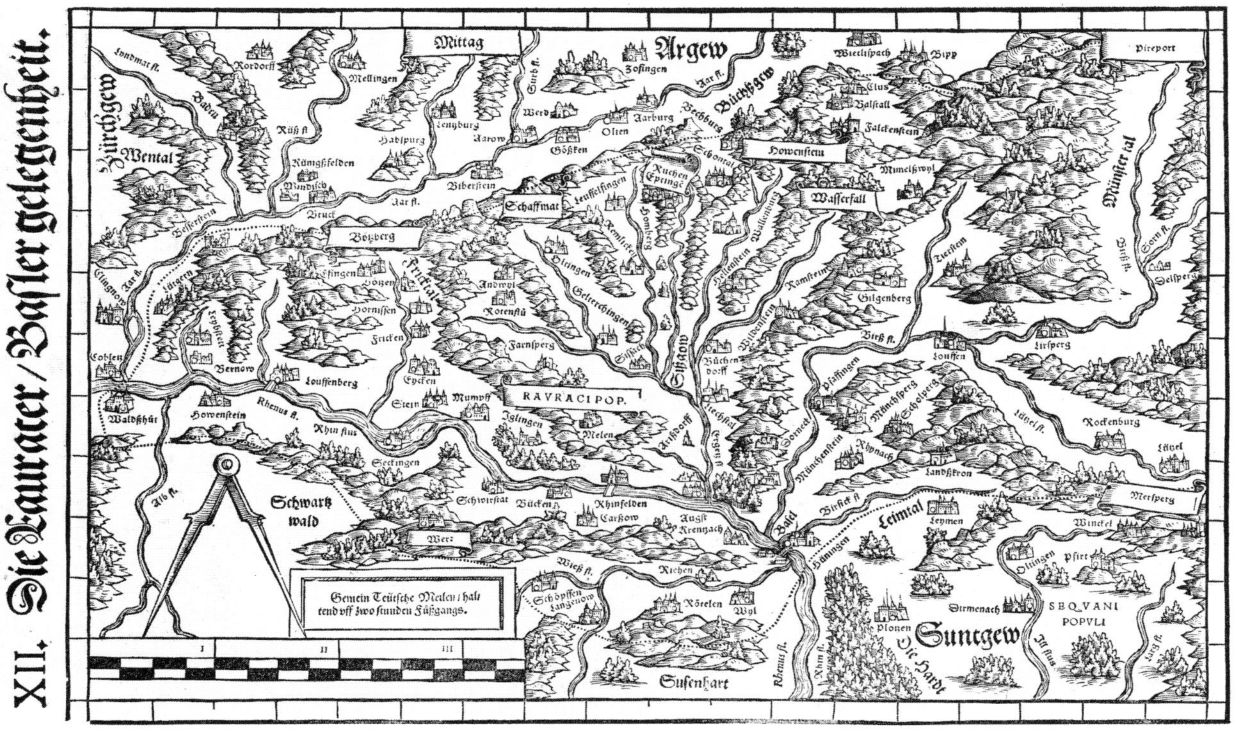

Überregionaler Bauernprotest
Die Bauernunruhen beziehungsweise der Bauernkrieg von 1525 waren ein überregionales Ereignis, das grosse Teile des Deutschen Reiches betraf. Auch in der Nordwestschweiz waren die Vorgänge in der Nachbarschaft, vor allem im Sundgau und im Schwarzwald, von ausschlaggebender Bedeutung für den Beginn des bäuerlichen Protests.
Der Ausschnitt aus einer frühen Karte von Johannes Stumpf zeigt das Gebiet zwischen Rhein und Aare aus einer für uns ungewohnten Perspektive, da der Plan gegen Süden ausgerichtet ist. Stumpf, Theologe und Chronist, hielt die Hauptlandschaften der Schweiz in den Jahren 1538 bis 1547 auf zwölf Tafeln fest, deren letzte «Die Rauracer / Basler gelegenheit» zeigt. Das Gesamtwerk ist nicht zuletzt auch Ausdruck eines damals aufkommenden eidgenössischen Selbst- oder sogar Nationalbewusstseins.

abzuschliessen, was seine Position gegenüber der Stadt Basel gerade in konfessionellen Fragen stärkte. Ein weiterer Meilenstein unter von Blarer war der Abschluss des Badener Vertrags mit der Stadt Basel im Jahr 1585. Die Stadt hatte im 15. Jahrhundert einen Grossteil ihres Herrschaftsgebietes pfandweise vom Fürstbischof erworben. Dieser hätte das Pfand theoretisch wieder auslösen können, wozu ihm jedoch die Mittel fehlten. 1585 verzichtete der Fürstbischof gegen eine hohe Summe auf seine Ansprüche im Basler Territorium, so dass er sich in der Folge ganz auf die Festigung seiner Herrschaft im Fürstbistum konzentrieren konnte.

ken sich auf Weinkeller, Vorratskammern und Fischteiche, Menschen kommen nicht zu Schaden. Bücher, liturgische und sonstige geistliche Gegenstände werden kaum angetastet. Die Aktionen folgen den Regeln ländlicher Rügebräuche, der so genannten Heimsuchungen. Hauptakteure sind die unverheirateten jungen Männer, die Knaben, die zumeist die Unterstützung der Gemeinden geniessen.

Die Bewegung organisiert sich

Auf der Basler Landschaft wird auf den 2. Mai eine allgemeine Landsgemeinde der erwachsenen Männer nach Liestal einberufen, um sich über die Gemeinden hinaus wegen des Vorgehens und der Ziele abzusprechen und die Trägerschaft zu verbreitern. Aufgrund von Diskussionen an der Landsgemeinde, aber nicht in ihrem Auftrag verfassen der Leutpriester Stephan Stör und andere Liestaler am 2. Mai einen Brief an die Basler Zünfte, um ein mögliches Zusammengehen abzuklären. An sich ist der Zeitpunkt günstig, denn am gleichen Tag sind die Weber in der Steinenvorstadt in offenem Aufruhr begriffen. Der Rat bekommt jedoch umgehend Kenntnis vom Inhalt des Briefs.
Am 2./3. Mai treffen die in Liestal versammelten Landleute aus den oberen Ämtern eine ursprünglich für die Untertanenbefra-

Im Gegensatz zum Fürstbistum war die städtische Obrigkeit gestärkt aus den Auseinandersetzungen von 1525 hervorgegangen, ausserdem konnte sie ihr Untertanengebiet noch vor der Jahrhundertmitte arrondieren. In die ruhigeren Jahrzehnte um 1550 fielen allerdings 1539 bis 1541 und 1564 zwei schlimme Pestzüge, und die Basler Kirche erlebte einige grundlegende Veränderungen.[3] Im letzten Viertel des Jahrhunderts machten sich auch hier vermehrt Anzeichen für eine schlechte Verwaltung bemerkbar. So beklagten sich 1573 die Untertanen des Amtes Homburg und 1586 jene des Amtes Münchenstein über missbräuchliche Praktiken der Landvögte. Der so genannte Rappenkrieg von 1591 bis 1594, eine Protestbewegung gegen die Erhöhung der indirekten Steuer auf dem Weinkonsum, war daher auch Ausdruck von tiefer liegenden Spannungen zwischen Untertanen und Rat.[4]

Die Bauernunruhen von 1525

Ende April erfuhren Bürgermeister und Rat der Stadt Basel, dass die Untertanen der Landschaft «unruowig werent und wollten uffbrechen».[5] Ein direkter Anlass, eine obrigkeitliche Massnahme etwa, ist nicht bekannt. Der Anstoss kam vielmehr von aussen, von den Bauernaufständen im Reich. In den letzten Apriltagen gewannen die Widerstandsbewegungen im Schwarzwald, im Breisgau und im Elsass sowie in den östlichen Teilen der Eidgenossenschaft an Intensität. Rasch wurden in der Folge auch Basel und das Fürstbistum von der Erhebung erfasst, ebenso Solothurn und Bern jenseits des Juras. Fürsten und städtische Regierungen standen dem wachsenden Druck der Landleute zunächst ratlos gegenüber. Überall zeigte deren Widerstand ähnliche Muster: Die Aufständischen zogen bewaffnet durchs Land, plünderten vorzugsweise Klöster und andere kirchliche Einrichtungen und belagerten die Zentren ihrer Herrschaft. Sie veranstalteten Landsgemeinden und andere Versammlungen und schlossen sich über Gemeinde- und Amtsgrenzen hinweg zusammen. Sie überreichten ihrer Obrigkeit Forderungskataloge, Beschwerde- und Bittschriften und traten in Verhandlungen mit ihrer

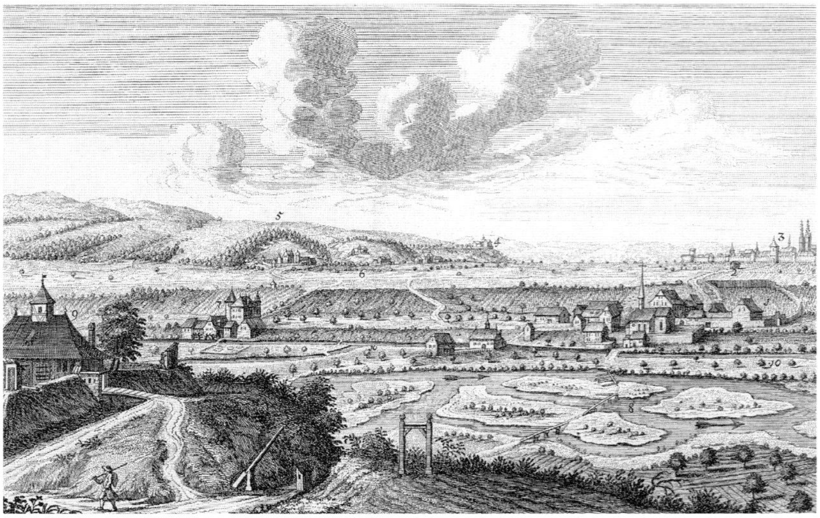

Baselbieter Bauern vor der Stadt
Am 3. Mai 1525 zog eine grosse Zahl von Landleuten von Liestal aus vor die Tore der Stadt Basel, um ihren Forderungen an den Rat Nachdruck zu verleihen. Da die Stadttore geschlossen waren, gelangten die Baselbieter nur bis vor die Stadt. Auf Vermittlung einer aus anderen Gründen in Basel weilenden solothurnischen Gesandtschaft hin zogen sie sich am Abend nach Muttenz und Münchenstein zurück. Die Stadt präsentierte sich den herbeiströmenden Landleuten in etwa so, wie sie Jahrhunderte später Emanuel Büchel darstellte, wenn er sie vom Käppeli in Muttenz mit Blick über die Birsebene bei St. Jakob festhielt.

Herrschaft. Der offene Widerstand dauerte meistens ein paar Wochen, höchstens zwei bis drei Monate. Die Beilegung der Konflikte dagegen nahm mehr Zeit in Anspruch, so etwa im Fürstbistum, wo ein Vergleich zwischen den Parteien erst nach mehreren Jahren zustande kam.

Im Gegensatz zum Reich blieben in der Eidgenossenschaft bewaffnete Auseinandersetzungen zwischen ländlichen Untertanen und ihrer Obrigkeit aus. Nirgends wurde die Bauernbewegung von der Obrigkeit blutig niedergeschlagen. Ebenso wenig führten die Landleute überregionale militärische Operationen durch. Von einem Bauern-«Krieg» kann darum nur bedingt gesprochen werden. Die Eidgenossenschaft gehörte 1525 zu jenen Gebieten, in denen Verhandlungen und Verträge im Zentrum der Herrschaftskrise standen. Gesprächsfördernd wirkten dabei die Vermittlungsdelegationen der Tagsatzung, getragen jeweils von einer Auswahl eidgenössischer Orte, die zum Teil ihrerseits in Konflikte mit ihren Untertanen verwickelt waren.

Die Ursachen

Warum schlug 1525 latenter Unmut und Unzufriedenheit in offenen, kollektiven Widerstand um? Zunächst einmal zeigen die Unruhen von 1525, dass sich die Welt der Landleute nicht auf ihr Dorf beschränkte: Gerade in jenen Jahren achteten sie darauf, was in ihrer Nachbarschaft vorging, so dass sich Nachrichten über das Verhalten der Obrigkeit und über Aufstände rasch verbreiteten. Die primäre Ursache ist jedoch in den grundlegenden gesellschaftlich-politischen und wirtschaftlichen Veränderungen des 15. und des frühen 16. Jahrhunderts zu sehen.[6] Die Landleute und die Gemeinden hatten im Lauf des Spätmittelalters zunehmend Autonomie in der kommunalen Selbstverwaltung und im Arbeitsalltag gewonnen. Diese reichlich genutzten Freiräume gerieten jedoch seit dem späten 15. Jahrhundert zusehends unter Druck von Seiten neuer Herrschaftsträger: Städtische Räte und Fürsten hatten die entsprechenden mittelalterlichen Instanzen, meistens kleinere adlige und geistliche Herrschaften, abgelöst, und die neuen Herren trachteten

gung nach Sissach beorderte Delegation des Rates. Den Wunsch der Ratsgesandten, die Landleute sollten für die Verhandlungen Vertreter bestimmen, schlagen diese ab. Die Landschäftler diskutieren unter sich weiter, versichern sich gegenseitig ihrer Loyalität mit einem Eid und beschliessen, ihre Beschwerden amtweise zusammenzutragen und durch Ausschüsse direkt den Räten zu übermitteln.

Am Nachmittag des 3. Mai zieht eine grosse Zahl von Landleuten von Liestal nach Basel. Die Gründe dafür sind unklar, die Baselbieter sind wohl von der Reaktion der Ratsdelegation enttäuscht und wollen ihren Forderungen Nachdruck verschaffen.

Die Stadt ist vorgewarnt: Die Tore sind geschlossen, auf den Mauern sind Wachen postiert, die Bürgerschaft ist zu den Waffen gerufen. Der Grosse Rat ist aufgeboten worden, Bürger und Hintersassen haben in den Zunftstuben ein Treueversprechen abgelegt.

Eine in Basel weilende Solothurner Gesandtschaft bringt die Landleute dazu, nach Münchenstein und Muttenz abzurücken. Am 4. Mai ziehen sich die Untertanen auf Vermittlung der Solothurner und überrascht von der Kunde von Störs Brief nach Liestal zurück. Sie haben erreicht, dass ihre Klagen und Forderungen angehört werden. In die Dörfer kehren die

Die «Fahne der Baselbieter Bauern»
Die hier abgebildete Fahne galt lange als die «Bauernfahne» der Baselbieter aus dem Jahr 1525 oder allenfalls aus dem Bauernkrieg von 1653. Ein solches Symbol des bäuerlichen Protests bietet sich für die Legendenbildung natürlich an und es wäre umso wertvoller, als es ein frühes und seltenes Zeugnis dieser Art von Bauernrevolte wäre. Neuere Forschungen und genaueres Hinsehen machen jedoch deutlich, dass es sich um ein militärisches Feldzeichen der Stadt Basel handelt, ziemlich sicher nämlich um das Fähnlein der Basler Genietruppe. 1529 wird beim Basler Auszug erstmals ein «houptman under denen, so schuffel und bickel tragen» erwähnt, 1542 erscheint in den Akten auch ein entsprechender «bickelvändrich». Von daher auch der Name des Objekts: «Bicklerfahne». Louis Mühlemann, der sich im Buch über Wappen und Fahnen der Schweiz mit diesem Feldzeichen befasst, vermutet, dass es aus dem Jahr 1542 stammt.

Die Bauern vor den Vogteisitzen

Die Landleute aus den fürstbischöflichen Ämtern Birseck und Pfeffingen setzten sich im Mai 1525 ebenfalls in Bewegung und versammelten sich bei Dornachbrugg, so dass der Protest für die Vögte als Vertreter des Fürstbischofs, die in den Schlössern in Pfeffingen und auf Birseck sassen, unübersehbar war. Eine bildliche Vorstellung von der landschaftlichen Situation gibt der Plan, den Geometer Jakob Meyer 1659 vom Birstal zwischen Dornach und Münchenstein angefertigt hat. Auf diesem schönen Plan sind im Übrigen auch die wichtigen Elemente der damaligen Natur- und Kulturlandschaft zu erkennen, wie etwa der Birslauf mit Kies- und Sandbänken, die flussnahen Matten und Riedflächen, die Gewanne der Ackerflur, Rebberge, Wege und Dorfsiedlungen.

danach, ihre Herrschaft auszubauen und ihre Untertanengebiete abzurunden. So wurde etwa die Freizügigkeit der Landleute mit Hilfe der im Übrigen auch von Adel und Klöstern rigoroser gehandhabten Leibeigenschaft eingeschränkt, die Untertanen wurden vermehrt für den Wehrdienst hinzugezogen, und zusätzliche landesherrliche Steuern wie zum Beispiel Umgelder wurden erhoben. Die Obrigkeit griff stärker auf Allmend und Wald zurück, die bisher weitgehend in der Verfügungsgewalt der Gemeinden gestanden hatten. Die Intensivierung des obrigkeitlichen Drucks auf die ländliche Gesellschaft wog umso schwerer, als sich in der zweiten Hälfte des 15. Jahrhunderts die innergesellschaftlichen Gegensätze zwischen Arm und Reich infolge des Bevölkerungswachstums verstärkten. Das erhöhte die Empfindlichkeit aller Landleute gegenüber neuen Ansprüchen der Herrschaft, Konflikte waren unvermeidlich. Sozusagen die Begleitmusik zu diesen gesellschaftlichen und politischen Spannungen spielten seit dem späten 15. Jahrhundert die Entwicklungen im kirchlich-religiösen Bereich. In Stadt und Land wurden antiklerikale Strömungen und Proteste gegen die Verweltlichung von Kirche und Klöstern laut. Dabei machte die Landbevölkerung die Erfahrung, dass man Autoritäten kritisieren, ja verspotten konnte, wenn ihre Tätigkeit Ursache vielfältiger Missstände war. Die tiefgehende Erosion im religiösen Bereich führte den Menschen vor Augen, dass die Verhältnisse nicht unabänderlich waren.

Zu beachten ist schliesslich, dass die herrschaftliche Seite nicht von einer konsolidierten Position aus agierte. So befand sich etwa auch die städtische Gesellschaft des alten Basel schon seit dem späten 15. Jahrhundert und besonders zu Beginn des 16. Jahrhunderts in einem politischen und religiösen Umbruch.[7] Die Stadt hatte sich 1521 vom Fürstbischof losgesagt. Das zünftisch orientierte Handwerk, bei dessen Angehörigen die neuen religiösen Ideen auf grossen Widerhall stiessen, forderte die alte politische Elite und das reiche Handelsbürgertum erfolgreich heraus. Die Vertreter des Handwerks stiessen in führende politische Ämter vor und strebten eine Neu-

Landschäftler erst in der Nacht vom 5. zum 6. Mai zurück. Ihren Eid halten sie aufrecht. In Liestal tragen sie ihre Beschwerden amtweise zusammen und entscheiden sich gegen ein Zusammengehen mit den fürstbischöflichen und den solothurnischen Untertanen. Die Stadt ist zu weiteren Verhandlungen bereit und bittet am 4. Mai die verbündeten eidgenössischen Orte um Vermittlung. Am 8. Mai trifft eine Delegation der Stände Zürich, Bern, Freiburg und Luzern in Basel ein.

Auch im Fürstbistum weitet sich die Protestbewegung aus. Am 5. Mai besammeln sich hunderte von bewaffneten Landleuten aus den fürstbischöflichen Ämtern Birseck und Pfeffingen sowie aus den benachbarten solothurnischen Ämtern bei Reinach und Dornachbrugg, in Sichtweite der Vogteisitze.[2] Die fürstbischöflichen und die solothurnischen Landleute sind einander zwar per Eid verpflichtet, die Kooperation ist aber locker. Mit den Baselbietern steht man in Kontakt, eine eidliche Verbindung kommt aber wie erwähnt nicht zustande.

Verhandlungen und Verträge

Auch im Fürstbistum führt die eidgenössische Vermittlung der Stände Basel, Bern, Solothurn, Freiburg und Luzern Untertanen und Landesherrn am 8. Mai zu Ver-

Bürß flüßes, sambt angrentzender Landtschafft
Schloss Birseck ihrer Fürst: Gnd: H: Bischoff zu Basell gehörig
Arlasheim Bischofflich
Dornach
an der Brückh Sollothurnisch
Erklerung der margen bey Dornach an der Brück.
A Die newe Kirch, dar hinder die Cappel, darin die gebein von der Dornacher Schlacht behalten sein.
B der ort wo die alte Cappell gestanden.
C. Ambtschreiberei oder Haubthauß. D. Schuelhauß
E Würtshauß. F Metzgt. G. Ziegel hütten. H Alte abgangene Müll sambt ihrem deichgraben.
I Die steiner Brück mit 3. gwölben über die Birsh.
V. H. Martin Bürgis Matten.
W. Matten so zum Schloß Birseck gelegt werden
Z. Andere new außgestockte matten.

ordnung der wirtschaftlichen Verhältnisse im Sinne einer protektionistischen Zunftverfassung an. Die innerstädtischen Konflikte waren den Landleuten sehr wohl bekannt. Mit umso mehr Selbstvertrauen traten sie daher mit ihren Forderungen gegenüber der Obrigkeit auf.

Grundzüge der bäuerlichen Forderungen

In der Eidgenossenschaft waren die Bauernunruhen zu Beginn des 16. Jahrhunderts zwar Protestbewegungen und als solche zum Teil gewalttätig, die Landleute waren jedoch im Allgemeinen nicht auf Umsturz aus. Anders als im Reich spielten die berühmten Zwölf Artikel im Fürstbistum und im städtischen Untertanengebiet keine zentrale Rolle. Die Landleute bezogen sich zwar ab und zu auf die Bibel und auf reformatorisches Gedankengut, bauten diese Argumentationen in der Regel aber nicht zu neuen Gesellschafts- und Herrschaftskonzepten aus. Ihre Hauptanliegen waren materieller Natur und betrafen Punkte von unmittelbarer Bedeutung im ländlich-bäuerlichen

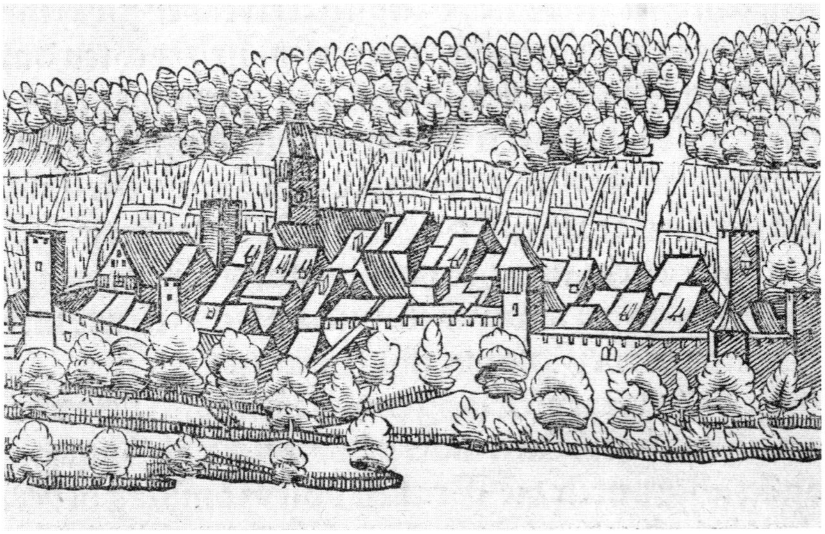

Liestal als Zentrum der Bauernunruhen
Liestal, das wir hier in einer der ältesten Ansichten von Johannes Stumpf aus dem Jahr 1548 sehen, war das organisatorische Zentrum der Bauernunruhen von 1525. Hier versammelten sich die Landleute aus den oberen Ämtern, um über ihre Forderungen zu diskutieren und zu entscheiden, aber auch um sich über das weitere Vorgehen abzusprechen. Der Bauernprotest von 1525 ist damit auch eines der wenigen Beispiele dafür, wie sich Landleute in der frühen Neuzeit über ihre Gemeinden und sogar über die Ämter hinaus organisierten. Dabei war es keineswegs so, dass alle immer die gleichen Interessen hatten. Gerade die mit Sonderrechten ausgestattete Stadt Liestal hatte immer auch ihre eigenen Ziele im Blick. Insbesondere Schultheissen und Rat mahnten bisweilen zur Zurückhaltung, konnten sich damit aber bei der Bevölkerung nicht immer durchsetzen.

handlungen zusammen. Die Landleute gehen danach ebenfalls nach Hause und tragen für die Verhandlungen zwischen ihren Ausschüssen und Vertretern des Fürstbischofs ihre Beschwerden und Forderungen zusammen. Diese Gespräche beginnen am 16. Mai, sie führen allerdings erst nach längerem Widerstand der Gemeinden sowie nach einer weiteren Vermittlungsaktion der Stadt Basel in den Jahren von 1528 bis 1532 zu Verträgen zwischen dem Fürstbischof und den einzelnen Gemeinden.[3]

Im benachbarten Aufstandsgebiet lehnt der städtische Rat einen für die Landleute günstigen Schlichtungsvorschlag der eidgenössischen Vermittler am 15. Mai 1525 ab. Nach weiteren, wenig ergiebigen Begegnungen zwischen Ratsdelegationen und Vertretern der Untertanen – am 17. Mai in Sissach, Buckten und Waldenburg und am 18. Mai in Liestal – erklärt sich der Rat bereit, den Untertanen die Leibeigenschaft zu erlassen, wenn sie den untereinander beschworenen Eid aufgeben. Der Verzicht auf die Leibeigenschaft ist durchaus im Interesse der Obrigkeit, es gäbe auf der Landschaft dann nur noch Untertanen der Basler Obrigkeit. Nach Verhandlungen am 20. und 29. Mai wird den Landleuten Amnestie gewährt, im Gegenzug müssen diese die Eide aufheben, die sie einander geschworen haben. Dieser Schritt fällt

Alltag.[8] Erst in zweiter Linie wurden kirchliche, gerichtliche und zu einem geringen Anteil auch politische Forderungen vorgebracht. Hauptadressaten der Kritik waren zum einen die Obrigkeit und ihre Vertreter, die Landvögte, und zum anderen die Geistlichkeit. Begründet wurden die Klagepunkte in erster Linie mit Blick auf Alter und Tradition der in Frage gestellten Belastung: Je jünger, desto problematischer war sie für die Untertanen. Ferner spielte eine Rolle, wie drückend eine Abgabe oder eine Dienstleistung empfunden wurde.

Im Wesentlichen betrafen die Beschwerden der Landleute im Fürstbistum und auf der Basler Landschaft folgende Bereiche: 1. Den Zugang zu den natürlichen Ressourcen, das heisst zu Wald, Allmend, Jagd, Fisch- und Vogelfang. Dabei wurde weniger die Ausweitung gemeindlicher Befugnisse verlangt als vielmehr die Einschränkung des wachsenden obrigkeitlichen Zugriffs. 2. Gewisse Zinsen, Dienste und Abgaben. Hier konnten die Wünsche von der Reduktion der Abgabe bis zu ihrer Abschaffung oder einem anderen Verwendungszweck reichen. 3. Einschränkung der geistlichen Gerichtsbarkeit und Zurückhaltung beim Einzug von Bussen. 4. Die Wahl des Pfarrers und die Verbesserung der Seelsorge. 5. Die Leibeigenschaft. 6. Anliegen von lokaler oder regionaler Bedeutung.[9]

Herrschaft mit Bauern

Insgesamt erreichten die Landleute sowohl im Fürstbistum wie im alten Basel einige für sie günstige Veränderungen, dies vor allem in materiell-wirtschaftlichen Belangen.[10] Daneben gab es vereinzelte Errungenschaften von grösserer Tragweite, so die allerdings nur kurzzeitige Aufhebung der Leibeigenschaft im alten Basel. Wichtig war zudem, dass mit den ausgehandelten Verträgen für die Zukunft so etwas wie eine Rechtsgrundlage gegeben war. Mit den so genannten Freiheitsbriefen von 1525 im alten Basel und mit den zwischen 1528 und 1532 ausgehandelten Verträgen zwischen Fürstbischof und Gemeinden lagen zu vielen Punkten schriftliche Vereinbarungen

dem Rat schwer, sieht er doch seine Herrschaft in Frage gestellt, wenn er aus seiner Sicht unrechtes Tun im Nachhinein hinnehmen muss. In den Tagen nach den Schlussverhandlungen vom 30. Mai in Liestal werden zur Bekräftigung in allen Ämtern Huldigungen vorgenommen. Im Gegenzug erhalten die Untertanen die schriftlichen Urkunden mit den Vertragsbestimmungen, die so genannten Freiheitsbriefe.

Was wollten die Landleute?

In Sachen Jagd, Fisch- und Vogelfang verlangten die Untertanen des Fürstbischofs Zugeständnisse, jene der Stadt die vollständige Freigabe. Entsprechend einer verbreiteten, auch biblisch begründeten Vorstellung gehörten die Tiere unter Gottes weitem Himmel allen. Das Gleiche galt für Wald und Allmend. Die Leute im Fürstbistum forderten die freie Nutzung der Wälder, insbesondere aber der Waldfrüchte, während die Basler Untertanen Erleichterungen bei der Holznutzung anstrebten. Bezüglich der Wildtiere machte lediglich der Fürstbischof ein paar Konzessionen, beim Alten blieb es auch im Bereich von Wald und Allmend, wenigstens aber wurden die bestehenden beidseitigen Ansprüche festgehalten.

Den Zehnten an sich stellten die Landleute nicht in Frage, er sollte aber gemäss sei-

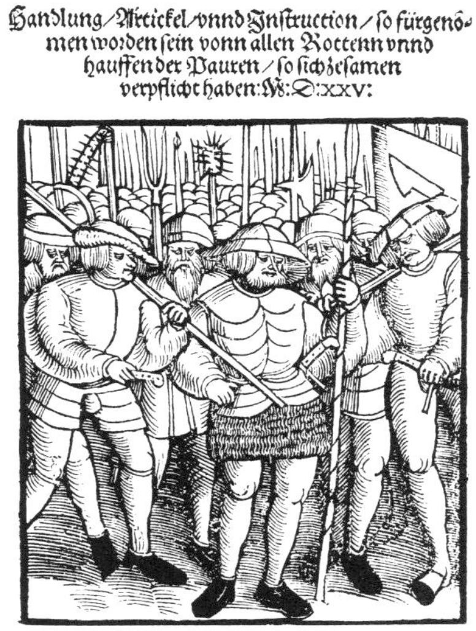

Die Vorbilder jenseits der Grenzen
Der Bauernprotest im Reich, so etwa in Schwaben, im Schwarzwald oder im Sundgau, hatte insofern Vorbildwirkung, als er die Landleute südlich des Rheins motivierte, sich ebenfalls zu organisieren und bei ihrer Obrigkeit vorstellig zu werden. Im Gegensatz jedoch zum Reich wurde daraus kein blutiger Krieg, sondern der Protest mündete in Verhandlungen und Verträge mit der Obrigkeit. Der Holzschnitt zeigt einen so genannten Bauernhaufen, wie er auf einer Seite der Bundesordnung der oberschwäbischen Bauern von 1525 festgehalten ist. Die Überschrift lautet: «Handlung, Artickel unnd Instruction so fürgenomen worden sein vonn allen Rottenn unnd Hauffen der Pauren, so sich zesamen verpflicht haben 1525.»

vor, auf die man sich im Konfliktfall berufen konnte. Aufs Ganze gesehen waren die Ergebnisse der Verhandlungen ausgeglichen. Beide Seiten mussten von vielen ihrer ursprünglich vertretenen Standpunkte abrücken. Keine Seite musste aber eine markante Verschlechterung ihrer Position hinnehmen. Gerade die Basler Obrigkeit profitierte durchaus von den Veränderungen, denn eine gewisse Vereinheitlichung der Rechtsverhältnisse war ein wichtiger Schritt im Hinblick auf einen umfassenden Untertanenstatus. Und auch der Verstärkung der weltlichen auf Kosten der geistlichen Gerichtsbarkeit konnte der Basler Rat einiges abgewinnen.

Mindestens ebenso wichtig wie die konkreten Ergebnisse war der Umstand, dass Obrigkeit und Untertanen verhandelt hatten. Die Landleute traten selbstbewusst auf und nutzten ihre Spielräume. Die Obrigkeit musste sich, da im Vergleich zu später noch wenig konsolidiert, auf Verhandlungen und Zugeständnisse einlassen, um ihre Macht nicht grundlegend zu gefährden. Damit waren die Untertanen als Gegenüber der Herrschaft mit gewissen Rechten und Freiräumen akzeptiert, ebenso wurde offenkundig, dass die Herrschaftsbeziehungen in vielerlei Hinsicht verhandelbar waren.[11]

Der Prozess von Widerstand und Verhandlungen endete mit einem Tausch, einem Akt der Gegenseitigkeit: Den Untertanen wurden Verträge ausgehändigt, und sie wurden in der Mehrzahl strafrechtlich nicht belangt. Im Gegenzug beendeten die Landleute ihren offenen Widerstand, lösten die unter ihnen bestehenden eidlichen Vereinbarungen auf und huldigten der Obrigkeit erneut.

Das Ende und die Folgen des Widerstands

Im alten Basel folgte dem Vertragsabschluss von 1525 eine Zeit der stillen Repression von Seiten der Obrigkeit und der Unzufriedenheit sowie des passiven Widerstands von Seiten der Gemeinden.[12] Der Rat zeigte sich ungehalten über die ihm abgerungenen Zugeständnisse und war darum unnachgiebig beim Eintreiben von Schulden, bei der Durchsetzung von Erlassen, ja

nem ursprünglichen Verwendungszweck der Besoldung des Pfarrers, dem Unterhalt der Kirche und der Unterstützung der Armen dienen. Der Fürstbischof wollte davon nichts wissen, die Stadt zeigte ein gewisses Entgegenkommen.
Die Frondienste wurden nach Klagen über Missbräuche im Fürstbistum wie im alten Basel genau festgeschrieben und zum Teil reduziert.
Die Leibeigenschaft schaffte man im Fürstbistum nicht und im alten Basel nur als personenrechtlichen Status ab, viele der darauf zurückgehenden Abgaben und Dienste blieben aber erhalten.[4] Beseitigt wurden in beiden Gebieten die so genannte Ungenossame, eine Art Einkaufsgebühr für Heiraten mit fremden Leibeigenen, ebenso im alten Basel Doppelbelastungen mit leibherrlichen Abgaben und Diensten.
Das unbeliebte, ebenfalls angefochtene Weinumgeld, eine indirekte Steuer auf dem Weinkonsum, musste weiter bezahlt werden. Im alten Basel entfiel jedoch der «Böspfennig», eine erst 1475 eingeführte Zusatzabgabe auf dem Wein, dafür wurde ein Wirteweinumgeld eingeführt.
Ohne Erfolg verlangten die Untertanen der Stadt den freien Salzkauf. Gemäss dem einträglichen, obrigkeitlichen Salzmonopol hatten sie das Salz ausschliesslich bei den obrigkeitlichen «Salzkästen» zu kau-

Verträge zwischen Rat und Ämtern
Der Protest der Baselbieter Landleute führte relativ rasch zu Gesprächen mit Vertretern der Stadt, die nach einigem Hin und Her noch im Jahr 1525 mit Verträgen zwischen Obrigkeit und Untertanen, konkret zwischen dem Kleinen Rat und den einzelnen Ämtern abgeschlossen wurden. Darin waren die Ergebnisse der Verhandlungen festgehalten. Die Untertanen hatten damit etwas Schriftliches in der Hand, was vor allem im Hinblick auf zukünftige Auseinandersetzungen mit dem Rat von Bedeutung war. Die Landleute mussten diese Dokumente 1532 allerdings wieder zurückgeben. Die Stellung der Basler Obrigkeit hatte sich nach der vollendeten Reformation so weit konsolidiert, dass sie dies von ihren Untertanen fordern konnte, ohne auf nennenswerten Widerstand zu stossen. Die Verträge gehören, obwohl von Spezialisten des Rates verfasst und geschrieben, zu den wenigen schriftlichen Zeugnissen aus der frühen Neuzeit, die uns einigermassen direkt über Anliegen und Forderungen der Landleute informieren. Die Abbildung zeigt den Vertrag mit dem Amt Farnsburg. Die Übergabe an die Untertanen war mit der erneuten Huldigung an die Obrigkeit verbunden.

er versuchte sogar, der Anführer der Bewegung von 1525 habhaft zu werden und sie zu bestrafen. Hinzu kam, dass sich die wirtschaftliche Situation seit der zweiten Hälfte der 1520er Jahre für den Grossteil der Bevölkerung in Stadt und Land verschlechterte; eine Serie von Teuerungsjahren erreichte 1530 und 1531 ihren Höhepunkt. Die Landbevölkerung wurde dadurch zusehends in die Defensive gedrängt. Der Rat dagegen konnte den Untertanen gegenüber Härte zeigen, besonders weil strenge Massnahmen zur Sicherung der Lebensmittelversorgung zu ergreifen waren. Zudem hatte sich im städtischen Gebiet die Reformation durchgesetzt, der neue Glaube war quasi Staatsreligion geworden, und die Stadt verfügte mit der Kirche und den Pfarrern vor Ort über ein neues Herrschaftsinstrument. Unter diesen Umständen konnte die städtische Obrigkeit die Untertanen im März/April

fen und somit überhöhte Preise hinzunehmen; zudem erreichten die städtischen Untertanen, dass die umstrittene geistliche Gerichtsbarkeit in Schuldsachen aufgehoben wurde.

Im Fürstbistum wie im städtischen Herrschaftsgebiet kritisierten die Untertanen die Landvögte, weil sie zu viele und zu hohe, eigenmächtig festgelegte Bussen verhängten. In beiden Fällen versprach die Obrigkeit Verbesserungen.

Im Bereich der Religion wurde allgemein eine bessere Seelsorge angemahnt. Die Geistlichen sollten in deutscher Sprache und nach dem Evangelium predigen. Die Leute des Fürstbistums wünschten unter anderem die Wohnsitznahme der Pfarrer in den Gemeinden und mehr Messen. Im Amt Farnsburg wurde, allerdings ohne Erfolg, gefordert, die Wahl des Pfarrers sollte ein Recht der Gemeinden werden. Sowohl die Stadt Basel als auch der Fürstbischof garantierten die Ausübung des alten und des neuen Glaubens.

Im Übrigen wurden in den Verträgen noch zahlreiche, jeweils nur ein Amt oder eine Gemeinde betreffende Sonderbestimmungen festgehalten. So wurde für Langenbruck, Hölstein und Oberdorf ein Satz von vier Schilling für das Weinumgeld festgelegt, in Muttenz und Münchenstein wurde die Nutzung der Allmendweide durch Aus-

1532 zwingen, die Freiheitsbriefe von 1525 zurückzugeben. Warum die Untertanen hier nachgaben, kann nicht mit Sicherheit gesagt werden. Auf alle Fälle handelte es sich nicht um einen freiwilligen Akt, war doch damit unter anderem die Wiedereinführung der Leibeigenschaft verbunden. Vielleicht schien es den Gemeinden angesichts der wirtschaftlichen und politischen Lage angebracht, keine offene Gegenwehr zu riskieren und sich vermehrt auf passiven Widerstand im Alltag zu verlegen. Immerhin konnten die Ämter und Gemeinden bei der Abgabe der Freiheitsbriefe noch das eine oder andere kleine Zugeständnis herausschlagen.[13]

Im Fürstbistum kamen die Verhandlungen zwischen Fürstbischof und Untertanen unter Basler Vermittlung zunächst nur schleppend voran. Die Herrschaftsbeziehungen blieben ungeklärt, Gemeinden und Landleute konnten weitgehend tun und lassen, was sie wollten: Abgaben und Dienste wurden verweigert, Eigenmächtigkeiten etwa bei Jagd und Fischfang oder bei der Nutzung von Allmend und Wald waren an der Tagesordnung. Die fortschreitende Reformation stärkte die Gemeinden zusätzlich. Sie verfügten über den Zehnten, wählten und kontrollierten den Pfarrer und entschieden selbst darüber, ob sie den neuen Glauben annehmen wollten. Zu allem hin starb 1527 Fürstbischof Christoph von Utenheim. Sein Nachfolger, Philipp von Gundelsheim, hatte unter den obwaltenden Umständen Schwierigkeiten, von allen Gemeinden und Ämtern die Huldigung zu erlangen.[14] Da die Stadt Basel allzu instabile Verhältnisse in ihrem Umfeld nicht dulden wollte, intensivierte sie ihre Vermittlungsanstrengungen von 1528 an. Die bis 1532 ausgehandelten Verträge wurden zwischen den Gemeinden und dem Fürstbischof und nicht wie im städtischen Herrschaftsgebiet mit den Ämtern geschlossen. Insgesamt fielen diese Vereinbarungen eher zu Gunsten des Fürstbischofs aus, auf jeden Fall kann von einer Bevorzugung der Gemeinden keine Rede sein. Gleichwohl kam das Fürstbistum in den nächsten Jahrzehnten nicht zur Ruhe, in erster Linie weil die Frage der Konfession, des Territoriums sowie der Beziehung zur Stadt nicht geklärt waren.

wärtige vor allem aus der Stadt eingeschränkt, dem Amt Homburg wurde die Zollfreiheit für Mühlsteine eingeräumt.[5]
Zu beachten ist, dass im alten Basel mit der Rückgabe der Freiheitsbriefe im Jahr 1532 ein Grossteil der Zugeständnisse des Rates zurückgenommen wurde, so etwa die Aufhebung der Leibeigenschaft und des so genannten Böspfennigs.
Versucht man, die Anliegen und die Haltung der Untertanen in einer Gesamtsicht zu beurteilen, so lässt sich folgendes Fazit ziehen: Sowohl im Untertanengebiet der Stadt als auch im Fürstbistum betrafen die Klagen und Forderungen der Landleute, wie erwähnt, in erster Linie materielle Belastungen. Die Chance, mit der Herrschaft in Verhandlungen zu stehen, wurde vor allem dafür genutzt, Erleichterungen für den Alltag der ländlichen Gesellschaft zu erlangen. Die Herrschaftsverhältnisse grundsätzlich in Frage zu stellen, lag den Landleuten fern, ebenso eine entsprechende Begründung mit prinzipiellen an der Bibel orientierten göttlich-rechtlichen Argumenten.
Auf der anderen Seite war die Position des Basler Rates und des Fürstbischofs noch nicht so gefestigt, dass sie es sich hätten leisten können, den Protest der Untertanen zu ignorieren und auf Verhandlungen zu verzichten.

Die Beschwerden der fürstbischöflichen Gemeinden

Im Fürstbistum zogen sich die Verhandlungen zwischen den Untertanen und dem Landesherrn länger hin, ja das Gespräch blieb für einige Zeit sogar ganz aus. Erst unter Vermittlung der Stadt Basel konnten von 1528 bis 1532 Verträge ausgehandelt werden. Diese wurden im Unterschied zum reformierten Herrschaftsgebiet mit den einzelnen Gemeinden abgeschlossen. Aus dem Birseck und dem Laufental haben sich Beschwerdeschriften von acht Gemeinden erhalten, von Arlesheim, Therwil, Oberwil, Pfeffingen, Laufen, Zwingen, Brislach und Blauen/Nenzlingen. Die Formulierungen zeigen, dass die bekannten Zwölf Artikel der Bauern aus dem Schwäbischen auch hier bekannt waren. Allerdings bezogen sich die Klagen der Birsecker und Laufentaler Landleute in erster Linie auf konkrete Anliegen, oft mit regionalem oder sogar lokalem Bezug. Eine Argumentation auf dem grundsätzlichen konzeptionellen Niveau der Zwölf Artikel ist hier nicht anzutreffen.
Die Abbildung zeigt acht der insgesamt neun Artikel aus dem Dokument, das die Beschwerdepunkte der «ehrsamen Gemeinde Arlesheim gegen ihren Herrn» im Jahr 1527 festhält. Es geht, wie meistens bei den Forderungen der Baselbieter Landleute, um den kleinen Zehnten, die Vogtgarbe, die Fasnachtshühner sowie weitere, genau umschriebene Abgaben und Leistungen, die zu erbringen waren. Die bäuerlichen Forderungen betrafen, wie Hans Berner gezeigt hat, drei grosse Sachbereiche: den erleichterten Zugang zu Ressourcen wie Holz, Jagd und Weide sowie Entlastungen bei Zinsen, Diensten und Abgaben; die Beschränkung übergemeindlicher Gerichtsinstanzen und herrschaftlicher Strafmöglichkeiten; eine bessere kirchliche Versorgung.

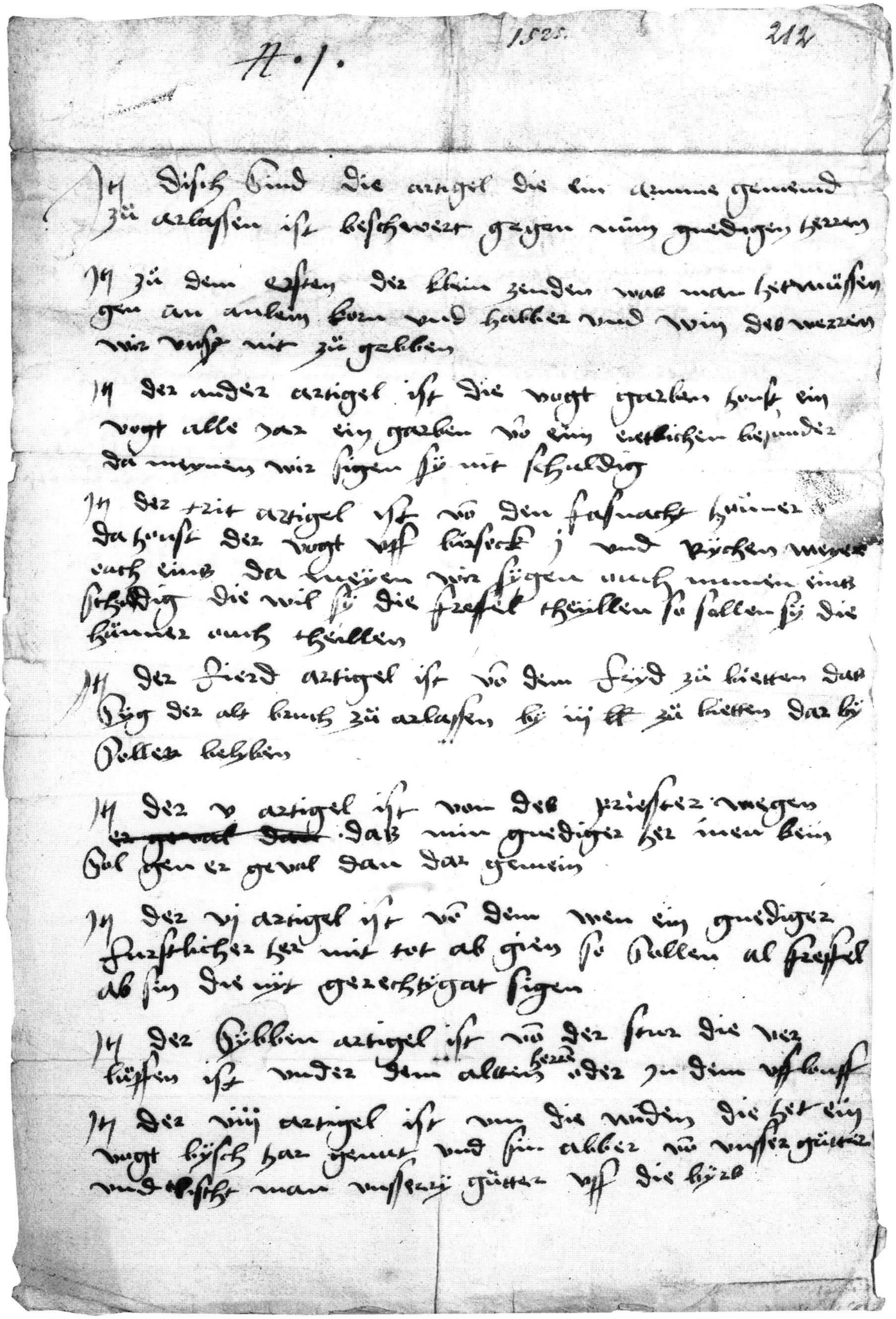

A. 1.
1525
212

It dises sind die artigel die ein [illegible] gemeind
zu erlassen ist beschwert gegen minen gnedigen herren

It zu dem ersten der klein zenden was man hie müssen
gen an ankein korn und habber und wie des [illegible]
wir [illegible] nit zu gebben

It der ander artigel ist die vogt gabben heist ein
vogt alle jar ein gabben vo ein ietlichen besunder
da meinen wir sigen sy nit schuldig

It der drit artigel ist vo den fasnacht hüner
da heist der vogt uff [illegible] j und [illegible]
auch eins da meinen wir sigen auch [illegible] eins
schuldig die wil sy die frefel theillen so sollen sy die
hünner auch theillen

It der fierd artigel ist vo dem [illegible] zu halten das
[illegible] der alt brauch zu erlassen [illegible] zu halten dar by
sollen belyben

It der v artigel ist von des priesters wegen
~~er gevel dan~~ das min gnediger her inen kein
sol geben er gevel dan der gemein

It der vj artigel ist vo dem wen ein gnediger
fürstlicher her nit tot ab gin so sollen al frefel
ab sin die ~~nit~~ gerechtigkat sigen

It der sibbend artigel ist vo der stür die der
küffen ist under dem alten herren oder in dem uffkouff

It der viij artigel ist um die [illegible] die het ein
vogt [illegible] har genumt und sin abber vo unsser güter
und [illegible] man unsserj gütter uff die [illegible]

Lesetipps

Grundlegend für die Geschichte des ländlichen Widerstands auf der alten Basler Landschaft ist Landolt (1996), besonders auch für die Bauernunruhen von 1525.

Für das Fürstbistum ist auf Berner (1989 und 1994) zu verweisen. In diesen Arbeiten werden sowohl die wichtigen Ereignisse als auch die zentralen Zusammenhänge aus einer modernen fachhistorischen Perspektive erschöpfend behandelt.

Abbildungen

Hans Koegler: Hundert Tafeln aus dem Gesamtwerk von Urs Graf, Basel 1947, Tafel 68: S. 201.
StA BL, Planarchiv A 4; Mikrofilmstelle Kanton Basel-Landschaft; Foto Felix Gysin: S. 202 [A].
Universitätsbibliothek Basel, Kartensammlung Schw. A 1[a]: S. 203.
StA BS, Bildersammlung, Wack K 30: S. 204 [A].
Kantonsmuseum Basel-Landschaft: S. 205.
StA BS, Planarchiv S 2,38: S. 207 [A].
StA BS, Bildersammlung, Visch F 17: S. 208 [A].
Stadtarchiv Freiburg im Breisgau: S. 209.
StA BS, Städtische Urkunden 2869, Foto Franco Meneghetti: S. 211.
StA BL, AA, Lade L. 114, Bd. 616, Dossier 212, Nr. 1; Mikrofilmstelle Kanton Basel-Landschaft; Foto Felix Gysin: S. 213.

[A] = Ausschnitt aus Originalvorlage.

Anmerkungen

1 Vgl. Bd. 2, Kap. 6 und 11. Zum «Rappenkrieg» 1591–1594 vgl. Bd. 4, Kap. 1.
2 Vgl. Kap. 7 und 8 sowie Berner 1994, S. 117f., 120f.; hier auch zum Folgenden.
3 Gauss et al. 1932, Bd. 1, S. 504ff., S. 519–539 zur reformierten Kirche, besonders dem Einfluss des Luthertums auf die Basler Kirche 1550–1580; ferner Bd. 4, Kap. 8. Zur Pest Gschwind 1977, S. 153ff.
4 Vgl. Bd. 4, Kap. 1.
5 Vgl. zum Folgenden: Landolt 1996, S. 152–182 und Berner 1994, S. 74ff. sowie Geschichte der Schweiz und der Schweizer 1982/83, Bd. 2, S. 46ff.
6 Vgl. zu den allgemeinen politischen und wirtschaftlichen Veränderungen im Spätmittelalter und in der frühen Neuzeit, Kap. 8 und 9. Zu den Gemeinden: Wunder 1986; Bader 1957–1973; Rippmann 1998. Zum Bauernkrieg im Reich: Schulze 1982; Buszello, Blickle, Endres 1995.
7 Zum Folgenden Landolt 1996, S. 152ff. Zur Herrschaftsintensivierung ders. 1996, S. 82–98 und Kümmell 1984. Ferner Füglister 1981 zur Zunftverfassung und Wirtschaftspolitik des Rates, S. 257–292.
8 Landolt 1996, S. 215f.; Berner 1994, S. 76f.
9 So wollten die Waldenburger beim Antritt eines neuen Landvogts nur noch mit zwei Wagen Fuhrfronen leisten. Vgl. Landolt 1996, S. 199ff.
10 Die Wendung «Herrschaft mit Bauern» geht auf Heide Wunder 1986 zurück.
11 Vgl. Kap. 8 und 9.
12 Vgl. zum Folgenden Landolt 1996, S. 276–285; Berner 1994, S. 86–92.
13 Vgl. dazu Landolt 1996, S. 283.
14 Vgl. dazu Berner 1994, S. 30ff., 117.

1 Landolt 1996, S. 158, 166 und 236ff.; Berner 1994, S. 74 sowie Kap. 7.
2 Berner 1994, S. 74f.
3 Berner 1994, S. 86–98.
4 Landolt 1996, S. 266ff.; Berner 1994, S. 94ff.; Gauss et al. 1932, Bd. 2, S. 400f.
5 Landolt 1996, S. 266.

Anhang

Masssysteme und Geld

Die hier wiedergegebenen Zahlenwerte sind nicht absolut zu setzen. Der Vergleich historischer Masssysteme mit jenen der Gegenwart ist nur mit Einschränkungen möglich. Die aufgeführten Zahlen können lediglich eine grobe Orientierung vermitteln.
Angesichts der zahlreichen Unwägbarkeiten erstaunt es darum auch nicht, dass sich die verschiedenen Autorinnen und Autoren nicht in allen Punkten einig sind.[1]
Das Fürstbistum war stark von französischen Masssystemen beeinflusst, wies allerdings erhebliche regionale Unterschiede auf. Die deutschsprachigen Gebiete Laufental und Birseck orientierten sich in vielerlei Hinsicht an den benachbarten Gebieten der Stände Basel und Solothurn. Das zeigt sich auch daran, dass in der Literatur im Allgemeinen davon ausgegangen wird, dass die Masse der Stadt Basel zumindest annäherungsweise auch zur Orientierung für das Fürstbistum dienen können. Das Fürstbistum, das Laufental oder das Birseck finden im Folgenden besondere Erwähnung, wenn einigermassen verlässliche Informationen vorliegen. Im Übrigen beziehen sich die Angaben vor allem auf den Stand Basel.

Längen- und Flächenmasse

Ein Basler Werkschuh mass 30,45 Zentimeter, ein alter Basler Feldschuh 28,13 Zentimeter, eine Basler Elle 53,98 Zentimeter.[2] Im Fürstbistum beruhte die Längenmessung noch lange Zeit auf dem so genannten Bern-Fuss von 29,33 Zentimetern.[3] Allerdings gab es einige lokale Fussmasse, und auf Verfügung des Landesherrn gewann der Pariser oder französische Fuss an Bedeutung; er mass 32,48 Zentimeter.

Längenmasse in der Landvermessung

- 1 Rute = 10 Dezimalschuhe = 16 Feldschuhe = 4,5 Meter

Feld- und Flächenmasse

- 1 Quadratrute = 10 × 10 Quadratschuh (Dezimalmass) = 20,25 Quadratmeter[4]
- 1 Jucharte = 140 Quadratruten = 0,284 Hektar
- 1 Mädertaue = 210 Quadratruten = 0,425 Hektar

Zu beachten ist, dass diese Masse ursprünglich nicht Flächen-, sondern Arbeitsmasse waren, die je nach Gelände, Bodenart und eingesetztem Gerät variieren konnten.
Die Jucharte entsprach der Fläche, die mit einem Joch Rinder an einem Tag geackert werden konnte, die Mädertaue oder auch Taue war so viel Mattland, wie eine Person an einem Tag mähen konnte. Es gibt Hinweise darauf, dass 1 Mädertaue Mattland im 17. und 18. Jahrhundert im oberen Baselbiet ungefähr 2 Jucharten Acker entsprach.[5]

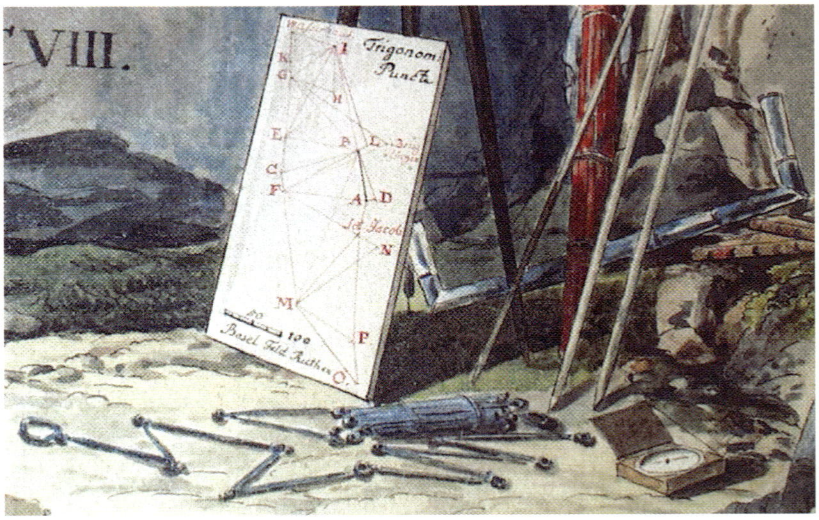

Messkette

In einem «geometrischen Grundriss» der Birs, den Johann Jakob Schäfer, der Orismüller, 1798 angefertigt hat, findet sich als Detail eine Messkette, wie sie zum Messen von Horizontaldistanzen verwendet wurde (StA BS, Planarchiv T 148).
Auch der Geometer G. F. Meyer verwendete für seine Karten am Ende des 17. Jahrhunderts eine Messkette, die fünf Baselruten (= 22,5 Meter) lang war. Sie bestand aus Einzelstäben von starkem Eisendraht, je einen Dezimalschuh (= 45 Zentimeter) lang, die mit Ringen kettenartig aneinander gefügt waren. Beim Messen wurden am Anfang und am Ende einer Messkettenlänge Pfähle eingeschlagen.

Hohlmasse

Getreide (und Trockenfrüchte; «Dürrmäss»)

In Basel wurden parallel drei verschiedene Masse verwendet:

- Das Bürgermäss war das eigentliche Stadt- und Handelsmass.
- Das vor allem für das Ausmessen von Bodenzinsen und Zehnten verwendete Rittermäss wies die gleichen Massbegriffe wie das Bürgermäss auf, seine Masseinheiten waren aber etwas grösser (1 Sester Bürgermäss = 17,08 Liter, 1 Sester Rittermäss = 18,15 Liter). Laut einer Verordnung von 1712 «ist das Rittermäss ein privilegiert adelich mäss, da der sester beim zins liefern muss aufgehäufet und nicht abgestrichen sein».[6]
- Das Viertelmäss der Landschaft war noch etwas grösser. Mit der Ausdehnung der baslerischen Wirtschaft und Verwaltung auf die Landschaft im 15. Jahrhundert wurde das Viertelmäss in das Sestersystem einbezogen und es galt:

- 1 Viernzel = 2 Säcke (oder Malter) = 12 Viertel = 144 Becher.

- Die drei Masse standen in folgendem Verhältnis:
Bürgermäss : Rittermäss : Viertelmäss = 32 : 34 : 35.
- 1 Viernzel Bürgermäss entsprach 273,1 Litern,
- 1 Viernzel Rittermäss 290,39 Litern,
- 1 Viernzel Viertelmäss 298,94 Litern.[7]

- Bürger- und Rittermäss setzten sich wie folgt zusammen:
1 Viernzel (auch Vierzel genannt) = 2 Säcke = 8 grosse Sester = 16 kleine Sester = 64 Küpflin = 128 Becher = 256 Immli = 512 Mässli = 768 Schüsseln.[8]

Die kleineren Hohlmasse vom Küpflin bis zur Schüssel dienten dem Detailhandel von Musfrüchten, Mehl, Nüssen und Beeren, der grosse und der kleine Sester waren fast nur für das Ausmessen von Getreide im Kornhaus bestimmt.

Der Sack war im Getreidehandel das ausschliessliche Transportmass. Der Viernzel war eine blosse Rechnungseinheit, die seit dem 16. Jahrhundert fast nur noch bei Bodenzinsen und Zehnten verwendet wurde. Die Prüfung der im Gebrauch stehenden Masse, das Eichen, wurde «fechten» genannt und fand durch vergleichendes Umgiessen von Getreide in eigens dazu verfertigte Kontroll- oder Fechtmasse statt.

Getreideerträge

Für 1,25 Jucharten Ackerland von Johannes Furler von Bubendorf wurden für die Jahre 1779 und 1780 folgende Erträge ermittelt (nach Ablieferung des Zehnten):[9]

- Korn (Dinkel) 1779:
82 Garben 6 Vierzel
= 837 Kilogramm = 15,9 Hektoliter/Jucharte = 23,6 Doppelzentner/Hektar.

- Hafer 1780:
65 Garben 4 Vierzel = 567 Kilogramm
= 10,6 Hektoliter/Jucharte
= 16,1 Doppelzentner/Hektar.

Ganz allgemein lieferten gute bis ausgezeichnete Äcker in den oberen Ämtern 70 bis 110 Garben Korn (Dinkel) pro Juchart. In der Umgebung der Stadt forderte man von einem Boden gleicher Güte 120 bis 180 Garben pro Juchart. Auf der Landschaft rechnete man die Garbe im Durchschnitt zu 1 Viertel Korn = 24,9 Liter, um die Stadt herum sollte die Garbe 1 Sester Korn geben (17,08 Liter im Bürgermass, 18,15 Liter im Rittermäss).

Basler Getreidemasse

Das geläufigste Hohlmass, so unterschiedlich die Bezeichnungen und die genaue Menge in der alten Eidgenossenschaft auch waren, umfasste um 20 Liter. Während das Grundmass im schweizerischen Mittelland als Viertel bezeichnet wurde, sprach man in Basel vom Sester, der ein Fassungsvermögen von 17,08 Litern aufwies. Die beiden abgebildeten Masse à 1 und 1/2 Sester stammen aus dem 16. oder 17. Jahrhundert und gehörten ursprünglich kaum zur gleichen Serie. Aller Wahrscheinlichkeit nach dienten die beiden Gefässe der Behörde als Muttermasse zur Eichung anderer, handlicherer Getreidehohlmasse, die aus Holz gefertigt waren und in der täglichen Handelspraxis verwendet wurden (Historisches Museum Basel, Inv.Nr. 1906.2838/2839).

Umrechnung Hohlmass in Gewicht

Das Getreide, das heisst Brotfrüchte wie Dinkel, Weizen und Roggen, aber auch Musfrüchte wie Hafer, Gerste, Einkorn, Mais, Hülsenfrüchte sowie Salz, Beeren, Nüsse, Honig und anderes mehr wurden bis ins 19. Jahrhundert nicht nach Gewicht, sondern nach Volumen gemessen. Das war die einfachere Form der Mengenbestimmung als das Wägen, für das Gewichte und eine Waage notwendig waren. Es ist daher einfacher, das Verhältnis der alten Hohlmasse zum Liter annähernd zu bestimmen, während die Umrechnung in Kilogramm relativ ungenau ist.

Für den Vergleich mit den heutigen Gewichtseinheiten bieten die Hohlmasse einige Probleme.[10] Zunächst bestand ein Gewichtsunterschied zwischen den verschiedenen Getreidearten, der sich auf das Gewicht des jeweiligen Masses auswirkte. Sodann ist zwischen «rauher Frucht», ungerelltem Korn und Hafer, und «glatter Frucht», das heisst gerelltem Korn, Obst, Bohnen, Erbsen etc. zu unterschieden.

Beim gerellten Korn, Kernen genannt, waren die Kernen von der Spelze befreit. Das hatte natürlich einen Einfluss auf das Gewicht: Die gleiche Masseinheit «gerelltes» Korn war etwa anderthalb Mal schwerer als in «ungerelltem» Zustand. Umgekehrt nahm das Gewicht durch das Ausmahlen zu Mehl wieder ab: 1 Masseinheit Kernen ergab 1,5 Masseinheiten Mehl sowie einen kleinen Anteil Krüsch. Zu berücksichtigen ist ferner, dass alle früheren Getreidearten ein kleineres Gewicht aufwiesen als die heutigen Sorten; im Durchschnitt kann man den Unterschied auf einen Zehntel veranschlagen. Eine Rolle spielt schliesslich auch der von der Witterung abhängige Wassergehalt des Getreides.

Unter Beachtung dieser Faktoren wog ein Sester Dinkel, gedroschen, im alten Basel rund 6,5 Kilogramm, als Kernen 12 Kilogramm. Die gleiche Menge des leichteren Hafers wog rund die Hälfte. Oft werden für die Umrechnung auch die so genannten Raumgewichte angegeben. Für die Basler Landschaft im 18. Jahrhundert werden folgende Angaben gemacht:[11]

- Korn, gedroschen, aber nicht gerellt: zwischen 39 und 41 Kilogramm pro Hektoliter.
- Korn als Kernen, das heisst gerellt: zwischen 70 und 72 Kilogramm pro Hektoliter. (Der Spelzenanteil macht ca. 30 % des Gesamtkorngewichts aus.)
- Hafer: Raumgewichte schwanken um 40 Kilogramm pro Hektoliter.

Basler Weinmass von 1753
Das abgebildete Weinmass diente ziemlich sicher als so genanntes Fechtmass, das heisst als Urmass, mit dem die im Alltag verwendeten Masse überprüft wurden. Das bauchige Gefäss fasste 16 Mass oder $^1/_2$ Ohm, was 22,72 Litern entspricht. Die in den Wirtshäusern und im Handel verwendeten Masse mussten regelmässig, meistens einmal jährlich, kontrolliert werden. (Historisches Museum Basel, Inv.Nr. 1906.2851)

Flüssigkeitsmasse (vor allem Wein)

Für den Wein unterschied man das Baselmass in der Stadt und den Ämtern Münchenstein, Riehen und Kleinhüningen, das Liestaler Mass in den Ämtern Liestal, Waldenburg und Homburg und dem Dorf Pratteln, und die Farnsburger oder Rheinfelder Mass.[12]

- Das Baselmass enthielt 1,42 Liter, die Farnsburger Mass 1,52 Liter, das Liestaler Mass 1,62 Liter.
- 1 Fuder hatte 8 Saum, 1 Saum 3 Ohm, 1 Ohm 32 Mass, 1 Mass 4 Schoppen.
- In der Stadt bestand ein besonderes Schankmass für Wirtshäuser, das 1,14 Liter umfasste, ebenso in Liestal, wo das Schankmass 1,54 Liter ausmachte.

Kubikmasse

- 1 Klafter Heu = 5,83 Kubikmeter zu 75 Kilogramm = 4,37 Doppelzentner[13]
- 1 Klafter Holz = 4,10 Kubikmeter

Gewichte

- 1 Pfund = 32 Lot = 16 Unzen (1 Unze = 2 Lot = 8 Quent[lein], oder auch Quintlein)
- 1 Pfund = 493 Gramm (im so genannten Handelsgewicht für schwere Waren)
- 1 Pfund = 486 Gramm (im so genannten Eisengewicht für den Detailhandel für Waren bis 125 Kilogramm)
- 1 Pfund = 480 Gramm (im so genannten Messing- oder Spezereigewicht für Zucker, Gewürze, Wolle, Seide)
- 1 Pfund = 468 Gramm (im so genannten Silbergewicht)
- 1 Pfund = 358 Gramm (im so genannten Apothekergewicht)
- 1 Zentner = 100 Pfund = 50 Kilogramm (gerundet)
- 1 Doppelzentner (dz) = 100 kg

Geld und Währungen

Das Pfund wurde nicht als Münze ausgeprägt, es war blosse Rechnungseinheit.[14]

- 1 Pfund (lb) = 20 Schilling (sh) = 240 Pfennig (d) (1 Schilling = 12 Pfennige; der Schilling wurde auch Plappart genannt.)
- 1 Pfund = 12 Batzen = 120 Rappen
- 1 Gulden (fl) = 60 Kreuzer = 1,25 Pfund = 15 Batzen
- 1 Louis d'Or = 1 Dublone = 160 Batzen = 13,5 Pfund
- 1 französischer Neutaler = 40 Batzen = 3,333 Pfund

Zeitrechnung und Kalender

Papst Gregor XIII. reformierte 1582 den Kalender. Damit gab es im damaligen Europa eine Differenz der Zeiten: Katholische Gebiete liefen der «alten» Zeit zehn Tage voraus, denn der neue Gregorianische Kalender hatte zehn Kalendertage übersprungen, um die Ungenauigkeiten des alten Julianischen Kalenders auszugleichen.
Die meisten Territorien und Städte reformierten und lutherischen Glaubens behielten zunächst ihre alte Kalenderzählung bei.

Der Handlungsdruck wuchs erst 1699 so weit an, dass ein Grossteil der protestantischen Länder reagierte, weil die unterschiedliche Schaltjahrsregelung der beiden Kalender im Jahr 1700 bewirkt hätte, dass sich die Differenz von zehn auf elf Tage erhöht hätte. Die protestantischen Territorien des Reiches einigten sich deshalb 1699 auf dem Reichstag in Regensburg und beschlossen, im Februar 1700 einen «verbesserten Kalender» anzunehmen, der bis auf wenige Details dem der Katholiken entsprach.
In der Schweiz erfolgte die Einführung schrittweise. In Zürich, Bern, Basel, Schaffhausen, Genf und im Thurgau stellte man den Kalender schon zum Jahreswechsel 1700/1701 um. Darum folgte auf den 31. Dezember 1700 gleich der 12. Januar 1701.
Die Fürstbischöfe hatten schon 1583 umgestellt, der Kalender war vom 20. auf den 31. Oktober vorgerückt.

Der Kalender der Französischen Revolution setzte rückwirkend den 22. September 1792 als den Beginn des Jahres I fest. Das Jahr umfasste 12 Monate zu 30 Tagen (Vendémiaire, Brumaire, Frimaire, Nivôse, Pluviôse, Ventôse, Germinal, Floréal, Prairial, Messidor, Thermidor, Fructidor). Diesen 360 Tagen reihten sich die 5 jours complémentaires an, zu denen im Schaltjahr (3., 7. und 11. Jahr der Republik) ein sechster Tag, der Tag der Revolution, trat. Dieser Kalender wurde per 31. Dezember 1805 von Napoleon aufgehoben.

Anmerkungen

1 Die hier angeführten Zahlenwerte beziehen sich vor allem auf die Basler Landschaft. Grundlegend für Masse und Gewichte sind: Mulsow 1910; Freivogel 1924, S. 139–147; Suter, Paul 1966; Dubler 1975. Eine Übersicht über das Münzgeld der alten Schweiz bietet Furrer, Norbert 1995. Für Fragen der Zeitrechnung konsultiere man Grotefend. – Für das Fürstbistum sind hilfreich: Dubler 1975; Weissen 1994.
2 Dubler 1975, S. 18.
3 Dubler 1975, S. 13.
4 Suter, Paul 1933, S. 154.
5 Schnyder 1992, S. 412 sowie Freivogel 1924, S. 142ff.
6 Suter, Paul 1966, S. 89.
7 Dubler 1970 und Freivogel 1924, S. 184f.
8 Nach Suter, Paul 1966, S. 90.
9 Huggel 1979, S. 236–239.
10 Sigrist 1990.
11 Huggel 1979, S. 236–239.
12 Freivogel 1924, S. 149f. und Suter, Paul 1966.
13 Brugger 1956, S. 46. Suter, Paul 1966 (S. 90) beziffert 1 Klafter Heu auf 6,16 Kubikmeter.
14 Gauss et al. 1932, Bd. 2, S. 59f.

Glossar

Begriffe, die hier nicht ausgeführt werden, sind im Text erklärt und über das Register oder das Inhaltsverzeichnis zu finden. Masse, Gewichte und Geld sind in einem speziellen Anhang erläutert.

Ancien Régime Wörtlich die alte Ordnung. Gemeint waren damit, aus dem Rückblick während und nach der Revolution von 1789, die vorrevolutionären politischen und gesellschaftlichen Verhältnisse. Geprägt wurde der Begriff als politischer Kampfbegriff in der ersten Hälfte des 19. Jahrhunderts. Die Wendung hat sich mit der Zeit, auch für die Geschichte der Eidgenossenschaft, als Epochenbegriff vor allem für das 17. und 18. Jahrhundert eingebürgert.

Bann, Bannbrüder Der Bann beaufsichtigte in reformierten Gebieten die Mitglieder einer Kirchgemeinde. Die Mitglieder, der Pfarrer und Gemeindeangehörige (die Bannbrüder), hatten insbesondere auf den Gottesdienstbesuch und das allgemeine Verhalten der Gemeindeglieder zu achten. Vergehen gegen Ordnung und gute Sitten wurden in der Versammlung des Banns besprochen und gerügt. Ausserdem hatte der Bann auch geistliche Strafen obrigkeitlicher Gerichte auszuführen, meistens Ermahnungen oder kleine Geldbussen sowie im Extremfall den Ausschluss aus der Kirchgemeinde und vom Gottesdienst (vorübergehend oder auf Dauer), Exkommunikation genannt. Die Einrichtung des Banns durch die Obrigkeit geht auf die Reformation zurück.

Böspfennig Zusatzsteuer auf Weinkonsum im alten Basel, seit dem 15. Jahrhundert auch auf der Basler Landschaft. Siehe auch Rappenmasspfennig.

Burgrecht Aufnahme von einzelnen Personen oder Gemeinden in den Rechtsschutz einer Stadt aufgrund einer besonderen Schutz- und Treuevereinbarung.

Ehaften Den dörflichen Gemeinwesen unentbehrliche Gewerbebetriebe wie Mühlen, Schmieden, Tavernen, Bäckereien, Bäder und so weiter, deren Errichtung einer herrschaftlichen Konzession bedurfte. Im Mittelalter erteilte diese der Grundherr, in der frühen Neuzeit zunehmend die Obrigkeit.

Fabrikarbeiter Posamenter und Posamenterinnen, die in Heimarbeit Seidenbänder herstellten.

Façonniert Gemustert.

Fertigungsgericht Gericht, das sich aus Bürgern einer oder mehrerer Gemeinden zusammensetzte und Käufe, Verkäufe und Tauschaktionen verurkundete sowie erste Instanz in Schuldsachen und bei strittigen Geldforderungen war.

Feudallasten, Grundlasten Belastung des Bodens mit wiederkehrenden Leistungen wie Fronen, Renten, Bodenzinse und Zehnten als Entgelt für die Nutzung.

Florettseide Seit dem 19. Jahrhundert auch als Schappe bezeichnet. Eine Art «Abfallseide», die aus jenen Partien des Kokons gewonnen wird, die nicht abgehaspelt werden können, oder aus dem Abgang, der bei der Bearbeitung der eigentlichen Seide anfällt. Im Gegensatz zum Seidenfaden, der bloss abgehaspelt zu werden braucht, kommt das Florettseidengarn, das sich ausschliesslich aus kurzen Fäden zusammensetzt, erst durch das Spinnen zustande. Zuvor müssen die Seidenabfälle durch Abkochen im Seifenbad entbastet, gereinigt und gekämmelt werden.

Frühe Neuzeit Epochenbezeichnung in der Geschichtswissenschaft. Mit früher Neuzeit meint man das 16. und das 17. Jahrhundert, oft auch noch das 18. Jahrhundert, das jedoch je nach Fragestellung als eigene Epoche betrachtet oder schon zur Neuzeit gerechnet wird.

Galonen (gallons) Tressen beziehungsweise seidene Schleifen.

Gescheid Gescheide oder Gescheidgerichte, meistens vom Meier oder Untervogt präsidiert, befassten sich mit Baufragen und mit der Festlegung der Grenzen. Die Männer des Gescheids setzten die Grenz- und Wegsteine, was bis ins 19. Jahrhundert nicht ohne rituelle, teilweise geheim gehaltene Vorkehrungen vonstatten ging. Das Gescheid wurde von den Gemeinden in eigener Regie besetzt, unterstand allerdings der formellen obrigkeitlichen Aufsicht. Die Gescheide umfassten oft mehrere Gemeinden, ganze Kirchgemeinden oder ganze Ämter.

Grège (-fäden) Rohseide, das heisst die abgehaspelte Seide. Da der Faden einer einzigen Seidenraupe zu schwach wäre, werden beim Abhaspeln gleich die Fäden mehrerer Kokons miteinander vereinigt. Die Grègeseide ist nur selten direkt verarbeitbar, einen verwebbaren Faden erhält man gewöhnlich erst durch das Zwirnen.

Grundherrschaft Im Mittelalter und zum Teil noch in der frühen Neuzeit Herrschaft über Grund und Boden und eng damit zusammenhängend Herrschaft über Land und Leute. Eine Kombination von, wie wir heute sagen würden, privatrechtlichen Befugnissen vor allem im Bereich des Eigentums an Grund und Boden mit öffentlich-rechtlichen beziehungsweise staatlichen Kompetenzen etwa in der Gerichtsbarkeit. Wer ein bestimmtes Gebiet erwarb, kam damit nicht nur in den Besitz von Land, sondern auch der Leute, die darauf lebten, sowie der (Herrschafts-) Rechte, die damit verbunden waren, zum Beispiel bezüglich Abgaben, Steuern oder Rechtsprechung. Oft ist von den konkreten Erscheinungsformen der Grundherrschaft die Rede: Fronhöfe, Frondienste, Abgaben, Erbleihe etc. Viele Grundherren, die im Spätmittelalter oder zu Beginn der frühen Neuzeit nicht zu Landesherren wurden, verloren mit der Zeit einen grossen Teil ihrer öffentlich-rechtlichen Kompetenzen, so dass die Grundherrschaft zu einer Form des Grundeigentums beziehungsweise der Bodenleihe wurde.

Die Grundherrschaft muss als eine Grundform mittelalterlicher Herrschaft verstanden werden. In der juristischen Theorie wird zwischen grundherrlichem Obereigentum und dem Nutzeigentum des Leihenehmers am Leihegut, meistens Grund und Boden, differenziert. Ferner wird das Schutz- und Treueverhältnis zwischen Grundherrn und Grundholden hervorgehoben. Unterschieden werden: 1. Das Villikationssystem (vgl. Bd. 2), 2. die Renten- oder Abgaben-Grundherrschaft, 3. die Gutsherrschaft. Bis in die frühe Neuzeit hatte sich die Grundherrschaft auch in der Region zwischen Jura und Rhein stark verdinglicht und war weitgehend zu einer Form der Rentenwirtschaft beziehungsweise zu einer bestimmten Form des Grundeigentums geworden.
Immer noch bildete sie eine wesentliche Grundlage dafür, dass Obrigkeit und Kirche sowie die städtische Elite einen Teil des vor allem in der Landwirtschaft erbrachten Mehrwerts durch Abgaben abschöpfen konnten. Im Übrigen wurden die grundherrschaftlichen Instrumente und Institute auch dazu genutzt, Geldvermögen sicher anzulegen.

Halbbauer Bauer oder Handwerker, der einen halben Zug, das heisst zwei Zugtiere, besass.

Harzen Beim Harzen wurde die Rinde der Fichte oder so genannten «Pechtanne» von den Harzern mit einem speziellen Werkzeug aufgerissen. Das ausfliessende Harz konnte anschliessend mit an den Baum gebundenen Gefässen aus Baumrinde aufgefangen werden. Professionelle Harzer schmolzen das Harz in speziellen Öfen zu Pech, das in Fässern verpackt unter der Bezeichnung «fettes Pech» in den Handel gelangte. Harze fanden als Medizin und Hausmittel für Mensch und Tier vielfältige Verwendung, ebenso als Binde- und Dichtungsmaterial.

Hatschierer / Harschierer Polizisten, die im Fürstbistum wie im alten Basel erst im 18. Jahrhundert zum Einsatz kamen und in erster Linie nicht aufenthaltsberechtigte Fremde aufzuspüren und wegzuweisen hatten. Ausserdem hatten sie auf ihren Patrouillen Ruhe und Ordnung zu überwachen. Der Aufwand für die Harschierer musste zum Teil von den Gemeinden beglichen werden.

Hintersässen Einwohner, die nicht das volle Bürgerrecht ihres Wohnortes besassen, ökonomisch jedoch weitgehend die gleichen Rechte hatten wie die Vollbürger. Hintersässen hatten bei der Niederlassung eine einmalige Einzugsgebühr und jährlich eine spezielle Abgabe, das Hintersässengeld, zu entrichten.

Hochlitzenbänder, Hochlitzenstuhl Bänder, die mit dem Hochlitzenstuhl hergestellt wurden, bei dem die Kettfäden nicht durch Schäfte, sondern durch Zugschnüre bewegt werden.

Kollator Der zur Verleihung eines geistlichen Amtes Berechtigte. Der Basler Rat hatte auch nach der Reformation Kollaturrechte in der katholischen Nachbarschaft, besonders im Fürstbistum.

Konjunktur Allgemeine Bezeichnung für die Wirtschaftslage. Konjunktur umschreibt alle nichtsaisonalen Schwankungen der Wirtschaftstätigkeit, also das Auf und Ab von Produktionsvolumen, Einkommen, Preis- und Lohnentwicklung, Geldumlauf etc.

Landstände Körperschaft, welche die Stände des Fürstbistums repräsentierte: Bürger inklusive Bauern, Adlige, Kleriker. Die Landstände bildeten eine Versammlung, in der die verschiedenen Vogteien des Fürstbistums vertreten waren. Diese Zwischenebene fehlte im alten Basel. Die Landstände umfassten 28 Ständevertreter: einen des Adels, acht des Klerus und 16 des so genannten Dritten Standes: sechs Vertreter der Städte Biel, Neuenstadt, Delsberg, Pruntrut, Laufen und St-Ursanne, zehn Vertreter der Landvogteien, also auch von Laufen, Pfeffingen und Birseck. Eines ihrer Hauptrechte war das Steuerbewilligungsrecht, das sie vor allem im 17. Jahrhundert als effizienten Hebel gegen den Fürstbischof einsetzten. Die Art der Vertretung macht deutlich, dass die Landstände nicht direkt, wenn überhaupt, Gemeindeinteressen artikulierten. Nach 1740 hatten sie nur noch eine sehr eingeschränkte politische Bedeutung.

Leibeigenschaft Bezeichnet den Zustand eines Menschen, der aufgrund dauernder persönlicher Abhängigkeit in der Herrschaft eines anderen steht.
Die Leibeigenen standen in einem ohne Einwilligung des Herrn unauflösbaren und erblichen Abhängigkeitsverhältnis zu ihrem Leibherrn. Diese persönliche Abhängigkeit nahm im Mittelalter sehr unterschiedliche konkrete Formen an und lockerte sich im Lauf des Spätmittelalters. Die Verdinglichung der Herrschafts- und Eigentumsbeziehungen im Spätmittelalter und in der frühen Neuzeit führte dazu, dass die Leibeigenschaft im alten Basel wie auch in anderen Landesherrschaften im Lauf des 16. Jahrhunderts in den allgemeinen Untertanenstatus überging. Zu Beginn der frühen Neuzeit umfasste die Leibeigenschaft im alten Basel das Verbot, jemand aus dem Gebiet eines anderen Leibherrn zu heiraten, die Entrichtung der Jahrsteuer sowie das Nachjagerecht des Leibherrn, wenn der Leibeigene das Territorium verliess. Hingegen bestand an sich Freizügigkeit, wobei die leibherrlichen Verpflichtungen bei einem Wegzug bestehen blieben. Die meisten Verbote wurden jedoch noch während der ersten Hälfte des 16. Jahrhunderts aufgehoben, es erhielten sich lediglich darauf zurückgehende Abgaben wie das Abzugsgeld, wenn jemand das Basler Gebiet verliess. Was blieb, war das tendenziell als ehrenrührig empfundene Gefühl der Minderwertigkeit der Leibeigenen, was besonders bei Konflikten zum Ausdruck kam, so bei den Bauernunruhen von 1525 oder auch bei der Aufhebung der Leibeigenschaft 1791.

Leutpriester Der Hauptpfarrer von Liestal wurde Leutpriester genannt. Ursprünglich war der Leutpriester der Weltgeistliche im Gegensatz zu den Mönchen.
Lohe Rotgerber brauchten zur Lederherstellung Gerbstoffe, die sie meist aus Stockholztrieben der Eiche (Eichenlohe) gewannen.

Malefiz (-gerichtsbarkeit) Die hohe oder Malefizgerichtsbarkeit befasste sich mit Verbrechen wider das Eigentum (Raub und Diebstahl) sowie gegen Leib und Leben (Mord, Totschlag, Notzucht), so weit sie todeswürdig waren. Neben der Todesstrafe standen körperliche Züchtigung, Ehrenstrafen, Freiheitsstrafen wie Landesverweisung, Verbannung und Schellenwerk (Zwangsarbeit) sowie Bussen als Sanktionsmittel zur Verfügung. Symbol der hohen Gerichtsbarkeit waren Stock und Galgen. In die Kompetenz der niederen Gerichtsbarkeit fiel die Behandlung aller Vergehen, die nicht als malefizisch galten.

Passementer Zünftisch organisierte Hersteller von Seidenbändern; manchmal auch gleichbedeutend mit Posamenter (vor allem im 16. Jahrhundert).
Posament Der Begriff kommt vom französischen «passement» und bezeichnet Borten, Litzen und Schnüre, mit denen Kleider und Möbel verziert werden. Aus widerstandsfähigem Material wie Leinen, Wolle oder Baumwolle wurden strapazierfähige Posamente hergestellt, für reine Zierstücke kamen Seide, Gold- und Silberfäden zur Anwendung.
Pottasche Zur Bleiche von Leinwand und zur Seifenherstellung benötigte man Pottasche (Kaliumkarbonat). Die Asche des verbrannten Holzes wurde mit Wasser ausgelaugt. Die Lauge liess man unter erneutem Holzverbrauch verdampfen. So erhielt man relativ unreine Pottasche, die noch stark mit anderen Salzen verunreinigt war.

Rappenmasspfennig Zusatzsteuer auf Weinkonsum, seit 1594 in Stadt und Landschaft Basel. Siehe auch Böspfennig.
Regal Von lateinisch regalia: königliche Rechte. Seit dem Frühmittelalter die der königlichen Gewalt zustehenden oder von ihr beanspruchten Hoheitsrechte wie die Prägung von Münzen, Zölle, Marktrechte, das Forstregal, Fischerei und Jagd, das Recht auf Schätze und verlorene Güter, Bergbau, Mühlen, Salz, die Gerichtsbarkeit, Strassen und Flüsse etc. Die Regalien gingen später an die Landesherren über beziehungsweise wurden sie von diesen für sich beansprucht. Als Rechtsnachfolger der Landgrafen im Sisgau erwarb Basel 1461 die landesherrlichen Rechte über den Sisgau. Diese umfassten laut einer Kundschaft aus dem Jahr 1367 alle Hochgebirge, Hochwälder, Fischenzen, Wasserläufe, Erz-, Stein- und Eisengruben, die Befugnisse über alles fahrende Volk, die Wildbänne, die hohe Gerichtsbarkeit, Geleit und Zoll, den Anfall allen fremden und herrenlosen Gutes sowie das Recht, einen Landtag einzuberufen.

Taft / Taffet Seidengewebe in Leinwandbindung, das heisst, die in Längsrichtung des Gewebes verlaufende Kette ist dichter eingestellt als der quer dazu verlaufende Schuss, so dass sich feine Querrippen bilden.
Tagsatzung Versammlung der Vertreter der eidgenössischen Orte. Mit der Zeit wurde Zürich so genannter Vorort und Baden, von 1715 an Frauenfeld ständiger Versammlungsort. Auch die zugewandten Orte hatten teilweise Sitz und Stimme an der Tagsatzung. Die Gesandten stimmten nach Anweisung ab. Besonders im 16. und 17. Jahrhundert gewannen Sondertagsatzungen der katholischen und reformierten Orte an Gewicht.

Tauner Angehöriger der dörflichen Unterschicht, der zu wenig Grund und Boden besass (wenn überhaupt), um sich selber zu versorgen, und darum im Taglohn für Bauern oder Handwerker arbeitete.
Twing und Bann Formel für die Rechte und Befugnisse der Dorfherrschaft, wie sie vor allem im süddeutschen und deutschschweizerischen Raum verbreitet war. Diese Rechte betrafen in erster Linie die Regelung wirtschaftlicher Belange auf der Ebene des Dorfes. Sie gehen auf nachbarrechtliche Bestimmungen, die Grundherrschaft und die Vogtei sowie auf kommunalgenossenschaftliche Gewohnheiten zurück. Im Allgemeinen wurden sie von kommunalen Instanzen wahrgenommen, etwa dem Meier oder dem kommunalen Gericht. So weit es sich bei diesem Dorfrecht um herrschaftliche Befugnisse handelte, waren sie meistens an die kommunalen Instanzen delegiert.

Umgeld Indirekte Steuer auf Lebensmitteln und Getränken, besonders Wein, Fleisch und Mehl.
Urfehde Zustand, in dem keine Fehde herrscht. Konkret der beschworene Verzicht auf Rache, eine Praxis, die auch in der frühen Neuzeit üblich war. Verurteilte hatten zu schwören, sich jeder Rache gegen Kläger, Klägerin und / oder Richter zu enthalten. Die Urfehde wurde in Urfehdebüchern oder -briefen verurkundet.

Verlagssystem Betriebsform gewerblicher Erzeugung (vor allem von Textilien und Metallwaren), bei der die Produktion in Heimarbeit von der Zulieferung der Rohstoffe und Materialien sowie dem Vertrieb der Fertigprodukte durch den Unternehmer (= Verleger) getrennt war.
Vollbauer Bauer, selten auch Handwerker, der einen vollen Zug, das heisst mindestens vier Zugtiere (Kühe, Ochsen), besass. Er war im Allgemeinen Inhaber eines grösseren Betriebs und gehörte zur dörflichen Oberschicht.

Abkürzungen

AAEB = Archives de l'ancien Evêché de Bâle, Porrentruy
ABR = Aktensammlung zur Geschichte der Basler Reformation, Basel 1921–1950
BasJ = Basler Jahrbuch
BBG = Basler Beiträge zur Geschichtswissenschaft
BHB = Baselbieter Heimatbuch
BHbl = Baselbieter Heimatblätter
BZGA = Basler Zeitschrift für Geschichte und Altertumskunde
Ders. = derselbe
Dies. = dieselbe
et al. = und andere
GGG = Gesellschaft für das Gute und Gemeinnützige
HBLS = Historisch-Biographisches Lexikon der Schweiz, Neuenburg 1921–1934
HK = Heimatkunde
Id. = Idiotikon, schweizerisches, Wörterbuch der deutschschweizerischen Sprache, 1881ff.
Jg. = Jahrgang
JSolG = Jahrbuch für solothurnische Geschichte
KDM BL = Kunstdenkmäler des Kantons Basel-Landschaft, 3 Bde., 1969, 1974, 1986 (Heyer, Hans-Rudolf)
Ms. = Typoskript
QF = Quellen und Forschungen zur Geschichte und Landeskunde des Kantons Basel-Landschaft
RQ BS / BL = Schnell, Johannes (Hg.): Rechtsquellen von Basel Stadt und Land, 1. Bd. Basel/Biel 1859, 2. Bd. Basel 1865
SAVk = Schweizerisches Archiv für Volkskunde
StA BE = Staatsarchiv des Kantons Bern
StA BL = Staatsarchiv des Kantons Basel-Landschaft
StA BS = Staatsarchiv des Kantons Basel-Stadt
SVk = Schweizer Volkskunde
SZG = Schweizerische Zeitschrift für Geschichte

Literatur

inklusive gedruckte Quellen

• Abel, Wilhelm: Massenarmut und Hungerkrisen im vorindustriellen Deutschland, Göttingen 1977 (2. Auflage).
• Abt-Frössl, Viktor: Agrarrevolution und Heimindustrie. Ein Vergleich zwischen Heimarbeiter- und Bauerndörfern des Baselbiets im 17. und 18. Jahrhundert, Liestal 1988 (QF 31).
• Aktensammlung zur Geschichte der Basler Reformation in den Jahren 1519 bis Anfang 1534, hg. von Emil Dürr und Paul Roth, Basel 1921–1950, 6 Bde.
• Albert, Thomas D.: Der gemeine Mann vor dem geistlichen Richter. Kirchliche Rechtsprechung in den Diözesen Basel, Chur und Konstanz vor der Reformation, Stuttgart 1998 (Quellen und Forschungen zur Agrargeschichte, Bd. 45).
• Alioth, Martin / Barth, Ulrich / Huber Dorothee (Hg.): Basler Stadtgeschichte, Basel 1981.
• Altendorf, Hans-Dietrich / Jezler Peter (Hg.): Bilderstreit. Kulturwandel in Zwinglis Reformation, Zürich 1984.
• «an sant maria magtalena tag geschach ein grose schlacht»: Gedenkschrift 500 Jahre Schlacht bei Dornach 1499–1999, Solothurn 1999 (JSolG 72).
• Ass, Abraham: Das wirtschaftliche Verhältnis zwischen Stadt und Land im Kanton Basel, vornehmlich im 18. Jahrhundert, Diss. Basel 1927, Breslau 1930.
• Auffermann, Bärbel: Frauen – Zeiten – Spuren, Oldenburg 1998.

• Bader, Karl Siegfried: Das mittelalterliche Dorf als Friedens- und Rechtsbereich, Weimar 1957 (Studien zur Rechtsgeschichte des mittelalterlichen Dorfes, Bd. 1). • Bader, Karl Siegfried: Die Dorfgenossenschaft und Dorfgemeinde, Weimar 1962 (Studien zur Rechtsgeschichte des mittelalterlichen Dorfes, Bd. 2). • Bader, Karl Siegfried: Die Rechtsformen und Schichten der Liegenschaftsnutzung im mittelalterlichen Dorf, Weimar 1973 (Studien zur Rechtsgeschichte des mittelalterlichen Dorfes, Bd. 3).
• Berger, Ludwig: Führer durch Augusta Raurica, Basel 1998.
• Berner, Hans: «die gute correspondenz.» Die Politik der Stadt Basel gegenüber dem Fürstbistum Basel in den Jahren 1525–1585, Basel 1989 (BBG 158). • Berner, Hans: Gemeinden und Obrigkeit im fürstbischöflichen Birseck. Herrschaftsverhältnisse zwischen Konflikt und Konsens, Liestal 1994 (QF 45). • Berner, Hans: Zwischen Prädikanten und Jesuiten. Kirchliche Sonderstellung und politische Bedeutung der Stadtgemeinde während Reformation und Gegenreformation, in: Hagmann / Hellinger (Hg.), 1995, S. 123–138. • Berner, Hans: Die Geschichte des Fürstbistums Basel von seinen Anfängen bis zu seinem Untergang, in: BHbl 64 / 1999, S. 57–73.
• Berner, Hans / Gäbler, Ulrich / Guggisberg, Hans Rudolf: Schweiz, in: Die Territorien des Reichs im Zeitalter der Reformation und Konfessionalisierung. Land und Konfession 1500–1650, Bd. 5: Der Südwesten, Münster 1993, S. 278–323.
• Bessire, Paul-Otto: Histoire du Jura bernois et de l'ancien Evêché de Bâle, Moutier 1977 (2. Auflage; 1. Auflage 1935).
• Blickle, Peter: Die Reformation im Reich, Stuttgart 1982. • Blickle, Peter: Gemeindereformation. Die Menschen des 16. Jahrhunderts auf dem Weg zum Heil, München 1985. • Blickle, Peter: Der Bauernkrieg: die Revolution des Gemeinen Mannes, München 1998.
• Bosinski, Gerhard: Die Kunst der Eiszeit in Deutschland und in der Schweiz, Bonn 1982.
• Brahier, Simon: L'organisation judiciaire et administrative du Jura Bernois sous le régime des Princes-Evêques de Bâle, Moutier 1920.
• Braun, Rudolf: Industrialisierung und Volksleben, Zürich 1960. • Braun, Rudolf: Sozialer und kultureller Wandel in einem ländlichen Industriegebiet, Zürich 1965. • Braun, Rudolf: Das ausgehende Ancien Régime in der Schweiz. Aufriss einer Sozial- und Wirtschaftsgeschichte des 18. Jahrhunderts, Göttingen / Zürich 1984.

• Bruckner Daniel: Versuch einer Beschreibung historischer und natürlicher Merkwürdigkeiten der Landschaft Basel 62/1748, 6 Bde.
• Brühwiler, Jürg: Der Zerfall der Dreizelgenwirtschaft im Schweizerischen Mittelland, Zürich 1975.
• Brugger, Hans: Die Schweizerische Landwirtschaft in der ersten Hälfte des 19. Jahrhunderts, Frauenfeld 1956.
• Burckhardt-Seebass, Christine: Woran das Volk sich erbaute. Eine Umfrage unter Pfarrern im Jahre 1859, in: Festschrift Adolf Seebass (80. Geburtstag), Basel 1979, S. 20–36.
• Burghartz, Susanna: Zeiten der Reinheit – Orte der Unzucht. Ehe und Sexualität in Basel während der Frühen Neuzeit, Paderborn 1999.
• Buszello, Horst: Legitimation, Verlaufsformen und Ziele, in: Ders.; Blicke Peter; Endres, Rudolf (Hg.): Der deutsche Bauernkrieg, Paderborn 1984, S. 281–321.
• Buszello, Horst/Blickle, Peter/Endres, Rudolf (Hg.): Der deutsche Bauernkrieg, Paderborn/Zürich 1995 (1. Auflage 1984).

• Corbin, Alain: L'avènement des loisirs. 1850–1960, Paris/Rome 1995.

• Descœudres, Georges: Brennöfen am Birsufer. Ein archäologischer Beitrag zur Frühgeschichte der Laufner Ziegelherstellung, in: Hagmann/Heller (Hg.), 1995, S. 101–110.
• Dubler, Anne-Marie: Alte Basler Hohlmasse für Getreide, in: Sandoz Bulletin 1970, S. 31–38. • Dubler, Anne-Marie: Masse und Gewichte im Staat Luzern und in der alten Eidgenossenschaft. Festschrift 125 Jahre Luzerner Kantonalbank, Luzern 1975. • Dubler, Anne-Marie: Handwerk, Gewerbe und Zunft in Stadt und Landschaft Luzern, Luzern/Stuttgart 1982. (Luzerner Historische Veröffentlichungen, Bd. 14).
• Dubois, Gérard: Liberté et discipline dans les ateliers au XIXe et au début du XXe siècle, in: Pfister et al. (Hg.), 1996, S. 195–221.

• Eggebrecht, Arne et al.: Geschichte der Arbeit. Vom Alten Aegypten bis zur Gegenwart, Köln 1980.
• Egger, Franz: Beiträge zur Geschichte des Predigerordens. Die Reform im Basler Konvent 1429 und die Stellung des Ordens am Basler Konzil 1431–1446, Diss. Basel, Bern 1991.
• Epple, Ruedi/Schnyder Albert: Wandel und Anpassung. Die Landwirtschaft des Baselbiets im 19. Jahrhundert, Liestal 1996 (QF 58).
• Ewald, Jürg/Tauber, Jürg (Hg.): Tatort Vergangenheit. Ergebnisse aus der Archäologie heute, Basel 1998.
• Ewald, Jürg/Hartmann, Martin/Rentzel, Philippe: Die Römische Wasserleitung von Liestal nach Augst, Liestal 1997.

• Fink, Paul: Vom Passementerhandwerk zur Bandindustrie: ein Beitrag zur Geschichte des alten Basel, Basel 1979 (157. Neujahrsblatt der GGG). • Fink, Paul: Geschichte der Basler Bandindustrie 1550–1800, Basel/Frankfurt 1983 (BBG 147).
• Fischer, Calista (1998a): Die spätbronzezeitlichen Kindergräber von Reinach-Alte Brauerei, in: Ewald/Tauber (Hg.), 1998, S. 165–180. • Fischer, Calista (1998b): Die Bronzezeit im Birseck – eine Klein-Region wird erforscht, in: Ewald/Tauber (Hg.), 1998, S. 379–398. • Fischer, Calista (1998c): Eisenerz und Eisenzeit: Hallstatt- und Latènezeitliche Siedlungskammern, in: Ewald/Tauber (Hg.), 1998, S. 399–428.
• Flora der Schweiz und angrenzender Gebiete, hg. von Hans Ernst Hess/Elias Landolt/Rosmarie Hirzel, Basel 1967–1980, 3 Bde.
• Freivogel, Ludwig: Die Lasten der baslerischen Untertanen im 18. Jahrhundert, in: BasJ 1924, S. 109–192; 1925, S. 165–211; 1927, S. 107–146; 1929, S. 124–171.
• Fridrich, Anna C.: Laufen im Ancien Régime, unveröffentlichtes Typoskript Forschungsstelle Baselbieter Geschichte, Liestal 1998.
• Füglister, Hans: Handwerksregiment: Untersuchungen und Materialien zur sozialen und politischen Struktur der Stadt Basel in der ersten Hälfte des 16. Jahrhunderts, Basel/Frankfurt 1981 (BBG 143).
• Furrer, Benno: Die Bauernhäuser der Kantone Schwyz und Zug, Basel 1994 (Die Bauernhäuser der Schweiz, Bd. 21).
• Furrer, Benno: Die Bauernhäuser des Kantons Uri, Basel 1985 (Die Bauernhäuser der Schweiz, Bd. 12).
• Furrer, Norbert: Das Münzgeld der alten Schweiz. Grundriss, Zürich 1995.
• Furter, Martin: Die Bauernhäuser der Kantone Basel-Landschaft und Basel-Stadt, Basel 1999 (Die Bauernhäuser der Schweiz, Bd. 25).

• Gallusser, Werner A.: Studien zur Bevölkerungs- und Wirtschaftsgeographie des Laufener Juras, Laufen 1961.
• Gauss, Karl et al.: Geschichte der Landschaft Basel und des Kantons Basel-Landschaft, Liestal 1932, 2 Bde.
• Geschichte von Augst und Kaiseraugst, Liestal 1962 (QF 4).
• Geschichte der Schweiz und der Schweizer, Basel/Frankfurt 1982/83, 3 Bde.
• Geschichte des Kantons Zürich, Bd. 1: Frühzeit bis Spätmittelalter, Zürich 1995.
• Geschichte des Kantons Zürich, Bd. 2: Frühe Neuzeit – 16. bis 18. Jahrundert, Zürich 1996.
• Godelier, Maurice: Natur, Arbeit, Geschichte. Zu einer universalgeschichtlichen Theorie der Wirtschaftsformen, Hamburg 1990.
• Graf, Karl: Das ehemalige Gescheid in Buus, in: BHbl 1975, S. 526–533.
• Grauwiller, Ernst: Ruhu der Höhlenbub und andere geschichtliche Erzählungen, Liestal 1961.
• Grieder, Fritz: Glanz und Niedergang der Baselbieter Heimposamenterei im 19. und 20. Jahrhundert. Ein Beitrag zur wirtschaftlichen, sozialen, kulturellen und politischen Geschichte von Baselland, Liestal 1985 (QF 25).
• Grossmann, E.: Die Entwicklung der Basler Tracht im 17. Jahrhundert, in: SAVk, 38, 1940, S. 1–66.

• GROTEFEND, HERMANN: Taschenbuch der Zeitrechnung des deutschen Mittelalters und der Neuzeit, Hannover 1991 (13. Auflage).
• GSCHWEND, MAX: Hochstudhäuser, Blauen 1968 (Schweizer Baudokumentation, AXZ 115). • GSCHWEND, MAX: Bauernhäuser im Tafeljura, Blauen 1973 (Schweizer Baudokumentation AXZ 150). • GSCHWEND, MAX: Schweizer Bauernhäuser. Material, Konstruktion und Einteilung, Bern/Stuttgart 1983 (2. Auflage; 1. Auflage: 1971; Schweizer Heimatbücher 144). • GSCHWEND, MAX: Bauernhäuser der Schweiz, Blauen 1989 (2. Auflage).
• GSCHWIND, FRANZ: Bevölkerungsentwicklung und Wirtschaftsstruktur der Landschaft Basel im 18. Jahrhundert, Liestal 1977 (QF 15).

• HAGMANN, DANIEL/HELLINGER, PETER (Hg.): 700 Jahre Stadt Laufen, Basel 1995.
• HAHN, JOACHIM: Kraft und Aggression. Die Botschaft der Eiszeitkunst im Aurignacien Süddeutschlands, Tübingen 1986.
• HAUSER, ALBERT: Bäuerliche Wirtschaft und Ernährung in der Schweiz vom 15. bis 18. Jahrhundert, in: Zeitschrift für Agrargeschichte und Agrarsoziologie 1971, S. 170–189. • HAUSER, ALBERT: Vom Essen und Trinken im alten Zürich, Zürich 1973 (3. Auflage; 1. Auflage 1961).
• HECHT, JOLANDA: Das Hinterland von Augusta Raurica, unveröffentlichtes Typoskript Forschungsstelle Baselbieter Geschichte, Liestal 1997. • HECHT, JOLANDA: Zum Sozialstatus der ländlichen Bevölkerung im Hinterland von Augusta Raurica, in: Mille Fiori. Festschrift für Ludwig Berger, 1998, S. 61–66.
• HEIERLI, JULIE: Basler Trachten um die Mitte des 17. Jahrhunderts, in: SAVk 14, 1910, S. 108–117. • HEIERLI, JULIE: Die Volkstrachten der Schweiz, Bd. 5: Mittel- und Westschweiz, Erlenbach-Zürich 1932.
• Heimatkunde Bretzwil, Liestal 1980.
• Heimatkunde Diegten, Liestal 1996.
• Heimatkunde von Liestal, Liestal 1970.
• Heimatkunde Münchenstein, Liestal 1995, 2 Bde.
• HEYER, HANS-RUDOLF: Kunstdenkmäler des Kantons Basel-Landschaft, Liestal, 3 Bde., 1969 (Bezirk Arlesheim), 1974 (Bezirk Liestal), 1986 (Bezirk Sissach).
• Historisch-Biographisches Lexikon der Schweiz, Neuenburg 1921–1934, 6 Bde.
• HORAND-BUESS, JAKOB UND MARGRIT: Die Baselbietertracht, Liestal 1932.
• HUGGEL, SAMUEL: Die Einschlagsbewegung in der Basler Landschaft. Gründe und Folgen der wichtigsten agrarischen Neuerung im Ancien Régime, Liestal 1979 (QF 17/1 und 2).

• INEICHEN, ANDREAS: Innovative Bauern: Einhegungen, Bewässerung und Waldteilungen im Kanton Luzern im 16. und 17. Jahrhundert, Luzern 1996 (Luzerner historische Veröffentlichungen, Bd. 30).

• JECKER, HANSPETER: Die Basler Täufer. Studien zur Früh- und Vorgeschichte, in: BZGA 80, 1980, S. 5–131. • JECKER, HANSPETER: Ketzer – Rebellen – Heilige. Das Basler Täufertum von 1580–1700, Liestal 1998.
• JORIO, MARCO: Der Untergang des Fürstbistums Basel (1792–1815): Der Kampf der beiden letzten Fürstbischöfe gegen die Säkularisation, Fribourg 1981/82 (Zeitschrift für Schweizerische Kirchengeschichte, 75/1981, S. 1ff., 76/1982, S. 155ff.).

• KÄSTNER, SIBYLLE: Mit Nadel, Schlinge, Keule oder Pfeil und Bogen. Jägerinnen im ethnohistorischen und archäologischen Kontext, in: Auffermann 1998, S. 195–220.
• KETTIGER, JOHANN JAKOB: Landwirtschaftliche Zustände im Kanton Baselland, Liestal 1857, Sissach 1984 (2. Auflage).
• KNÖPFEL, CARLO: Existenzsicherung im Wandel der Arbeitsgesellschaft – eine Problemskizze, in: Schnyder, Albert (Hg.): Sozialalmanach 1999. Existenzsicherung in der Schweiz, Luzern 1999, S. 37–52.
• KOBBE, BRUNI: Putzfrauen der Steinzeit, Priesterinnen, Göttinnen, Sexbomben, in: Weltwoche, 18. Februar 1999.
• KÖRNER, MARTIN H.: Solidarités financières suisses au 16e siècle: contribution à l'histoire monétaire, bancaire et financière des cantons suisses et des Etats voisins, Lausanne 1980 (Bibliothèque historique vaudoise, Bd. 66).
• KRIEDTE, PETER/MEDICK, HANS/SCHLUMBOHM, JÜRGEN: Industrialisierung vor der Industrialisierung. Gewerbliche Warenproduktion auf dem Land in der Formationsperiode des Kapitalismus, Göttingen 1977 (Veröffentlichungen des Max-Planck-Instituts für Geschichte 53). • KRIEDTE, PETER/MEDICK, HANS/SCHLUMBOHM, JÜRGEN: Die Proto-Industrialisierung auf dem Prüfstand der historischen Zunft. Antwort auf einige Kritiken, in: Geschichte und Gesellschaft 9, 1983, S. 87–105. • KRIEDTE, PETER/MEDICK, HANS/SCHLUMBOHM, JÜRGEN: Sozialgeschichte in der Erweiterung – Proto-Industrialisierung in der Verengung? Demographie, Sozialstruktur, moderne Hausindustrie: eine Zwischenbilanz der Proto-Industrialisierungs-Forschung (Teil I und II), in: Geschichte und Gesellschaft 18, 1992, S. 70–87, S. 231–255.
• KÜMMELL, JULIANE: Bäuerliche Gesellschaft und städtische Herrschaft im Spätmittelalter: zum Verhältnis von Stadt und Land im Fall Basel/Waldenburg 1300–1535, Konstanz/Paris 1984.
• Kunstdenkmäler des Kantons Basel-Landschaft, Liestal, 3 Bde., 1969 (Bezirk Arlesheim), 1974 (Bezirk Liestal), 1986 (Bezirk Sissach).
• KURMANN, FRIDOLIN: Das Luzerner Suhrental im 18. Jahrhundert, Luzern/Stuttgart 1985. • KURMANN, FRIDOLIN: «Gutes Ding will Weile haben.» Grenzüberschreitende Kirchenpolitik am Beispiel der Feiertagsreduktion (1852–1868), in: BHB18, 1991, S. 201–210.

• **L**ANDOLT, NIKLAUS: Untertanenverhalten und Widerstand auf der Basler Landschaft im 16. und 17. Jahrhundert, Liestal 1996 (QF 56).
• Laufen. Geschichte einer Kleinstadt, Laufen 1986 (2. Auflage; 1. Auflage 1975).
• 700 Jahre Stadt Laufen, hg. von Daniel Hagmann und Peter Hellinger, Basel 1995.
• LEMMENMEIER, MAX: Luzerns Landwirtschaft im Umbruch. Wirtschaftlicher, sozialer und politischer Wandel in der Agrargesellschaft des 19. Jahrhunderts, Luzern/Stuttgart 1983.

• **M**AASE, KASPAR: Grenzenloses Vergnügen. Der Aufstieg der Massenkultur. 1850–1970, Hamburg 1997.
• MANZ, MATTHIAS: Die Basler Landschaft in der Helvetik (1798–1803). Über die materiellen Ursachen von Revolution und Konterrevolution, Liestal 1991 (QF 37).
• MARTI, RETO: Von der Römerzeit zu Karl dem Grossen: Das Frühmittelalter, in: Ewald/Tauber 1998, S. 457–480.
• MATTMÜLLER, MARKUS: Die Schweiz im 18. Jahrhundert: Die Problematik eines Entwicklungslandes, in: Schriftenreihe der schweizerischen Vereinigung für Ernährung, Bern 1971, Heft 14, S. 21–35. • MATTMÜLLER, MARKUS: Agrargeschichte der Schweiz im Ancien Régime, unveröffentlichtes Typoskript des Autors, Basel 1976/77, 1978/79. • MATTMÜLLER, MARKUS: Bauern und Tauner im schweizerischen Kornland um 1700, in: SVk, 70/1980, S. 49–64. • MATTMÜLLER, MARKUS: Die Hungersnot der Jahre 1770/71 in der Basler Landschaft, in: Gesellschaft und Gesellschaften. Festschrift Ulrich Im Hof, Bern 1982, S. 271–291. • MATTMÜLLER, MARKUS: Die Landwirtschaft der schweizerischen Heimarbeiter im 18. Jahrhundert, in: Zeitschrift für Agrargeschichte und Agrarsoziologie, 1/1983, S. 41–56. • MATTMÜLLER, MARKUS: Bevölkerungsgeschichte der Schweiz, Teile 1 und 2, Basel/Frankfurt 1987 (BBG 154). • MATTMÜLLER, MARKUS: Kleinlandwirtschaft und Heimindustrie in protoindustriellen Gebieten in der Schweiz, in: Studia Polono-Helvetica, Basel 1989, S. 79–94 (BBG 157). • MATTMÜLLER, MARKUS: Die Dreizelgenwirtschaft, eine elastische Ordnung, in: Ansichten von der rechten Ordnung: Bilder über Normen und Normenverletzungen in der Geschichte (Festschrift zum 60. Geburtstag von Beatrix Mesmer), Bern/Stuttgart 1991, S. 243–252.
• MAURER, MARTIN: Die soziale Differenzierung in Stadt und Landschaft Basel als Ursache der Kantonstrennung 1833, Liestal 1985 (QF 22).
• MAYER, MARCEL: Hilfsbedürftige und Delinquenten: die Anstaltsinsassen der Stadt St. Gallen 1750–1798, St. Gallen 1987 (St. Galler Kultur und Geschichte 17).
• MEDICK, HANS: Weben und Überleben in Laichingen. Lokalgeschichte als Allgemeine Geschichte, 1650–1900, Göttingen 1996 (Veröffentlichungen des Max-Planck-Instituts für Geschichte 126).
• MEIER, MARTIN: Die Industrialisierung im Kanton Basel-Landschaft. 1820–1940, Liestal 1997 (QF 60).
• MEIER, THOMAS: Handwerk, Hauswerk, Heimarbeit. Nicht-agrarische Tätigkeiten und Erwerbsformen in einem traditionellen Ackerbaugebiet des 18. Jahrhunderts (Zürcher Unterland), Zürich 1986.
• MERZ, WALTHER: Die Burgen des Sisgaus, Aarau 1909–1914, 4 Bde.
• MEYER, HELMUT: Die Schweiz und ihre Geschichte, Zürich 1998.
• MÜLLER, CHRISTIAN ADOLF: Baselbieter Bau- und Siedlungsgeschichte von den Anfängen bis zur Reformation, Basel 1966, 2 Bde.
• MÜLLER, GUSTAV/REBMANN, OTTO: Das Hausbuch eines Ziefner Wirts aus dem 18. Jahrhundert, in: BHB 9, 1962, S. 215–227.
• MÜLLER-BECK, HANSJÜRGEN: Frauengräber des sibirischen Gräberfeldes Ekven, in: Auffermann 1998, S. 221–240.
• MULSOW, HERMANN: Mass und Gewicht der Stadt Basel bis zum Beginn des 19. Jahrhunderts, Freiburg 1910.

• **O**ERI-SARASIN, RUDOLF: Allerlei über Grenzzeichen, Grenzfrevel und Grenzspuk in der alamannischen Schweiz, Basel 1917.
• OTHENIN-GIRARD, MIREILLE: Ländliche Lebensweise und Lebensformen im Spätmittelalter. Eine wirtschafts- und sozialgeschichtliche Untersuchung der nordwestschweizerischen Herrschaft Farnsburg, Liestal 1994 (QF 48).
• Out of Rome: Augusta Raurica, Aquincum: das Leben in zwei römischen Provinzstädten, Basel 1997.
• OWEN, LIND R.: Frauen in der Altsteinzeit: Mütter, Sammlerinnen, Jägerinnen, Fischerinnen, Köchinnen, Herstellerinnen, Künstlerinnen, Heilerinnen, in: Auffermann 1998, S. 161–182.

• **P**EYER, HANS CONRAD: Verfassungsgeschichte der alten Schweiz, Zürich 1980/1984 (2. und 3. Auflage).
• PFISTER, CHRISTIAN: Klimageschichte der Schweiz 1525–1860. Das Klima der Schweiz von 1525–1860 und seine Bedeutung in der Geschichte von Bevölkerung und Landwirtschaft, Bern/Stuttgart 1984 (2. Auflage 1988). • PFISTER, CHRISTIAN: Ansätze und Ergebnisse historischer Umweltforschung: Ökologische und soziale Dimensionen der Tragfähigkeit am Beispiel von Solarenergie-Gesellschaften des schweizerischen 18. und 19. Jahrhunderts, in: Umwelt als Problem der Wirtschafts- und Geschichtswissenschaften, Lausanne 1988 (Schweizerische Gesellschaft für Wirtschafts- und Sozialgeschichte, 6. Jg.). • PFISTER, CHRISTIAN: Das 1950er-Syndrom: der Weg in die Konsumgesellschaft, Bern/Stuttgart 1995.
• PFISTER, ULRICH/STUDER, BRIGITTE/TANNER, JAKOB (Hg.): Arbeit im Wandel. Organisation und Herrschaft vom Mittelalter bis zur Gegenwart, Zürich 1996.
• PIUZ, ANNE-MARIE: Alimentation populaire et sous-alimentation au 17e siècle: Le cas de Genève et de sa région, in: Hémardinquer, Jean-Jacques: Pour une histoire de l'alimentation, Paris 1970 (= Cahiers des Annales, Nr. 28), S. 140ff. und 169ff.

• RHAGOR, DANIEL: Pflantz-Gart Darinn grundtlicher Bericht zufinden: Mit Lust ... anzustellen, zu bawen, und zu erhalten, ..., Bern 1639 (Buch 1: Obs-Gärten, Buch 2: Kraut-Gärten, Buch 3: Wein Gärten).
• RIPPMANN, DOROTHEE: Bauern und Städter: Stadt-Land-Beziehungen im 15. Jahrhundert: das Beispiel Basel, unter besonderer Berücksichtigung der Nahmarktbeziehungen und der sozialen Verhältnisse im Umland, Basel/Frankfurt am Main 1990 (BBG 159). • RIPPMANN, DOROTHEE: Lohnarbeit und Interessenkonflikte im fürstbischöflichen Amt Birseck: der Weiher zu Oberwil (BL) im 16. Jahrhundert, in: Geschichte 2001. Mitteilungen der Forschungsstelle Baselbieter Geschichte, Nr. 9, 1992, S. 1–8 (Beilage der BHbl). • RIPPMANN, DOROTHEE (1996a): Bauern und Herren: Rothenfluh im Mittelalter: ein Beitrag zur Geschichte der ländlichen Gesellschaft im Mittelalter, Rothenfluh 1996. • RIPPMANN, DOROTHEE (1996b)/SIMON-MUSCHEID, KATHARINA/SIMON, CHRISTIAN: Arbeit – Liebe – Streit: Texte zur Geschichte des Geschlechterverhältnisses und des Alltags: 15. bis 18. Jahrhundert, Liestal 1996 (QF 55). • RIPPMANN, DOROTHEE (1996c): «Sein Brot verdienen»: die Verköstigung von Arbeitskräften im Spätmittelalter, in: Medium Aevum Quotidianum 34, 1996, S. 91–114. • RIPPMANN, DOROTHEE (1996d): Frauenarbeit im Wandel. Arbeitsteilung, Arbeitsorganisation und Entlöhnung im Weinbau am Oberrhein (15./16. Jahrhundert), in: Wunder, Heide/Vanja, Christina (Hg.): Weiber, Menschen, Frauenzimmer. Frauen in der ländlichen Gesellschaft. 1500–1800, Göttingen 1996, S. 26–59. • RIPPMANN, DOROTHEE (1996e): «Frauenwerk» und Männerarbeit. Formen von Leben und Arbeit im Spätmittelalter, in: Pfister et al. (Hg.), 1996, S. 25–47. • RIPPMANN, DOROTHEE: La main-d'œuvre et son alimentation à la fin du Moyen Age d'après les documents comptables: l'exemple de la région de Bâle, in: Rassart-Eechkhout, Emmanuelle: La vie materielle au Moyen Age, Louvain-la-Neuve 1997, S. 179–203. • RIPPMANN, DOROTHEE: Unbotmässige Dörfler im Spannungsverhältnis zwischen Land und Stadt: Pratteln im 15. und zu Beginn des 16. Jahrhunderts, in: Pfister, Ulrich (Hg.): Stadt und Land in der Schweizer Geschichte, Basel 1998, S. 110–156 (Itinera 19). • RIPPMANN, DOROTHEE: Herrschaftskonflikte und innerdörfliche Spannungen in der Basler Region im Spätmittelalter und an der Wende zur Frühen Neuzeit, in: Häberlein, Mark (Hg.): Devianz, Widerstand und Herrschaftspraxis in der Vormoderne, Konstanz 1999, S. 199–225.
• RÖDER, BRIGITTE: Jungsteinzeit: Frauenzeit? Frauen in frühen bäuerlichen Gesellschaften Mitteleuropas, in: Auffermann 1998, S. 241–271.
• ROTH, PAUL: Die Organisation der Basler Landvogteien im 18. Jahrhundert, Basel/Zürich 1922.
• RUDIN, GEORG: 800 Jahre Wintersingen, Heimatkunde, Liestal 1996.

• SCHAFFNER, MARTIN (Hg.): Brot, Brei und was dazu gehört. Über sozialen Sinn und physiologischen Wert der Nahrung, Zürich 1992.
• SCHALTENBRAND, THERESE: «Mir sie ebe in d'Fabrik.» Leben in der Arbeitersiedlung «Schöntal», unveröffentlichte Lizentiatsarbeit Universität Basel, Basel 1989.
• SCHERZLER, DIANE: Der tönerne Ring vom Viesenhäuser Hof. Ein Hinweis auf medizinische Versorgung von Frauen in der vorrömischen Eisenzeit?, in: Auffermann 1998, S. 303–331.
• SCHILLING, HEINZ: Konfessionskonflikt und Staatsbildung: eine Fallstudie über das Verhältnis von religiösem und sozialem Wandel in der Frühneuzeit am Beispiel der Grafschaft Lippe, Gütersloh 1981 (Quellen und Forschungen zur Reformationsgeschichte, Bd. 48). • SCHILLING, HEINZ: Religion, Political Culture and the Emergence of Early Modern Society: Essays in German and Dutch History, Leiden 1992. • SCHILLING, HEINZ (Hg.): Institutionen, Instrumente und Akteure sozialer Kontrolle und Disziplinierung im frühneuzeitlichen Europa, Frankfurt a. M. 1999.
• SCHLUCHTER, ANDRÉ: Das Gösgeramt im Ancien Régime. Bevölkerung, Wirtschaft und Gesellschaft einer solothurnischen Landvogtei im 17. und 18. Jahrhundert, Basel/Frankfurt a. M. 1990 (BBG 160).
• SCHMID, PETER: Vom kletternden Affen zum aufrecht gehenden Menschen, in: du, 8, 1996, S. 19–23.
• SCHNELL, JOHANNES (Hg.): Rechtsquellen von Basel Stadt und Land, 1. Bd., Basel/Biel 1859, 2. Bd., Basel 1865.
• SCHNYDER-BURGHARTZ, ALBERT: Alltag und Lebensformen auf der Basler Landschaft um 1700: vorindustrielle, ländliche Kultur und Gesellschaft aus mikrohistorischer Perspektive – Bretzwil und das obere Waldenburger Amt von 1690 bis 1750, Liestal 1992 (QF 43). • SCHNYDER, ALBERT: Ländliche Gesellschaft und öffentliche Finanzen im alten Basel, in: Guex, Sébastien/Körner, Martin/Tanner, Jakob (Hg.): Staatsfinanzierung und soziale Konflikte (14.–20. Jahrhundert), Zürich 1994, S. 171–184 (= Schweizerische Gesellschaft für Wirtschafts- und Sozialgeschichte, 12. Jg., Bd. 12). • SCHNYDER BURGHARTZ, ALBERT: Der Landvogt im alten Basel: Amtsauffassung, Huldigungseid und Amtsantritt, in: BHbl 1998, S. 1–11.
• SCHORN-SCHÜTTE, LUISE: Die Reformation. Vorgeschichte – Verlauf – Wirkung, München 1996.
• SCHÜPBACH, SAMUEL: Häupter und Herren: der Kleine Rat zu Basel 1585 bis 1590: Verhalten einer politischen Elite, in: BZGA 1995, S. 57–105.
• SCHULZE, WINFRIED: Bäuerlicher Widerstand und feudale Herrschaft in der frühen Neuzeit, Stuttgart 1980. • SCHULZE, WINFRIED (Hg.): Europäische Bauernrevolten der frühen Neuzeit, Frankfurt am Main 1982. • SCHULZE, WINFRIED (Hg.): Aufstände, Revolten, Prozesse: Beiträge zu bäuerlichen Widerstandsbewegungen im frühneuzeitlichen Europa, Stuttgart 1983.

• Schumacher, Beatrice: Auf Luft gebaut. Die Geschichte des Luftkurortes Langenbruck, 1830–1914, Liestal 1992 (QF 42). • Schumacher, Beatrice: «Ferien.» Untersuchungen zu Genealogie, Interpretation und Popularisierung eines Bedürfnisses. Schweiz 1890–1950, unveröffentlichtes Typoskript (Dissertation) Universität Basel, Basel 1999.
• Sedlmeier, Jürg (1998a): Paläolithikum und Mesolithikum: Die Zeit der Jäger und Sammler, in: Ewald/Tauber (Hg.), 1998, S. 286–348. • Sedlmeier, Jürg (1998b): Die Birsmatten-Basisgrotte (Gemeinde Nenzlingen) und die «älteste Schweizerin», in: Ewald/Tauber (Hg.), 1998, S. 134–151. • Sedlmeier, Jürg (1998c): Das Neolithikum – Sesshaftigkeit, Getreideanbau, Haustierhaltung, in: Ewald/Tauber (Hg.), 1998, S. 349–378.
• Sigrist, Hans: Münzen, Masse und Gewichte im alten Solothurn, in: JSolG 63, 1990, S. 87–116.
• Simon, Christian: Untertanenverhalten und obrigkeitliche Moralpolitik, Basel/Frankfurt a.M. 1981 (BBG 145). • Simon, Christian: Die Basler Landschaft und die französische Revolution. Aspekte des Verhältnisses zwischen Obrigkeit und Untertanen (1789–1797), in: BZGA 82, 1982, S. 65–96. • Simon, Christian: Hintergründe bevölkerungsstatistischer Erhebungen in Schweizer Städteorten des 18. Jahrhunderts, in: SZG 34, 1984, S. 186–205.
• Simon-Muscheid, Katharina: Stümper, Zünfte und Landmeister: einige Aspekte des Landhandwerks am Oberrhein vom 15.–17. Jahrhundert, in: Itinera 14, 1993, S. 94–110.
• Stettler, Niklaus: Wuhrgenossen, Gewerbsinteressenten und ein Kubikmeter Wasser. Geschichte der Wasserkraftnutzung in Lausen, in: BHbl 1994, S. 1–36. • Stettler, Niklaus: Produktionsfaktor Wasser im Niederschöntal, in: BHbl 1994, S. 117–153.
• Stodiek, Ulrich/Paulsen, Harm: «Mit dem Pfeil, dem Bogen ...» Technik der steinzeitlichen Jagd, Oldenburg 1996.
• Stodiek, Ulrich: Zur Technologie der jungpaläolithischen Speerschleuder. Eine Studie auf der Basis archäologischer, ethnologischer und experimenteller Erkenntnisse, Tübingen 1993.
• Stöcklin, Peter: Die Baselbieter auf Joseph Reinharts Trachtenbildern, in: BHbl 1973, S. 366–372; 1974, S. 503–510; 1975, S. 614–619. • Stöcklin, Peter: Heimatkunde Diegten, Liestal 1996.
• Strübin, Eduard: Baselbieter Volksleben. Sitte und Brauch im Kulturwandel der Gegenwart, Basel 1952. • Strübin, Eduard: Womit werden wir uns kleiden? Von alten und neuen Grundstoffen, in: BHbl 1997, S. 33–72.
• Suter, Andreas: «Troublen» im Fürstbistum Basel (1726–1740): eine Fallstudie zum bäuerlichen Widerstand im 18. Jahrhundert, Göttingen 1985 (Veröffentlichungen des Max-Planck-Instituts für Geschichte 79). • Suter, Andreas: Der schweizerische Bauernkrieg von 1653: politische Sozialgeschichte – Sozialgeschichte eines politischen Ereignisses, Tübingen 1997.
• Suter, Paul: G. F. Meyers Karte des Homburger Amtes, in: Tätigkeitsbericht der Naturforschenden Gesellschaft Baselland 9,1933, S. 181–201. • Suter, Paul: Zur Erinnerung an den Bauernkrieg von 1653 auf der Landschaft Basel, in: BHbl, 1953, S. 217–245, 258–263. • Suter, Paul: Mass und Gewicht, in: BHbl 31, 1966, S. 88–92. • Suter, Paul: Beiträge zur Landschaftskunde des Ergolzgebietes, Liestal 1971 (2. Auflage; 1. Auflage 1926). • Suter, Paul: Der Orismüller auf Joseph Reinharts Trachtenbild, in: BHbl 1973, S. 281–285. • Suter, Paul: Ausgewählte Schriften zur Namenforschung, Liestal 1989 (QF 34).
• Suter, Peter: Eine Bretzwiler Dorfordnung aus dem 17. Jahrhundert, in: BHbl 1966, S. 329–331. • Suter, Peter: Die Einzelhöfe von Baselland, Liestal 1969 (QF 8).

• **T**auber, Jürg: Herd und Ofen im Mittelalter: Untersuchungen zur Kulturgeschichte am archäologischen Material vornehmlich der Nordwestschweiz (9.–14. Jahrhundert), Olten/Freiburg i. Br. 1980. • Tauber, Jürg (1998a): Der Faustkeil von Pratteln, in: Ewald/Tauber (Hg.), 1998, S. 94–97. • Tauber, Jürg (1998b): Das Mittelalter. Siedlungsgeschichte und Herrschaftsbildung, in: Ewald/Tauber (Hg.), 1998, S. 481–532.

• **U**lbrich, Claudia: Leibherrschaft am Oberrhein im Spätmittelalter, Göttingen 1979 (Veröffentlichungen des Max-Planck-Instituts für Geschichte 58).

• **v**an der Ven, Frans: Sozialgeschichte der Arbeit, München 1971/72, 3 Bde.
• Vettori, Arthur: Finanzhaushalt und Wirtschaftsverwaltung Basels (1689–1798). Wirtschafts- und Lebensverhältnisse einer Gesellschaft zwischen Tradition und Umbruch, Basel/Frankfurt 1984 (BBG 149).

• **W**eber, Alfred R.: Was man trug anno 1634: die Basler Kostümfolge von Hans Heinrich Glaser, Basel 1993.
• Weis, Peter: Die Reform des Abendmahls von 1641/42, in: BHbl 1990, S. 581–589.
• Weis, Peter/Bischoff, Gustav: Die Schreiner des oberen Baselbiets im 16. und 17. Jahrhundert, Liestal 1995 (QF 49).
• Weissen, Kurt: «An der stuer ist ganz nuett bezalt.» Landesherrschaft, Verwaltung und Wirtschaft in den fürstbischöflichen Ämtern in der Umgebung Basels (1435–1525), Basel/Frankfurt am Main 1994 (BBG 167).
• Wolf-Graaf, Anke: Die verborgene Geschichte der Frauenarbeit. Eine Bildchronik, Weinheim/Basel 1983.
• Wolf, Doris: Verdrängt: Die älteste Religion der Welt, in: du, 8, 1996, S. 36–37.
• Wunder, Heide: Die bäuerliche Gemeinde in Deutschland, Göttingen 1986. • Wunder, Heide: «Er ist die Sonn', sie ist der Mond» – Frauen in der frühen Neuzeit, München 1992.

Im Personenregister sind nur Personen aufgenommen, deren Vor- und Nachnamen bekannt sind. Nicht verzeichnet sind die Namen zeitgenössischer Chronisten, deren Werke als Quellen zitiert werden. Ebenfalls nicht berücksichtigt werden Textstellen, bei denen von Personengruppen wie den Waldenburgern, Homburgern usw. die Rede ist. Die Umlaute ä, ö und ü gelten in der alphabetischen Ordnung als a, o und u.

Personenregister

ALTHAUS-FLUBACHER, JAKOB CHRISTOPH, Eptingen: S. 94
BACHOFEN, JOHANN JAKOB, Basel: S. 53
BACHOFEN, MARTIN, Basel: S. 53, 88 Ill.
BAI, LEONHARD, Münchenstein: S. 180
BAUHIN, CASPAR, Basel, 1560–1624: S. 15, 93, 104
BIRMANN, SAMUEL, Basel: S. 107
BLARER VON WARTENSEE, JAKOB CHRISTOPH, Fürstbischof von Basel: S. 154, 156 Ill., 202f.
BOCK, NIKLAUS, Basel: S. 30
BOELGER, MARKUS, Basel: S. 125
BOWE, ISAAK, Bretzwil: S. 83f.
BRANDT, BERNHARD II., Basel, 1588–1650: S. 179 Ill.
BROMBACH, FRIDOLIN, Rheinfelden und Maisprach: S. 148
BRÜDERLIN, HEINRICH, Muttenz: S. 180
BRUNNER, CHRISTIAN: S. 163f.
BRUNNER, HEINRICH LEONHARD, Geometer in fürstbischöflichen Diensten: S. 10, 23, 25, 38
BÜCHEL, EMANUEL, Basel: S. 10, 13, 39, 41, 47, 67, 85, 86, 87, 88, 105, 169, 188, 204
BUSER, HEINRICH, Wirt, Ziefen: S. 40ff.
BURCKHARDT-FALKEYSEN, DANIEL, Basel, 1630–1702: S. 171 Ill.
CAPITO, WOLFGANG FABRICIUS, Strassburg: S. 151
DEGEN, IMBER, Münchenstein: S. 180
DIETLER, CLAUS, Muttenz: S. 180
DÜRING, FAMILIE, Papierer, Basel und Lausen: S. 39
FORD, HENRI: S. 134
FUHRER, HEINRICH, Anwil: S. 184 Ill.
FURLER, JOHANNES, Bubendorf: S. 14
GASS, ABRAHAM, Oltingen: S. 74
GASS, ANNA, Oltingen: S. 74
GASS, JAKOB, Oltingen: S. 74
GISIN, NICLAUS, Muttenz: S. 180
GLAREAN, JOST LORITI: S. 202
GLASER, HANS HEINRICH, Basel: S. 91, 92, 190
GRABER, MELCHIOR HEINRICH, Geometer in österreichischen Diensten: S. 79, 80, 161, 202
GRAUWILLER, ERNST: S. 113
GRIEDER-SCHAUB, VERENA, Diegten: S. 96 Ill.
GUNDELSHEIM, PHILIPP, VON, Fürstbischof von Basel: S. 202, 212
HANDMANN, HANS HEINRICH, Basel, 1677–1740: S. 172
HERRLIBERGER, DANIEL, Zürich: S. 14, 36, 37
HOCH, PETER, Schreiner, Liestal: S. 44, 63
HOFER, EVA, Oltingen: S. 74
HOFFMANN, EMANUEL, Basel: S. 56
HUG, BURKHART, Liestal: S. 177
JACQUARD, JOSEPH-MARIE: S. 54, 124
JUNDT, MATTHIAS, Bottmingen: S. 180
KAISER, JOHANN, Grellingen: S. 64
KETTIGER, JOHANNES: S. 21f.
KÜNDIG, SIMON, Biel-Benken: S. 180
LAPP, JACOB: S. 158
LICHTENFELS, MELCHIOR, VON, Fürstbischof: S. 202
LIGERZ, KONRAD FRIEDRICH, VON: S. 192
LUTHER, MARTIN: S. 148
LÜTZLER, RUDOLF, Biel-Benken: S. 180.
MERIAN, MATTHAEUS: S. 13
MEYER, GEORG FRIEDRICH, Geometer, Basel: S. 10, 11, 12, 17, 18, 20, 29, 31, 33, 34, 60, 81, 197, 207
MEYER, HEINI, Bretzwil: S. 94
MEYER, JAKOB, Mathematiker und Geometer, Basel: S. 167
MEYER JE.: S. 10
MEYER, JOHANN RUDOLF, Aarau: S. 92
MEYER-MOHLER, MARIA, Diegten: S. 94 Ill.
MIESCH, HANS, Titterten: S. 159
MOHLER, HANS, Pratteln: S. 180
MOHLER, HANS JAKOB, Eptingen: S. 96 Ill.
MOHLER, SALOME, Diegten: S. 93 Ill.

Montjoie, Simon Niklaus, von, Fürstbischof von Basel: S. 52
Müller, Dorothea, Basel, 1584–1638: S. 180 Ill.
Nebel, Nikolaus, Aesch: S. 64
Nebiker, Fridli, Pratteln, S. 180
Neveu, Franz Karl, von, Landvogt Birseck: S. 192
Oekolampad, Johannes, Reformator, Basel: S. 148f. 153
Offenburg, Henman, von, Liestal: S. 98
Othenin-Girard, Mireille: S. 120
Pirry, Claus, Blauen: S. 50
Rapp, Anton, Binningen: S. 180
Rauscher und Stöcklin, Sissach: S. 133f.
Reinhart, Joseph, Luzern, 1749–1824: S. 92–95
Rhagorius (Ragor), Daniel, Brugg, Bern: S. 103
Ringle, Johann Jakob, Basel: S. 80
Ringwald AG: S. 125f.
Rink von Baldenstein, Wilhelm, Fürstbischof von Basel: S. 159f., 168 Ill., 199 Ill.
Rosenblatt, Wibrandis, Ehefrau von Oekolampad, Basel: S. 152f.
Rosenburger, Peter, 1712–1783, Landvogt auf Homburg, Basel: S. 191
Rudin, Elsbeth, Arboldswil: S. 159
Rudin, Michel: S. 160
Ruhu, der Höhlenbub: S. 113
Schäfer, Johann Jakob, Orismüller: S. 93, 95 Ill.
Schaffner, Barbara, Anwil, Diegten: S. 94 Ill.
Schmid, Jakob, Biel-Benken: S. 180
Schneider, Heini, Oberdorf: S. 82
Schwab, Jacob, Pratteln: S. 180
Schweizer, Anna, Lausen: S. 39
Sinckenthaler, Heinrich, Luzern, Liestal: S. 149
Spörlin, Paul, Liestal: S. 45
Stähelin, Georg, Rümlingen: S. 148
Stöhr, Stephan, Liestal: S. 140, 148ff., 203, 205
Straumann, Heini, Bretzwil: S. 96
Strub, Martin, Basel: S. 53
Stucky, Johannes, Zürich: S. 148
Stumpf, Johannes: S. 203
Stuntz, Johann Baptist, Maler, 1755–1836: S. 29
Suter, Melchior: S. 94
Taylor, Frederick: S. 134
Tölin, Barbel: S. 158
Tschopp, Jakob und Sebastian, Waldenburg: S. 87
Tschudin, Niklaus, Sissach, 1726–1779: S. 55f.
Utenheim, Christoph, von, Fürstbischof von Basel: S. 212
Wetter, Conrad, Laufen: S. 50
Zum Stall, Felix: S. 152
Zwingli, Huldrich, Zürich: S. 148, 153

Ortsregister

Aarau: S. 67
Aesch: S. 21, 64, 175, 188
Allschwil: S. 30, 67, 83, 115, 147, 159, 160, 175, 197
Anwil: S. 67, 94
Arboldswil: S. 159
Arlesheim: S. 29 Ill., 88, 118, 140, 147, 157, 164, 175 Ill., 192, 213 Ill.
Augst: S. 67
Augsta Raurica: S. 116–118
Baden (Markgrafschaft): S. 22, 38, 70, 84, 105, 165 Ill.
Balsthal: S. 81, 88
Bärschwil: S. 175f.
Basel (Stadt): S. 50–53, 55–57 Ill., 61, 62, 67 Ill., 68 Ill., 69 Ill., 70 Ill., 74–77, 85, 86, 87, 105, 121, 139 Ill., 140, 144ff., 148, 152, 154ff., 157, 159, 164–167, 168–175, 181 Ill., 190, 192f. Ill., 195–197, 203, 204 Ill., 204–212
Bennwil: S. 81 Ill., 149
Bern (Stadt und Kanton): S. 87, 164, 204
Biel (Bern): S. 88, 164, 168
Biel-Benken: S. 12 Ill., 20 Ill., 150
Binningen: S. 67
Birs: S. 88, 116, 169 Ill.
Birseck (Amt): S. 21, 47, 64, 67, 68, 88, 119, 144ff., 146, 153, 154, 158, 164–167 Ill., 172, 174, 177, 180, 192f., 202, 206
Birsfelden: S. 87
Blauen: S. 50, 175
Breitenbach: S. 176
Bretzwil: S. 10, 11 Ill., 22 Ill., 72, 83f., 94, 96, 108, 121
Brislach: S. 10, 19 Ill., 175
Bubendorf: S. 14, 76, 149
Buckten: S. 10, 66, 208
Burg: S. 166
Buus: S. 18 Ill., 21, 30 Ill., 85 Ill., 179
Colmar: S. 164
Delsberg: S. 36, 68, 81, 88, 166, 168
Diegten: S. 10 Ill., 35, 93, 94, 96
Diepflingen: S. 46, 66
Dornach: S. 167, 176, 207 Ill.
Dornachbrugg: S. 192, 206, 207 Ill.
Duggingen: S. 175
Ebenrain: S. 88 Ill.
Eidgenossenschaft: S. 164–170 Ill.
Elsass: S. 14, 21, 70, 84, 105, 165 Ill., 174
Eptingen: S. 94, 96
Eremitage: S. 29 Ill.

Ergolz: S. 67, 116
Erschwil: S. 176
Ettingen: S. 21, 147, 150, 175, 202
Farnsburg (Amt): S. 36, 41, 44, 52, 62, 66, 81, 161 Ill., 164 Ill., 165 Ill., 172f., 179, 182, 187 Ill., 188, 211 Ill.
Farnsburg (Schloss): S. 87
Freiburg im Breisgau: S. 164
Frenkendorf: S. 34 Ill., 35
Fricktal: S. 14, 38, 67, 70, 80, 161 Ill., 165 Ill., 170
Füllinsdorf: S. 67, 125f.
Geissfluh: S. 86 Ill.
Gelterkinden: S. 21, 36, 46, 66, 87, 115
Gempen: S. 176ff.
Grellingen: S. 64, 175
Grindel: S. 176f.
Hauenstein (Pass): S. 66, 67, 171
Hersberg: S. 180
Hölstein: S. 211
Homburg (Amt): S. 31 Ill., 36, 41, 44, 47, 164–167 Ill., 172f., 179, 182, 196, 204, 212
Homburg (Schloss): S. 191 Ill.
Iglingen: S. 202
Känerkinden: S. 46
Kesslerloch, Schaffhausen: S. 114
Kienberg: S. 67
Kleinlützel: S. 176
Langenbruck: S. 66, 87, 149, 211
Läufelfingen: S. 46
Laufen: S. 35–39 Ill., 42 Ill., 43 Ill., 44, 47 Ill., 47–53, 85, 140, 146, 147, 150, 157, 158, 168, 175
Laufental: S. 19, 21, 144ff., 153, 154, 158, 164–167 Ill., 202
Lausen: S. 10, 16, 17 Ill., 39f., 112f., 149
Lausen-Bettenach: S. 119
Lauwil: S. 26 Ill.
Leimental: S. 21, 150
Lenzburg: S. 87
Liedertswil: S. 80
Liesberg: S. 19 Ill., 63 Ill., 175
Liestal (Amt): S. 44, 52, 62, 164–167 Ill., 182f., 196
Liestal (Stadt): S. 31, 35, 36, 39 Ill., 41 Ill., 43–49 Ill., 66–68, 72, 76, 80 Ill., 81, 85, 86, 87, 98f., 140, 141 Ill., 142, 143, 145–147, 148–152, 168, 170, 172, 177f., 202–212, 208 Ill.
Maisprach: S. 21, 148, 179
Markgrafschaft, Markgräflerland: S. 22, 38, 70, 84, 105, 165 Ill.
Münchenstein (Amt): S. 52, 164–167 Ill., 172, 179, 182, 234
Münchenstein (Dorf): S. 31, 67, 86, 149, 180 Ill., 205, 212
Munzach bei Liestal: S. 117
Muttenz: S. 66, 143, 205, 212
Nenzlingen: S. 23 Ill., 175
Niederdorf: S. 118
Niederschöntal bei Füllinsdorf: S. 34 Ill., 35, 125f., 130
Nusshof: S. 180
Oberdorf: S. 41 Ill., 81f., 211
Oberwil: S. 101 Ill., 102, 118, 140, 147, 175
Oensingen: S. 81, 114
Olsberg: S. 143, 202
Olten: S. 36, 67, 81
Oltingen: S. 62 Ill., 67, 72, 74 Ill., 148, 155
Onoldswil: S. 118
Orismühle: S. 93
Ormalingen: S. 44
Pfeffingen (Amt): S. 64, 67, 88, 164–167 Ill., 172f., 174, 206
Pfeffingen (Dorf): S. 47, 147, 157, 175
Pratteln: S. 83, 85 Ill., 88 Ill., 112, 150
Pruntrut: S. 67, 68, 81, 88, 164, 168, 173 Ill., 174
Reigoldswil: S. 49 Ill., 67
Reinach: S. 21, 88, 115, 147, 173, 175
Rhein: S. 88, 116
Rheinfelden: S. 36, 62, 148, 170
Rislisberghöhle bei Oensingen: S. 114
Röschenz: S. 19 Ill., 175
Roggenburg: S. 166
Rothenfluh: S. 21, 72 Ill., 84
Schauenburger Fluh: S. 86 Ill.
Schlettstadt: S. 164
Schliengen: S. 164
Schönenbuch: S. 159, 160
Schöntal (Kloster): S. 143, 202
Sissach: S. 21, 46, 55 Ill., 56, 59 Ill., 60, 66, 68, 88 Ill., 115, 133, 145, 146 Ill., 147 Ill., 148, 173, 179, 202, 208
Solothurn (Kanton): S. 38, 164, 166, 170–176, 204
Solothurn (Stadt): S. 81, 87
St. Romai: S. 26 Ill.
St-Ursanne: S. 168
Strassburg: S. 164
Sundgau: S. 38, 165 Ill.
Tenniken: S. 80, 81 Ill., 145
Therwil: S. 13 Ill., 147, 150, 157, 175
Thierstein: S. 172–175
Titterten: S. 67, 159
Trimbach: S. 66
Wahlen: S. 175
Waldenburg (Amt): S. 36, 38, 41, 44, 50, 52, 72, 150, 165–167 Ill., 172, 177, 179, 182, 196
Waldenburg (Stadt): S. 36, 66, 67, 82, 87, 208
Wangen an der Aare: S. 72, 81
Wasserfallen: S. 86
Wiedlisbach: S. 81
Wiesenberg: S. 86
Wintersingen: S. 9, 10, 21, 46, 79 Ill., 80, 179
Zeglingen: S. 44 Ill.
Ziefen: S. 40–42
Zofingen: S. 87
Zwingen (Amt): S. 36, 47, 51, 164–167 Ill.
Zwingen (Dorf): S. 175

Sachregister

Abgaben: S. 195–198
Absolutismus: S. 188ff.
Ackerbau: S. 13–19, 114, 116
Akzise: S. 65
Allmend: S. 22–25
Ancien Régime: S. 222
Arbeit: S. 111–135
Arbeitsteilung: S. 115, 122, 130
Ärzte: S. 40 Ill.
Bad, Römer: S. 118
Bandstuhlschreiner: S. 55f.
Bandwebstühle: S. 52–56, 122
Bann, Bannbrüder: S. 222
Bauernaufstand, Bauernunruhen, 1525: S. 140–144, 202–213
Bauernkrieg: S. 205
Bekenntnis, Basler: S. 139 Ill., 140
Bett, Bettzeug: S. 94–99 Ill.
Bewaffnung: S. 183f.
Bewässerung: S. 19f.
Bildersturm: S. 144–148, 150
Bodenzins: S. 60ff, 195f., 198
Böspfennig: S. 222
Bott, Bote: S. 52f.
Brache: S. 13–19
Brot: S. 102f.
Bünten: S. 20ff.
Burgrecht: S. 146, 175f., 222
Butter: S. 20f., 104f.
Dinghof: S. 118
Dinkel: S. 13 Ill., 19, 102f.
Dreizelgenwirtschaft: S. 13–19
Ehafte: S. 42f., 222
Ehe: S. 152–161
Ehegericht: S. 152–161
Ehelehre: S. 152–161 Ill.
Eidgenossenschaft: S. 164–170 Ill.
Einkorn: S. 15 Ill.
Einschlag: S. 28ff.
Einzelhöfe: S. 23ff.
Eiweiss: S. 107ff.
Emmer: S. 15 Ill.
Energie: S. 11ff.
Erblehen: S. 61f.
Ernährung: S. 28, 101–109, 112, 113
Erträge, Ackerbau: S. 14
Erträge, Weinbau: S. 20f.
Essbesteck, Essgeräte: S. 97f., 108
Existenzsicherung: S. 112
Fabrik: S. 124–134
Fabrikarbeiter: S. 222
Fachwerkbau: S. 83
Fahrhabe: S. 84–99 Ill.
Familie: S. 70
Faustkeil von Pratteln: S. 112
Fertigungsgericht: S. 180, 222
Fest: S. 109
Fischfang: S. 28–31, 104f., 209
Fiskal: S. 174
Flachs: S. 92–96 Ill.
Fleisch: S. 104
Florettseide: S. 125, 222
Flurzwang: S. 18
Fluss: S. 87f. Ill.
Frauen: S. 107f.
Freiheitsbrief: S. 144, 206–213 Ill.
Freizeit: S. 111f., 134f.
Freveltag: S. 180
Frondienste: S. 119f., 195–198
Frühe Neuzeit: S. 222
Fussgänger, Fussgängerin: S. 85ff.
Futter: S. 19f.
Garde-Police: S. 183
Garten: S. 12f.
Geld: S. 65 Ill., 68 Ill., 70 Ill.
Gemeinde: S. 27f., 140–144, 150, 153, 157–160, 174–178, 189, 191, 205f.
Gemeindeversammlung: S. 178
Gemüse: S. 13f., 102–108
Geräte: S. 94–99 Ill., 112
Gerber: S. 39ff. Ill.
Gericht, Gerichtsbarkeit: S. 178–181 Ill., 209
Gescheid: S. 180, 222
Geschirr: S. 97f. Ill., 108
Geschlechterrollen: S. 113ff., 115
Geschworene: S. 176f.
Gewürze: S. 106
Gras: S. 19f.
Grenzen: S. 163–167 Ill.
Grundherr, Grundherrschaft: S. 61f., 222f.
Grünlandverhältnis: S. 15f.
Hafer: S. 13, 102, 103 Ill.
Halbbauer: S. 223
Handel, Handelspolitik: S. 67f.
Handel, Kleinhandel: S. 36f. Ill., 76
Handwerk: S. 9–31, 116, 119
Hanf: S. 92–96 Ill.
Harschierer, Hatschierer: S. 182f., 223
Hausbau: S. 81–85 Ill.
Hausrat: S. 94–99 Ill.
Hauswerk: S. 35, 119
Hebamme: S. 178
Herrenhof: S. 118f.
Herrschaft: S. 188–198, 209f.
Herrschaftsrechte: S. 168
Heu: S. 19f.
Hintersäss: S. 223
Hochstud: S. 82ff. Ill.
Hochwacht: S. 86 Ill.
Hofstaat: S. 195
Holz: S. 25–28
Huldigung: S. 191–194
Hunger: S. 69–72
Industrialisierung: S. 121–130
Jagd: S. 28–31, 112f., 209
Jahreszeiten: S. 120
Kalkherstellung: S. 42ff. Ill.
Kaloriengehalt: S. 107f.
Kamin: S. 85
Kartoffel: S. 19, 30
Käse: S. 20f., 104f.
Kirchenbau: S. 146f.
Kirchenkritik: S. 140–144, 148
Kirchmeier: S. 177
Kleider: S. 91–96 Ill.
Kleinhandel: S. 36f. Ill., 76
Kleinstadt: S. 35–39, 43–47 Ill., 80f. Ill.
Kloster: S. 143, 202f. Ill.
Knabenschaft: S. 122
Konjunktur: S. 30f., 74–77 Ill., 223
Kontributionen: S. 64f.
Korn: S. 102f.
Krisen: S. 74–77
Landesherrschaft: S. 164–171, 188–191
Landesordnung: S. 180–183
Landschaft, Kulturlandschaft: S. 10ff. 31 Ill.
Landschreiberei: S. 172f.
Landsitz: S. 88f. Ill.
Landstände: S. 223
Landvogt: S. 171f. Ill., 178ff., 192ff., 202, 211
Landvogtei: S. 166, 171f.
Leibeigenschaft, Leibeigene: S. 168–171, 196, 198, 209f., 223
Machtpolitik: S. 170–177
Mahlzeiten: S. 107f.
Malefiz: S. 179, 224
Markt: S. 48f.
Matten: S. 19f. Ill.
Meier: S. 175f.
Metalle: S. 114

Milch: S. 104f.
Milchwirtschaft: S. 20f.
Militär: S. 183f. Ill.
Möbel: S. 44f. Ill.
Mobilität: S. 83–88 Ill.
Monatsgelder: S. 64f.
Münzen: S. 65 Ill., 68 Ill., 70 Ill.
Mus: S. 102ff., 105
Musse: S. 111–135
Nährstoffe: S. 107f.
Obrigkeit: S. 188–198
Obst: S. 21f., 102, 104, 107 Ill.
Ofen: S. 85
Ordonnanzreiter: S. 183
Papiermühle Lausen: S. 39f. Ill.
Pendler: S. 130
Pfarrwahl: S. 145
Pflug: S. 98 Ill.
Polizei: S. 181ff.
Posamenter: S. 53f.
Posamenterei: S. 50–57 Ill., 121–125, 224
Post: S. 87f.
Preise: S. 74–77 Ill.
Priesterehe: S. 149f.
Rat, Kleiner, Basel: S. 164, 190 Ill.
Rationalisierung: S. 134
Reben: S. 20f., 109 Ill.
Rekatholisierung: S. 154–160
Römerzeit: S. 116–118
Rütenen: S. 20ff.
Schreiner: S. 44ff. Ill.
Schwein: S. 28
Seidenbändel: S. 56f. Ill.
Seidenbandweberei: S. 50–57 Ill., 121–125
Selbstversorgung: S. 105f.
Sexualität: S. 152–161
Siedlung: S. 11ff., 80 Ill., 81 Ill.
Silex: S. 112f.
Soziale Schichtung: S. 34, 68–74 Ill., 94ff., 115, 117, 121
Staatskirche: S. 152, 154
Stall: S. 81f.
Steuern: S. 63ff., 197f.
Strassenzustand: S. 85–88
Taglohnarbeit: S. 68f., 122
Tauner: S. 19, 34, 68f., 224
Tenn: S. 81f.
Territorien: S. 163–167 Ill.
Tischsitten: S. 108
Trager, Tragerei: S. 60f.
Umgeld: S. 198, 224
Unteramtsleute: S. 177f.
Untertanen: S. 164–171
Untervogt: S. 175f.
Verlag: S. 51ff., 224
Vieh: S. 13 Ill., 15f.
Vielzweckbau: S. 82
Vitamine: S. 107f.
Wald: S. 25–29 Ill.
Wasser: S. 102, 106, 116
Wege: S. 10ff., 16
Weide: S. 22–25 Ill.
Weidgang: S. 13–19
Wein: S. 102, 106, 109 Ill.
Wirt, Wirtshaus: S. 40ff. Ill.
Zehnt: S. 59–66 Ill., 195–198
Zehntbeständer: S. 65
Zelgen: S. 13–19
Ziegelherstellung: S. 42ff.
Zinsgut: S. 61f.
Zoll: S. 66ff.
Zünfte auf dem Land: S. 34–42, 44, 47–53

	Eidgenossenschaft	Wirtschaft
1750–1800	Allianz mit Frankreich 1777. Diverse Unruhen und Aufstände, so in der Leventina 1755 oder in Freiburg 1781. Aufklärung in der Schweiz vor allem durch Naturwissenschaftler. Schweiz- und Alpenbegeisterung. Zusammenbruch der alten Ordnung 1798. Helvetische Republik 1798–1802. Mediation 1803–15.	Mandat zur Förderung der Einschläge im alten Basel 1764. Versorgungskrise 1770/71. Beginnende Vergrünlandung der Kulturlandschaft; Ausbau der Einzelhöfe im oberen Baselbiet; zunehmendes Interesse physiokratisch orientierter Basler an der Landwirtschaft; Aufhebung der Feudallasten und Einführung eines modernen Steuersystems 1792 bzw. 1798. Einführung moderner Grundrechte 1792 bzw. 1798. Aufschwung der Seidenbandweberei im oberen Baselbiet.
1700–1749	2. Villmerger Krieg 1712. Bündnis der katholischen Orte mit Frankreich 1715. Diverse Unruhen und Aufstände, so in Schaffhausen 1717–29, Waadt 1723 oder Bern 1749.	
1660–1699	Soldallianz aller Orte mit Frankreich 1663. Hugenottische Flüchtlinge kommen in die reformierte Schweiz 1685ff..	Einführung des mehrgängigen Webstuhls 1670. Höhepunkt der Kleinen Eiszeit 1688–1702. Versorgungskrise 1691–99.
1600–1659	Soldallianz aller Orte ohne Zürich mit Frankreich 1602. 30-jähriger Krieg: die Eidgenossenschaft ist in ihren Randgebieten, z.B. Graubünden oder Basel betroffen 1618–48. Defensionale von Wil 1647. Westfälischer Friede bringt Loslösung der Eidgenossenschaft vom Reich 1648. 1. Villmerger Krieg 1655.	Günstige Agrarkonjunktur im 30-jährigen Krieg 1618–48.
1550–1599	2. Helvetisches Bekenntnis der evangelisch-reformierten Orte, zunächst ohne Basel 1566. Goldener Bund der katholischen Orte 1586. Trennung Appenzells in AI und AR 1597.	Beginn der Klimaverschlechterung, der so genannten Kleinen Eiszeit, 1569–1702.
1500–1549	Beitritt Basels und Schaffhausens zum Bund 1501. 1. Kappeler Krieg 1529. 2. Kappeler Krieg 1531. Ausbreitung der Reformation in der Schweiz. 1. Helvetisches Bekenntnis der reformierten Städte 1536.	

Gesellschaft/Kultur	Politik
1. statistische Volkszählung im Baselbiet 1774. Aufhebung der Leibeigenschaft 1791.	Erneuerung der Landesordnung 1757. Flucht des Fürstbischofs 1792. Raurachische Republik 1792–93. Annexion des Fürstbistums durch Frankreich 1793–1814. Basler Revolution 1798.
	Verfassungsreform im alten Basel abgeschlossen 1718. Verwaltungsreform im Fürstbistum 1726. Troublen im Fürstbistum 1730–1740.
Letzte Pestwelle 1667/68. Hugenottische Flüchtlinge 1685ff. Vertreibung der Juden aus dem Fürstbistum 1694.	Bau der Festung in Hüningen 1679. Ausgeprägte Oligarchie in Basel mit Herrschaft einzelner Familien. 1691er Unruhen in der Stadt Basel: Zünfte gegen die Oligarchie; einzelne Reformen 1691.
Rekatholisierung Laufental und Birseck 1585–1627. Birseckische Dorf- und Gerichtsordnung 1627. Pestwellen 1609/10, 1628/29, 1634–36. Flüchtlingswellen in der Stadt Basel 1632, 1634–38. Reformationsordnung im alten Basel 1637. Änderung der Abendmahlsordnung im alten Basel 1642. Basel tritt dem 2. Helvetischen Bekenntnis bei 1644. Bauernkrieg im alten Basel 1653.	Rekatholisierung Laufental und Birseck 1585–1627. Landesordnung im alten Basel 1611. Neue Birseckische Dorf- und Gerichtsordnung 1627. 1. Erhebung des Soldatengelds im alten Basel 1627. Steuerkonflikt im Laufental 1630. Grenzbesetzungen und -verletzungen im 30-jährigen Krieg 1618–48. Bauernkrieg im alten Basel 1653. Erneuerung der Landesordnung im alten Basel 1654.
Starke Gemeinden gegenüber schwachem Fürstbischof, vor allem in religiösen Belangen 1530–80. Lutheranisierung der Basler Kirche bis 1585. 1. Volkszählung im Fürstbistum 1586.	Bündnis des Fürstbischofs mit den katholischen Orten 1579. Vertrag von Baden zwischen Stadt und Fürstbischof 1585. Rappenkrieg im alten Basel 1591–94.
Basel wird reformiert 1529. Einrichtung Ehegericht 1529. Einrichtung Bann und Sittengerichte 1530. Basel tritt dem 1. Helvetischen Bekenntnis bei 1549.	Beitritt Basels zum Bund 1501. Basel emanzipiert sich endgültig vom Fürstbischof 1521. Bauernunruhen im Fürstbistum und im alten Basel 1525. Galgenkrieg zwischen der Stadt Basel und Solothurn 1531. Verhandlungen und Verträge zwischen Obrigkeit und Untertanen im alten Basel und im Fürstbistum 1525–32. Rückgabe der Freiheitsbriefe im alten Basel 1532.